▶金税四期

以数治税背景下的
纳税筹划
实用技巧200例

翟继光 项国 ◎ 编著

- 税务处理
- 风险防控
- 纳税筹划
- 案例解析

立信会计出版社
LIXIN ACCOUNTING PUBLISHING HOUSE

图书在版编目（CIP）数据

以数治税背景下的纳税筹划实用技巧200例/翟继光，项国编著.—上海：立信会计出版社，2024.5
ISBN 978-7-5429-7612-3

Ⅰ.①以… Ⅱ.①翟… ②项… Ⅲ.①数字技术－应用－税收筹划 Ⅳ.① F810.423-39

中国国家版本馆CIP数据核字（2024）第051522号

责任编辑　蔡伟莉

以数治税背景下的纳税筹划实用技巧200例
YISHU ZHISHUI BEIJINGXIA DE NASHUI CHOUHUA SHIYONG JIQIAO 200 LI

出版发行	立信会计出版社			
地　　址	上海市中山西路2230号	邮政编码	200235	
电　　话	（021）64411389	传　　真	（021）64411325	
网　　址	www.lixinaph.com	电子邮箱	lxaph@sh163.net	
网上书店	www.shlx.net	电　　话	（021）64411071	
经　　销	各地新华书店			

印　　刷	北京鑫海金澳胶印有限公司
开　　本	710毫米×1000毫米　1/16
印　　张	33
字　　数	505千字
版　　次	2024年5月第1版
印　　次	2024年5月第1次
书　　号	ISBN 978-7-5429-7612-3/ F
定　　价	92.00元

如有印订差错，请与本社联系调换

前　言

2022年2月16日，国家税务总局局长王军应邀出席二十国集团（G20）财长和央行行长会议系列活动——"亚洲倡议"高级别会议。来自中国、印度尼西亚、印度、新加坡等18个亚洲国家（地区）的税务局局长和OECD（经济合作与发展组织）等国际组织代表参会，围绕税务部门为推动经济复苏所采取的措施、亚洲地区税收合作重点等议题进行讨论。王军局长作主旨发言，介绍中国税务部门在促进经济复苏方面的做法以及在推进税收透明度中所做的工作和发挥的积极作用。王军表示，2020年以来，中国税务部门积极建议，并落实好中国政府在不同时期先后出台的一系列针对不同群体、不同行业疫情防控和复工复产的税费优惠政策，为市场主体注入应对冲击的"强心剂"；紧紧围绕广大纳税人缴费人"急难愁盼"问题，每年聚焦一个主题开展"便民办税春风行动"，为企业经营注入减阻增便的"润滑剂"；围绕以"数"赋能、以"数"搭桥和以"数"辅政，深化税收大数据应用，服务宏观经济决策和微观经济主体，为经济运行注入畅通循环的"催化剂"；加强税收监管和税务稽查，建立健全以"信用＋风险"为基础的新型动态精准监管机制，会同公安等部门实施打击"假企业""假出口""假申报"专项行动并常态化开展，为市场环境注入公平正义的"净化剂"。

2023年11月8～9日，中国国家税务总局局长王军率团出席在南非开普敦举行的2023年金砖国家税务局局长会议。王军强调，现代化智慧税务建设并不是简单为税务部门和税收业务本身服务，而是要为产生税费数据和需要税费数据的方方面面服务，以统筹服务好纳税人、缴费人、税务人、决策人及相关人，统筹服务好税收治理、经济治理、国家治理等多方需求为价值取向，在优化提升实体税务系统和数字税务系统效能中，构建功能强大的智慧税务系统，从而更好跳出"就税收论税收"的局限，拓展"税收服务全局"的空间。

纳税筹划是在法律允许的范围内，或者至少在法律不禁止的范围内，通过对纳税人生产经营活动的一些调整和安排，最大限度地减轻税收负担的行为。纳税筹划是纳税人的一项基本权利，是国家应当鼓励的行为。可以说，税收是对纳税人财产的一种合法征收，纳税人必然会考虑各种方法予以应对，纳税筹划是纳税人的一种合法应对手段，而偷税、抗税、逃税等则属于非法应对手段。纳税人有这种合理需求，国家与其让纳税人采取非法的应对手段，不如引导纳税人采取合法的应对手段。

纳税筹划不仅对纳税人有利，对国家也是有利的。纳税人有了合法减轻税负的手段，就不会采取或者较少地采取非法手段减轻税负。纳税筹划的基本手段是充分依据国家出台的各项税收优惠政策。国家出台这些税收优惠政策，说明鼓励纳税人执行该政策，如果纳税人不进行纳税筹划，对国家的税收优惠政策视而不见，那么国家出台税收优惠政策就达不到预先设定的目标。可见，纳税筹划是国家顺利推进税收优惠政策必不可少的条件。

我国还有很多人对纳税筹划存在错误认识，包括纳税人和税务机关的工作人员。其实，纳税筹划是构建一个和谐的税收征纳关系必不可少的"润滑剂"。如果国家能大力推进纳税筹划，相信纳税人的偷税行为会大量减少。当然，我们一直强调纳税筹划是必须在法律允许的范围内的活动，有人以纳税筹划为幌子，做出违法行为，这不是纳税筹划，也是法律不允许的，我们必须反对。

与一般的纳税筹划书籍相比，本书具有如下特点：第一，全面系统。本书收录了200个纳税筹划案例，全面介绍了纳税筹划的实践操作问题，特别是对纳税筹划所涉及的各个税种、各种生产经营阶段以及主要产业都进行了详细的阐述和介绍。第二，实用性强。本书的纳税筹划方案来源于现实生活，而且可以直接应用到现实生活中去。第三，简洁明了。本书的纳税筹划重在方法的阐述和操作步骤的介绍，不深究相应的理论基础，主要的方法均通过典型案例予以讲解，让普通纳税人一看就懂。第四，合法权威。本书介

前　言

绍的纳税筹划方案完全是在法律允许的范围内进行的，纳税人按照本书介绍的方法进行纳税筹划，不会涉及违反法律规定的问题，更不会涉及违法犯罪问题。

本书分为十二章，分别介绍了金税四期建设进程最新进展、以数治税最新征管制度改革、金税四期以数治税背景下的账务处理与风险防控，以及个人所得税、企业所得税、增值税、消费税、土地增值税、契税、房产税、印花税、股权架构等方面的纳税筹划实用技巧。

本书使用的法律法规及相关政策的截止时间为 2023 年 12 月 31 日。虽然作者进行了大量调研，搜集了大量资料，研读了大量法律文件和相关论著，但本书仍难免有错误和疏漏之处，恳请广大读者和学界专家批评指正，以便再版时予以修正。我们的联系邮箱是 zhaijiguang2008@sina.com。

项国　翟继光

2023 年 12 月 31 日

目　录

第一章　金税四期建设进程最新进展 ··· 1
第一节　金税四期信息化建设最新进程 ··· 1
第二节　金税四期下的纳税服务与稽查 ··· 13

第二章　以数治税最新征管制度改革 ··· 40
第一节　新时期税收征管改革基本方向 ··· 40
第二节　"放管服"及便利纳税人征管改革 ··· 54
第三节　税务失信行为与行政处罚制度改革 ··· 78

第三章　金税四期以数治税背景下的账务处理与风险防控 ··· 88
第一节　公转私的账务处理与风险防控 ··· 88
第二节　账实不符的账务处理与风险防控 ··· 93
第三节　缺少增值税进项发票的账务处理与风险防控 ··· 111
第四节　缺少成本票的账务处理与风险防控 ··· 116

第四章　个人所得税筹划实用技巧 ··· 121
第一节　工资薪金所得的纳税筹划 ··· 121
第二节　劳务报酬所得的纳税筹划 ··· 147
第三节　稿酬与特许权使用费所得的纳税筹划 ··· 152
第四节　经营所得的纳税筹划 ··· 153
第五节　个人不动产转让所得的纳税筹划 ··· 159
第六节　个人股权与其他财产转让所得的纳税筹划 ··· 166

第七节　股息与财产租赁所得的纳税筹划 …………………………… 172

第五章　企业所得税筹划实用技巧 …………………………………… 177
第一节　企业设立阶段所得税的筹划 ………………………………… 177
第二节　企业经营阶段所得税的筹划 ………………………………… 226
第三节　企业融资阶段所得税的筹划 ………………………………… 276
第四节　企业重组阶段所得税的筹划 ………………………………… 291
第五节　企业海外投资所得税的筹划 ………………………………… 324

第六章　增值税筹划实用技巧 ………………………………………… 352
第一节　增值税纳税主体的筹划 ……………………………………… 352
第二节　增值税计税依据的筹划 ……………………………………… 365
第三节　增值税计税方法的筹划 ……………………………………… 382
第四节　利用增值税免税政策的筹划 ………………………………… 396

第七章　消费税筹划实用技巧 ………………………………………… 435
第一节　消费税征收范围与计税依据的筹划 ………………………… 435
第二节　消费税税率的筹划 …………………………………………… 443
第三节　消费税纳税环节的筹划 ……………………………………… 446

第八章　土地增值税筹划实用技巧 …………………………………… 450
第一节　利用土地增值税免税优惠的筹划 …………………………… 450
第二节　土地增值税扣除项目的筹划 ………………………………… 455
第三节　土地增值税核算与清算的筹划 ……………………………… 459

第九章　契税筹划实用技巧 …………………………………………… 472
第一节　契税征税范围的筹划 ………………………………………… 472
第二节　契税税率与计税依据的筹划 ………………………………… 480

第十章　房产税筹划实用技巧 ·· 488
  第一节　房产税征税范围与计税方式的筹划 ··························· 488
  第二节　房产税计税依据的筹划 ·· 491

第十一章　印花税筹划实用技巧 ·· 495
  第一节　印花税税率与计税依据的筹划 ·································· 495
  第二节　利用印花税优惠政策的筹划 ····································· 498

第十二章　股权架构纳税筹划实用技巧 ···································· 506
  第一节　非货币性资产投资的纳税筹划 ·································· 506
  第二节　企业与个人股权转让的纳税筹划 ······························· 512

第一章　金税四期建设进程最新进展

第一节　金税四期信息化建设最新进程

一、国家政务信息化项目建设管理办法

《国家政务信息化项目建设管理办法》（国办发〔2019〕57号印发）规定：

第一章　总　　则

第一条　为规范国家政务信息化建设管理，推动政务信息系统跨部门跨层级互联互通、信息共享和业务协同，强化政务信息系统应用绩效考核，根据《国务院关于印发政务信息资源共享管理暂行办法的通知》（国发〔2016〕51号）等有关规定，制定本办法。

第二条　本办法适用的国家政务信息系统主要包括：国务院有关部门和单位负责实施的国家统一电子政务网络平台、国家重点业务信息系统、国家信息资源库、国家信息安全基础设施、国家电子政务基础设施（数据中心、机房等）、国家电子政务标准化体系以及相关支撑体系等符合《政务信息系统定义和范围》规定的系统。

第三条　国家政务信息化建设管理应当坚持统筹规划、共建共享、业务协同、安全可靠的原则。

第四条　国家发展改革委负责牵头编制国家政务信息化建设规划，对各部门审批的国家政务信息化项目进行备案管理。财政部负责国家政务信息化项目预算管理和政府采购管理。各有关部门按照职责分工，负责国家政务信

息化项目审批、建设、运行和安全监管等相关工作,并按照"以统为主、统分结合、注重实效"的要求,加强对政务信息化项目的并联管理。

第五条 国家发展改革委会同中央网信办、国务院办公厅、财政部建立国家政务信息化建设管理的协商机制,做好统筹协调,开展督促检查和评估评价,推广经验成果,形成工作合力。

第二章 规划和审批管理

第六条 国家发展改革委会同有关部门根据信息化发展规律和政务信息化建设特点,统筹考虑并充分论证各部门建设需求,编制国家政务信息化建设规划并报国务院批准后实施;如内外部发展环境发生重大变化,适时组织评估论证,提出调整意见报国务院批准。各有关部门编制规划涉及政务信息化建设的,应当与国家政务信息化建设规划进行衔接。

第七条 国家发展改革委审批或者核报国务院审批的政务信息化项目,以及其他有关部门按照项目审批管理的政务信息化项目,原则上包括编报项目建议书、可行性研究报告、初步设计方案等环节。

对于已经纳入国家政务信息化建设规划的项目,可以直接编报可行性研究报告。

对于党中央、国务院有明确要求,或者涉及国家重大战略、国家安全等特殊原因,情况紧急,且前期工作深度达到规定要求的项目,可以直接编报项目可行性研究报告、初步设计方案和投资概算。

第八条 国家政务信息化项目原则上不再进行节能评估、规划选址、用地预审、环境影响评价等审批,涉及新建土建工程、高耗能项目的除外。

第九条 除国家发展改革委审批或者核报国务院审批的外,其他有关部门自行审批新建、改建、扩建,以及通过政府购买服务方式产生的国家政务信息化项目,应当按规定履行审批程序并向国家发展改革委备案。

备案文件应当包括项目名称、建设单位、审批部门、绩效目标及绩效指标、投资额度、运行维护经费、经费渠道、信息资源目录、信息共享开放、应用系统、等级保护或者分级保护备案情况、密码应用方案和密码应用安全性评估报告等内容,其中改建、扩建项目还需提交前期项目第三方后评价报告。

第十条　跨部门共建共享的政务信息化项目，由牵头部门会同参建部门共同开展跨部门工程框架设计，形成统一框架方案后联合报国家发展改革委。框架方案要确定工程的参建部门、建设目标、主体内容，明确各部门项目与总体工程的业务流、数据流及系统接口，初步形成数据目录，确保各部门建设内容无重复交叉，实现共建共享要求。框架方案确定后，各部门按照项目管理要求申请建设本部门参建内容。

各有关部门对于需要地方共享协同的政务信息化项目，应当按照统筹规划、分级审批、分级建设、共享协同的原则建设，并加强与地方已有项目的衔接。项目建设单位应当加强对地方的指导，统筹制定信息共享、业务协同的总体要求和标准规范。地方项目建设单位应当根据项目的总体目标、整体框架、建设任务、绩效目标及指标等，按照本地有关规定开展项目审批建设工作，并做好与国家有关项目建设单位的衔接配合。

第十一条　可行性研究报告、初步设计方案应当包括信息资源共享分析篇（章）。咨询评估单位的评估报告应当包括对信息资源共享分析篇（章）的评估意见。审批部门的批复文件或者上报国务院的请示文件应当包括对信息资源共享分析篇（章）的意见。

项目建设单位应当编制信息资源目录，建立信息共享长效机制和共享信息使用情况反馈机制，确保信息资源共享，不得将应当普遍共享的数据仅向特定企业、社会组织开放。

信息资源目录是审批政务信息化项目的必备条件。信息资源共享的范围、程度以及网络安全情况是确定项目建设投资、运行维护经费和验收的重要依据。

第十二条　各部门所有新建政务信息化项目，均应当在全国投资项目在线审批监管平台政务信息化项目管理子平台（以下简称"管理平台"）报批或者备案。

所有中央本级政务信息系统应当全口径纳入管理平台进行统一管理。各部门应当在管理平台及时更新本部门政务信息系统目录。管理平台汇总形成国家政务信息系统总目录。

第三章　建设和资金管理

第十三条　项目建设单位应当确定项目实施机构和项目责任人，建立健全项目管理制度，加强对项目全过程的统筹协调，强化信息共享和业务协同，并严格执行招标投标、政府采购、工程监理、合同管理等制度。招标采购涉密信息系统的，还应当执行保密有关法律法规规定。

第十四条 项目建设单位应当按照《中华人民共和国网络安全法》等法律法规以及党政机关安全管理等有关规定，建立网络安全管理制度，采取技术措施，加强政务信息系统与信息资源的安全保密设施建设，定期开展网络安全检测与风险评估，保障信息系统安全稳定运行。

第十五条 项目建设单位应当落实国家密码管理有关法律法规和标准规范的要求，同步规划、同步建设、同步运行密码保障系统并定期进行评估。

第十六条 项目应当采用安全可靠的软硬件产品。在项目报批阶段，要对产品的安全可靠情况进行说明。项目软硬件产品的安全可靠情况，项目密码应用和安全审查情况，以及硬件设备和新建数据中心能源利用效率情况是项目验收的重要内容。

第十七条 项目建设单位应当充分依托云服务资源开展集约化建设。

第十八条 对于人均投资规模过大、项目建设单位不具备建设运行维护能力的项目，应当充分发挥职能部门作用或者外包，减少自建自管自用自维。

第十九条 国家政务信息化项目实行工程监理制，项目建设单位应当按照信息系统工程监理有关规定，委托工程监理单位对项目建设进行工程监理。

第二十条 项目建设单位应当对项目绩效目标执行情况进行评价，并征求有关项目使用单位和监理单位的意见，形成项目绩效评价报告，在建设期内每年年底前向项目审批部门提交。

项目绩效评价报告主要包括建设进度和投资计划执行情况。对于已投入试运行的系统，还应当说明试运行效果及遇到的问题等。

第二十一条 项目建设过程中出现工程严重逾期、投资重大损失等问题的，项目建设单位应当及时向项目审批部门报告，项目审批部门按照有关规定要求项目建设单位进行整改或者暂停项目建设。

第二十二条 项目建设单位应当严格按照项目审批部门批复的初步设计方案和投资概算实施项目建设。项目建设目标和内容不变，项目总投资有结余的，应当按照相关规定将结余资金退回。

项目建设的资金支出按照国库集中支付有关制度规定执行。

第二十三条 项目投资规模未超出概算批复、建设目标不变,项目主要建设内容确需调整且资金调整数额不超过概算总投资15%,并符合下列情形之一的,可以由项目建设单位调整,同时向项目审批部门备案:

(一)根据党中央、国务院部署,确需改变建设内容的;

(二)确需对原项目技术方案进行完善优化的;

(三)根据所建政务信息化项目业务发展需要,在已批复项目建设规划的框架下调整相关建设内容及进度的。

不符合上述情形的,应当按照国家有关规定履行相应手续。

第二十四条 初步设计方案和投资概算未获批复前,原则上不予下达项目建设投资。对于因开展需求分析、编制可行性研究报告和初步设计、购地、拆迁等确需提前安排投资的政务信息化项目,项目建设单位可以在项目可行性研究报告获批复后,向项目审批部门提出申请。

第二十五条 国家政务信息化项目建成后半年内,项目建设单位应当按照国家有关规定申请审批部门组织验收,提交验收申请报告时应当一并附上项目建设总结、财务报告、审计报告、安全风险评估报告(包括涉密信息系统安全保密测评报告或者非涉密信息系统网络安全等级保护测评报告等)、密码应用安全性评估报告等材料。

项目建设单位不能按期申请验收的,应当向项目审批部门提出延期验收申请。

项目审批部门应当及时组织验收。验收完成后,项目建设单位应当将验收报告等材料报项目审批部门备案。

第二十六条 项目建设单位应当按照国家有关档案管理的规定,做好项目档案管理,并探索应用电子档案。

未进行档案验收或者档案验收不合格的,不得通过项目验收。

第二十七条 项目建设单位应当在项目通过验收并投入运行后12至24个月内,依据国家政务信息化建设管理绩效评价有关要求,开展自评价,并将自评价报告报送项目审批部门和财政部门。项目审批部门结合项目建设单位自评价情况,可以委托相应的第三方咨询机构开展后评价。

第二十八条 加强国家政务信息化项目建设投资和运行维护经费协同联动,坚持"联网通办是原则,孤网是例外"。部门已建的政务信息化项目需升级改造，或者拟新建政务信息化项目，能够按要求进行信息共享的，由国家发展改革委会同有关部门进行审核；如果部门认为根据有关法律法规和党中央、国务院要求不能进行信息共享，但是确有必要建设或者保留的，由国家发展改革委报国务院，由国务院办公厅会同有关部门进行审核，经国务院批准后方可建设或者保留。

（一）对于未按要求共享数据资源或者重复采集数据的政务信息系统，不安排运行维护经费，项目建设单位不得新建、改建、扩建政务信息系统。

（二）对于未纳入国家政务信息系统总目录的系统，不安排运行维护经费。

（三）对于不符合密码应用和网络安全要求，或者存在重大安全隐患的政务信息系统，不安排运行维护经费，项目建设单位不得新建、改建、扩建政务信息系统。

第四章　监督管理

第二十九条　项目建设单位应当接受项目审批部门及有关部门的监督管理，配合做好绩效评价、审计等监督管理工作，如实提供建设项目有关资料和情况，不得拒绝、隐匿、瞒报。

第三十条　国务院办公厅、国家发展改革委、财政部、中央网信办会同有关部门按照职责分工，对国家政务信息化项目是否符合国家有关政务信息共享的要求，以及项目建设中招标采购、资金使用、密码应用、网络安全等情况实施监督管理。发现违反国家有关规定或者批复要求的，应当要求项目建设单位限期整改。逾期不整改或者整改后仍不符合要求的，项目审批部门可以对其进行通报批评、暂缓安排投资计划、暂停项目建设直至终止项目。

网络安全监管部门应当依法加强对国家政务信息系统的安全监管，并指导监督项目建设单位落实网络安全审查制度要求。

各部门应当严格遵守有关保密等法律法规规定，构建全方位、多层次、一致性的防护体系，按要求采用密码技术，并定期开展密码应用安全性评估，确保政务信息系统运行安全和政务信息资源共享交换的数据安全。

第三十一条　审计机关应当依法加强对国家政务信息系统的审计，促进专项资金使用真实、合法和高效，推动完善并监督落实相关制度政策。

第三十二条　项目审批部门、主管部门应当加强对绩效评价和项目后评价结果的应用,根据评价结果对国家政务信息化项目存在的问题提出整改意见,指导完善相关管理制度,并按照项目审批管理要求将评价结果作为下一年度安排政府投资和运行维护经费的重要依据。

第三十三条　单位或者个人违反本办法规定未履行审批、备案程序,或者因管理不善、弄虚作假造成严重超概算、质量低劣、损失浪费、安全事故或者其他责任事故的,相关部门应当予以通报批评,并对负有直接责任的主管人员和其他责任人员依法给予处分。相关部门、单位或者个人违反国家有关规定,截留、挪用政务信息化项目资金,或者违规安排运行维护经费的,由有关部门按照《财政违法行为处罚处分条例》等相关规定予以查处。

第五章　附　　则

第三十四条　国务院有关部门可以根据本办法的规定及职责分工,制定本部门的具体管理办法。各省、自治区、直辖市人民政府可以参照本办法制定本地区的管理办法。

第三十五条　本办法由国家发展改革委会同财政部负责解释。

第三十六条　本办法自2020年2月1日起施行。2007年8月13日国家发展改革委公布的《国家电子政务工程建设项目管理暂行办法》同时废止。

二、重大税收违法失信主体信息公布管理办法

《重大税收违法失信主体信息公布管理办法》(2021年12月31日国家税务总局令第54号公布)规定:

第一章　总　　则

第一条　为了贯彻落实中共中央办公厅、国务院办公厅印发的《关于进一步深化税收征管改革的意见》,维护正常税收征收管理秩序,惩戒重大税收违法失信行为,保障税务行政相对人合法权益,促进依法诚信纳税,推进社会信用体系建设,根据《中华人民共和国税收征收管理法》《优化营商环境条例》等相关法律法规,制定本办法。

第二条 税务机关依照本办法的规定，确定重大税收违法失信主体，向社会公布失信信息，并将信息通报相关部门实施监管和联合惩戒。

第三条 重大税收违法失信主体信息公布管理应当遵循依法行政、公平公正、统一规范、审慎适当的原则。

第四条 各级税务机关应当依法保护税务行政相对人合法权益，对重大税收违法失信主体信息公布管理工作中知悉的国家秘密、商业秘密或者个人隐私、个人信息，应当依法予以保密。

第五条 税务机关工作人员在重大税收违法失信主体信息公布管理工作中，滥用职权、玩忽职守、徇私舞弊的，依照有关规定严肃处理；涉嫌犯罪的，依法移送司法机关。

第二章 失信主体的确定

第六条 本办法所称"重大税收违法失信主体"（以下简称"失信主体"）是指有下列情形之一的纳税人、扣缴义务人或者其他涉税当事人（以下简称"当事人"）：

（一）伪造、变造、隐匿、擅自销毁账簿、记账凭证，或者在账簿上多列支出或者不列、少列收入，或者经税务机关通知申报而拒不申报或者进行虚假的纳税申报，不缴或者少缴应纳税款100万元以上，且任一年度不缴或者少缴应纳税款占当年各税种应纳税总额10%以上的，或者采取前述手段，不缴或者少缴已扣、已收税款，数额在100万元以上的；

（二）欠缴应纳税款，采取转移或者隐匿财产的手段，妨碍税务机关追缴欠缴的税款，欠缴税款金额100万元以上的；

（三）骗取国家出口退税款的；

（四）以暴力、威胁方法拒不缴纳税款的；

（五）虚开增值税专用发票或者虚开用于骗取出口退税、抵扣税款的其他发票的；

（六）虚开增值税普通发票100份以上或者金额400万元以上的；

（七）私自印制、伪造、变造发票，非法制造发票防伪专用品，伪造发票监制章的；

（八）具有偷税、逃避追缴欠税、骗取出口退税、抗税、虚开发票等行

第一章 金税四期建设进程最新进展

为,在稽查案件执行完毕前,不履行税收义务并脱离税务机关监管,经税务机关检查确认走逃(失联)的;

(九)为纳税人、扣缴义务人非法提供银行账户、发票、证明或者其他方便,导致未缴、少缴税款100万元以上或者骗取国家出口退税款的;

(十)税务代理人违反税收法律、行政法规造成纳税人未缴或者少缴税款100万元以上的;

(十一)其他性质恶劣、情节严重、社会危害性较大的税收违法行为。

第七条 税务机关对当事人依法作出《税务行政处罚决定书》,当事人在法定期限内未申请行政复议、未提起行政诉讼,或者申请行政复议,行政复议机关作出行政复议决定后,在法定期限内未提起行政诉讼,或者人民法院对税务行政处罚决定或行政复议决定作出生效判决、裁定后,有本办法第六条规定情形之一的,税务机关确定其为失信主体。

对移送公安机关的当事人,税务机关在移送时已依法作出《税务处理决定书》,未作出《税务行政处罚决定书》的,当事人在法定期限内未申请行政复议、未提起行政诉讼,或者申请行政复议,行政复议机关作出行政复议决定后,在法定期限内未提起行政诉讼,或者人民法院对税务处理决定或行政复议决定作出生效判决、裁定后,有本办法第六条规定情形之一的,税务机关确定其为失信主体。

第八条 税务机关应当在作出确定失信主体决定前向当事人送达告知文书,告知其依法享有陈述、申辩的权利。告知文书应当包括以下内容:

(一)当事人姓名或者名称、有效身份证件号码或者统一社会信用代码、地址。没有统一社会信用代码的,以税务机关赋予的纳税人识别号代替;

(二)拟确定为失信主体的事由、依据;

(三)拟向社会公布的失信信息;

(四)拟通知相关部门采取失信惩戒措施提示;

(五)当事人依法享有的相关权利;

(六)其他相关事项。

对纳入纳税信用评价范围的当事人,还应当告知其拟适用D级纳税人管理措施。

第九条 当事人在税务机关告知后5日内,可以书面或者口头提出陈述、申辩意见。当事人口头提出陈述、申辩意见的，税务机关应当制作陈述申辩笔录，并由当事人签章。

税务机关应当充分听取当事人陈述、申辩意见，对当事人提出的事实、理由和证据进行复核。当事人提出的事实、理由或者证据成立的，应当采纳。

第十条 经设区的市、自治州以上税务局局长或者其授权的税务局领导批准，税务机关在本办法第七条规定的申请行政复议或提起行政诉讼期限届满，或者行政复议决定、人民法院判决或裁定生效后，于30日内制作失信主体确定文书，并依法送达当事人。失信主体确定文书应当包括以下内容：

（一）当事人姓名或者名称、有效身份证件号码或者统一社会信用代码、地址。没有统一社会信用代码的，以税务机关赋予的纳税人识别号代替；

（二）确定为失信主体的事由、依据；

（三）向社会公布的失信信息提示；

（四）相关部门采取失信惩戒措施提示；

（五）当事人依法享有的相关权利；

（六）其他相关事项。

对纳入纳税信用评价范围的当事人，还应当包括适用D级纳税人管理措施提示。

本条第一款规定的时限不包括因其他方式无法送达，公告送达告知文书和确定文书的时间。

第三章 信息公布

第十一条 税务机关应当在失信主体确定文书送达后的次月15日内，向社会公布下列信息：

（一）失信主体基本情况；

（二）失信主体的主要税收违法事实；

（三）税务处理、税务行政处罚决定及法律依据；

（四）确定失信主体的税务机关；

（五）法律、行政法规规定应当公布的其他信息。

对依法确定为国家秘密的信息，法律、行政法规禁止公开的信息，以及公开后可能危及国家安全、公共安全、经济安全、社会稳定的信息，税务机关不予公开。

第十二条 税务机关按照本办法规定向社会公布失信主体基本情况。失信主体为法人或者其他组织的，公布其名称、统一社会信用代码（纳税人识别号）、注册地址以及违法行为发生时的法定代表人、负责人或者经人民法院生效裁判确定的实际责任人的姓名、性别及身份证件号码（隐去出生年、月、日号码段）；失信主体为自然人的，公布其姓名、性别、身份证件号码（隐去出生年、月、日号码段）。

经人民法院生效裁判确定的实际责任人，与违法行为发生时的法定代表人或者负责人不一致的，除有证据证明法定代表人或者负责人有涉案行为外，税务机关只向社会公布实际责任人信息。

第十三条 税务机关应当通过国家税务总局各省、自治区、直辖市、计划单列市税务局网站向社会公布失信主体信息，根据本地区实际情况，也可以通过税务机关公告栏、报纸、广播、电视、网络媒体等途径以及新闻发布会等形式向社会公布。

国家税务总局归集各地税务机关确定的失信主体信息，并提供至"信用中国"网站进行公开。

第十四条 属于本办法第六条第一项、第二项规定情形的失信主体，在失信信息公布前按照《税务处理决定书》《税务行政处罚决定书》缴清税款、滞纳金和罚款的，经税务机关确认，不向社会公布其相关信息。

属于本办法第六条第八项规定情形的失信主体，具有偷税、逃避追缴欠税行为的，按照前款规定处理。

第十五条 税务机关对按本办法规定确定的失信主体，纳入纳税信用评价范围的，按照纳税信用管理规定，将其纳税信用级别判为D级，适用相应的D级纳税人管理措施。

第十六条 对按本办法第十一条第一款规定向社会公布信息的失信主体，税务机关将失信信息提供给相关部门，由相关部门依法依规采取失信惩戒措施。

第十七条 失信主体信息自公布之日起满3年的，税务机关在5日内停止信息公布。

第四章 提前停止公布

第十八条 失信信息公布期间，符合下列条件之一的，失信主体或者其破产管理人可以向作出确定失信主体决定的税务机关申请提前停止公布失信信息：

（一）按照《税务处理决定书》《税务行政处罚决定书》缴清（退）税款、滞纳金、罚款，且失信主体失信信息公布满六个月的；

（二）失信主体破产，人民法院出具批准重整计划或认可和解协议的裁定书，税务机关依法受偿的；

（三）在发生重大自然灾害、公共卫生、社会安全等突发事件期间，因参与应急抢险救灾、疫情防控、重大项目建设或者履行社会责任作出突出贡献的。

第十九条 按本办法第十八条第一项规定申请提前停止公布的，申请人应当提交停止公布失信信息申请表、诚信纳税承诺书。

按本办法第十八条第二项规定申请提前停止公布的，申请人应当提交停止公布失信信息申请表、人民法院出具的批准重整计划或认可和解协议的裁定书。

按本办法第十八条第三项规定申请提前停止公布的，申请人应当提交停止公布失信信息申请表、诚信纳税承诺书以及省、自治区、直辖市、计划单列市人民政府出具的有关材料。

第二十条 税务机关应当自收到申请之日起2日内作出是否受理的决定。申请材料齐全、符合法定形式的，应当予以受理，并告知申请人。不予受理的，应当告知申请人，并说明理由。

第二十一条 受理申请后，税务机关应当及时审核。符合本办法第十八条第一项规定条件的，经设区的市、自治州以上税务局局长或者其授权的税务局领导批准，准予提前停止公布；符合本办法第十八条第二项、第三项规定条件的，经省、自治区、直辖市、计划单列市税务局局长或者其授权的税务局领导批准，准予提前停止公布。

税务机关应当自受理之日起15日内作出是否予以提前停止公布的决定，并告知申请人。对不予提前停止公布的，应当说明理由。

第一章 金税四期建设进程最新进展

第二十二条 失信主体有下列情形之一的，不予提前停止公布：

（一）被确定为失信主体后，因发生偷税、逃避追缴欠税、骗取出口退税、抗税、虚开发票等税收违法行为受到税务处理或者行政处罚的；

（二）五年内被确定为失信主体两次以上的。

申请人按本办法第十八条第二项规定申请提前停止公布的，不受前款规定限制。

第二十三条 税务机关作出准予提前停止公布决定的，应当在5日内停止信息公布。

第二十四条 税务机关可以组织申请提前停止公布的失信主体法定代表人、财务负责人等参加信用培训，开展依法诚信纳税教育。信用培训不得收取任何费用。

第五章 附 则

第二十五条 本办法规定的期间以日计算的，是指工作日，不含法定休假日；期间以年、月计算的，到期月的对应日为期间的最后一日；没有对应日的，月末日为期间的最后一日。期间开始的当日不计算在期间内。

本办法所称"以上、日内"，包含本数（级）。

第二十六条 国家税务总局各省、自治区、直辖市、计划单列市税务局可以依照本办法制定具体实施办法。

第二十七条 本办法自2022年2月1日起施行。《国家税务总局关于发布〈重大税收违法失信案件信息公布办法〉的公告》（2018年第54号）同时废止。

第二节　金税四期下的纳税服务与稽查

一、2023年"便民办税春风行动"措施促进民营经济发展壮大服务高质量发展

《国家税务总局关于接续推出和优化"便民办税春风行动"措施促进民营

经济发展壮大服务高质量发展的通知》(税总纳服函〔2023〕211号)规定：

为持续推动税务系统主题教育走深走实，认真落实《中共中央 国务院关于促进民营经济发展壮大的意见》（以下简称《意见》）及7月31日国务院常务会议部署，税务总局在今年上半年已推出四批"便民办税春风行动"措施的基础上，重点围绕支持中小微企业和个体工商户发展，落实好新出台的系列减税降费政策，再推出和优化一批"便民办税春风行动"措施，助力民营经济发展壮大，促进经济运行持续好转，更好服务高质量发展。现将有关事项通知如下：

一、进一步强化政策落实

（一）制定编发支持小微企业和个体工商户发展壮大的税费优惠政策清单及相关指引。

（二）根据清单和指引，各级税务局组织开展对民营企业和个体工商户的面对面宣传解读。共性问题由总局统一及时制发问答口径并上网，确保执行统一规范。

（三）完善税费政策精准推送机制，制定并试行《税费政策精准推送工作规范》，更好实现"政策找人"，确保政策直达快享。

（四）完善追溯享受的服务措施。对需要退税的，充分尊重纳税人缴费人意愿，通过专期专项等方式及时办理。

（五）对纳税人因各种原因未在今年7月征期内及时享受研发费用加计扣除政策的，可在8、9月份由纳税人通过变更第二季度（或6月份）企业所得税预缴申报的方式补充享受；积极会同相关部门收集编发研发项目鉴定案例，帮助符合条件的中小微企业充分准确享受研发费用加计扣除政策红利。

（六）针对小规模纳税人减免增值税优惠、小型微利企业和个体工商户所得税优惠等政策，加大自主申报、自行享受的落实力度，不断拓展适用范围。

（七）完善减税降费红利账单推送机制，优化改进系统功能，探索开展红利账单个性化、定制化推送服务。

二、进一步便利税费办理

（八）对"企业财务会计制度"等11项证明材料采用调阅复用措施，减少资料重复报送，减轻办税缴费负担。

（九）深化落实"个体工商户经营者身份证明"等12项税务证明事项

告知承诺制，严控新设税务证明事项，没有法律、行政法规依据，不得要求纳税人在申请办理税务事项前自行检测、检验、认证、鉴定、公证或提供证明等。

（十）推广数字化电子发票，助力中小企业数字化转型，进一步降低中小企业制度性交易成本。

（十一）持续优化增值税、企业所得税、个人所得税等税种申报预填服务，在具备数据条件地区创新环境保护税纳税申报方式，探索智能预填，缩短填报时间。

（十二）优化中小企业跨省迁移办理流程，对符合条件的中小企业，税务机关按规定及时办理迁出手续，迁移信息同步推送至迁入地税务机关。

（十三）进一步优化银税信用信息共享方式，在保障数据安全维护纳税人合法权益的前提下，帮助更多民营企业凭借良好纳税信用通过"银税互动"获得融资支持。

三、进一步改进诉求响应

（十四）充分发挥税费服务诉求解决机制作用，税务总局、各省税务局同步建立民营企业直联点，常态化开展民营企业走访座谈，系统梳理中小企业反映强烈的问题，研究务实管用的解决措施，及时响应纳税人缴费人合理诉求。

（十五）组织税务系统延续开展中小企业服务季活动，聚焦中小企业和个体工商户所需所盼，拓展创新服务举措，推动新出台的系列减税降费政策更好落实落细。

（十六）进一步加强与工商联等部门联动，积极面向民营企业开展多领域多层次、线上线下相结合的税费专业培训辅导，积极探索对不同类型民营企业提供个性化服务，帮助处于转型升级阶段的民营企业提升合规能力。

（十七）各地税务机关协同本地商会组织设立民营企业服务站或服务顾问，深入开展普法、答疑、调解、维权等工作，及时满足企业税费咨询等服务需求。

四、进一步深化跨境服务

（十八）简并企业报告境外投资和所得信息有关报表，减少报送频次，进一步降低企业申报负担。

（十九）优化电子税务局、国际贸易"单一窗口"服务功能，推行出口退税发票及出口报关单信息"免填报"，进一步提高民营企业等各类企业办理出口退税便利度。

（二十）设立12366跨境服务咨询专线，加强跨境经营高频疑难涉税问题的收集整理，推出并不断完善"跨境纳税人疑难问题解答"，拓宽民营企业解疑释惑渠道。

（二十一）结合民营企业境外投资特点，在税务总局官网推出"海外税收案例库"，更新发布国别（地区）投资税收指南，帮助"走出去"民营企业防范税务风险，提升税法遵从能力。

（二十二）深化运用税收协定相互协商程序、预约定价安排等国际税收法律工具，更大力度地帮助民营企业等纳税人解决跨境涉税争议，提高跨境经营的税收确定性。

（二十三）依托"一带一路"税收征管合作机制，深化共建"一带一路"国际税收合作，为民营企业更好"走出去"创造良好税收环境。

五、进一步优化执法方式

（二十四）坚持依法依规征税收费，坚决不收"过头税费"，拓展并畅通12366纳税缴费服务热线等投诉举报渠道，对征收"过头税费"行为发现一起严肃查处一起。

（二十五）加快推进制定区域统一的税务行政处罚裁量基准，促进区域间税收执法协同。

（二十六）对符合条件、确有困难的民营企业发生欠税，税务机关辅导其制定清欠计划，对按计划缴纳税款的，暂不采取强制执行措施。

（二十七）坚持教育与处罚相结合，进一步严格落实"首违不罚"制度，对税务行政处罚"首违不罚"事项清单中的14个事项，首次发生且危害后果轻微，在税务机关发现前主动改正或者在税务机关依法规定的期限内改正的，不予行政处罚。

（二十八）严格落实税务规范性文件公平竞争和权益性审核制度，加强相关政策措施的审核力度，切实维护中小微企业和个体工商户等民营经济纳税人合法权益，确保对各类所有制企业一视同仁、平等对待。

各级税务机关要坚持以习近平新时代中国特色社会主义思想为指导，完整、准确、全面贯彻新发展理念,坚决贯彻落实"两个毫不动摇",充分认识促进民营经济发展壮大的重要意义,充分认识做好当前税务工作对推动国民经济持续恢复和高质量发展的重要意义,切实增强使命感和责任感,把认真抓好《意见》落实、认真贯彻中央政治局会议和国务院常务会议精神作为深入推进税务系统主题教育的重要任务,紧密结合实际创造性开展工作,依法依规为纳税人缴费人解难题、办实事,主动协同高效作为、靠前贴近精细服务,着力促进民营经济做大做优做强。要结合不断创新和发展"晋江经验"的要求,不断丰富完善税务部门服务中小微企业和个体工商户的措施办法,及时总结推广各地税务机关特别是民营经济活力较强地区的好经验好做法,对行之有效的经验做法固定下来形成制度,确保党中央、国务院促进民营经济发展壮大和新出台的系列减税降费政策等决策部署在税务系统不折不扣落地见效,为服务高质量发展作出新的更大贡献。

二、落实落细税费优惠政策推出"便民办税春风行动"

《国家税务总局关于落实落细税费优惠政策推出"便民办税春风行动"第三批措施的通知》(税总纳服函〔2023〕38号)规定:

为深入学习贯彻党的二十大精神,认真落实中央经济工作会议、全国两会和国务院常务会议部署,不折不扣执行延续和优化的税费优惠政策,税务总局推出"便民办税春风行动"第三批20条措施,确保各项税费政策及时落实落细、落准落稳,提振市场信心,稳定市场预期,推动经济运行持续整体好转,积极助力高质量发展。现通知如下:

一、政策落实提速

1.健全完善统一税费政策口径工作机制,持续发布有关政策即问即答口径,提高税费政策确定性和执行一致性,为各项税费政策落地落细提供保障。

2.系统梳理各项税费优惠政策,制定通俗易懂、简洁明了的分主题政策清单,针对税费优惠政策的适用主体,向纳税人缴费人分类推送相关税费优惠政策,努力实现"政策找人""送政策上门"。

3.结合第32个全国税收宣传月活动,广泛利用新闻宣传和网络媒介加强政策宣介,开展针对性宣传辅导,帮助纳税人缴费人准确掌握和及时适用各项税费优惠政策。

4.对今年出台的各项税费优惠政策,做好跟踪评估,深入分析政策执行效果,及时发现存在问题,适时研提优化完善建议。

5.深入开展减税降费红利账单推送并进一步扩大推送范围,优化推送模式,提升红利账单信息化核验水平,拓展推送渠道,提升纳税人缴费人减税降费获得感。

二、重点服务提档

6.认真落实《促进个体工商户发展条例》,通过加强信息共享,进一步优化个体工商户经营者变更操作流程,充分释放个体工商户税费优惠政策红利。

7.组织税务系统开展全国个体工商户服务月活动,采取针对性措施帮助个体工商户知政策、会操作、能享受,持续为个体工商户纾困解难、优化经营环境。

8.联合全国工商联深入开展"春雨润苗"专项行动,让各项税费优惠政策和创新服务举措及时惠及小微企业,持续助力小微企业健康发展。

9.确保2023年全年一类、二类出口企业正常出口退(免)税的平均办理时间保持在3个工作日之内,进一步激发出口企业活力,支持外贸平稳发展。

10.制定研发费用加计扣除政策指引,结合优惠政策享受情况,开展全方位宣传辅导,帮助企业充分享受政策红利,促进企业加大研发投入。

三、诉求响应提效

11.通过"走流程听建议"等方式,大兴调查研究,全面收集纳税人缴费人政策享受中遇到的问题、困难和诉求,及时处理、研究、反馈,促进政策实施更加有力有效,充分保障纳税人缴费人不折不扣享受政策红利。

12.深化运用税收大数据,识别纳税人缴费人在税费优惠政策、办理服务等方面的潜在需求,探索开展个性化、集合式推送和纳税信用提示提醒,帮助纳税人及时防范失信风险、纠正失信行为,促进税法遵从。

四、便捷办理提质

13.持续推进"减证便民",深入实施税务证明事项告知承诺制,为纳税人申报享受税费优惠政策提供便利。

14.持续优化电子税务局功能,丰富应用场景,推动个体工商户减半征收、小型微利企业所得税优惠等延续优化税费优惠政策的申报实现信息系统自动计算减免税额、自动预填申报,提升纳税人缴费人办理体验,确保税费优惠政策落准落稳。

15. 对在职职工人数30人以下的企业自动免征残保金,确保优惠政策应享尽享。

16. 主动提示提醒并及时为符合残保金优惠政策条件的缴费人办理一季度已缴费款退费,确保优惠政策落到实处。

17. 做好物流企业大宗商品仓储设施用地城镇土地使用税优惠政策追溯享受有关退抵税工作;施行城镇土地使用税按月申报的地区,形成退抵税纳税人清单,针对性推送预填好的退抵税申请表,加快退抵税审核,提高退抵税效率。

18. 进一步拓展不动产登记税费线上办理渠道,利用税务App、微信小程序等,为纳税人提供更加丰富的掌上服务,更好满足纳税人个性化需求;加强相关部门间不动产登记税费信息共享,提升办理质效。

五、规范执法提升

19. 规范促进涉税专业服务机构按照市场化原则为纳税人缴费人提供个性化服务,帮助纳税人缴费人依法依规快速享受政策红利;严厉惩治不良涉税中介唆使误导纳税人缴费人实施税收违法行为,防范纳税人缴费人信用受损,维护国家税收安全。

20. 深入推进税务文书电子送达,逐步减少纳税人签收纸质文书的情形,减轻纳税人办税负担。

各级税务机关要进一步增强责任感、紧迫感,强化系统思维和科学谋划,因地制宜创造性开展工作、抓好落实,确保延续优化的减税降费政策全面落地见效,尽心尽力为纳税人缴费人办实事、解难题,为经营主体纾困解难、减负增效,有力推动党中央、国务院决策部署不折不扣落到实处。

三、税务稽查案件办理程序规定

《税务稽查案件办理程序规定》(2021年7月12日国家税务总局令第52号公布)规定:

<h3 style="text-align:center">第一章 总 则</h3>

第一条 为了贯彻落实中共中央办公厅、国务院办公厅印发的《关于进

一步深化税收征管改革的意见》，保障税收法律、行政法规的贯彻实施，规范税务稽查案件办理程序，强化监督制约机制，保护纳税人、扣缴义务人和其他涉税当事人合法权益，根据《中华人民共和国税收征收管理法》（以下简称"《税收征收管理法》"）、《中华人民共和国税收征收管理法实施细则》（以下简称"《税收征管法实施细则》"）等法律、行政法规，制定本规定。

第二条　稽查局办理税务稽查案件适用本规定。

第三条　办理税务稽查案件应当以事实为根据，以法律为准绳，坚持公平、公正、公开、效率的原则。

第四条　税务稽查由稽查局依法实施。稽查局主要职责是依法对纳税人、扣缴义务人和其他涉税当事人履行纳税义务、扣缴义务情况及涉税事项进行检查处理，以及围绕检查处理开展的其他相关工作。稽查局具体职责由国家税务总局依照税收征管法、税收征管法实施细则和国家有关规定确定。

第五条　稽查局办理税务稽查案件时，实行选案、检查、审理、执行分工制约原则。

第六条　稽查局应当在税务局向社会公告的范围内实施税务稽查。上级税务机关可以根据案件办理的需要指定管辖。

税收法律、行政法规和国家税务总局规章对税务稽查管辖另有规定的，从其规定。

第七条　税务稽查管辖有争议的，由争议各方本着有利于案件办理的原则逐级协商解决；不能协商一致的，报请共同的上级税务机关决定。

第八条　税务稽查人员具有税收征管法实施细则规定回避情形的，应当回避。

被查对象申请税务稽查人员回避或者税务稽查人员自行申请回避的，由稽查局局长依法决定是否回避。稽查局局长发现税务稽查人员具有规定回避情形的，应当要求其回避。稽查局局长的回避，由税务局局长依法审查决定。

第九条　税务稽查人员对实施税务稽查过程中知悉的国家秘密、商业秘密或者个人隐私、个人信息，应当依法予以保密。

纳税人、扣缴义务人和其他涉税当事人的税收违法行为不属于保密范围。

第十条　税务稽查人员应当遵守工作纪律，恪守职业道德，不得有下列行为：

（一）违反法定程序、超越权限行使职权；

（二）利用职权为自己或者他人牟取利益；

（三）玩忽职守，不履行法定义务；

（四）泄露国家秘密、工作秘密，向被查对象通风报信、泄露案情；

（五）弄虚作假，故意夸大或者隐瞒案情；

（六）接受被查对象的请客送礼等影响公正执行公务的行为；

（七）其他违法违纪行为。

税务稽查人员在执法办案中滥用职权、玩忽职守、徇私舞弊的，依照有关规定严肃处理；涉嫌犯罪的，依法移送司法机关处理。

第十一条 税务稽查案件办理应当通过文字、音像等形式，对案件办理的启动、调查取证、审核、决定、送达、执行等进行全过程记录。

第二章 选　　案

第十二条 稽查局应当加强稽查案源管理，全面收集整理案源信息，合理、准确地选择待查对象。案源管理依照国家税务总局有关规定执行。

第十三条 待查对象确定后，经稽查局局长批准实施立案检查。

必要时，依照法律法规的规定，稽查局可以在立案前进行检查。

第十四条 稽查局应当统筹安排检查工作，严格控制对纳税人、扣缴义务人的检查次数。

第三章 检　　查

第十五条 检查前，稽查局应当告知被查对象检查时间、需要准备的资料等，但预先通知有碍检查的除外。

检查应当由两名以上具有执法资格的检查人员共同实施，并向被查对象出示税务检查证件、出示或者送达税务检查通知书，告知其权利和义务。

第十六条 检查应当依照法定权限和程序，采取实地检查、调取账簿资料、询问、查询存款账户或者储蓄存款、异地协查等方法。

对采用电子信息系统进行管理和核算的被查对象，检查人员可以要求其打开该电子信息系统，或者提供与原始电子数据、电子信息系统技术资料一致的复制件。被查对象拒不打开或者拒不提供的，经稽查局局长批准，可以采用适当的技术手段对该电子信息系统进行直接检查，或者提取、复制电子数据进行检查，但所采用的技术手段不得破坏该电子信息系统原始电子数据，或者影响该电子信息系统正常运行。

第十七条 检查应当依照法定权限和程序收集证据材料。收集的证据必须经查证属实，并与证明事项相关联。

不得以下列方式收集、获取证据材料：

（一）严重违反法定程序收集；

（二）以违反法律强制性规定的手段获取且侵害他人合法权益；

（三）以利诱、欺诈、胁迫、暴力等手段获取。

第十八条 调取账簿、记账凭证、报表和其他有关资料时，应当向被查对象出具调取账簿资料通知书，并填写调取账簿资料清单交其核对后签章确认。

调取纳税人、扣缴义务人以前会计年度的账簿、记账凭证、报表和其他有关资料的，应当经县以上税务局局长批准，并在3个月内完整退还；调取纳税人、扣缴义务人当年的账簿、记账凭证、报表和其他有关资料的，应当经设区的市、自治州以上税务局局长批准，并在30日内退还。

退还账簿资料时，应当由被查对象核对调取账簿资料清单，并签章确认。

第十九条 需要提取证据材料原件的，应当向当事人出具提取证据专用收据，由当事人核对后签章确认。对需要退还的证据材料原件，检查结束后应当及时退还，并履行相关签收手续。需要将已开具的纸质发票调出查验时，应当向被查验的单位或者个人开具发票换票证；需要将空白纸质发票调出查验时，应当向被查验的单位或者个人开具调验空白发票收据。经查无问题的，应当及时退还，并履行相关签收手续。

提取证据材料复制件的，应当由当事人或者原件保存单位（个人）在复制件上注明"与原件核对无误"及原件存放地点，并签章。

第二十条 询问应当由两名以上检查人员实施。除在被查对象生产、经营、办公场所询问外，应当向被询问人送达询问通知书。

询问时应当告知被询问人有关权利义务。询问笔录应当交被询问人核对或者向其宣读；询问笔录有修改的，应当由被询问人在改动处捺指印；核对无误后，由被询问人在尾页结束处写明"以上笔录我看过（或者向我宣读过），与我说的相符"，并逐页签章、捺指印。被询问人拒绝在询问笔录上签章、捺指印的，检查人员应当在笔录上注明。

第二十一条　当事人、证人可以采取书面或者口头方式陈述或者提供证言。当事人、证人口头陈述或者提供证言的，检查人员应当以笔录、录音、录像等形式进行记录。笔录可以手写或者使用计算机记录并打印，由当事人或者证人逐页签章、捺指印。

当事人、证人口头提出变更陈述或者证言的，检查人员应当就变更部分重新制作笔录，注明原因，由当事人或证人逐页签章、捺指印。当事人、证人变更书面陈述或者证言的，变更前的笔录不予退回。

第二十二条　制作录音、录像等视听资料的，应当注明制作方法、制作时间、制作人和证明对象等内容。

调取视听资料时，应当调取有关资料的原始载体；难以调取原始载体的，可以调取复制件，但应当说明复制方法、人员、时间和原件存放处等事项。

对声音资料，应当附有该声音内容的文字记录；对图像资料，应当附有必要的文字说明。

第二十三条　以电子数据的内容证明案件事实的，检查人员可以要求当事人将电子数据打印成纸质资料，在纸质资料上注明数据出处、打印场所、打印时间或者提供时间，注明"与电子数据核对无误"，并由当事人签章。

需要以有形载体形式固定电子数据的，检查人员应当与提供电子数据的个人、单位的法定代表人或者财务负责人或者经单位授权的其他人员一起将电子数据复制到存储介质上并封存，同时在封存包装物上注明制作方法、制作时间、制作人、文件格式及大小等，注明"与原始载体记载的电子数据核对无误"，并由电子数据提供人签章。

收集、提取电子数据，检查人员应当制作现场笔录，注明电子数据的来源、事由、证明目的或者对象，提取时间、地点、方法、过程，原始存储介质的存放地点以及对电子数据存储介质的签封情况等。进行数据压缩的，应当在笔录中注明压缩方法和完整性校验值。

第二十四条　检查人员实地调查取证时，可以制作现场笔录、勘验笔录，对实地调查取证情况予以记录。

制作现场笔录、勘验笔录，应当载明时间、地点和事件等内容，并由检查人员签名和当事人签章。

当事人经通知不到场或者拒绝在现场笔录、勘验笔录上签章的，检查人员应当在笔录上注明原因；如有其他人员在场，可以由其签章证明。

第二十五条　检查人员异地调查取证的，当地税务机关应当予以协助；发函委托相关稽查局调查取证的，必要时可以派人参与受托地稽查局的调查取证，受托地稽查局应当根据协查请求，依照法定权限和程序调查。

需要取得境外资料的，稽查局可以提请国际税收管理部门依照有关规定程序获取。

第二十六条　查询从事生产、经营的纳税人、扣缴义务人存款账户，应当经县以上税务局局长批准，凭检查存款账户许可证明向相关银行或者其他金融机构查询。

查询案件涉嫌人员储蓄存款的，应当经设区的市、自治州以上税务局局长批准，凭检查存款账户许可证明向相关银行或者其他金融机构查询。

第二十七条　被查对象有下列情形之一的，依照税收征管法和税收征管法实施细则有关逃避、拒绝或者以其他方式阻挠税务检查的规定处理：

（一）提供虚假资料，不如实反映情况，或者拒绝提供有关资料的；

（二）拒绝或者阻止税务机关记录、录音、录像、照相和复制与案件有关的情况和资料的；

（三）在检查期间转移、隐匿、销毁有关资料的；

（四）有不依法接受税务检查的其他情形的。

第二十八条　税务机关有根据认为从事生产、经营的纳税人有逃避纳税义务行为，可以在规定的纳税期之前，责令限期缴纳应纳税款；在限期内发现纳税人有明显地转移、隐匿其应纳税的商品、货物以及其他财产或者应纳税收入迹象的，可以责成纳税人提供纳税担保。如果纳税人不能提供纳税担保，经县以上税务局局长批准，可以依法采取税收强制措施。

检查从事生产、经营的纳税人以前纳税期的纳税情况时，发现纳税人有逃避纳税义务行为，并有明显的转移、隐匿其应纳税的商品、货物以及其他财产或者应纳税收入迹象的，经县以上税务局局长批准，可以依法采取税收强制措施。

第二十九条 稽查局采取税收强制措施时,应当向纳税人、扣缴义务人、纳税担保人交付税收强制措施决定书,告知其采取税收强制措施的内容、理由、依据以及依法享有的权利、救济途径,并履行法律、法规规定的其他程序。

采取冻结纳税人在开户银行或者其他金融机构的存款措施时,应当向纳税人开户银行或者其他金融机构交付冻结存款通知书,冻结其相当于应纳税款的存款;并于作出冻结决定之日起3个工作日内,向纳税人交付冻结决定书。

采取查封、扣押商品、货物或者其他财产措施时,应当向纳税人、扣缴义务人、纳税担保人当场交付查封、扣押决定书,填写查封商品、货物或者其他财产清单或者出具扣押商品、货物或者其他财产专用收据,由当事人核对后签章。查封清单、扣押收据一式二份,由当事人和稽查局分别保存。

采取查封、扣押有产权证件的动产或者不动产措施时,应当依法向有关单位送达税务协助执行通知书,通知其在查封、扣押期间不再办理该动产或者不动产的过户手续。

第三十条 按照本规定第二十八条第二款采取查封、扣押措施的,期限一般不得超过6个月;重大案件有下列情形之一,需要延长期限的,应当报国家税务总局批准:

(一)案情复杂,在查封、扣押期限内确实难以查明案件事实的;

(二)被查对象转移、隐匿、销毁账簿、记账凭证或者其他证据材料的;

(三)被查对象拒不提供相关情况或者以其他方式拒绝、阻挠检查的;

(四)解除查封、扣押措施可能使纳税人转移、隐匿、损毁或者违法处置财产,从而导致税款无法追缴的。

除前款规定情形外采取查封、扣押、冻结措施的,期限不得超过30日;情况复杂的,经县以上税务局局长批准,可以延长,但是延长期限不得超过30日。

第三十一条 有下列情形之一的,应当依法及时解除税收强制措施:

(一)纳税人已按履行期限缴纳税款、扣缴义务人已按履行期限解缴税款、纳税担保人已按履行期限缴纳所担保税款的;

(二)税收强制措施被复议机关决定撤销的;

（三）税收强制措施被人民法院判决撤销的；

（四）其他法定应当解除税收强制措施的。

第三十二条　解除税收强制措施时，应当向纳税人、扣缴义务人、纳税担保人送达解除税收强制措施决定书，告知其解除税收强制措施的时间、内容和依据，并通知其在规定时间内办理解除税收强制措施的有关事宜：

（一）采取冻结存款措施的，应当向冻结存款的纳税人开户银行或者其他金融机构送达解除冻结存款通知书，解除冻结；

（二）采取查封商品、货物或者其他财产措施的，应当解除查封并收回查封商品、货物或者其他财产清单；

（三）采取扣押商品、货物或者其他财产措施的，应当予以返还并收回扣押商品、货物或者其他财产专用收据。

税收强制措施涉及协助执行单位的，应当向协助执行单位送达税务协助执行通知书，通知解除税收强制措施相关事项。

第三十三条　有下列情形之一，致使检查暂时无法进行的，经稽查局局长批准后，中止检查：

（一）当事人被有关机关依法限制人身自由的；

（二）账簿、记账凭证及有关资料被其他国家机关依法调取且尚未归还的；

（三）与税收违法行为直接相关的事实需要人民法院或者其他国家机关确认的；

（四）法律、行政法规或者国家税务总局规定的其他可以中止检查的。

中止检查的情形消失，经稽查局局长批准后，恢复检查。

第三十四条　有下列情形之一，致使检查确实无法进行的，经稽查局局长批准后，终结检查：

（一）被查对象死亡或者被依法宣告死亡或者依法注销，且有证据表明无财产可抵缴税款或者无法定税收义务承担主体的；

（二）被查对象税收违法行为均已超过法定追究期限的；

（三）法律、行政法规或者国家税务总局规定的其他可以终结检查的。

第三十五条　检查结束前，检查人员可以将发现的税收违法事实和依据告知被查对象。

被查对象对违法事实和依据有异议的，应当在限期内提供说明及证据材料。被查对象口头说明的，检查人员应当制作笔录，由当事人签章。

第四章 审 理

第三十六条 检查结束后，稽查局应当对案件进行审理。符合重大税务案件标准的，稽查局审理后提请税务局重大税务案件审理委员会审理。

重大税务案件审理依照国家税务总局有关规定执行。

第三十七条 案件审理应当着重审核以下内容：

（一）执法主体是否正确；

（二）被查对象是否准确；

（三）税收违法事实是否清楚，证据是否充分，数据是否准确，资料是否齐全；

（四）适用法律、行政法规、规章及其他规范性文件是否适当，定性是否正确；

（五）是否符合法定程序；

（六）是否超越或者滥用职权；

（七）税务处理、处罚建议是否适当；

（八）其他应当审核确认的事项或者问题。

第三十八条 有下列情形之一的，应当补正或者补充调查：

（一）被查对象认定错误的；

（二）税收违法事实不清、证据不足的；

（三）不符合法定程序的；

（四）税务文书不规范、不完整的；

（五）其他需要补正或者补充调查的。

第三十九条 拟对被查对象或者其他涉税当事人作出税务行政处罚的，应当向其送达税务行政处罚事项告知书，告知其依法享有陈述、申辩及要求听证的权利。税务行政处罚事项告知书应当包括以下内容：

（一）被查对象或者其他涉税当事人姓名或者名称、有效身份证件号码或者统一社会信用代码、地址。没有统一社会信用代码的，以税务机关赋予的纳税人识别号代替；

（二）认定的税收违法事实和性质；

（三）适用的法律、行政法规、规章及其他规范性文件；

（四）拟作出的税务行政处罚；

（五）当事人依法享有的权利；

（六）告知书的文号、制作日期、税务机关名称及印章；

（七）其他相关事项。

第四十条 被查对象或者其他涉税当事人可以书面或者口头提出陈述、申辩意见。对当事人口头提出陈述、申辩意见，应当制作陈述申辩笔录，如实记录，由陈述人、申辩人签章。

应当充分听取当事人的陈述、申辩意见；经复核，当事人提出的事实、理由或者证据成立的，应当采纳。

第四十一条 被查对象或者其他涉税当事人按照法律、法规、规章要求听证的，应当依法组织听证。

听证依照国家税务总局有关规定执行。

第四十二条 经审理，区分下列情形分别作出处理：

（一）有税收违法行为，应当作出税务处理决定的，制作税务处理决定书；

（二）有税收违法行为，应当作出税务行政处罚决定的，制作税务行政处罚决定书；

（三）税收违法行为轻微，依法可以不予税务行政处罚的，制作不予税务行政处罚决定书；

（四）没有税收违法行为的，制作税务稽查结论。

税务处理决定书、税务行政处罚决定书、不予税务行政处罚决定书、税务稽查结论引用的法律、行政法规、规章及其他规范性文件，应当注明文件全称、文号和有关条款。

第四十三条 税务处理决定书应当包括以下主要内容：

（一）被查对象姓名或者名称、有效身份证件号码或者统一社会信用代码、地址。没有统一社会信用代码的，以税务机关赋予的纳税人识别号代替；

（二）检查范围和内容；

（三）税收违法事实及所属期间；

（四）处理决定及依据；

（五）税款金额、缴纳期限及地点；

（六）税款滞纳时间、滞纳金计算方法、缴纳期限及地点；

（七）被查对象不按期履行处理决定应当承担的责任；

（八）申请行政复议或者提起行政诉讼的途径和期限；

（九）处理决定书的文号、制作日期、税务机关名称及印章。

第四十四条 税务行政处罚决定书应当包括以下主要内容：

（一）被查对象或者其他涉税当事人姓名或者名称、有效身份证件号码或者统一社会信用代码、地址。没有统一社会信用代码的，以税务机关赋予的纳税人识别号代替；

（二）检查范围和内容；

（三）税收违法事实、证据及所属期间；

（四）行政处罚种类和依据；

（五）行政处罚履行方式、期限和地点；

（六）当事人不按期履行行政处罚决定应当承担的责任；

（七）申请行政复议或者提起行政诉讼的途径和期限；

（八）行政处罚决定书的文号、制作日期、税务机关名称及印章。

税务行政处罚决定应当依法公开。公开的行政处罚决定被依法变更、撤销、确认违法或者确认无效的，应当在3个工作日内撤回原行政处罚决定信息并公开说明理由。

第四十五条 不予税务行政处罚决定书应当包括以下主要内容：

（一）被查对象或者其他涉税当事人姓名或者名称、有效身份证件号码或者统一社会信用代码、地址。没有统一社会信用代码的，以税务机关赋予的纳税人识别号代替；

（二）检查范围和内容；

（三）税收违法事实及所属期间；

（四）不予税务行政处罚的理由及依据；

（五）申请行政复议或者提起行政诉讼的途径和期限；

（六）不予行政处罚决定书的文号、制作日期、税务机关名称及印章。

第四十六条 税务稽查结论应当包括以下主要内容：

（一）被查对象姓名或者名称、有效身份证件号码或者统一社会信用代码、地址。没有统一社会信用代码的，以税务机关赋予的纳税人识别号代替；

（二）检查范围和内容；

（三）检查时间和检查所属期间；

（四）检查结论；

（五）结论的文号、制作日期、税务机关名称及印章。

第四十七条 稽查局应当自立案之日起90日内作出行政处理、处罚决定或者无税收违法行为结论。案情复杂需要延期的，经税务局局长批准，可以延长不超过90日；特殊情况或者发生不可抗力需要继续延期的，应当经上一级税务局分管副局长批准，并确定合理的延长期限。但下列时间不计算在内：

（一）中止检查的时间；

（二）请示上级机关或者征求有权机关意见的时间；

（在）提请重大税务案件审理的时间；

（四）因其他方式无法送达，公告送达文书的时间；

（五）组织听证的时间；

（六）纳税人、扣缴义务人超期提供资料的时间；

（七）移送司法机关后，税务机关需根据司法文书决定是否处罚的案件，从司法机关接受移送到司法文书生效的时间。

第四十八条 税收违法行为涉嫌犯罪的，填制涉嫌犯罪案件移送书，经税务局局长批准后，依法移送公安机关，并附送以下资料：

（一）涉嫌犯罪案件情况的调查报告；

（二）涉嫌犯罪的主要证据材料复制件；

（三）其他有关涉嫌犯罪的材料。

第五章 执　行

第四十九条 稽查局应当依法及时送达税务处理决定书、税务行政处罚决定书、不予税务行政处罚决定书、税务稽查结论等税务文书。

第五十条 具有下列情形之一的，经县以上税务局局长批准，稽查局可以依法强制执行，或者依法申请人民法院强制执行：

（一）纳税人、扣缴义务人未按照规定的期限缴纳或者解缴税款、滞纳金，责令限期缴纳逾期仍未缴纳的；

（二）经稽查局确认的纳税担保人未按照规定的期限缴纳所担保的税款、滞纳金，责令限期缴纳逾期仍未缴纳的；

（三）当事人对处罚决定逾期不申请行政复议也不向人民法院起诉、又不履行的；

（四）其他可以依法强制执行的。

第五十一条 当事人确有经济困难，需要延期或者分期缴纳罚款的，可向稽查局提出申请，经税务局局长批准后，可以暂缓或者分期缴纳。

第五十二条 作出强制执行决定前，应当制作并送达催告文书，催告当事人履行义务，听取当事人陈述、申辩意见。经催告，当事人逾期仍不履行行政决定，且无正当理由的，经县以上税务局局长批准，实施强制执行。

实施强制执行时，应当向被执行人送达强制执行决定书，告知其实施强制执行的内容、理由及依据，并告知其享有依法申请行政复议或者提起行政诉讼的权利。

催告期间，对有证据证明有转移或者隐匿财物迹象的，可以作出立即强制执行决定。

第五十三条 稽查局采取从被执行人开户银行或者其他金融机构的存款中扣缴税款、滞纳金、罚款措施时，应当向被执行人开户银行或者其他金融机构送达扣缴税收款项通知书，依法扣缴税款、滞纳金、罚款，并及时将有关凭证送达被执行人。

第五十四条 拍卖、变卖被执行人商品、货物或者其他财产，以拍卖、变卖所得抵缴税款、滞纳金、罚款的，在拍卖、变卖前应当依法进行查封、扣押。

稽查局拍卖、变卖被执行人商品、货物或者其他财产前，应当制作拍卖/变卖抵税财物决定书，经县以上税务局局长批准后送达被执行人，予以拍卖或者变卖。

拍卖或者变卖实现后，应当在结算并收取价款后3个工作日内，办理税款、滞纳金、罚款的入库手续，并制作拍卖/变卖结果通知书，附拍卖/变卖查封、扣押的商品、货物或者其他财产清单，经稽查局局长审核后，送达被执行人。

以拍卖或者变卖所得抵缴税款、滞纳金、罚款和拍卖、变卖等费用后，尚有剩余的财产或者无法进行拍卖、变卖的财产的，应当制作返还商品、货物或者其他财产通知书，附返还商品、货物或者其他财产清单，送达被执行人，并自办理税款、滞纳金、罚款入库手续之日起3个工作日内退还被执行人。

第五十五条 执行过程中发现涉嫌犯罪的，依照本规定第四十八条处理。

第五十六条 执行过程中发现有下列情形之一的，经稽查局局长批准后，中止执行：

（一）当事人死亡或者被依法宣告死亡，尚未确定可执行财产的；

（二）当事人进入破产清算程序尚未终结的；

（三）可执行财产被司法机关或者其他国家机关依法查封、扣押、冻结，致使执行暂时无法进行的；

（四）可供执行的标的物需要人民法院或者仲裁机构确定权属的；

（五）法律、行政法规和国家税务总局规定其他可以中止执行的。

中止执行情形消失后，经稽查局局长批准，恢复执行。

第五十七条 当事人确无财产可供抵缴税款、滞纳金、罚款或者依照破产清算程序确实无法清缴税款、滞纳金、罚款，或者有其他法定终结执行情形的，经税务局局长批准后，终结执行。

第五十八条 税务处理决定书、税务行政处罚决定书等决定性文书送达后，有下列情形之一的，稽查局可以依法重新作出：

（一）决定性文书被人民法院判决撤销的；

（二）决定性文书被行政复议机关决定撤销的；

（三）税务机关认为需要变更或者撤销原决定性文书的；

（四）其他依法需要变更或者撤销原决定性文书的。

第六章　附　　则

第五十九条 本规定相关税务文书的式样，由国家税务总局规定。

第六十条 本规定所称签章，区分以下情况确定：

（一）属于法人或者其他组织的，由相关人员签名，加盖单位印章并注明日期；

（二）属于个人的，由个人签名并注明日期。

本规定所称"以上""日内"，均含本数。

第六十一条 本规定自2021年8月11日起施行。《税务稽查工作规程》（国税发〔2009〕157号印发，国家税务总局公告2018年第31号修改）同时废止。

四、重大税务案件审理办法

《重大税务案件审理办法》（2014年12月2日国家税务总局令第34号公布，根据2021年6月7日国家税务总局令第51号修正）规定：

第一章 总 则

第一条 为贯彻落实中共中央办公厅、国务院办公厅印发的《关于进一步深化税收征管改革的意见》，推进税务机关科学民主决策，强化内部权力制约，优化税务执法方式，严格规范执法行为，推进科学精确执法，保护纳税人、缴费人等税务行政相对人合法权益，根据《中华人民共和国行政处罚法》《中华人民共和国税收征收管理法》，制定本办法。

第二条 省以下各级税务局开展重大税务案件审理工作适用本办法。

第三条 重大税务案件审理应当以事实为根据、以法律为准绳，遵循合法、合理、公平、公正、效率的原则，注重法律效果和社会效果相统一。

第四条 参与重大税务案件审理的人员应当严格遵守国家保密规定和工作纪律，依法为纳税人缴费人等税务行政相对人的商业秘密、个人隐私和个人信息保密。

第二章 审理机构和职责

第五条 省以下各级税务局设立重大税务案件审理委员会（以下简称"审理委员会"）。

审理委员会由主任、副主任和成员单位组成，实行主任负责制。

审理委员会主任由税务局局长担任，副主任由税务局其他领导担任。审理委员会成员单位包括政策法规、税政业务、纳税服务、征管科技、大企业税收管理、税务稽查、督察内审部门。各级税务局可以根据实际需要,增加其他与案件审理有关的部门作为成员单位。

第六条 审理委员会履行下列职责:

(一)拟定本机关审理委员会工作规程、议事规则等制度;

(二)审理重大税务案件;

(三)指导监督下级税务局重大税务案件审理工作。

第七条 审理委员会下设办公室,办公室设在政策法规部门,办公室主任由政策法规部门负责人兼任。

第八条 审理委员会办公室履行下列职责:

(一)组织实施重大税务案件审理工作;

(二)提出初审意见;

(三)制作审理会议纪要和审理意见书;

(四)办理重大税务案件审理工作的统计、报告、案卷归档;

(五)承担审理委员会交办的其他工作。

第九条 审理委员会成员单位根据部门职责参加案件审理,提出审理意见。

稽查局负责提交重大税务案件证据材料、拟作税务处理处罚意见、举行听证。

稽查局对其提交的案件材料的真实性、合法性、准确性负责。

第十条 参与重大税务案件审理的人员有法律法规规定的回避情形的,应当回避。

重大税务案件审理参与人员的回避,由其所在部门的负责人决定;审理委员会成员单位负责人的回避,由审理委员会主任或其授权的副主任决定。

第三章 审理范围

第十一条 本办法所称重大税务案件包括:

(一)重大税务行政处罚案件,具体标准由各省、自治区、直辖市和计划单列市税务局根据本地情况自行制定,报国家税务总局备案;

(二)根据《重大税收违法案件督办管理暂行办法》督办的案件;

(三)应监察、司法机关要求出具认定意见的案件;

(四)拟移送公安机关处理的案件;

(五)审理委员会成员单位认为案情重大、复杂,需要审理的案件;

(六)其他需要审理委员会审理的案件。

有下列情形之一的案件,不属于重大税务案件审理范围:

(一)公安机关已就税收违法行为立案的;

(二)公安机关尚未就税收违法行为立案,但被查对象为走逃(失联)企业,并且涉嫌犯罪的;

(三)国家税务总局规定的其他情形。

第十二条 本办法第十一条第一款第三项规定的案件经审理委员会审理后,应当将拟处理意见报上一级税务局审理委员会备案。备案5日后可以作出决定。

第十三条 稽查局应当在每季度终了后5日内将稽查案件审理情况备案表送审理委员会办公室备案。

第四章 提请和受理

第十四条 稽查局应当在内部审理程序终结后5日内,将重大税务案件提请审理委员会审理。

当事人按照法律、法规、规章有关规定要求听证的,由稽查局组织听证。

第十五条 稽查局提请审理委员会审理案件,应当提交以下案件材料:

(一)重大税务案件审理案卷交接单;

(二)重大税务案件审理提请书;

(三)税务稽查报告;

(四)税务稽查审理报告;

(五)听证材料;

(六)相关证据材料。

重大税务案件审理提请书应当写明拟处理意见,所认定的案件事实应当标明证据指向。

证据材料应当制作证据目录。

稽查局应当完整移交证据目录所列全部证据材料,不能当场移交的应当注明存放地点。

第十六条 审理委员会办公室收到稽查局提请审理的案件材料后,应当在重大税务案件审理案卷交接单上注明接收部门和收到日期,并由接收人签名。

对于证据目录中列举的不能当场移交的证据材料，必要时，接收人在签收前可以到证据存放地点现场查验。

第十七条 审理委员会办公室收到稽查局提请审理的案件材料后，应当在5日内进行审核。

根据审核结果，审理委员会办公室提出处理意见，报审理委员会主任或其授权的副主任批准：

（一）提请审理的案件属于本办法规定的审理范围，提交了本办法第十五条规定的材料的，建议受理；

（二）提请审理的案件属于本办法规定的审理范围，但未按照本办法第十五条的规定提交相关材料的，建议补正材料；

（三）提请审理的案件不属于本办法规定的审理范围的，建议不予受理。

第五章 审理程序

第一节 一般规定

第十八条 重大税务案件应当自批准受理之日起30日内作出审理决定，不能在规定期限内作出审理决定的，经审理委员会主任或其授权的副主任批准，可以适当延长，但延长期限最多不超过15日。

补充调查、请示上级机关或征求有权机关意见、拟处理意见报上一级税务局审理委员会备案的时间不计入审理期限。

第十九条 审理委员会审理重大税务案件，应当重点审查：

（一）案件事实是否清楚；

（二）证据是否充分、确凿；

（三）执法程序是否合法；

（四）适用法律是否正确；

（五）案件定性是否准确；

（六）拟处理意见是否合法适当。

第二十条 审理委员会成员单位应当认真履行职责，根据本办法第十九条的规定提出审理意见，所出具的审理意见应当详细阐述理由、列明法律依据。

审理委员会成员单位审理案件，可以到审理委员会办公室或证据存放地查阅案卷材料,向稽查局了解案件有关情况。

第二十一条 重大税务案件审理采取书面审理和会议审理相结合的方式。

第二节 书面审理

第二十二条 审理委员会办公室自批准受理重大税务案件之日起5日内,将重大税务案件审理提请书及必要的案件材料分送审理委员会成员单位。

第二十三条 审理委员会成员单位自收到审理委员会办公室分送的案件材料之日起10日内,提出书面审理意见送审理委员会办公室。

第二十四条 审理委员会成员单位认为案件事实不清、证据不足,需要补充调查的,应当在书面审理意见中列明需要补充调查的问题并说明理由。

审理委员会办公室应当召集提请补充调查的成员单位和稽查局进行协调,确需补充调查的,由审理委员会办公室报审理委员会主任或其授权的副主任批准,将案件材料退回稽查局补充调查。

第二十五条 稽查局补充调查不应超过30日,有特殊情况的,经稽查局局长批准可以适当延长,但延长期限最多不超过30日。

稽查局完成补充调查后,应当按照本办法第十五条、第十六条的规定重新提交案件材料、办理交接手续。

稽查局不能在规定期限内完成补充调查的,或者补充调查后仍然事实不清、证据不足的,由审理委员会办公室报请审理委员会主任或其授权的副主任批准,终止审理。

第二十六条 审理过程中,稽查局发现本办法第十一条第二款规定情形的,书面告知审理委员会办公室。审理委员会办公室报请审理委员会主任或其授权的副主任批准,可以终止审理。

第二十七条 审理委员会成员单位认为案件事实清楚、证据确凿,但法律依据不明确或者需要处理的相关事项超出本机关权限的,按规定程序请示上级税务机关或者征求有权机关意见。

第二十八条 审理委员会成员单位书面审理意见一致,或者经审理委员会办公室协调后达成一致意见的,由审理委员会办公室起草审理意见书,报审理委员会主任批准。

第三节 会议审理

第二十九条 审理委员会成员单位书面审理意见存在较大分歧,经审理委员会办公室协调仍不能达成一致意见的,由审理委员会办公室向审理委员会主任或其授权的副主任报告，提请审理委员会会议审理。

第三十条 审理委员会办公室提请会议审理的报告，应当说明成员单位意见分歧、审理委员会办公室协调情况和初审意见。

审理委员会办公室应当将会议审理时间和地点提前通知审理委员会主任、副主任和成员单位，并分送案件材料。

第三十一条 成员单位应当派员参加会议，三分之二以上成员单位到会方可开会。审理委员会办公室以及其他与案件相关的成员单位应当出席会议。

案件调查人员、审理委员会办公室承办人员应当列席会议。必要时，审理委员会可要求调查对象所在地主管税务机关参加会议。

第三十二条 审理委员会会议由审理委员会主任或其授权的副主任主持。首先由稽查局汇报案情及拟处理意见。审理委员会办公室汇报初审意见后，各成员单位发表意见并陈述理由。

审理委员会办公室应当做好会议记录。

第三十三条 经审理委员会会议审理，根据不同情况，作出以下处理：

（一）案件事实清楚、证据确凿、程序合法、法律依据明确的，依法确定审理意见；

（二）案件事实不清、证据不足的，由稽查局对案件重新调查；

（三）案件执法程序违法的，由稽查局对案件重新处理；

（四）案件适用法律依据不明确，或者需要处理的有关事项超出本机关权限的，按规定程序请示上级机关或征求有权机关的意见。

第三十四条 审理委员会办公室根据会议审理情况制作审理纪要和审理意见书。

审理纪要由审理委员会主任或其授权的副主任签发。会议参加人员有保留意见或者特殊声明的，应当在审理纪要中载明。

审理意见书由审理委员会主任签发。

第六章　执行和监督

第三十五条 稽查局应当按照重大税务案件审理意见书制作税务处理处罚决定等相关文书，加盖稽查局印章后送达执行。

文书送达后5日内，由稽查局送审理委员会办公室备案。

第三十六条 重大税务案件审理程序终结后，审理委员会办公室应当将相关证据材料退回稽查局。

第三十七条 各级税务局督察内审部门应当加强对重大税务案件审理工作的监督。

第三十八条 审理委员会办公室应当加强重大税务案件审理案卷的归档管理，按照受理案件的顺序统一编号，做到一案一卷、资料齐全、卷面整洁、装订整齐。

需要归档的重大税务案件审理案卷包括税务稽查报告、税务稽查审理报告以及有关文书。

第三十九条 各省、自治区、直辖市和计划单列市税务局应当于每年1月31日之前，将本辖区上年度重大税务案件审理工作开展情况和重大税务案件审理统计表报送国家税务总局。

第七章 附　　则

第四十条 各级税务局办理的其他案件，需要移送审理委员会审理的，参照本办法执行。特别纳税调整案件按照有关规定执行。

第四十一条 各级税务局在重大税务案件审理工作中可以使用重大税务案件审理专用章。

第四十二条 本办法规定期限的最后一日为法定休假日的，以休假日期满的次日为期限的最后一日；在期限内有连续3日以上法定休假日的，按休假日天数顺延。

本办法有关"5日"的规定指工作日，不包括法定休假日。

第四十三条 各级税务局应当按照国家税务总局的规划和要求，积极推动重大税务案件审理信息化建设。

第四十四条 各级税务局应当加大对重大税务案件审理工作的基础投入，保障审理人员和经费，配备办案所需的录音录像、文字处理、通讯等设备，推进重大税务案件审理规范化建设。

第四十五条 各省、自治区、直辖市和计划单列市税务局可以依照本办法制定具体实施办法。

第四十六条 本办法自2015年2月1日起施行。《国家税务总局关于印发〈重大税务案件审理办法（试行）〉的通知》（国税发〔2001〕21号）同时废止。

第二章　以数治税最新征管制度改革

第一节　新时期税收征管改革基本方向

一、进一步深化税收征管改革

中共中央办公厅、国务院办公厅印发的《关于进一步深化税收征管改革的意见》(2021年3月24日)规定：

近年来，我国税收制度改革不断深化，税收征管体制持续优化，纳税服务和税务执法的规范性、便捷性、精准性不断提升。为深入推进税务领域"放管服"改革，完善税务监管体系，打造市场化法治化国际化营商环境，更好服务市场主体发展，现就进一步深化税收征管改革提出如下意见。

一、总体要求

（一）指导思想。以习近平新时代中国特色社会主义思想为指导，全面贯彻党的十九大和十九届二中、三中、四中、五中全会精神，围绕把握新发展阶段、贯彻新发展理念、构建新发展格局，深化税收征管制度改革，着力建设以服务纳税人缴费人为中心、以发票电子化改革为突破口、以税收大数据为驱动力的具有高集成功能、高安全性能、高应用效能的智慧税务，深入推进精确执法、精细服务、精准监管、精诚共治，大幅提高税法遵从度和社会满意度，明显降低征纳成本，充分发挥税收在国家治理中的基础性、支柱性、保障性作用，为推动高质量发展提供有力支撑。

（二）工作原则。坚持党的全面领导，确保党中央、国务院决策部署不折不扣落实到位；坚持依法治税，善于运用法治思维和法治方式深化改革，不断优化税务执法方式，着力提升税收法治化水平；坚持为民便民，进一步完善利企便民服务措施，更好满足纳税人缴费人合理需求；坚持问题导向，着力补短板强弱项，切实解决税收征管中的突出问题；坚持改革创新，深化税务领域"放管服"改革，推动税务执法、服务、监管的理念和方式手段等全方位变革；坚持系统观念，统筹推进各项改革措施，整体性集成式提升税收治理效能。

（三）主要目标。到2022年，在税务执法规范性、税费服务便捷性、税务监管精准性上取得重要进展。到2023年，基本建成"无风险不打扰、有违法要追究、全过程强智控"的税务执法新体系，实现从经验式执法向科学精确执法转变；基本建成"线下服务无死角、线上服务不打烊、定制服务广覆盖"的税费服务新体系，实现从无差别服务向精细化、智能化、个性化服务转变；基本建成以"双随机、一公开"监管和"互联网＋监管"为基本手段、以重点监管为补充、以"信用＋风险"监管为基础的税务监管新体系，实现从"以票管税"向"以数治税"分类精准监管转变。到2025年，深化税收征管制度改革取得显著成效，基本建成功能强大的智慧税务，形成国内一流的智能化行政应用系统，全方位提高税务执法、服务、监管能力。

二、全面推进税收征管数字化升级和智能化改造

（四）加快推进智慧税务建设。充分运用大数据、云计算、人工智能、移动互联网等现代信息技术，着力推进内外部涉税数据汇聚联通、线上线下有机贯通，驱动税务执法、服务、监管制度创新和业务变革，进一步优化组织体系和资源配置。2022年基本实现法人税费信息"一户式"、自然人税费信息"一人式"智能归集，2023年基本实现税务机关信息"一局式"、税务人员信息"一员式"智能归集，深入推进对纳税人缴费人行为的自动分析管理、对税务人员履责的全过程自控考核考评、对税务决策信息和任务的自主分类推送。2025年实现税务执法、服务、监管与大数据智能化应用深度融合、高效联动、全面升级。

（五）稳步实施发票电子化改革。2021年建成全国统一的电子发票服务平台，24小时在线免费为纳税人提供电子发票申领、开具、交付、查验等服务。制定出台电子发票国家标准，有序推进铁路、民航等领域发票电子化，

2025年基本实现发票全领域、全环节、全要素电子化，着力降低制度性交易成本。

（六）深化税收大数据共享应用。探索区块链技术在社会保险费征收、房地产交易和不动产登记等方面的应用，并持续拓展在促进涉税涉费信息共享等领域的应用。不断完善税收大数据云平台，加强数据资源开发利用，持续推进与国家及有关部门信息系统互联互通。2025年建成税务部门与相关部门常态化、制度化数据共享协调机制，依法保障涉税涉费必要信息获取；健全涉税涉费信息对外提供机制，打造规模大、类型多、价值高、颗粒度细的税收大数据，高效发挥数据要素驱动作用。完善税收大数据安全治理体系和管理制度，加强安全态势感知平台建设，常态化开展数据安全风险评估和检查，健全监测预警和应急处置机制，确保数据全生命周期安全。加强智能化税收大数据分析，不断强化税收大数据在经济运行研判和社会管理等领域的深层次应用。

三、不断完善税务执法制度和机制

（七）健全税费法律法规制度。全面落实税收法定原则，加快推进将现行税收暂行条例上升为法律。完善现代税收制度，更好发挥税收作用，促进建立现代财税体制。推动修订税收征收管理法、反洗钱法、发票管理办法等法律法规和规章。加强非税收入管理法制化建设。

（八）严格规范税务执法行为。坚持依法依规征税收费，做到应收尽收。同时，坚决防止落实税费优惠政策不到位、征收"过头税费"及对税收工作进行不当行政干预等行为。全面落实行政执法公示、执法全过程记录、重大执法决定法制审核制度，推进执法信息网上录入、执法程序网上流转、执法活动网上监督、执法结果网上查询，2023年基本建成税务执法质量智能控制体系。不断完善税务执法及税费服务相关工作规范，持续健全行政处罚裁量基准制度。

（九）不断提升税务执法精确度。创新行政执法方式，有效运用说服教育、约谈警示等非强制性执法方式，让执法既有力度又有温度，做到宽严相济、法理相融。坚决防止粗放式、选择性、"一刀切"执法。准确把握一般涉税违法与涉税犯罪的界限，做到依法处置、罚当其责。在税务执法领域研究推广"首违不罚"清单制度。坚持包容审慎原则，积极支持新产业、新业态、新模式健康发展，以问题为导向完善税务执法，促进依法纳税和公平竞争。

（十）加强税务执法区域协同。推进区域间税务执法标准统一，实现执法信息互通、执法结果互认，更好服务国家区域协调发展战略。简化企业涉税涉费事项跨省迁移办理程序，2022年基本实现资质异地共认。持续扩大跨省经营企业全国通办涉税涉费事项范围，2025年基本实现全国通办。

（十一）强化税务执法内部控制和监督。2022年基本构建起全面覆盖、全程防控、全员有责的税务执法风险信息化内控监督体系，将税务执法风险防范措施嵌入信息系统，实现事前预警、事中阻断、事后追责。强化内外部审计监督和重大税务违法案件"一案双查"，不断完善对税务执法行为的常态化、精准化、机制化监督。

四、大力推行优质高效智能税费服务

（十二）确保税费优惠政策直达快享。2021年实现征管操作办法与税费优惠政策同步发布、同步解读，增强政策落实的及时性、确定性、一致性。进一步精简享受优惠政策办理流程和手续，持续扩大"自行判别、自行申报、事后监管"范围，确保便利操作、快速享受、有效监管。2022年实现依法运用大数据精准推送优惠政策信息，促进市场主体充分享受政策红利。

（十三）切实减轻办税缴费负担。积极通过信息系统采集数据，加强部门间数据共享，着力减少纳税人缴费人重复报送。全面推行税务证明事项告知承诺制，拓展容缺办理事项，持续扩大涉税资料由事前报送改为留存备查的范围。

（十四）全面改进办税缴费方式。2021年基本实现企业税费事项能网上办理，个人税费事项能掌上办理。2022年建成全国统一规范的电子税务局，不断拓展"非接触式""不见面"办税缴费服务。逐步改变以表单为载体的传统申报模式，2023年基本实现信息系统自动提取数据、自动计算税额、自动预填申报，纳税人缴费人确认或补正后即可线上提交。

（十五）持续压减纳税缴费次数和时间。落实《优化营商环境条例》，对标国际先进水平，大力推进税（费）种综合申报，依法简并部分税种征期，减少申报次数和时间。扩大部门间数据共享范围，加快企业出口退税事项全环节办理速度，2022年税务部门办理正常出口退税的平均时间压缩至6个工作日以内，对高信用级别企业进一步缩短办理时间。

（十六）积极推行智能型个性化服务。全面改造提升12366税费服务平台，加快推动向以24小时智能咨询为主转变，2022年基本实现全国咨询"一线通答"。运用税收大数据智能分析识别纳税人缴费人的实际体验、个性需求等，精准提供线上服务。持续优化线下服务，更好满足特殊人员、特殊事项的服务需求。

（十七）维护纳税人缴费人合法权益。完善纳税人缴费人权利救济和税费争议解决机制，畅通诉求有效收集、快速响应和及时反馈渠道。探索实施大企业税收事先裁定并建立健全相关制度。健全纳税人、缴费人个人信息保护等制度，依法加强税费数据查询权限和留痕等管理，严格保护纳税人缴费人及扣缴义务人的商业秘密、个人隐私等，严防个人信息泄露和滥用等。税务机关和税务人员违反有关法律法规规定、因疏于监管造成重大损失的，依法严肃追究责任。

五、精准实施税务监管

（十八）建立健全以"信用+风险"为基础的新型监管机制。健全守信激励和失信惩戒制度，充分发挥纳税信用在社会信用体系中的基础性作用。建立健全纳税缴费信用评价制度，对纳税缴费信用高的市场主体给予更多便利。在全面推行实名办税缴费制度基础上，实行纳税人缴费人动态信用等级分类和智能化风险监管，既以最严格的标准防范逃避税，又避免影响企业正常生产经营。健全以"数据集成+优质服务+提醒纠错+依法查处"为主要内容的自然人税费服务与监管体系。依法加强对高收入高净值人员的税费服务与监管。

（十九）加强重点领域风险防控和监管。对逃避税问题多发的行业、地区和人群，根据税收风险适当提高"双随机、一公开"抽查比例。对隐瞒收入、虚列成本、转移利润以及利用"税收洼地""阴阳合同"和关联交易等逃避税行为，加强预防性制度建设，加大依法防控和监督检查力度。

（二十）依法严厉打击涉税违法犯罪行为。充分发挥税收大数据作用，依托税务网络可信身份体系对发票开具、使用等进行全环节即时验证和监控，实现对虚开骗税等违法犯罪行为惩处从事后打击向事前事中精准防范转变。健全违法查处体系，充分依托国家"互联网+监管"系统多元数据汇聚功能，精准有效打击"假企业"虚开发票、"假出口"骗取退税、"假申报"骗取税费优惠等行为，保障国家税收安全。对重大涉税违法犯罪案件，依法从严查处曝光并按照有关规定纳入企业和个人信用记录,共享至全国信用信息平台。

六、持续深化拓展税收共治格局

（二十一）加强部门协作。大力推进会计核算和财务管理信息化,通过电子发票与财政支付、金融支付和各类单位财务核算系统、电子档案管理信息系统的衔接,加快推进电子发票无纸化报销、入账、归档、存储。持续深化"银税互动",助力解决小微企业融资难融资贵问题。加强情报交换、信息通报和执法联动,积极推进跨部门协同监管。

（二十二）加强社会协同。积极发挥行业协会和社会中介组织作用,支持第三方按市场化原则为纳税人提供个性化服务,加强对涉税中介组织的执业监管和行业监管。大力开展税费法律法规的普及宣传,持续深化青少年税收法治教育,发挥税法宣传教育的预防和引导作用,在全社会营造诚信纳税的浓厚氛围。

（二十三）强化税收司法保障。公安部门要强化涉税犯罪案件查办工作力量,做实健全公安派驻税务联络机制。实行警税双方制度化、信息化、常态化联合办案,进一步畅通行政执法与刑事执法衔接工作机制。检察机关发现负有税务监管相关职责的行政机关不依法履责的,应依法提出检察建议。完善涉税司法解释,明晰司法裁判标准。

（二十四）强化国际税收合作。深度参与数字经济等领域的国际税收规则和标准制定,持续推动全球税收治理体系建设。落实防止税基侵蚀和利润转移行动计划,严厉打击国际逃避税,保护外资企业合法权益,维护我国税收利益。不断完善"一带一路"税收征管合作机制,支持发展中国家提高税收征管能力。进一步扩大和完善税收协定网络,加大跨境涉税争议案件协商力度,实施好对所得避免双重征税的双边协定,为高质量引进来和高水平走出去提供支撑。

七、强化税务组织保障

（二十五）优化征管职责和力量。强化市县税务机构在日常性服务、涉税涉费事项办理和风险应对等方面的职责,适当上移全局性、复杂性税费服务和管理职责。不断优化业务流程,合理划分业务边界,科学界定岗位职责,建立健全闭环管理机制。加大人力资源向风险管理、税费分析、大数据应用等领域倾斜力度，增强税务稽查执法力量。

（二十六）加强征管能力建设。坚持更高标准、更高要求，着力建设德才兼备的高素质税务执法队伍，加大税务领军人才和各层次骨干人才培养力度。高质量建设和应用学习兴税平台，促进学习日常化、工作学习化。

（二十七）改进提升绩效考评。在实现税务执法、税费服务、税务监管行为全过程记录和数字化智能归集基础上，推动绩效管理渗入业务流程、融入岗责体系、嵌入信息系统，对税务执法等实施自动化考评，将法治素养和依法履职情况作为考核评价干部的重要内容，促进工作质效持续提升。

八、认真抓好贯彻实施

（二十八）加强组织领导。各地区各有关部门要增强"四个意识"、坚定"四个自信"、做到"两个维护"，切实履行职责，密切协调配合，确保各项任务落地见效。税务总局要牵头组织实施，积极研究解决工作推进中遇到的重大问题，加强协调沟通，抓好贯彻落实。地方各级党委和政府要按照税务系统实行双重领导管理体制的要求，在依法依规征税收费、落实减税降费、推进税收共治、强化司法保障、深化信息共享、加强税法普及、强化经费保障等方面提供支持。

（二十九）加强跟踪问效。在税务领域深入推行"好差评"制度，适时开展监督检查和评估总结，减轻基层负担，促进执法方式持续优化、征管效能持续提升。

（三十）加强宣传引导。税务总局要会同有关部门认真做好宣传工作，准确解读便民利企政策措施，及时回应社会关切，正确引导社会预期，营造良好舆论氛围。

二、深入学习贯彻落实《关于进一步深化税收征管改革的意见》

《国家税务总局关于深入学习贯彻落实〈关于进一步深化税收征管改革的意见〉的通知》（税总发〔2021〕21号）规定：

为贯彻落实好中共中央办公厅、国务院办公厅印发的《关于进一步深化税收征管改革的意见》（以下简称《意见》），深入推进税务领域"放管服"改革,打造市场化、法治化、国际化营商环境,更好服务市场主体发展,现将有关要求通知如下。

一、充分认识《意见》的重大意义

党的十八大以来,在以习近平同志为核心的党中央坚强领导下,我国税收制度改革不断深化,税收征管体制持续优化,纳税服务和税务执法的规范性、便捷性、精准性不断提升,但与推进国家治理体系和治理能力现代化的要求相比、与纳税人缴费人的期待相比仍有一定差距。《意见》立足于解决当前税收征管中存在的突出问题和深层次矛盾,围绕把握新发展阶段、贯彻新发展理念、构建新发展格局,对进一步深化税收征管改革作出全面部署,具有多方面重大意义。

(一)这是党中央、国务院关于"十四五"时期税收改革发展的重要制度安排。党中央、国务院高度重视深化税收征管改革。2020年12月30日,习近平总书记主持召开中央全面深化改革委员会第十七次会议,对进一步优化税务执法方式、深化税收征管改革进行研究。党的十九届五中全会对深化税收征管制度改革提出了明确要求。李克强总理在今年的《政府工作报告》中强调,要深化财税金融体制改革,纵深推进"放管服"改革,加快营造市场化、法治化、国际化营商环境,激发各类市场主体活力。《意见》充分体现党的十九届五中全会、全国"两会"和《中华人民共和国国民经济和社会发展第十四个五年规划和2035年远景目标纲要》(以下简称"十四五"规划纲要)精神,坚持问题导向和目标导向,提出了进一步深化税收征管改革的指导思想、工作原则、主要目标和重点任务,集成推出一系列针对性强、含金量高的服务征管举措,不仅将有力推动税收征管改革不断走向深入,而且为"十四五"时期税收工作确立了总体规划和蓝图框架。

(二)这是体现党中央、国务院关心关怀、顺应纳税人缴费人期盼的重大民心工程。今年是建党100周年,中央部署在全党开展党史学习教育和"我为群众办实事"实践活动,强调要落实以人民为中心的发展思想,践行全心全意为人民服务的宗旨。《意见》体现"十四五"规划纲要关于坚持共同富裕方向、不断满足人民对美好生活向往的要求,顺应人民群众期待,坚持为民便民,聚焦解决纳税人缴费人的堵点、难点、痛点问题,推出一系列优质高效智能、利企便民惠民的措施,以更好满足纳税人缴费人合理需求,必将指导税务部门在提升纳税人缴费人办税缴费体验中不断提高社会满意度，进一步增强人民群众获得感。

（三）这是指导税务部门当前及今后一个时期"带好队伍、干好税务"、更好服务国家治理现代化的纲领性文件。党的十八大以来，税务部门深入学习贯彻习近平新时代中国特色社会主义思想以及习近平总书记关于税收工作的重要论述，确立了以"带好队伍、干好税务"为主要内容的新时代税收现代化建设总目标，有力服务了经济社会发展大局。《意见》提出深入推进精确执法、精细服务、精准监管、精诚共治，为税务部门持续深入"干好税务"指明了方向；《意见》就坚持党对税收工作的全面领导、建设高素质税务执法队伍、人才培养、绩效考评等作出系列部署，对税务部门持续深入"带好队伍"提出了明确要求，必将有力促进构建税务部门全面从严治党新格局，引领保障高质量推进新发展阶段税收现代化不断取得新成绩、开创新局面，更好发挥税收在国家治理中的基础性、支柱性、保障性作用，为推动高质量发展、服务国家治理现代化提供有力支撑。

各级税务机关和广大税务干部要充分认识《意见》的重大意义，切实把思想和行动统一到党中央、国务院重大部署上来，结合深入开展党史学习教育、"我为群众办实事"实践活动以及落实"十四五"规划纲要，认真抓好《意见》的学习贯彻，确保落地见效。

二、准确把握《意见》的主要内容

《意见》提出了进一步深化税收征管改革的6个方面24类重点任务，涉及税收工作的各个方面。各级税务机关要准确把握，积极推动《意见》各项部署安排落实落地。

（一）数据赋能更有效。运用现代信息技术建设智慧税务，实现从信息化到数字化再到智慧化是税收征管发展趋势。要深刻领会《意见》聚焦发挥数据生产要素的创新引擎作用，把"以数治税"理念贯穿税收征管全过程的部署安排，稳步实施发票电子化改革，深化税收大数据共享应用，着力建设具有高集成功能、高安全性能、高应用效能的智慧税务，全面推进税收征管数字化升级和智能化改造。

（二）税务执法更精确。坚持严格规范公正文明执法，是全面推进依法治国的基本要求，是维护社会公平正义的重要举措。要深刻理解《意见》健全执法制度机制、把握税务执法时度效的核心要义，运用法治思维，创新行政执法方式,严格规范税务执法行为,强化税务执法内部控制和监督,坚决防止粗放式、选择性、"一刀切"执法,推动从经验式执法向科学精确执法转变。

(三)税费服务更精细。不断满足纳税人缴费人的服务需求,是税务部门践行以人民为中心的发展思想的直接体现,是构建一流税收营商环境的具体行动。要深刻认识《意见》大力推行优质高效智能税费服务的重要意义,切实做到税费优惠政策直达快享,有效减轻办税缴费负担,全面改进办税缴费方式,实现从无差别服务向精细化、智能化、个性化服务转变,持续提升纳税人缴费人获得感。

(四)税务监管更精准。实施科学精准的税务监管,维护经济税收秩序,是税务部门的重要职责。要深刻把握《意见》对管出公平、管出质量的部署要求,建立健全以"信用+风险"为基础的新型监管机制,推动从"以票管税"向"以数治税"分类精准监管转变,既以最严格的标准防范逃避税,又避免影响企业正常生产经营,实现对市场主体干扰最小化,监管效能最大化。

(五)税收共治更精诚。税收工作深度融入国家治理,与政治、经济、社会、文化和民生等各领域息息相关,深化税收征管改革需要各方面的支持、配合和保障。要深刻认识《意见》进一步拓展税收共治格局的重要作用,聚焦重点领域和薄弱环节,突出制度化、机制化、信息化,进一步做实做精部门协作、社会协同、税收司法保障和国际税收合作,凝聚更大合力为税收工作提供强大支撑。

(六)组织保障更有力。加强组织体系建设,是税收治理体系和治理能力现代化的重要组成部分。要深刻理解《意见》进一步激发税务干部活力动力的精神实质,着眼新使命新职责,优化征管职责和力量,加强征管能力建设,改进提升绩效考评,提高干部队伍法治素养和依法履职能力,为进一步深化税收征管改革提供强有力的组织保障。

三、坚决抓好《意见》的贯彻实施

(一)加强组织领导,突出党建引领。各级税务机关要坚持和加强党对贯彻落实《意见》工作的领导,增强"四个意识",坚定"四个自信",做到"两个维护"。税务总局成立《意见》落实领导小组及其办公室,各省税务局要加强统一领导,成立本级领导小组及其办公室,扎实推进各项改革任务落地。

(二)细化任务分工,分步有序实施。税务总局制定贯彻落实工作方案,明确阶段工作安排,分步推进《意见》实施;细化路线图时间表责任人,分类推进任务落地。各相关司局要按照任务分工，主动担当作为，积极加强与有关部门的沟通协调和对各地税务机关的工作指导。各省税务局既要按照税务总局统一部署抓好贯彻落实，确保全国"一盘棋"；又要积极向当地党委政府汇报，推动制定本地实施方案，将深化税收征管改革纳入当地"十四五"改革发展规划之中统筹安排，凝聚条块协同推进的合力。

（三）强化统筹集成，持续优化提升。《意见》涉及征管服务理念、业务制度、岗责体系和信息系统的优化调整，必须坚持系统观念，不仅要把正在开展的发票电子化改革、金税四期建设、便民办税春风行动等重点工作作为落实《意见》的重要举措，而且要把今后一段时期"带好队伍、干好税务"的系列改革，都纳入《意见》的贯彻落实中统筹谋划、集成贯通、一体推进，务求取得系统性、开创性成效。

（四）做好宣传解读，严格督查考评。各级税务机关要认真组织集中学习和培训，引导税务干部统一思想认识，自觉融入改革大局。要突出让纳税人缴费人更有获得感，加强贯彻落实《意见》的宣传工作，深入解读《意见》促进税务执法监管公平公正公开、办税缴费服务便民利民惠民的举措，积极宣传改革经验做法和成效。要积极回应社会关切，引导社会各界理解和支持税收工作。要注重工作实效，力戒形式主义、官僚主义。要将《意见》贯彻实施工作纳入督查督办和绩效考评，定期开展评估总结、跟踪问效。要健全激励和问责机制，对工作不力、进度迟缓的要依规严肃问责。

三、进一步促进涉税专业服务行业规范发展

《国家税务总局关于进一步促进涉税专业服务行业规范发展的通知》（税总纳服函〔2023〕99号）规定：

为深入推进税务系统学习贯彻习近平新时代中国特色社会主义思想主题教育，进一步落实中办、国办印发的《关于进一步深化税收征管改革的意见》和《关于进一步加强财会监督工作的意见》，更好促进涉税专业服务行业规范发展，现就有关事项通知如下：

一、总体要求

（一）指导思想

以习近平新时代中国特色社会主义思想为指导，深入学习贯彻落实党的

二十大精神,深刻领悟"两个确立"的决定性意义,增强"四个意识"、坚定"四个自信"、做到"两个维护",坚持以人民为中心,既要想方设法调动发挥涉税专业服务行业的积极作用,又要依法规范科学引导涉税专业服务机构及其从业人员的行为,也要进一步加强涉税专业服务机构监督管理,对涉税专业服务领域发生的违法违规行为坚决依法惩治,不断促进涉税专业服务行业规范发展。

(二)基本目标

以建立健全"信用+风险"监管机制为主线,扎实推进涉税专业服务实名制管理,不断加强涉税专业服务职业道德和行业标准建设,优化完善促进行业发展的支持措施,有效整治恶意税收筹划、歪曲解读税收政策和发布违法违规信息等侵害国家税收利益和纳税人权益的突出问题,实现涉税专业服务行业诚信守法、高效规范、公平竞争、健康发展的目标。

二、主要措施

(一)加强涉税专业服务行业发展的党建引领

1.坚持党建引领。进一步增强政治意识,扛牢政治责任,严格落实党中央、国务院关于强化税收监管和加强财会监督的部署要求。不断深化税务师行业党的建设,引领税务师行业规范发展,并在涉税专业服务行业中形成示范效应。

2.强化纪律监督。持续加强监督检查,进一步规范税务工作人员与涉税专业服务机构及其从业人员的交往行为。加强税务干部及其亲属从事涉税专业服务经营活动管理,严防税务干部利用职权或者职务影响,为自己或者其他税务干部的亲属、特定关系人从事涉税专业服务经营活动提供便利或优惠条件。加强税务人员辞职后到涉税专业服务机构等从业行为管理,严防政商"旋转门""逃逸式辞职"等问题发生。

(二)促进涉税专业服务的执业规范

3.规范涉税专业服务执业行为。制定涉税专业服务的基本准则和业务指引,推动涉税专业服务机构及其从业人员规范执业。督促涉税专业服务机构建立和完善质量控制制度和风险控制机制,保障执业质量,降低执业风险,切实维护国家税收利益和涉税专业服务当事人合法权益。

4.促进涉税专业服务职业道德的遵循。制定涉税专业服务职业道德守则,推动涉税专业服务机构及其从业人员遵循依法依规、诚实守信、正直自律、勤勉尽责的职业道德，坚持独立、客观、公正、规范的从业原则，增强专业胜任能力，保守客户商业秘密和个人隐私，维护涉税数据安全。

(三)加强涉税专业服务的日常监管

5.完善监管制度。根据党中央、国务院进一步深化税收征管改革和加强财会监督的决策部署，深入调研涉税专业服务行业的发展状况，推动完善涉税专业服务法律法规，优化涉税专业服务监管制度，为全面加强涉税专业服务监管奠定法制基础。

6.加强日常管理。各级税务机关要严格落实税务师事务所行政登记、涉税专业服务机构及其从业人员的基本信息采集和业务信息报送等各项监管制度，强化日常管理。严格落实涉税专业服务实名制管理，重点整治涉税专业服务机构及其从业人员不按规定履行基本信息采集义务和不以真实身份从事涉税专业服务等行为。积极推进对涉税专业服务机构的风险管理，进一步完善风险指标体系、风险识别模型和风险处理机制，不断提高风险识别和处置能力。

7.强化信用评价管理。充分发挥信用评价在涉税专业服务日常管理中的作用。完善信用评价制度，提高信用评价质量。不断优化守信激励和失信惩戒机制，对信用好的涉税专业服务机构及其从业人员实施激励措施；对信用等级低和纳入失信名录的涉税专业服务机构及其从业人员，依法依规采取执业限制等强化监管的措施，降低纳税人涉税风险。

8.充分发挥行业协会自律监督作用。鼓励推动税务师、注册会计师、律师和代理记账等行业协会积极开展涉税专业服务的自律监督。支持行业协会督促指导协会会员持续提升涉税信息质量和内部控制有效性，提升涉税专业服务规范化水平。

9.确保从业信息公开透明。依托税务网站、电子税务局、办税服务场所等渠道，依法依规将涉税专业服务机构的基本信息进行公示，内容包括涉税专业服务机构的统一信用代码、名称、地址、服务范围、从业人数等。省级税务机关要积极推动与本地政务服务平台对接，进一步拓展涉税专业服务机构从业信息的公示渠道。对纳入失信名录的涉税专业服务机构和人员，要依法依规进行公示。

10.提供涉税专业服务信用状况查询服务。为纳税人提供查询涉税专业服务机构及其从业人员信用状况信息的服务，内容包括所属地区、机构类型、涉税专业服务的信用积分、客户既往服务质量评价等，便利纳税人选优选准涉税专业服务机构及其从业人员，不断优化涉税专业服务市场化环境，防范涉税专业服务市场"劣币驱逐良币"的现象发生。

（四）优化对涉税专业服务行业的支持服务

11.优化涉税专业服务的培训辅导。通过线上线下多种形式为涉税专业服务机构开展税收政策、办税流程、管理制度等方面的宣传培训，鼓励税务师行业协会等社会组织积极参与纳税人学堂，开展对涉税专业服务机构及其从业人员的培训辅导。探索建立为涉税专业服务机构精准推送税收政策及待办事项、信用积分变动情况的服务机制。定期将12366纳税缴费服务热线中纳税人咨询较多的涉税问题和解答口径推送给涉税专业服务机构。

12.增强涉税专业服务的办税便利。优化涉税专业服务机构及其从业人员在电子税务局中的代理办税功能，鼓励采用"非接触"方式办税。在电子税务局建设过程中，充分考虑信用好的涉税专业服务机构批量办税服务需求，不断提升其线上办税的使用率。在涉税专业服务机构较为集中的区域，探索设立涉税专业服务机构办税服务专窗或专区。

13.及时响应涉税专业服务的服务需求。落实落细税务机关、涉税专业服务机构及行业协会和纳税人三方沟通机制，通过问卷调查、座谈走访、税费服务体验等方式及时收集涉税专业服务机构及行业协会的诉求，深入研究并积极响应。

14.充分发挥涉税专业服务机构及其从业人员的沟通桥梁作用。积极支持涉税专业服务机构依法依规为纳税人代办税务事项，参与《涉税专业服务监管办法（试行）》和《国家税务总局关于纳税人权利与义务的公告》规定的涉税业务。涉税专业服务机构可以依据法律法规和纳税人的授权协助纳税人参与税企沟通，提高沟通效率。

（五）依法惩治涉税专业服务领域的违法违规行为

15.持续查处涉税专业服务行业各种违法违规活动。重点整治涉税专业服务机构及其从业人员教唆诱导或帮助他人偷逃骗税和虚开发票等违法违规行为。在查办纳税人税收违法案件的过程中，要同时检查为其提供涉税专业服务的机构及其从业人员是否存在恶意筹划、勾结作案等问题。对涉税专业服务机构及其从业人员违法违规行为，要依法依规予以惩治。

16.加强部门间联合监管。严格落实《国家税务总局 国家互联网信息办

公室 国家市场监督管理总局关于规范涉税中介服务行为促进涉税中介行业健康发展的通知》（税总纳服发〔2022〕34号）的要求，进一步优化三部门协同监管机制，常态化开展线上线下一体化监测处置发布违法违规信息招揽业务、歪曲解读税收政策等扰乱税收秩序问题。

17.加大对违法典型案例的曝光力度。对日常监管和税务检查中发现的涉税专业服务机构及其从业人员典型违法案例进行公开曝光，增强警示震慑作用，形成良好的社会导向。

三、加强组织实施

（一）建立健全工作机制

各级税务机关要高度重视促进涉税专业服务行业规范发展的重要性，加强组织领导，建立健全相关部门共同参与、密切配合的工作机制，有效落实促进涉税专业服务规范发展的各项举措。

（二）进一步强化监管合力

增强与财政、司法、市场监管和网信等部门协作配合，推动形成工作合力。加强对税务师行业协会的监督指导，强化与注册会计师、律师和代理记账等其他行业协会的工作联系，共同促进涉税专业服务行业自律管理。

（三）不断创新监管和服务举措

积极开展调查研究，及时掌握涉税专业服务行业的发展状况、存在的问题、面临的风险和服务需求。坚持守正创新，主动作为，不断探索加强行业监管和优化服务的实招硬招，进一步促进涉税专业服务行业规范发展，更好地服务纳税人，优化税收营商环境。

第二节 "放管服"及便利纳税人征管改革

一、实施促进民营经济发展近期若干举措

《国家发展改革委等部门关于实施促进民营经济发展近期若干举措的通知》（发改体改〔2023〕1054号）规定：

为深入贯彻党中央、国务院关于促进民营经济发展壮大的决策部署，全

第二章 以数治税最新征管制度改革

面落实《中共中央、国务院关于促进民营经济发展壮大的意见》,推动破解民营经济发展中面临的突出问题,激发民营经济发展活力,提振民营经济发展信心,现提出以下措施。

一、促进公平准入

1. 在国家重大工程和补短板项目中,选取具有一定收益水平、条件相对成熟的项目,形成鼓励民间资本参与的重大项目清单。通过举办重大项目推介会、在全国投资项目在线审批监管平台上开辟专栏等方式,向民营企业集中发布项目信息,积极引导项目落地实施。各地区对照上述举措,形成鼓励民间资本参与的项目清单并加强推介。(责任单位:国家发展改革委、工业和信息化部、全国工商联)

2. 扩大基础设施领域不动产投资信托基金(REITs)发行规模,推动符合条件的民间投资项目发行基础设施 REITs,进一步扩大民间投资。(责任单位:国家发展改革委、中国证监会)

3. 支持民营企业参与重大科技攻关,牵头承担工业软件、云计算、人工智能、工业互联网、基因和细胞医疗、新型储能等领域的攻关任务。(责任单位:科技部、国家发展改革委、工业和信息化部)

4. 提升民营企业在产业链供应链关键环节的供应能力,在全国县域范围内培育一批中小企业特色产业集群。(责任单位:工业和信息化部)

5. 推动平台经济健康发展,持续推出平台企业"绿灯"投资案例。(责任单位:国家发展改革委、工业和信息化部、商务部、市场监管总局、中国人民银行)

6. 支持专精特新"小巨人"企业、高新技术企业在当地的国家级知识产权保护中心进行备案,开展快速预审、快速确权、快速维权。(责任单位:国家知识产权局、工业和信息化部、科技部)

7. 开展民营企业质量管理体系认证升级行动,提升民营企业质量技术创新能力。支持民营企业牵头设立国际性产业与标准组织。持续开展"计量服务中小企业行"活动,支持民营企业参与产业计量测试中心建设,提升民营企业先进测量能力。(责任单位:市场监管总局、工业和信息化部、民政部)

8. 按照《助力中小微企业稳增长调结构强能力若干措施》(工信部企业函〔2023〕4号)要求,延长政府采购工程面向中小企业的预留份额提高至40%以上的政策期限至2023年底。加快合同款支付进度、运用信用担保,为中小

企业参与采购活动提供便利。（责任单位：财政部、工业和信息化部）

9.开展工程建设招标投标突出问题专项治理，分类采取行政处罚、督促整改、通报案例等措施，集中解决一批民营企业反映比较强烈的地方保护、所有制歧视等问题。支持各地区探索电子营业执照在招投标平台登录、签名、在线签订合同等业务中的应用。（责任单位：国家发展改革委、市场监管总局、住房城乡建设部、交通运输部、水利部、国务院国资委）

10.修订出台新版市场准入负面清单，推动各类经营主体依法平等进入清单之外的行业、领域、业务。（责任单位：国家发展改革委、商务部、市场监管总局）

二、强化要素支持

11.在当年10月企业所得税预缴申报期和次年1~5月汇算清缴期两个时点基础上，增加当年7月预缴申报期作为可享受政策的时点，符合条件的行业企业可按规定申报享受研发费用加计扣除政策。（责任单位：税务总局、财政部）

12.持续确保出口企业正常出口退税平均办理时间在6个工作日内，将办理一类、二类出口企业正常出口退（免）税的平均时间压缩在3个工作日内政策延续实施至2024年底。更新发布国别（地区）投资税收指南，帮助民营企业更好防范跨境投资税收风险。（责任单位：税务总局）

13.延长普惠小微贷款支持工具期限至2024年年底，持续加大普惠金融支持力度。引导商业银行接入"信易贷"、地方征信平台等融资信用服务平台，强化跨部门信用信息联通。扩大民营企业信用贷款规模。有效落实金融企业呆账核销管理制度。（责任单位：中国人民银行、国家发展改革委、金融监管总局）

14.将民营企业债券央地合作增信新模式扩大至全部符合发行条件的各类民营企业，尽快形成更多示范案例。（责任单位：中国证监会、国家发展改革委、财政部）

15.适应民营中小微企业用地需求，探索实行产业链供地，对产业链关联项目涉及的多宗土地实行整体供应。（责任单位：自然资源部、工业和信息化部）

16.除法律法规和相关政策规定外，在城镇规划建设用地范围内，供水供

气供电企业的投资界面免费延伸至企业建筑区划红线。(责任单位:住房城乡建设部)

17.赋予民营企业职称评审权,允许技术实力较强的规模以上民营企业单独或联合组建职称评审委员会,开展自主评审。(责任单位:人力资源社会保障部)

三、加强法治保障

18.清理废除有违平等保护各类所有制经济原则的规章、规范性文件,加强对民营经济发展的保护和支持。(责任单位:司法部)

19.根据《中华人民共和国行政处罚法》第三十三条,在城市管理、生态环保、市场监管等重点领域分别明确不予处罚具体情形。出台《关于进一步规范监督行政罚款设定和实施的指导意见》。开展行政法规和部门规章中罚款事项专项清理,清理结果对社会公布。(责任单位:司法部、生态环境部、市场监管总局、应急管理部)

四、优化涉企服务

20.全面构建亲清政商关系,支持各地区探索以不同方式服务民营企业,充分利用全国一体化政务服务平台等数字化手段提升惠企政策和服务效能,多措并举帮助民营企业解决问题困难。(责任单位:全国工商联、国家发展改革委)

21.建立涉企行政许可相关中介服务事项清单管理制度,未纳入清单的事项,一律不再作为行政审批的受理条件,今后确需新设的,依照法定程序设定并纳入清单管理。将中介服务事项纳入各级一体化政务服务平台,实现机构选择、费用支付、报告上传、服务评价等全流程线上办理,公开接受社会监督。(责任单位:工业和信息化部、市场监管总局、国家发展改革委)

22.加大对拖欠民营企业账款的清理力度,重点清理机关、事业单位、国有企业拖欠中小微企业账款。审计部门接受民营企业反映的欠款线索,加强审计监督。(责任单位:工业和信息化部、国家发展改革委、财政部、审计署、国务院国资委、市场监管总局)

23.全面落实简易注销、普通注销制度,完善企业注销"一网服务"平台。完善歇业制度配套政策措施。(责任单位:市场监管总局、人力资源社会保障部、税务总局)

24.除依法需要保密外,涉企政策制定和修订应充分听取企业家意见建议。涉企政策调整应设置合理过渡期。(责任单位:国家发展改革委)

五、营造良好氛围

25.分级畅通涉企投诉渠道,在国务院"互联网+督查"平台开设涉企问题征集专题公告,在国家政务服务平台投诉建议系统上开设涉企问题征集专栏,各地区结合自身实际,将涉企投诉事项纳入"12345"热线等政务服务平台,建立转办整改跟踪机制。持续开展万家民营企业评营商环境工作。(责任单位:国务院办公厅、市场监管总局、国家发展改革委、全国工商联)

26.开展"打假治敲"等专项行动,依法打击蓄意炒作、造谣抹黑民营企业和民营企业家的"网络黑嘴"和"黑色产业链"。(责任单位:公安部、中国证监会、全国工商联)

27.将各地区落实支持民营经济发展情况纳入国务院年度综合督查,对发现的问题予以督促整改,对好的经验做法予以宣传推广。设立中央预算内投资促进民间投资奖励支持专项,每年向一批民间投资增速快、占比高、活力强、措施实的市县提供奖励支持。(责任单位:国务院办公厅、国家发展改革委)

28.按照国家有关规定对在民营经济发展工作中作出突出贡献的集体和个人予以表彰奖励,弘扬企业家精神,发挥先进标杆的示范引领作用。(责任单位:全国工商联、国家发展改革委、工业和信息化部)

二、深化信息共享、便利不动产登记和办税

《国家税务总局 自然资源部关于进一步深化信息共享 便利不动产登记和办税的通知》(税总财行发〔2022〕1号)规定:

为深入推进不动产登记便利化改革,根据党中央、国务院关于优化营商环境的决策部署,按照中办、国办印发的《关于进一步深化税收征管改革的意见》以及《国务院办公厅关于压缩不动产登记办理时间的通知》(国办发〔2019〕8号)工作要求,不断巩固拓展党史学习教育成果,现就进一步深化税务部门和自然资源主管部门协作、加强信息共享有关事项通知如下。

一、深化部门信息共享

税务部门和自然资源主管部门要立足本地信息化建设实际,密切加强

第二章 以数治税最新征管制度改革

合作，以解决实际问题为导向，合理确定信息共享方式，及时实现共享实时化。2022年年底前，全国所有市县税务部门和自然资源主管部门应实现不动产登记涉税业务的全流程信息实时共享。

（一）信息共享内容。自然资源主管部门应向税务部门推送统一受理的不动产登记申请和办税信息。主要包括：权利人、证件号、共有情况、不动产单元号、坐落、面积、交易价格、权利类型、登记类型、登记时间等不动产登记信息，以及办理纳税申报时所需的其他登记信息。

税务部门应向自然资源主管部门推送完税信息。主要包括：纳税人名称、证件号、不动产单元号、是否完税、完税时间，以及办理不动产登记时所需的其他完税信息。

（二）信息共享方式。各省、自治区、直辖市和计划单列市（以下简称"各省"）税务部门和自然资源主管部门原则上应通过构建"省对省"模式实现信息共享，即两部门在省级层面打通共享路径，通过政务服务平台或连接专线实现不动产登记和办税信息实时共享。

条件暂不具备的，可由省税务部门与自然资源主管部门协商，以接口方式实现信息实时共享；对不动产登记信息管理基础平台已迁移至电子政务外网的市县，可通过调用省税务部门部署于电子政务外网的数据接口实现信息实时共享；已实现信息实时共享的市县暂可保持原有共享方式。各省自然资源主管部门要积极创造条件，会同税务部门推动实现"省对省"模式。

（三）信息共享要求。各省税务部门和自然资源主管部门要强化部门协作，共同研究确定信息共享方式、制定接口规范标准、完成接口开发，确保不动产登记和办税所需信息实时共享到位。要建立安全的信息共享物理环境、网络环境、数据加密与传输机制，保障数据安全。要制定信息共享安全制度，共享信息仅用于不动产登记和办税工作，防止数据外泄，确保信息安全。

各省税务部门和自然资源主管部门要深入推进"以地控税、以税节地"工作，以不动产单元代码为关键字段，加强地籍数据信息的共享。税务部门要加快构建基于地理信息系统的城镇土地使用税、房产税税源数据库，不断提升税收征管质效；自然资源主管部门要加强地籍调查工作，在不动产登记信息管理基础平台上，建立健全地籍数据库，推进地籍数据信息的共享应用。

二、大力推进"一窗办事"

税务部门和自然资源主管部门要在巩固"一窗受理、并行办理"工作成果基础上,以部门信息实时共享为突破口,大力推进信息化技术支撑下的线上线下"一窗办事"。不动产登记和办税联办业务原则上应该通过"一窗办事"综合窗口受理,不得通过单一窗口分别受理、串联办理。2022年底前,全国所有市县应实现不动产登记和办税线下"一窗办事";2023年底前,全国所有市县力争实现不动产登记和办税"网上(掌上)办理"。

(一)线下实现"一窗办事"。各省税务部门和自然资源主管部门要统一线下综合受理窗口业务规范,坚决取消违法违规的前置环节、合并相近环节,对退税、争议处理等特殊业务,可单独设置业务窗口,进一步改善企业群众办事体验。要积极推动税务部门税收征管系统与自然资源主管部门不动产登记系统对接,应用信息化手段整合各部门业务,将纸质资料"现场传递"提升为电子资料"线上流转"。要认真梳理优化办理流程,在综合受理窗口统一收件、统一录入后,自然资源主管部门不动产登记系统自动将税务部门所需信息推送至税收征管系统。税务部门并行办理税收业务,及时确定税额,为纳税人提供多渠道缴纳方式,力争实现税费业务现场即时办结。纳税人完税后,税收征管系统向自然资源主管部门不动产登记系统实时反馈完税信息,自然资源主管部门依法登簿、发证。

(二)积极推进线上"一窗办事"。各省税务部门和自然资源主管部门要围绕智慧税务建设和"互联网+不动产登记"的目标,加强网上不同业务系统相互融合,实行"一次受理、自动分发、集成办理、顺畅衔接",实现登记、办税网上申请、现场核验"最多跑一次"或全程网办"一次不用跑"。各省要结合本地区实际,明确"一窗办事"平台开发层级和应用范围,统筹加快手机App、小程序等开发应用,逐步实现不动产登记和办税全程"掌上办理"。要打通信息数据壁垒、统一流程环节,实现线上线下业务办理有机贯通衔接。

三、切实保障各项任务有序落地

税务部门和自然资源主管部门要从党史学习教育中汲取继续前进的智慧和力量,切实为群众办实事解难题,增强群众的获得感和满意度。

(一)提高政治站位。各省税务部门和自然资源主管部门要高度重视不动产登记和办税便利化,将此项工作作为巩固拓展党史学习教育成果的有力措施。要向当地党委、政府主动汇报工作情况,积极争取党委和政府在信息数据、经费、技术、场地等方面给予支持。要努力将不动产登记和办税打造为本地优化营商环境的"排头兵",持续规范办事流程,不断提升服务质效,营造和谐稳定、可持续的政务服务环境。

(二)细化任务措施。各省税务部门和自然资源主管部门要尽快研究制定适合本地区的实施方案,明确目标任务,细化具体措施。对本辖区范围内尚未实现信息共享的市县,要及时统计梳理,分析原因,制定时间表、任务图,逐一挂账销号。要坚持问题导向,因地制宜采取创新举措,及时解决存在问题。

(三)狠抓责任落实。各省税务部门和自然资源主管部门要围绕目标加大绩效考评和督导力度,严格工作标准,压实职责任务。必要时联合开展实地督查,跟踪指导,督促工作落实,确保各市县按期实现工作任务,及时将便利化改革成效惠及广大群众。

三、企业注销指引

《市场监管总局等五部门关于发布〈企业注销指引(2021年修订)〉的公告》(市场监管总局　人力资源和社会保障部　商务部　海关总署　税务总局公告2021年第48号)规定:

为进一步落实国务院完善市场主体退出制度的工作要求,为企业退出市场提供操作性更强的行政指导,市场监管总局、人力资源和社会保障部、商务部、海关总署、税务总局依据《公司法》《市场主体登记管理条例》等法律法规的规定,对《关于推进企业注销便利化工作的通知》(国市监注〔2019〕30号)所附《企业注销指引》进行了修订,现予以公告。

一、企业退出市场基本程序

通常情况下,企业终止经营活动退出市场,需要经历决议解散、清算分配和注销登记三个主要过程。以公司为例,按照《公司法》规定,公司在退出市场正式终止前,须依法宣告解散、成立清算组进行清算,清理公司财产、清缴税款、清理债权债务,支付职工工资、社会保险费用等,待公司清算结束后，应制作清算报告并办理注销公司登记，公告公司终止。

二、解散

企业解散是企业因出现法定解散事由时，停止其经营活动，并开始进入清算程序直至终止法人资格的法律行为。

（一）自愿解散。指基于企业或股东的意愿而导致的公司解散。以下以公司为例，包括：公司章程规定的营业期限届满或者公司章程规定的其他解散事由出现；股东会或者股东大会决议解散；因公司合并或者分立需要解散等。其中，有限责任公司股东会对公司解散作出决议，必须经代表2/3以上的表决权的股东通过；股份公司股东大会对公司解散作出决议，必须经出席会议的股东所持表决权的2/3以上通过。国有独资公司的解散，必须由国有资产监督管理机构决定；其中，重要的国有独资公司解散的，应当由国有资产监督管理机构审核后，报本级人民政府批准。

（二）强制解散。指非依公司或股东自己的意愿，而是基于政府有关机关的决定命令或法院的裁决而发生的解散，通常分为行政决定解散与司法判决解散。行政决定解散，公司因其行为违反了法律法规而损害了社会公共利益或公共秩序从而被行政主管机关依职权责令解散的情形，包括依法被吊销营业执照、责令关闭或者被撤销。司法判决解散，因公司经营管理发生严重困难，继续存续会使股东利益受到重大损失，通过其他途径不能解决的，持有公司全部股东表决权百分之十以上的股东向人民法院提起解散公司诉讼，请求人民法院解散。

三、清算

公司作出解散决议后，应当进行清算。公司清算的重要内容是清理公司资产，清结各项债务，终结现存的各种法律关系。清算的目的在于保护公司债权人的利益、公司股东的利益以及社会公共利益。除因合并、分立而解散外，公司解散时都应当进行清算。

（一）成立清算组。公司在解散事由出现之日起15日内成立清算组，负责清理公司的财产和债权债务。有限责任公司的清算组由公司股东组成（公司股东为法人的，可指派相关人员参与清算），股份有限公司的清算组由董事或者股东大会确定的人员组成。逾期不成立清算组进行清算的，债权人可以申请人民法院指定有关人员组成清算组进行清算。

（二）发布清算组信息和债权人公告。清算组自成立之日起10日内，由申请人通过国家企业信用信息公示系统公告清算组信息。同时，清算组应当自成立之日起10日内通知债权人，并于60日内依法通过报纸发布债权人公告，也可通过国家企业信用信息公示系统免费向社会发布债权人公告，公告期为45日。

（三）开展清算活动。清算组负责清理公司财产，分别编制资产负债表和财产清单；处理与清算有关的公司未了结的业务；缴纳行政机关、司法机关的罚款和罚金；向海关和税务机关清缴所欠税款以及清算过程中产生的税款并办理相关手续，包括滞纳金、罚款、缴纳减免税货物提前解除海关监管需补缴税款以及提交相关需补办许可证件，办理企业所得税注销清算、办理土地增值税清算、结清出口退（免）税款、缴销发票和税控设备等；存在涉税违法行为的纳税人应当接受处罚缴纳罚款；清理债权、债务；处理公司清偿债务后的剩余财产等。

（四）分配公司财产。清算组在清理公司财产、编制资产负债表和财产清单后，应当制定清算方案，并报股东会、股东大会或者人民法院确认。公司财产在分别支付清算费用、职工的工资、社会保险费用和法定补偿金，缴纳所欠税款，清偿公司债务后的剩余财产，有限责任公司按照股东的出资比例分配，股份有限公司按照股东持有的股份比例分配。清算期间，公司存续，但不得开展与清算无关的经营活动。公司财产在未依照前款规定清偿前，不得分配给股东。

（五）制作清算报告。清算组在清算结束后，应制作清算报告，报股东会、股东大会或者人民法院确认，并报送公司登记机关，申请注销公司登记，公告公司终止。

四、注销登记

（一）普通注销流程。

普通注销流程适用于各类企业。企业在完成清算后，需要分别注销税务登记、企业登记、社会保险登记，涉及海关报关等相关业务的公司，还需要办理海关报关单位备案注销等事宜。

1.申请注销税务登记。

纳税人向税务部门申请办理注销时，税务部门进行税务注销预检，检查纳税人是否存在未办结事项。

（1）未办理过涉税事宜的纳税人，主动到税务部门办理清税的，税务部门可根据纳税人提供的营业执照即时出具清税文书。

（2）符合容缺即时办理条件的纳税人，在办理税务注销时，资料齐全的，税务部门即时出具清税文书；若资料不齐，可在作出承诺后，税务部门即时出具清税文书。纳税人应按承诺的时限补齐资料并办结相关事项。具体容缺条件是：

①办理过涉税事宜但未领用发票（含代开发票）、无欠税（滞纳金）及罚款的纳税人，主动到税务部门办理清税的；

②未处于税务检查状态、无欠税（滞纳金）及罚款、已缴销增值税专用发票及税控设备，且符合下列情形之一的纳税人：

● 纳税信用级别为 A 级和 B 级的纳税人；

● 控股母公司纳税信用级别为 A 级的 M 级纳税人；

● 省级人民政府引进人才或经省级以上行业协会等机构认定的行业领军人才等创办的企业；

● 未纳入纳税信用级别评价的定期定额个体工商户；

● 未达到增值税纳税起征点的纳税人。

（3）不符合承诺制容缺即时办理条件的（或虽符合承诺制容缺即时办理条件但纳税人不愿意承诺的），税务部门向纳税人出具《税务事项通知书》（告知未结事项），纳税人先行办理完毕各项未结事项后，方可申请办理税务注销。

（4）经人民法院裁定宣告破产的企业，管理人持人民法院终结破产程序裁定书申请税务注销的，税务部门即时出具清税文书。

（5）纳税人办理税务注销前，无需向税务机关提出终止"委托扣款协议书"申请。税务机关办结税务注销后，委托扣款协议自动终止。

2. 申请注销企业登记。清算组向登记机关提交注销登记申请书、股东会决议、清算报告和清税证明等相关材料申请注销登记。登记机关和税务机关已共享企业清税信息的，企业无须提交纸质清税证明文书；领取了纸质营业执照正副本的，缴回营业执照正副本。国有独资公司申请注销登记，还应当提交国有资产监督管理机构的决定，其中，国务院确定的重要的国有独资公司，还应当提交本级人民政府的批准文件。有分支机构的企业申请注销登记，还应当提交分支机构的注销登记证明。

3.申请注销社会保险登记。企业应当自办理企业注销登记之日起30日内，向原社会保险登记机构提交注销社会保险登记申请和其他有关注销文件，办理注销社会保险登记手续。在办理注销社会保险登记前，应当清缴社会保险费欠费。

4.申请办理海关报关单位备案注销。涉及海关报关相关业务的企业，可通过国际贸易"单一窗口"（http://www.singlewindow.cn）、"互联网+海关"（http://online.customs.gov.cn）等方式向海关提交报关单位注销申请，也可通过市场监管部门与海关联网的注销"一网"服务平台提交注销申请。对于已在海关备案，存在欠税（含滞纳金）及罚款等其他未办结涉税事项的纳税人，应当在办结海关报关单位备案注销后，向市场监管部门申请注销企业登记。

（二）简易注销流程。

1.适用对象。

未发生债权债务或已将债权债务清偿完结的市场主体（上市股份有限公司除外）。市场主体在申请简易注销登记时，不应存在未结清清偿费用、职工工资、社会保险费用、法定补偿金、应缴纳税款（滞纳金、罚款）等债权债务。

企业有下列情形之一的，不适用简易注销程序：涉及国家规定实施准入特别管理措施的外商投资企业；被列入企业经营异常名录或严重违法失信企业名单的；存在股权（投资权益）被冻结、出质或动产抵押等情形；有正在被立案调查或采取行政强制、司法协助、被予以行政处罚等情形的；企业所属的非法人分支机构未办理注销登记的；曾被终止简易注销程序的；法律、行政法规或者国务院决定规定在注销登记前需经批准的；不适用企业简易注销登记的其他情形。

企业存在"被列入企业经营异常名录""存在股权（投资权益）被冻结、出质或动产抵押等情形""企业所属的非法人分支机构未办注销登记的"等不适用简易注销登记程序的，无须撤销简易注销公示，待异常状态消失后可再次依程序公示申请简易注销登记。对于承诺书文字、形式填写不规范的，市场监管部门在市场主体补正后予以受理其简易注销申请,无须重新公示。

符合市场监管部门简易注销条件,未办理过涉税事宜,办理过涉税事宜但未领用发票(含代开发票)、无欠税(滞纳金)及罚款且没有其他未办结涉税事项的纳税人,免予到税务部门办理清税证明,可直接向市场监管部门申请简易注销。

2. 办理流程。

(1)符合适用条件的企业登录注销"一网"服务平台或国家企业信用信息公示系统《简易注销公告》专栏主动向社会公告拟申请简易注销登记及全体投资人承诺等信息,公示期为20日。

(2)公示期内,有关利害关系人及相关政府部门可以通过国家企业信用信息公示系统《简易注销公告》专栏"异议留言"功能提出异议并简要陈述理由。超过公示期,公示系统不再接受异议。

(3)税务部门通过信息共享获取市场监管部门推送的拟申请简易注销登记信息后,应按照规定的程序和要求,查询税务信息系统核实相关涉税情况,对经查询系统显示为以下情形的纳税人,税务部门不提出异议:一是未办理过涉税事宜的纳税人;二是办理过涉税事宜但未领用发票(含代开发票)、无欠税(滞纳金)及罚款且没有其他未办结涉税事项的纳税人;三是查询时已办结缴销发票、结清应纳税款等清税手续的纳税人。

(4)公示期届满后,在公示期内无异议的,企业应当在公示期满之日起20日内向登记机关办理简易注销登记。期满未办理的,登记机关可根据实际情况予以延长时限,宽展期最长不超过30日。企业在公示后,不得从事与注销无关的生产经营活动。

3. 个体工商户简易注销。

营业执照和税务登记证"两证整合"改革实施后设立登记的个体工商户通过简易程序办理注销登记的,无须提交承诺书,也无须公示。个体工商户在提交简易注销登记申请后,市场监管部门应当在1个工作日内将个体工商户拟申请简易注销登记的相关信息通过省级统一的信用信息共享交换平台、政务信息平台、部门间的数据接口(统称信息共享交换平台)推送给同级税务等部门,税务等部门于10日内反馈是否同意简易注销。对于税务等部门无异议的,市场监管部门应当及时办理简易注销登记。具体请参照《市场监管

第二章 以数治税最新征管制度改革

总局 国家税务总局关于进一步完善简易注销登记便捷中小微企业市场退出的通知》(国市监注发〔2021〕45号)办理。

五、特殊情况办理指引

(一)存在股东失联、不配合等问题。对有限责任公司存在股东失联、不配合等情况难以注销的,经书面及报纸(或国家企业信用信息公示系统)公告通知全体股东,召开股东会形成符合法律及章程规定表决比例的决议、成立清算组后,向企业登记机关申请办理注销登记。

(二)存在企业无法自行组织清算问题。对于公司已出现解散事宜,但负有清算义务的投资人拒不履行清算义务或者因无法取得联系等情形不能成立清算组进行清算的公司,相关股东或债权人可依照《公司法》规定申请人民法院指定有关人员组成清算组进行清算。清算组在清理公司财产、编制资产负债表和财产清单后,发现公司财产不足清偿债务的,应当依法向人民法院申请宣告破产。人民法院裁定强制清算或裁定宣告破产的,企业清算组、破产管理人可持人民法院终结强制清算程序的裁定或终结破产程序的裁定,直接向登记机关申请办理注销登记。

(三)存在营业执照、公章遗失问题。对于营业执照遗失的企业,可以持在国家企业信用信息公示系统自行公示的执照遗失公告,向企业登记机关申请注销,无须申请补发营业执照。涉及公章遗失的,经全体股东签字盖章或由清算组负责人签字确认,非公司企业法人由其上级主管单位法定代表人签字并加盖上级主管单位公章进行确认,相关注销材料可不盖公章。

(四)存在股东(出资人)已注销问题。因股东(出资人)已注销却未清理对外投资,导致被投资企业无法注销的企业,其股东(出资人)有上级主管单位的,由已注销企业的上级主管单位依规定办理相关注销手续;已注销企业有合法的继受主体的,可由继受主体依有关规定申请办理;已注销企业无合法继受主体的,由已注销企业注销时登记在册的股东(出资人)申请办理。

(五)其他问题。

1.对于尚未更换加载统一社会信用代码营业执照即被吊销的企业,市场监管部门已就此类企业进行了统一社会信用代码的赋码,企业在相关部门办理注销业务时可使用其统一社会信用代码办理,无须更换加载统一社会信用代码营业执照。

2. 纳税人被登记机关吊销营业执照或者被其他机关予以撤销登记的，应当自营业执照被吊销或者被撤销登记之日起 15 日内，向原税务登记机关申报办理税务注销。

3. 处于税务非正常状态纳税人在办理税务注销前，需先解除非正常状态，补办纳税申报手续。符合以下情形的，税务机关可打印相应税种和相关附加的《批量零申报确认表》，经纳税人确认后，进行批量处理：

（1）非正常状态期间增值税、消费税和相关附加需补办的申报均为零申报的；

（2）非正常状态期间企业所得税月（季）度预缴需补办的申报均为零申报，且不存在弥补前期亏损情况的。

六、注销法律责任提示

（一）公司清算时，清算组未按照规定履行通知和公告义务，导致债权人未及时申报债权而未获清偿，清算组成员对因此造成的损失承担赔偿责任。[依据最高人民法院关于适用《中华人民共和国公司法》若干问题的规定（二）第十一条]

（二）清算组执行未经确认的清算方案给公司或者债权人造成损失，公司、股东或者债权人主张清算组成员承担赔偿责任的，人民法院应依法予以支持。[依据最高人民法院关于适用《中华人民共和国公司法》若干问题的规定（二）第十五条]

（三）有限责任公司的股东、股份有限公司的董事和控股股东未在法定期限内成立清算组开始清算，导致公司财产贬值、流失、毁损或者灭失，债权人主张其在造成损失范围内对公司债务承担赔偿责任的，人民法院应依法予以支持。[依据最高人民法院关于适用《中华人民共和国公司法》若干问题的规定（二）第十八条第一款]

（四）有限责任公司的股东、股份有限公司的董事和控股股东因怠于履行义务，导致公司主要财产、账册、重要文件等灭失，无法进行清算，债权人主张其对公司债务承担连带清偿责任的，人民法院应依法予以支持。[依据最高人民法院关于适用《中华人民共和国公司法》若干问题的规定（二）第十八条第二款]

（五）有限责任公司的股东、股份有限公司的董事和控股股东，以及公司的实际控制人在公司解散后，恶意处置公司财产给债权人造成损失，或者未经依法清算，以虚假的清算报告骗取公司登记机关办理法人注销登记，债权人主张其对公司债务承担相应赔偿责任的，人民法院应依法予以支持。［依据最高人民法院关于适用《中华人民共和国公司法》若干问题的规定（二）第十九条］

（六）公司解散应当在依法清算完毕后，申请办理注销登记。公司未经清算即办理注销登记，导致公司无法进行清算，债权人主张有限责任公司的股东、股份有限公司的董事和控股股东，以及公司的实际控制人对公司债务承担清偿责任的，人民法院应依法予以支持。［依据最高人民法院关于适用《中华人民共和国公司法》若干问题的规定（二）第二十条第一款］

（七）公司未经依法清算即办理注销登记，股东或者第三人在公司登记机关办理注销登记时承诺对公司债务承担责任，债权人主张其对公司债务承担相应民事责任的，人民法院应依法予以支持。［依据最高人民法院关于适用《中华人民共和国公司法》若干问题的规定（二）第二十条第二款］

（八）公司财产不足以清偿债务时，债权人主张未缴出资股东，以及公司设立时的其他股东或者发起人在未缴出资范围内对公司债务承担连带清偿责任的，人民法院应依法予以支持。［依据最高人民法院关于适用《中华人民共和国公司法》若干问题的规定（二）第二十二条第二款］

（九）清算组成员从事清算事务时，违反法律、行政法规或者公司章程给公司或者债权人造成损失，公司或者债权人主张其承担赔偿责任的，人民法院应依法予以支持。［依据最高人民法院关于适用《中华人民共和国公司法》若干问题的规定（二）第二十三条第一款］

（十）企业在注销登记中隐瞒真实情况、弄虚作假的，登记机关可以依法做出撤销注销登记等处理，在恢复企业主体资格的同时将该企业列入严重违法失信企业名单，并通过国家企业信用信息公示系统公示，有关利害关系人可以通过民事诉讼主张其相应权利。（依据《公司登记管理条例》第六十四条，《市场监督管理严重违法失信名单管理办法》第十条第二款）

（十一）纳税人未按照规定的期限申报办理税务注销的，由税务机关责令限期改正，可以处二千元以下的罚款；情节严重的，处二千元以上一万元以

下的罚款。(依据《税收征收管理法》第六十条第一款)

(十二)纳税人伪造、变造、隐匿、擅自销毁账簿、记账凭证,或者在账簿上多列支出或者不列、少列收入,或者经税务机关通知申报而拒不申报或者进行虚假的纳税申报,不缴或者少缴应纳税款的,是偷税。对纳税人偷税的,由税务机关追缴其不缴或者少缴的税款、滞纳金,并处不缴或者少缴的税款百分之五十以上五倍以下的罚款;构成犯罪的,依法追究刑事责任。(依据《税收征收管理法》第六十三条第一款)

四、进一步完善简易注销登记便捷中小微企业市场退出

《市场监管总局 国家税务总局关于进一步完善简易注销登记便捷中小微企业市场退出的通知》(国市监注发〔2021〕45号)规定:

近年来,市场监管总局、税务总局积极推行企业简易注销登记改革试点改革工作,极大地便利了未开业或无债权债务市场主体退出市场。为落实国务院部署和《政府工作报告》要求,实行中小微企业、个体工商户简易注销登记,持续深化商事制度改革,畅通市场主体退出渠道,提高市场主体活跃度,现就有关事项通知如下:

一、拓展简易注销登记适用范围

在《关于全面推进企业简易注销登记改革的指导意见》(工商企注字〔2016〕253号,以下简称"《指导意见》")、《关于加强信息共享和联合监管的通知》(工商企注字〔2018〕11号)基础上,将简易注销登记的适用范围拓展至未发生债权债务或已将债权债务清偿完结的市场主体(上市股份有限公司除外,下同)。市场主体在申请简易注销登记时,不应存在未结清清偿费用、职工工资、社会保险费用、法定补偿金、应缴纳税款(滞纳金、罚款)等债权债务。全体投资人书面承诺对上述情况的真实性承担法律责任。

税务部门通过信息共享获取市场监管部门推送的拟申请简易注销登记信息后,应按照规定的程序和要求,查询税务信息系统核实相关涉税情况,对经查询系统显示为以下情形的纳税人,税务部门不提出异议:一是未办理过涉税事宜的纳税人,二是办理过涉税事宜但没领用过发票(含代开发票)、没有欠税和没有其他未办结事项的纳税人,三是查询时已办结缴销发票、结清

应纳税款等清税手续的纳税人。

二、实施个体工商户简易注销登记

营业执照和税务登记证"两证整合"改革实施后设立登记的个体工商户通过简易程序办理注销登记的,无须提交承诺书,也无须公示。个体工商户在提交简易注销登记申请后,市场监管部门应当在1个工作日内将个体工商户拟申请简易注销登记的相关信息通过省级统一的信用信息共享交换平台、政务信息平台、部门间的数据接口(统称信息共享交换平台)推送给同级税务等部门,税务等部门于10天(自然日,下同)内反馈是否同意简易注销。对于税务等部门无异议的,市场监管部门应当及时办理简易注销登记。税务部门不提异议的情形与本通知第一条相关规定一致。

三、压缩简易注销登记公示时间

将简易注销登记的公示时间由45天压缩为20天,公示期届满后,市场主体可直接向市场监管部门申请办理简易注销登记。市场主体应当在公示期届满之日起20天内向市场监管部门申请,可根据实际情况申请适当延长,最长不超过30天。市场主体在公示后,不得从事与注销无关的生产经营活动。

四、建立简易注销登记容错机制

市场主体申请简易注销登记的,经市场监管部门审查存在"被列入企业经营异常名录""存在股权(投资权益)被冻结、出质或动产抵押等情形""企业所属的非法人分支机构未办注销登记的"等不适用简易注销登记程序的,无须撤销简易注销公示,待异常状态消失后可再次依程序公示申请简易注销登记。对于承诺书文字、形式填写不规范的,市场监管部门在市场主体补正后予以受理其简易注销申请,无须重新公示。

五、优化注销平台功能流程

允许市场主体通过注销平台进行简易注销登记,对符合条件的市场主体实行简易注销登记全程网办。市场主体填报简易注销信息后,平台自动生成《全体投资人承诺书》,除机关、事业法人、外国投资人等特殊情形外,全体投资人实名认证并进行电子签名。市场主体可以通过邮寄方式交回营业执照,对于营业执照丢失的,可通过国家企业信用信息公示系统免费发布营业执照作废声明。

各地市场监管部门、税务部门要按照简易注销技术方案,做好系统开发升级。同时，加强部门协同监管，市场主体在简易注销登记中隐瞒真实情况、弄虚作假的，市场监管部门可以依法作出撤销注销登记等处理，在恢复企业主体资格的同时将该企业列入严重违法失信名单，并通过国家企业信用信息公示系统公示，防止市场主体利用简易注销登记恶意逃避法律责任。在推进改革过程中，各地市场监管部门、税务部门要注意收集简易注销登记中遇到的新情况、新问题，及时向市场监管总局和税务总局报告。

五、部分税务证明事项实行告知承诺制

《国家税务总局关于部分税务证明事项实行告知承诺制 进一步优化纳税服务的公告》（国家税务总局公告2021年第21号）规定：

为深入贯彻党中央、国务院关于持续开展"减证便民"行动重大决策部署，落实中办、国办印发的《关于进一步深化税收征管改革的意见》和国办印发的《关于全面推行证明事项和涉企经营许可事项告知承诺制的指导意见》，持续深化"放管服"改革，优化税收营商环境，根据2021年"我为纳税人缴费人办实事暨便民办税春风行动"安排，结合深入开展党史学习教育，国家税务总局决定对部分税务证明事项实行告知承诺制。现公告如下：

一、实行范围

自2021年7月1日起，在全国范围内对6项税务证明事项实行告知承诺制。

二、承诺方式

对实行告知承诺制的税务证明事项，纳税人可以自主选择是否适用告知承诺制办理。

选择适用告知承诺制办理的，税务机关以书面形式（含电子文本）将证明义务、证明内容、承诺方式以及不实承诺的法律责任一次性告知纳税人，纳税人书面承诺已经符合告知的相关要求并愿意承担不实承诺的法律责任，税务机关不再索要该事项需要的证明材料，并依据纳税人书面承诺办理相关税务事项。

纳税人不选择适用告知承诺制的，应当提供该事项需要的证明材料。

三、法律责任

纳税人对承诺的真实性承担法律责任。税务机关在事中核查时发现核查

情况与纳税人承诺不一致的,应要求纳税人提供相关佐证材料后再予办理。对在事中事后核查或者日常监管中发现承诺不实的,税务机关依法责令限期改正、进行处理处罚,并按照有关规定作出虚假承诺行为认定;涉嫌犯罪的,依法移送司法机关追究刑事责任。

四、不适用告知承诺制的情形

对重大税收违法失信案件当事人不适用告知承诺制,重大税收违法失信案件当事人履行相关法定义务,经实施检查的税务机关确认,在公布期届满后可以适用告知承诺制;其他纳税人存在曾作出虚假承诺情形的,在纠正违法违规行为或者履行相关法定义务之前不适用告知承诺制。

五、工作要求

税务机关通过办税服务场所和官方网站等渠道公布实行告知承诺制的税务证明事项目录及告知承诺书格式文本,方便纳税人查阅、索取或下载。

各级税务机关要加强推行和落实税务证明事项告知承诺制的督促检查,对纳税人反映的制度执行不到位等突出问题进行重点检查。

六、本公告自 2021 年 7 月 1 日起施行。

六、全面推行税务证明事项告知承诺制实施方案

《国家税务总局关于印发〈全面推行税务证明事项告知承诺制实施方案〉的通知》(税总发〔2020〕74 号)规定:

为深入贯彻党中央、国务院关于持续开展"减证便民"行动重大决策部署,深化"放管服"改革,优化税收营商环境,根据《国务院办公厅关于全面推行证明事项和涉企经营许可事项告知承诺制的指导意见》(国办发〔2020〕42 号),结合前期试点情况和税务工作实际,制定本实施方案。

一、总体要求

(一)指导思想。以习近平新时代中国特色社会主义思想为指导,深入贯彻党的十九大和十九届二中、三中、四中、五中全会精神,全面贯彻习近平法治思想,坚持以纳税人为中心,深入推进"放管服"改革,加快转变政府职能,针对直接面向纳税人的依申请税务事项,全面推行证明事项告知承诺制,切实减少证明材料报送,加强事中事后公正监管,创新服务管理理念和

方式,推进税收治理体系和治理能力现代化,努力建设人民满意的服务型税务机关。

(二)基本原则。坚持问题导向。以方便纳税人办事为导向,有针对性地解决办理部分税务事项仍需提交烦琐证明等问题,切实提升办税特别是享受税收优惠政策便利度。

坚持高效便民。聚焦纳税人重点关注的领域和事项,优化办事流程,完善服务措施,确保推行工作落地见效。国家税务总局统一明确告知承诺制制度规范,修改信息系统,减轻基层负担。

坚持统筹推进。强化系统观念,注重工作集成,做到制度化、规范化、信息化一体建设,风险防控、分类监管、信息共享协同推进,切实形成工作合力。

坚持风险可控。从税务工作实际出发,对保留的税务证明事项风险程度、核查难度以及纠错成本等进行综合研判,稳妥确定推行告知承诺制的税务证明事项范围,成熟一批、推行一批,确保过程可控、风险可控、监管有效。

(三)工作目标。在税务机关办理税务登记、行政确认、税收减免等依申请的税务事项要求提供证明材料时实行证明事项告知承诺制,以税务机关清楚告知、纳税人诚信守诺为重点,推动形成标准公开、规则公平、预期明确、各负其责、信用监管的税收治理模式,从制度层面进一步解决纳税人办事繁、办税难等问题,持续优化税收营商环境。

二、主要任务及实施步骤

(一)梳理确认保留的税务证明事项(2021年1月15日前)。

在前期开展的税务证明事项清理工作基础上,根据法律、行政法规、税务部门规章和规范性文件,对照《税收征管操作规范》《全国税务机关纳税服务规范(3.0版)》,梳理确认保留的税务证明事项,摸清底数,为全面推行税务证明事项告知承诺制打好基础。(政策法规司牵头,相关业务司局配合)

(二)研究明确实行告知承诺制的税务证明事项(2021年1月底前)。

本实施方案所称税务证明,是指公民、法人和其他组织在依法向税务机关申请办理税务事项时,提供的需要由行政机关或者其他机构出具、用以描述客观事实或者表明符合特定条件的材料。税务证明事项告知承诺制，是指公民、法人和其他组织在向税务机关申请办理税务事项时，税务机关以书面形式（含电子文本，下同）将证明义务、证明内容以及不实承诺的法律责任一次性告知申请人，申请人书面承诺已经符合告知的相关要求并愿意承担不实承诺的法律责任，税务机关不再索要有关证明并依据书面承诺办理相关税务事项的工作机制。

按照最大限度便民利企原则，在保留的税务证明事项中研究明确实行告知承诺制的税务证明事项。要有针对性地选取与纳税人生产经营或生活密切相关的、使用频次较高或者获取难度较大的税务证明事项实行告知承诺制。对可以通过信息共享、部门协查取得，通过事后核查可以有效防范风险，或者税务机关开具的证明，要积极实行告知承诺制。有关证明事项直接涉及重大国家税收安全、国家秘密或属于重要涉外事项，风险较大、纠错成本较高、损害难以挽回的，不适用告知承诺制。（政策法规司牵头，相关业务司局配合）

（三）确定告知承诺制的适用对象（2021年2月10日前）。

对于实行告知承诺制的税务证明事项，申请人可自主选择是否采用告知承诺制方式办理。申请人不愿承诺或者无法承诺的，应当提交税务部门依据法律法规或者国务院决定要求提供的证明。

申请人有较严重的不良信用记录或者存在曾作出虚假承诺等情形的，在信用修复前不适用告知承诺制。不适用告知承诺制的具体情形由国家税务总局明确。（政策法规司牵头，相关业务司局配合）

（四）规范告知承诺制工作程序（2021年3月底前）。

按照全面准确、权责清晰、通俗易懂的要求，逐项科学编制告知承诺制工作规程、制作告知承诺书格式文本。书面告知的内容应当包括事项名称，设定依据，证明内容，承诺方式，不实承诺可能承担的民事、行政、刑事责任，税务机关核查权力，承诺书是否公开、公开范围及时限等；要坚持实事求是，相关要求要可量化、易操作，不含模糊表述或兜底条款。书面承诺的内容应当包括申请人已知晓告知事项、已符合相关条件、愿意承担不实承诺的法律责任以及承诺的意思表示真实等。（相关业务司局按照职责分工负责）

（五）修改信息系统、办税指南（2021年6月底前）。

配套修改信息系统中办事流程和表证单书，将告知承诺程序环节、告知承诺书文本和虚假承诺的认定处理文书嵌入信息系统，同时在信息系统中实现相关信息记录、归集和推送。修改相关办税指南。（政策法规司、纳税服务司、征管和科技发展司牵头，相关业务司局配合）

（六）发布目录、文本和指南（2021年6月底前）。

以公告形式发布实行告知承诺制的税务证明事项目录，通过税务机关网站、办税服务场所等向社会公开，同步发布告知承诺书格式文本和办税指南，方便申请人查阅、索取或者下载。（政策法规司、纳税服务司按照职责分工负责）

（七）正式实行及持续改进（2021年7月1日开始）。

按照公布的推行告知承诺制的税务证明事项范围、办税指南等正式实行告知承诺制，并加强跟踪分析和评估。国家税务总局根据部门信息共享和行政协助机制完善程度以及事中事后监管能力水平，适时扩大税务证明事项告知承诺制适用范围，并进一步推动彻底取消有关税务证明事项。各省、自治区、直辖市和计划单列市税务局（以下简称"各省税务局"）对已经通过信息共享取得并可即时查验的税务证明，可自主公告决定不再索要有关证明材料和承诺书，并报国家税务总局备案，以查验结果替代证明材料。（政策法规部门牵头，相关业务部门配合）

三、监管要求

（一）加强事中事后核查。针对税务证明事项特点等分类确定事中事后核查办法，将承诺人的信用和风险状况作为确定核查办法的重要因素，明确核查时间、标准、方式以及是否免予核查。对免予核查的事项，要综合运用"双随机、一公开"监管、重点监管、"互联网＋监管"、智慧监管等方式实施日常监管，不得对通过告知承诺制方式办理的申请人采取歧视性监管措施。对在核查或者日常监管中发现承诺不实的，依法终止办理、责令限期整改、撤销行政决定或者予以行政处罚，并根据虚假承诺的认定处理文书确定为失信信息。涉嫌犯罪的，依法移送司法机关。要认真贯彻落实《国务院关于在线政务服务的若干规定》，着力解决税务部门与地方政府间政务信息资源共享不畅问题。要利用政务信息共享平台、政务服务移动客户端、区块链技术等收集、比对相关数据，实施在线核查，也可以通过检查等方式开展现场核查。确需进行现场核查的，要依托"互联网+监管"平台和应用程序等，将承诺情况及时准确推送给有关税务人员，为一线监管执法提供信息支撑，同时要优化工作程序、加强业务协同，避免烦企扰民。相关数据尚未实现网络共享、难以通过上述方式核查的，要积极通过协税护税机制，请求其他行政机关协助核查。（相关业务部门按照职责分工负责）

（二）加强信用监管。认定告知承诺失信行为必须以具有法律效力的文书为依据，通过核查或者日常监管等方式发现虚假承诺的，根据虚假承诺认定处理文书确定为失信信息。相关信息将在税务管理系统中进行记录、归集，并纳入纳税信用评价。对虚假承诺失信扣分情况有异议的，可向税务机关申请纳税信用复评或复核。依托各级信用信息共享平台和税务信用信息系统，加强纳税信用评价结果的互联互通和共享。运用纳税信用评价结果，实施差异化服务和管理措施。依法依规做好纳税人有关信息和商业秘密保护。（纳税服务部门、征管科技部门、相关业务部门按照职责分工负责）

（三）强化税收风险防控。梳理工作环节风险点，采取措施切实提高风险防范能力。加强行政指导，强化告知和指导义务。建立承诺退出机制，在税务事项办结前，申请人有合理理由的，可以撤回承诺申请，撤回后应当按原程序办理税务事项。对涉及社会公共利益、第三方利益或者核查难度较大的税务证明事项，向社会公开告知承诺书，接受社会监督。当事人拒绝公开的，应当提交办理税务事项所需证明。（相关业务部门按照职责分工负责）

四、保障措施

（一）加强组织领导。各级税务机关要切实加强对全面推行告知承诺制工作的领导，抓好组织实施。总局政策法规司要牵头做好税务证明事项告知承诺制推行工作，统筹确定推行事项、报送信息系统修改业务需求。各主管业务司局要对实行告知承诺制的税务证明事项逐项研究制定工作规程，明确告知承诺书格式文本、风险控制措施、核查办法和不实承诺认定文书。纳税服务司要更新办税指南、落实虚假承诺纳入纳税信用评价的规定。征管和科技发展司、电子税务管理中心要做好信息系统修改调整工作。各省税务局要认真部署、抓好落实、压紧责任，积极参加地方政府建立的工作协调机制，加强部门间信息共享和行政协助，及时上报告知承诺制推行成效、数据和典型经验做法。

（二）开展培训宣传。要组织开展学习培训，加强业务交流，提升一线人员执行落实能力。要强化宣传引导，通过报刊、广播、电视、互联网等渠道，深入宣传全面推行税务证明事项告知承诺制的重要意义、主要做法、典型经验和实施效果等，发挥示范带动作用，合理引导社会预期，及时回应社会关切，营造良好舆论氛围。（政策法规部门、税收宣传部门按照职责分工负责）

（三）加强督促检查。各级税务机关加强推行、落实税务证明事项告知承诺制的督促检查，对纳税人反映的制度执行不到位等突出问题，开展重点检查，对落实不力、问题突出的严格依法依规追究责任。（政策法规部门、督察内审部门按照职责分工负责）

各级税务机关要以全面推行税务证明事项告知承诺制为重要抓手，加快推进"放管服"改革，降低制度性交易成本，减轻纳税人负担，激发市场主体发展活力。各省税务局在全面推行税务证明事项告知承诺制过程中发现的问题和有关意见建议，要及时报国家税务总局（政策法规司）。

第三节　税务失信行为与行政处罚制度改革

一、税务系统信息化服务商失信行为记录名单制度

《税务系统信息化服务商失信行为记录名单制度（试行）》（税总办征科发〔2022〕1号印发）规定：

一、信息化服务商

信息化服务商是指为税务总局、各省（自治区、直辖市和计划单列市，以下简称"各省"）税务局提供信息化项目承建、运维、咨询、监理服务或参加相关采购活动的单位或个人（以下简称"服务商"）。受服务商指派参与税

务部门信息化服务工作的个人，其行为纳入服务商行为记录。

二、失信行为

服务商失信行为分为一般失信行为和严重失信行为。

（一）一般失信行为包括：

1.违反网络安全管理规定，但未造成不良后果的。

2.运维服务质量评价上季度得分被扣减较多，且未按承诺改进到位的。

3.违反合同约定内容，但未造成不良后果的。

4.不配合监理工作或对监理指出问题整改不到位的。

5.其他违反规定但未造成不良后果的行为。

（二）严重失信行为包括：

1.攻击或侵入税务信息系统（包括CA等）。

2.违反网络安全管理规定，造成不良后果的。

3.违反合同约定内容，造成不良后果的。

4.利用为税务机关提供信息化服务的便利，向纳税人、缴费人搭车收费或变相收费。

5.另行开发销售合同业务需求范围内，供纳税人、缴费人使用的软件。

6.以明显低于成本的报价恶意竞标。

7.存在"围猎"税务人员行为的。

8.违规聘用离职税务人员。

9.一年内发生2次以上（含2次）一般失信行为的。

10.其他违反规定造成不良后果的行为。

三、失信行为的认定

（一）违反网络安全管理规定

1.认定标准：服务商违反税务信息安全管理相关规定，导致数据失窃或丢失、敏感信息泄露、主要业务系统瘫痪等网络安全事件的，属于严重失信行为；未造成上述后果的属于一般失信行为。

2.认定部门：电子税务管理部门。

3.信息来源：网络安全管理部门、业主单位、实施单位发现并发起；其他部门的通报。

4.认定流程:发起认定[认定部门发现;其他信息来源单位自发现起3个工作日,将具体情形、产生的不良后果,以表单方式提交认定部门,表单模板详见附件1(略),以下简称"失信记录表"]→核实确认(认定部门自发现或知悉通报、收到表单起10个工作日完成核实确认)→认定结果[认定部门经查属实的,3个工作日填制表单报送同级网络安全和信息化领导小组办公室,以下简称"网信办",表单模板详见附件2(略),以下简称"失信认定表"]。

(二)运维服务质量评价上季度得分被扣减较多,且未按承诺改进到位

1.认定标准:服务商服务质量评价上季度得分被扣减5分(含5分)以上,且本季度未按承诺改进到位。

2.认定部门:督察内审司、税务总局驻各地特派员办事处(第二大队)。

3.信息来源:服务质量评价系统。

4.认定流程:发起认定(评价部门每个季度终了后10个工作日内,在服务质量评价系统中完成服务商服务质量评价)→核实确认(认定部门对评价得分结果和改进程度进行审核确认)→认定结果(对符合失信行为认定标准的,认定部门季度终了后20个工作日填制失信认定表报送同级网信办)。

(三)违反合同约定内容

1.认定标准:服务商未按合同要求交付合格产品或服务,导致系统不能按时上线运行或系统阻断运行超过4小时的,属于严重失信行为;未造成上述后果的属于一般失信行为。

2.认定部门:业主单位。

3.信息来源:业主单位、实施单位、运维监控部门、监理管理部门发现并发起。

4.认定流程:流程同"(一)违反网络安全管理规定"认定流程。

(四)不配合监理工作或对监理指出问题整改不到位

1.认定标准:服务商不按监理要求提供所需资料或其他不配合监理工作的,对监理指出的问题整改不到位的。

2.认定部门:监理管理部门。

3.信息来源:监理管理部门、业主单位、实施单位在项目开发建设过程中发现并发起。

4.认定流程：流程同"（一）违反网络安全管理规定"认定流程。

（五）攻击或侵入税务信息系统（包括CA等）

1.认定标准：服务商存在攻击或侵入税务信息系统的。

2.认定部门：电子税务管理部门。

3.信息来源：网信管理职能部门的认定、通报、决定等。

4.认定流程：发起认定（认定部门发现）→核实确认（认定部门自发现或知悉起10个工作日完成核实确认）→认定结果（认定部门3个工作日填制失信认定表报送同级网信办）。

（六）以明显低于成本的报价恶意竞标

1.认定标准：服务商竞标报价明显低于成本恶意投标的。

2.认定部门：采购部门。

3.信息来源：评标委员会报告；评标管理部门、业主单位发现并发起。

4.认定流程：流程同"（一）违反网络安全管理规定"认定流程。

（七）利用为税务机关提供信息化服务的便利，向纳税人、缴费人搭车收费或变相收费

1.认定标准：服务商利用为税务机关提供信息化服务的便利，向纳税人、缴费人搭售硬件、软件、服务或进行其他变相收费的。

2.认定部门：业主单位。

3.信息来源：纳税人、缴费人、其他部门或人员投诉；有关部门通报；业主单位发现并发起。

4.认定流程：发起认定（认定部门发现；认定部门知悉投诉、通报）→核实确认（认定部门自发现或知悉投诉、通报起20个工作日完成核实确认）→认定结果（认定部门经查属实的，3个工作日填制失信认定表报送同级网信办）。

（八）另行开发销售合同业务需求范围内，供纳税人、缴费人使用的软件

1.认定标准：服务商另行开发销售合同业务需求范围内、供纳税人、缴费人使用的软件。

2.认定部门：业主单位。

3.信息来源：纳税人、缴费人、其他部门或人员投诉；有关部门通报；业主单位发现并发起。

4.认定流程：流程同"（七）利用为税务机关提供信息化服务的便利，向纳税人、缴费人搭车收费或变相收费"认定流程。

（九）存在"围猎"税务人员行为

1.认定标准：服务商以获取不正当利益为目的，采取馈赠礼品礼金、邀请娱乐旅游消费、提供便利条件等非正常交往手段"围猎"相关税务人员及亲属。

2.认定部门：被"围猎"人员所在部门。

3.信息来源：相关部门的通报；其他部门或人员投诉；被"围猎"人员所在部门发现并发起。

4.认定流程：流程同"（七）利用为税务机关提供信息化服务的便利，向纳税人、缴费人搭车收费或变相收费"认定流程。

（十）违规聘用离职税务人员

1.认定标准：信息化服务商聘用3年内离职的原从事过税收信息化及相关信息系统业务条线的税务人员。原从事过，是指离职前3年内从事过税收信息化工作及在相关信息系统业务条线工作。

2.认定部门：网信办、组织人事部门。

3.信息来源：违规人员所在部门发现、组织人事部门发现、大数据查询发现、舆情反映报道、上级部门推送、其他部门或人员举报等。

4.认定流程：组织人事部门每年将离职人员名单交本级网信办，发起认定（认定部门发现；认定部门知悉投诉）→核实确认（认定部门完成核实确认）→认定结果（认定部门经查属实的，填制失信认定表）。

（十一）一年内发生2次以上一般失信行为

1.认定标准：一个自然年度内，服务商发生2次以上一般失信行为的。

2.认定部门：税务总局网信办、省税务局网信办。

3.信息来源：各省税务局网信办报送的《××省税务局信息化服务商失信行为记录名单》（以下简称"失信记录名单"）；同级单位报送的失信认定表。

4.认定流程：发起认定（认定部门知悉）→核实确认（认定部门10个工作日进行汇总确认）→认定结果（认定部门经查属实的，3个工作日填制失信认定表）。

服务商在省内一年发生2次以上一般失信行为的，由所在省税务局网信办按照上述规定办理。

四、结果应用

税务总局网信办负责汇总税务总局各部门报送的失信认定表,以及各省税务局网信办按季度(终了后5个工作日)报送的失信记录名单,制作《税务系统信息化服务商失信行为记录名单》(以下简称"税务系统失信记录名单"),按季度在全国税务系统范围内进行通报。

对于一般失信行为的,由认定部门的同级网信办函告服务商。对于严重失信行为的,由认定部门的同级网信办约谈服务商主要负责人。对于违反合同约定内容的,由采购部门按合同约定处理。对于影响恶劣的严重违法失信行为,由采购部门按规定将其推送财政部纳入政府采购严重违法失信行为记录名单。

五、信用修复

一般失信行为的服务商,自通报之日起,一年内未再发生新的失信行为的,由税务总局网信办将其移出税务系统失信记录名单。

严重失信行为的服务商,自通报之日起,三年内未再发生新的失信行为的,由税务总局网信办将其移出税务系统失信记录名单。

六、其他事项

采购部门负责在信息化合同中设置专门条款,禁止中标商另行开发合同业务需求范围内、供纳税人、缴费人使用的软件,明确对违反合约专门条款的,纳入失信名单;约定对于违反网络安全规定行为造成不良后果的服务商,3年内限制参加税务系统政府采购活动;明确服务商建立防止违法违规聘用离职税务人员风险控制制度,并约定出现违法违规聘用离职税务人员行为将采取的措施(包括要求限期改正、要求支付违约金、解除合同、3年内限制参加所聘人员原单位及下属单位信息化项目政府采购活动等)。国家税务总局发票电子化改革(金税四期)领导小组办公室可以对本制度列举的失信行为进行认定,经其认定存在失信行为的服务商,3年内限制参加税收信息化项目政府采购活动。

本制度由国家税务总局(网信办)负责解释,《国家税务总局办公厅关于建立信息化服务商失信行为记录名单制度(试行)的通知》(税总办发〔2020〕52号)同时废止。

二、纳税信用评价与修复制度

《国家税务总局关于纳税信用评价与修复有关事项的公告》(国家税务总局公告 2021 年第 31 号)规定:

为贯彻落实中办、国办印发的《关于进一步深化税收征管改革的意见》,深入开展 2021 年"我为纳税人缴费人办实事暨便民办税春风行动",推进税务领域"放管服"改革,优化税收营商环境,引导纳税人及时纠正违规失信行为、消除不良影响,根据《国务院办公厅关于进一步完善失信约束制度 构建诚信建设长效机制的指导意见》(国办发〔2020〕49 号)等文件要求,现就纳税信用评价与修复有关事项公告如下:

一、符合下列条件之一的纳税人,可向主管税务机关申请纳税信用修复:

(一)破产企业或其管理人在重整或和解程序中,已依法缴纳税款、滞纳金、罚款,并纠正相关纳税信用失信行为的。

(二)因确定为重大税收违法失信主体,纳税信用直接判为 D 级的纳税人,失信主体信息已按照国家税务总局相关规定不予公布或停止公布,申请前连续 12 个月没有新增纳税信用失信行为记录的。

(三)由纳税信用 D 级纳税人的直接责任人员注册登记或者负责经营,纳税信用关联评价为 D 级的纳税人,申请前连续 6 个月没有新增纳税信用失信行为记录的。

(四)因其他失信行为纳税信用直接判为 D 级的纳税人,已纠正纳税信用失信行为、履行税收法律责任,申请前连续 12 个月没有新增纳税信用失信行为记录的。

(五)因上一年度纳税信用直接判为 D 级,本年度纳税信用保留为 D 级的纳税人,已纠正纳税信用失信行为、履行税收法律责任或失信主体信息已按照国家税务总局相关规定不予公布或停止公布,申请前连续 12 个月没有新增纳税信用失信行为记录的。

二、符合《国家税务总局关于纳税信用修复有关事项的公告》(2019 年第 37 号)所列条件的纳税人,其纳税信用级别及失信行为的修复仍从其规定。

三、符合本公告所列条件的纳税人,可填写《纳税信用修复申请表》(附件1，略），对当前的纳税信用评价结果向主管税务机关申请纳税信用修复。税务机关核实纳税人纳税信用状况，按照《纳税信用修复范围及标准》（附件2，略）调整相应纳税信用评价指标状态，根据纳税信用评价相关规定，重新评价纳税人的纳税信用级别。

申请破产重整企业纳税信用修复的，应同步提供人民法院批准的重整计划或认可的和解协议，其破产重整前发生的相关失信行为，可按照《纳税信用修复范围及标准》中破产重整企业适用的修复标准开展修复。

四、自2021年度纳税信用评价起，税务机关按照"首违不罚"相关规定对纳税人不予行政处罚的，相关记录不纳入纳税信用评价。

五、本公告自2022年1月1日起施行。《国家税务总局关于明确纳税信用管理若干业务口径的公告》（2015年第85号，2018年第31号修改）第六条第（十）项、《国家税务总局关于纳税信用修复有关事项的公告》（2019年第37号）所附《纳税信用修复申请表》《纳税信用修复范围及标准》同时废止。

三、税务行政处罚"首违不罚"事项清单

《国家税务总局关于发布〈税务行政处罚"首违不罚"事项清单〉的公告》（国家税务总局公告2021年第6号）规定：

为贯彻落实中共中央办公厅、国务院办公厅《关于进一步深化税收征管改革的意见》、国务院常务会有关部署，深入开展2021年"我为纳税人缴费人办实事暨便民办税春风行动"，推进税务领域"放管服"改革，更好服务市场主体，根据《中华人民共和国行政处罚法》《中华人民共和国税收征收管理法》及其实施细则等法律法规，国家税务总局制定了《税务行政处罚"首违不罚"事项清单》。对于首次发生清单中所列事项且危害后果轻微，在税务机关发现前主动改正或者在税务机关责令限期改正的期限内改正的，不予行政处罚。税务机关应当对当事人加强税法宣传和辅导。

现将《税务行政处罚"首违不罚"事项清单》（表2-1）予以发布，自2021年4月1日起施行。

表 2-1 税务行政处罚"首违不罚"事项清单

对于首次发生下列清单中所列事项且危害后果轻微，在税务机关发现前主动改正或者在税务机关责令限期改正的期限内改正的，不予行政处罚。

序号	事项
1	纳税人未按照税收征收管理法及实施细则等有关规定将其全部银行账号向税务机关报送
2	纳税人未按照税收征收管理法及实施细则等有关规定设置、保管账簿或者保管记账凭证和有关资料
3	纳税人未按照税收征收管理法及实施细则等有关规定的期限办理纳税申报和报送纳税资料
4	纳税人使用税控装置开具发票，未按照税收征收管理法及实施细则、发票管理办法等有关规定的期限向主管税务机关报送开具发票的数据且没有违法所得
5	纳税人未按照税收征收管理法及实施细则、发票管理办法等有关规定取得发票，以其他凭证代替发票使用且没有违法所得
6	纳税人未按照税收征收管理法及实施细则、发票管理办法等有关规定缴销发票且没有违法所得
7	扣缴义务人未按照税收征收管理法及实施细则等有关规定设置、保管代扣代缴、代收代缴税款账簿或者保管代扣代缴、代收代缴税款记账凭证及有关资料
8	扣缴义务人未按照税收征收管理法及实施细则等有关规定的期限报送代扣代缴、代收代缴税款有关资料
9	扣缴义务人未按照《税收票证管理办法》的规定开具税收票证
10	境内机构或个人向非居民发包工程作业或劳务项目，未按照《非居民承包工程作业和提供劳务税收管理暂行办法》的规定向主管税务机关报告有关事项

四、第二批税务行政处罚"首违不罚"事项清单

《国家税务总局关于发布〈第二批税务行政处罚"首违不罚"事项清单〉的公告》（国家税务总局公告 2021 年第 33 号）规定：

为进一步贯彻落实中共中央办公厅、国务院办公厅《关于进一步深化税收征管改革的意见》，持续推进税务领域"放管服"改革，根据《中华人民共和国行政处罚法》《中华人民共和国税收征收管理法》及其实施细则等法律法规，国家税务总局制定《第二批税务行政处罚"首违不罚"事项清单》（表 2-2），现予以发布。同时，对执行中的若干问题明确如下：

一、对当事人首次发生清单中所列事项且危害后果轻微，在税务机关发现前主动改正或者在税务机关责令限期改正的期限内改正的，不予行政处罚。税务违法行为造成不可挽回的税费损失或者较大社会影响的，不能认定为"危害后果轻微"。

二、适用税务行政处罚"首违不罚"的,主管税务机关应及时作出不予行政处罚决定,充分保障当事人合法权益。

三、各级税务机关应加强税务行政处罚"首违不罚"管理,准确把握适用"首违不罚"的条件,不得变相扩大或者缩小"首违不罚"范围,既彰显税收执法温度,又不放松税收管理。

四、对适用税务行政处罚"首违不罚"的当事人,主管税务机关应采取签订承诺书等方式教育、引导、督促其自觉守法,对再次违反的当事人应严格按照规定予以行政处罚。

五、税务机关应明确和完善税务行政处罚"首违不罚"相关岗责流程,构建权责一致、边界清晰、协调配合、运转高效的职能体系。

六、税务机关应将税务行政处罚"首违不罚"风险防范措施嵌入信息系统,依托信息系统开展"首违不罚"预警提醒、违法阻止和分析评估,定期对"首违不罚"施行情况进行总结,取得"事前放、事中管、事后评"效果。

本公告自 2022 年 1 月 1 日起施行。

表 2-2　第二批税务行政处罚"首违不罚"事项清单

对于首次发生下列清单中所列事项且危害后果轻微,在税务机关发现前主动改正或者在税务机关责令限期改正的期限内改正的,不予行政处罚。

序号	事项
1	纳税人使用非税控电子器具开具发票,未按照税收征收管理法及实施细则、发票管理办法等有关规定将非税控电子器具使用的软件程序说明资料报主管税务机关备案且没有违法所得
2	纳税人未按照税收征收管理法及实施细则、税务登记管理办法等有关规定办理税务登记证件验证或者换证手续
3	纳税人未按照税收征收管理法及实施细则、发票管理办法等有关规定加盖发票专用章且没有违法所得
4	纳税人未按照税收征收管理法及实施细则等有关规定将财务、会计制度或者财务、会计处理办法和会计核算软件报送税务机关备查

第三章 金税四期以数治税背景下的账务处理与风险防控

第一节 公转私的账务处理与风险防控

一、公转私账务处理的基本法律规范

《人民币银行结算账户管理办法》(2003年4月10日中国人民银行令〔2003〕第5号公布)第三十九条至第四十五条规定:

第三十九条 个人银行结算账户用于办理个人转账收付和现金存取。下列款项可以转入个人银行结算账户:

(一)工资、奖金收入。

(二)稿费、演出费等劳务收入。

(三)债券、期货、信托等投资的本金和收益。

(四)个人债权或产权转让收益。

(五)个人贷款转存。

(六)证券交易结算资金和期货交易保证金。

(七)继承、赠与款项。

(八)保险理赔、保费退还等款项。

(九)纳税退还。

(十)农、副、矿产品销售收入。

(十一)其他合法款项。

第三章 金税四期以数治税背景下的账务处理与风险防控

第四十条 单位从其银行结算账户支付给个人银行结算账户的款项,每笔超过 5 万元的,应向其开户银行提供下列付款依据:

(一)代发工资协议和收款人清单。

(二)奖励证明。

(三)新闻出版、演出主办等单位与收款人签订的劳务合同或支付给个人款项的证明。

(四)证券公司、期货公司、信托投资公司、奖券发行或承销部门支付或退还给自然人款项的证明。

(五)债权或产权转让协议。

(六)借款合同。

(七)保险公司的证明。

(八)税收征管部门的证明。

(九)农、副、矿产品购销合同。

(十)其他合法款项的证明。

从单位银行结算账户支付给个人银行结算账户的款项应纳税的,税收代扣单位付款时应向其开户银行提供完税证明。

第四十一条 有下列情形之一的,个人应出具本办法第四十条规定的有关收款依据。

(一)个人持出票人为单位的支票向开户银行委托收款,将款项转入其个人银行结算账户的。

(二)个人持申请人为单位的银行汇票和银行本票向开户银行提示付款,将款项转入其个人银行结算账户的。

第四十二条 单位银行结算账户支付给个人银行结算账户款项的,银行应按第四十条、第四十一条规定认真审查付款依据或收款依据的原件,并留存复印件,按会计档案保管。未提供相关依据或相关依据不符合规定的,银行应拒绝办理。

第四十三条 储蓄账户仅限于办理现金存取业务,不得办理转账结算。

第四十四条 银行应按规定与存款人核对账务。银行结算账户的存款人收到对账单或对账信息后,应及时核对账务并在规定期限内向银行发出对账回单或确认信息。

第四十五条 存款人应按照本办法的规定使用银行结算账户办理结算业务。

存款人不得出租、出借银行结算账户，不得利用银行结算账户套取银行信用。

二、公转私的法律责任

《中华人民共和国刑法》（1979年7月1日第五届全国人民代表大会第二次会议通过，2023年12月29日第十四届全国人民代表大会常务委员会第七次会议修正，以下简称《刑法》）第二百二十五条规定：

第二百二十五条 【非法经营罪】 违反国家规定，有下列非法经营行为之一，扰乱市场秩序，情节严重的，处五年以下有期徒刑或者拘役，并处或者单处违法所得一倍以上五倍以下罚金；情节特别严重的，处五年以上有期徒刑，并处违法所得一倍以上五倍以下罚金或者没收财产：

（一）未经许可经营法律、行政法规规定的专营、专卖物品或者其他限制买卖的物品的；

（二）买卖进出口许可证、进出口原产地证明以及其他法律、行政法规规定的经营许可证或者批准文件的；

（三）未经国家有关主管部门批准非法经营证券、期货、保险业务的，或者非法从事资金支付结算业务的；

（四）其他严重扰乱市场秩序的非法经营行为。

《最高人民法院　最高人民检察院关于办理非法从事资金支付结算业务、非法买卖外汇刑事案件适用法律若干问题的解释》（2018年9月17日最高人民法院审判委员会第1749次会议、2018年12月12日最高人民检察院第十三届检察委员会第十一次会议通过，自2019年2月1日起施行）规定：

为依法惩治非法从事资金支付结算业务、非法买卖外汇犯罪活动，维护金融市场秩序，根据《中华人民共和国刑法》《中华人民共和国刑事诉讼法》的规定，现就办理非法从事资金支付结算业务、非法买卖外汇刑事案件适用法律的若干问题解释如下：

第三章 金税四期以数治税背景下的账务处理与风险防控

第一条 违反国家规定,具有下列情形之一的,属于刑法第二百二十五条第三项规定的"非法从事资金支付结算业务":

(一)使用受理终端或者网络支付接口等方法,以虚构交易、虚开价格、交易退款等非法方式向指定付款方支付货币资金的;

(二)非法为他人提供单位银行结算账户套现或者单位银行结算账户转个人账户服务的;

(三)非法为他人提供支票套现服务的;

(四)其他非法从事资金支付结算业务的情形。

第二条 违反国家规定,实施倒买倒卖外汇或者变相买卖外汇等非法买卖外汇行为,扰乱金融市场秩序,情节严重的,依照刑法第二百二十五条第四项的规定,以非法经营罪定罪处罚。

第三条 非法从事资金支付结算业务或者非法买卖外汇,具有下列情形之一的,应当认定为非法经营行为"情节严重":

(一)非法经营数额在五百万元以上的;

(二)违法所得数额在十万元以上的。

非法经营数额在二百五十万元以上,或者违法所得数额在五万元以上,且具有下列情形之一的,可以认定为非法经营行为"情节严重":

(一)曾因非法从事资金支付结算业务或者非法买卖外汇犯罪行为受过刑事追究的;

(二)二年内因非法从事资金支付结算业务或者非法买卖外汇违法行为受过行政处罚的;

(三)拒不交代涉案资金去向或者拒不配合追缴工作,致使赃款无法追缴的;

(四)造成其他严重后果的。

第四条 非法从事资金支付结算业务或者非法买卖外汇,具有下列情形之一的,应当认定为非法经营行为"情节特别严重":

(一)非法经营数额在二千五百万元以上的;

(二)违法所得数额在五十万元以上的。

非法经营数额在一千二百五十万元以上,或者违法所得数额在二十五万元以上,且具有本解释第三条第二款规定的四种情形之一的,可以认定为非法经营行为"情节特别严重"。

第五条 非法从事资金支付结算业务或者非法买卖外汇，构成非法经营罪，同时又构成刑法第一百二十条之一规定的帮助恐怖活动罪或者第一百九十一条规定的洗钱罪的，依照处罚较重的规定定罪处罚。

第六条 二次以上非法从事资金支付结算业务或者非法买卖外汇，依法应予行政处理或者刑事处理而未经处理的，非法经营数额或者违法所得数额累计计算。同一案件中，非法经营数额、违法所得数额分别构成情节严重、情节特别严重的，按照处罚较重的数额定罪处罚。

第七条 非法从事资金支付结算业务或者非法买卖外汇违法所得数额难以确定的，按非法经营数额的千分之一认定违法所得数额，依法并处或者单处违法所得一倍以上五倍以下罚金。

第八条 符合本解释第三条规定的标准，行为人如实供述犯罪事实，认罪悔罪，并积极配合调查，退缴违法所得的，可以从轻处罚；其中犯罪情节轻微的，可以依法不起诉或者免予刑事处罚。符合刑事诉讼法规定的认罪认罚从宽适用范围和条件的，依照刑事诉讼法的规定处理。

第九条 单位实施本解释第一条、第二条规定的非法从事资金支付结算业务、非法买卖外汇行为，依照本解释规定的定罪量刑标准，对单位判处罚金，并对其直接负责的主管人员和其他直接责任人员定罪处罚。

第十条 非法从事资金支付结算业务、非法买卖外汇刑事案件中的犯罪地，包括犯罪嫌疑人、被告人用于犯罪活动的账户开立地、资金接收地、资金过渡账户开立地、资金账户操作地，以及资金交易对手资金交付和汇出地等。

第十一条 涉及外汇的犯罪数额，按照案发当日中国外汇交易中心或者中国人民银行授权机构公布的人民币对该货币的中间价折合成人民币计算。中国外汇交易中心或者中国人民银行授权机构未公布汇率中间价的境外货币，按照案发当日境内银行人民币对该货币的中间价折算成人民币，或者该货币在境内银行、国际外汇市场对美元汇率，与人民币对美元汇率中间价进行套算。

第十二条 本解释自2019年2月1日起施行。《最高人民法院关于审理骗购外汇、非法买卖外汇刑事案件具体应用法律若干问题的解释》(法释〔1998〕20号)与本解释不一致的,以本解释为准。

三、公转私的风险防控

第一,控制公转私的金额,原则上,每笔不要达到5万元。

第二,公转私原则上应代扣代缴个人所得税,特别是支付工资薪金、劳务报酬、稿酬、特许权使用费、财产租赁所得、财产转让所得、利息股息红利所得以及偶然所得等。

第三,如果是个人借款,应签订借款协议并收取不低于银行贷款利率的利息;如果是股东个人借款,应注意在当年12月31日之前归还。

第四,如果是向个人支付报销款(即个人替公司代垫款项),应从个人手中取得合法发票。

第五,如果是向个体经营者支付货款或者服务费,应从个人或个体经营者手中取得合法发票。

第六,如果是向个人支付预付款,则应在预付款转为其他款项时依法代扣代缴个人所得税或者从个人手中取得合法发票。

第二节 账实不符的账务处理与风险防控

一、账实不符的介绍

为了满足不同主体的需要,实现不同主体的目的,单位对同一会计主体编制两套甚至多套账目。

(1)反映企业实际经营情况的账被称为内账(管理账)。

(2)为了应付税务机关的账被称为外账(税务账)。

(3)为了贷款需要的账被称为银行账。

(4)应付海关检查的账被称为海关账。

（5）为了申请高新资格的账被称为高新账。

（一）制作"两套账"的原因

我国的一些民营中小企业不仅负担沉重，无法与其他企业竞争，甚至无法生存下去。企业为了减少税负，外账采取少计收入、多计成本费用等方法来进行会计核算；企业为了银行贷款或者申请高新技术资格，外账又需要财务数据比较"漂亮"。但对企业管理者而言，财务数据只有全面、真实反映企业的情况，管理者才能够利用财务数据对企业进行管理。为此，企业制作了"两套账"，但这是违法的。

（二）"两套账"的常见做法

内账的目标是反映单位的真实情况，因此，核算的重点是实质，不是形式。例如，业务员请人吃饭，没有发票，写一张纸条、发一个支付截图经过审批就可以入账。又如，业务员送客户佣金，写一张纸条、发一张佣金截图经过审批就可以入账。

外账的目标是符合税法的要求，重点是发票等税前扣除凭证或抵扣凭证要合法合规。

"两套账"的编制程序是先从内账入手，将内账的凭证经过增减、变换后，制作外账的凭证。

"两套账"之间有着紧密的联系，多套账的难度会更大，账套越多，出现混乱的情况越严重。企业应通过一定的办法，找出最正确的账套，去除其他账套，这才是最终的合规选择。

二、"两套账"的会计法风险

（一）会计法关于两套账的相关规定

《中华人民共和国会计法》（1985年1月21日第六届全国人民代表大会常务委员会第九次会议通过，根据1993年12月29日第八届全国人民代表大会常务委员会第五次会议《关于修改〈中华人民共和国会计法〉的决定》第一次修正，1999年10月31日第九届全国人民代表大会常务委员会第十二次会议修订，根据2017年11月4日第十二届全国人民代表大会常务委员会第三十次会议《关于修改〈中华人民共和国会计法〉等十一部法律的决定》第二次修正，以下简称《会计法》)第三条规定："各单位必须依法设置会计账簿，并保证其真实、完整。""两套账"的设置首先不属于"依法设置会计账簿"，其次也无法保证"两套账"均达到"真实、完整"的要求。

《会计法》第四条规定："单位负责人对本单位的会计工作和会计资料的真实性、完整性负责。""两套账"违反了《会计法》"完整性"的要求，对此，单位负责人应对其负责并承担相应法律责任。单位负责人是指单位法定代表人或者法律、行政法规规定代表单位行使职权的主要负责人。

《会计法》第九条规定："各单位必须根据实际发生的经济业务事项进行会计核算，填制会计凭证，登记会计账簿，编制财务会计报告。任何单位不得以虚假的经济业务事项或者资料进行会计核算。"企业设置"两套账"，必然有一套账与客观实际不符，也就是企业并未"根据实际发生的经济业务事项进行会计核算"，而是对实际发生的经济业务事项有所取舍、有所选择。为了确保账面一致，企业往往需要以"虚假的经济业务事项或者资料进行会计核算"。

《会计法》第十六条规定："各单位发生的各项经济业务事项应当在依法设置的会计账簿上统一登记、核算，不得违反本法和国家统一的会计制度的规定私设会计账簿登记、核算。"这一规定明确反对设置"两套账"，"两套账"是确定违法行为的法律依据。任何单位都只能有一套账簿。

《会计法》第二十五条规定："公司、企业必须根据实际发生的经济业务事项，按照国家统一的会计制度的规定确认、计量和记录资产、负债、所有者权益、收入、费用、成本和利润。"该条规定是2017年修订《会计法》时新增加的，特别强调公司、企业必须"根据实际发生的经济业务事项"进行会计核算，不允许设置"两套账"。

《会计法》第二十六条规定："公司、企业进行会计核算不得有下列行为：（一）随意改变资产、负债、所有者权益的确认标准或者计量方法，虚列、多列、不列或者少列资产、负债、所有者权益；（二）虚列或者隐瞒收入,推迟或者提前确认收入;(三)随意改变费用、成本的确认标准或者计量方法,虚列、多列、不列或者少列费用、成本;(四)随意调整利润的计算、分配方法,编造虚假利润或者隐瞒利润;(五)违反国家统一的会计制度规定的其他行为。"这一条也是2017年修订《会计法》时新增加的,详细列举了公司、企业常见的会计违法行为。企业一旦设置"两套账",就难以避免"虚列、多列、不列或者少列资产、负债、所有者权益",也难以避免"虚列、多列、不列或者少列费用、成本",最终结果是"编造虚假利润或者隐瞒利润"。因此,这一条是明确反对"两套账"的更加具体的规定。

《会计法》第二十八条规定:"单位负责人应当保证会计机构、会计人员依法履行职责,不得授意、指使、强令会计机构、会计人员违法办理会计事项。会计机构、会计人员对违反本法和国家统一的会计制度规定的会计事项,有权拒绝办理或者按照职权予以纠正。"根据这一规定,一旦单位出现"两套账",单位负责人和会计人员均难辞其咎。即使单位负责人强令制作"两套账",会计人员也应予以拒绝或者纠正。

《会计法》第三十条规定:"任何单位和个人对违反本法和国家统一的会计制度规定的行为,有权检举。收到检举的部门有权处理的,应当依法按照职责分工及时处理;无权处理的,应当及时移送有权处理的部门处理。收到检举的部门、负责处理的部门应当为检举人保密,不得将检举人姓名和检举材料转给被检举单位和被检举人个人。"对于"两套账",任何人均有权进行检举。会计人员检举的,可以予以奖励或者将功赎罪,从轻处罚。

《会计法》第三十二条规定:"财政部门对各单位的下列情况实施监督:(一)是否依法设置会计账簿;(二)会计凭证、会计账簿、财务会计报告和其他会计资料是否真实、完整;(三)会计核算是否符合本法和国家统一的会计制度的规定;(四)从事会计工作的人员是否具备专业能力、遵守职业道德。在对前款第(二)项所列事项实施监督,发现重大违法嫌疑时,国务院财政部门及其派出机构可以向与被监督单位有经济业务往来的单位和被监督单位开立账户的金融机构查询有关情况,有关单位和金融机构应当给予支持。"会计工作的主管部门是各级财政部门,财政部门会计监督的重点之一就是单位是否设置了"两套账"。"两套账"是典型的重大会计违法行为。

第三章 金税四期以数治税背景下的账务处理与风险防控

（二）企业及相关责任人的法律责任

《会计法》第四十条规定："因有提供虚假财务会计报告，做假账，隐匿或者故意销毁会计凭证、会计账簿、财务会计报告，贪污，挪用公款，职务侵占等与会计职务有关的违法行为被依法追究刑事责任的人员，不得再从事会计工作。"会计人员为单位设置"两套账"必然涉及"提供虚假财务会计报告""做假账"等违法行为，一旦被追究刑事责任，将终身不得从事会计工作。

《会计法》第四十二条规定："违反本法规定，有下列行为之一的，由县级以上人民政府财政部门责令限期改正，可以对单位并处三千元以上五万元以下的罚款；对其直接负责的主管人员和其他直接责任人员，可以处二千元以上二万元以下的罚款；属于国家工作人员的，还应当由其所在单位或者有关单位依法给予行政处分：（一）不依法设置会计账簿的；（二）私设会计账簿的；（三）未按照规定填制、取得原始凭证或者填制、取得的原始凭证不符合规定的；（四）以未经审核的会计凭证为依据登记会计账簿或者登记会计账簿不符合规定的；（五）随意变更会计处理方法的；（六）向不同的会计资料使用者提供的财务会计报告编制依据不一致的；（七）未按照规定使用会计记录文字或者记账本位币的；（八）未按照规定保管会计资料，致使会计资料毁损、灭失的；（九）未按照规定建立并实施单位内部会计监督制度或者拒绝依法实施的监督或者不如实提供有关会计资料及有关情况的；（十）任用会计人员不符合本法规定的。有前款所列行为之一，构成犯罪的，依法追究刑事责任。会计人员有第一款所列行为之一，情节严重的，五年内不得从事会计工作。有关法律对第一款所列行为的处罚另有规定的，依照有关法律的规定办理。"单位设置"两套账"属于上述"私设会计账簿"的违法行为。会计人员帮助单位设置"两套账"，本身就是情节严重的违法行为，很可能被处以"五年内不得从事会计工作"的处罚。

《会计法》第四十三条规定："伪造、变造会计凭证、会计账簿，编制虚假财务会计报告，构成犯罪的，依法追究刑事责任。有前款行为，尚不构成犯罪的，由县级以上人民政府财政部门予以通报，可以对单位并处五千元以上十万元以下的罚款；对其直接负责的主管人员和其他直接责任人员，可以处三千元以上五万元以下的罚款；属于国家工作人员的，还应当由其所在单位或者有关单位依法给予撤职直至开除的行政处分；其中的会计人员，五年内不得从事会计工作。"设置"两套账"的单位大多具有"伪造、变造会计凭证、会计账簿，编制虚假财务会计报告"的行为，很可能被追究刑事责任。

《刑法》第一百六十一条规定："依法负有信息披露义务的公司、企业向股东和社会公众提供虚假的或者隐瞒重要事实的财务会计报告，或者对依法应当披露的其他重要信息不按照规定披露，严重损害股东或者其他人利益，或者有其他严重情节的，对其直接负责的主管人员和其他直接责任人员，处五年以下有期徒刑或者拘役，并处或者单处罚金；情节特别严重的，处五年以上十年以下有期徒刑，并处罚金。前款规定的公司、企业的控股股东、实际控制人实施或者组织、指使实施前款行为的，或者隐瞒相关事项导致前款规定的情形发生的，依照前款的规定处罚。犯前款罪的控股股东、实际控制人是单位的，对单位判处罚金，并对其直接负责的主管人员和其他直接责任人员，依照第一款的规定处罚。"

《会计法》第四十四条规定："隐匿或者故意销毁依法应当保存的会计凭证、会计账簿、财务会计报告，构成犯罪的，依法追究刑事责任。有前款行为，尚不构成犯罪的，由县级以上人民政府财政部门予以通报，可以对单位并处五千元以上十万元以下的罚款；对其直接负责的主管人员和其他直接责任人员，可以处三千元以上五万元以下的罚款；属于国家工作人员的，还应当由其所在单位或者有关单位依法给予撤职直至开除的行政处分；其中的会计人员，五年内不得从事会计工作。"

设置"两套账"的单位通常需要隐匿其中一份账簿，由此可能构成"隐匿会计账簿"的违法行为。《刑法》第一百六十二条之一规定："隐匿或者故意销毁依法应当保存的会计凭证、会计账簿、财务会计报告，情节严重的，处五年以下有期徒刑或者拘役，并处或者单处二万元以上二十万元以下罚金。单位犯前款罪的，对单位判处罚金，并对其直接负责的主管人员和其他直接责任人员，依照前款的规定处罚。"

《会计法》第四十五条规定："授意、指使、强令会计机构、会计人员

第三章 金税四期以数治税背景下的账务处理与风险防控

及其他人员伪造、变造会计凭证、会计账簿，编制虚假财务会计报告或者隐匿、故意销毁依法应当保存的会计凭证、会计账簿、财务会计报告，构成犯罪的，依法追究刑事责任；尚不构成犯罪的，可以处五千元以上五万元以下的罚款；属于国家工作人员的，还应当由其所在单位或者有关单位依法给予降级、撤职、开除的行政处分。"单位设置"两套账"往往都是单位负责人授意、指使或者强令的结果，因此，他们要承担相应的法律责任。

（三）"两套账"会计法风险的案例分析

【案例分析001】 在广西壮族自治区人民政府、广西壮族自治区财政厅予赵某行政处罚一案中，一审法院查明，2018年1月12日，自治区财政厅对某学校发出《财政检查通知书》，派出核查组对该校军训费等有关财务收支事项进行检查。赵某时任该学校的出纳。根据赵某提供的表格数据及其本人反映，2002—2009年该校军训费、军训服装费、电脑中心等收支没有纳入该学校账簿，由赵某单独管理，所有收支均是现金管理，截至2018年1月18日，结余资金240.59元仍由赵某管理，未在该校会计账簿反映。2018年1月19日，赵某在《财政检查工作底稿》上签字确认上述情况。

该校提供的2002—2009年收支票据反映，2002—2009年收入合计159.29万元，支出合计134.02万元，累计结余25.27万元，截至2018年1月18日，上述收入、支出及结余均未纳入该校会计账簿核算。2018年1月19日，该校工作人员在《财政检查工作底稿》上签字盖章确认。

2018年5月30日，自治区财政厅向赵某作出《广西壮族自治区财政厅行政处罚事项告知书》，认为赵某私存私放军训服装费等单位收入，未纳入单位法定会计账簿核算，形成"小金库"，应负直接责任。

根据《财政违法行为处罚处分条例》（以下简称《处罚处分条例》）第十七条"单位和个人违反财务管理的规定，私存私放财政资金或者其他公款的，责令改正，调整有关会计账目，追加私存私放的资金，没收违法所得。对单位处3 000元以上5万元以下的罚款；对直接负责的主管人员和其他直接责任人员处2 000元以上2万元以下的罚款。属于国家公务员的，还应当给予记大过处分；情节严重的，给予降级或者撤职处分。"的规定，自治区财政厅拟对赵某处以2 000元罚款的行政处罚，并告知赵某有陈述和申辩的权利。

该行政处罚告知书于2018年6月1日向赵某送达。赵某于2018年6月1日对上述告知书提出书面异议。

2018年7月13日，自治区财政厅对赵某作出行政处罚决定，对赵某处以2 000元罚款的行政处罚。赵某不服该决定，于2018年9月10日向自治区政府提起行政复议申请。自治区政府受理后，于2018年11月8日作出行政复议决定，维持自治区财政厅的行政行为。

赵某于2018年11月20日收到复议决定后，不服决定，故诉至法院。

一审法院认为，根据《会计法》第三十二条第一款"财政部门对各单位的下列情况实施监督：（一）是否依法设置会计账簿；（二）会计凭证、会计账簿、财务会计报告和其他会计资料是否真实、完整；（三）会计核算是否符合本法和国家统一的会计制度的规定；（四）从事会计工作的人员是否具备专业能力、遵守职业道德。"自治区财政厅具有对本行政区域内的会计工作进行管理和监督的主体资格和法定职权。

赵某系该校的出纳，不得违反《会计法》的相关规定，但根据自治区财政厅检查组调查，该校2002—2009年该校军训费、军训服装费、电脑款等收支没有纳入该校账簿，由赵某单独管理，所有收支均是现金管理，截至2018年1月18日，结余资金也是由赵某管理。

因此，赵某的行为违反了《处罚处分条例》第十七条的规定，自治区财政厅对赵某作出2 000元罚款的行政处罚决定认定事实清楚、证据充分，适用法律正确。

赵某上诉称：

（1）2002—2009年该校军训费、军训服装费、电脑款等收支没有纳入该校账簿，系校领导决定，赵某是被安排管理，不是单独管理。设立"小金库"是学校领导下发决定设立，赵某不负直接责任。

（2）赵某将涉及"小金库"的所有票据于2016年11月上交相关人员，核对无误，提醒领导入账，规范账簿，不存在"结余资金是由赵某管理"的情形，故赵某不应受到处罚。

第三章 金税四期以数治税背景下的账务处理与风险防控

（3）赵某举报有功，应予以奖励，而不是处罚。处罚举报人，违背举报制度的初衷，与国家立法政策不符。

关于赵某提出其不是直接责任人，不应受到行政处罚的问题，二审法院认为，根据《会计法》第十六条规定："各单位发生的各项经济业务事项应当在依法设置的会计账簿上统一登记、核算，不得违反本法和国家统一的会计制度的规定私设会计账簿登记、核算"。《会计法》第十七条规定："各单位应当定期将会计账簿记录与实物、款项及有关资料相互核对，保证会计账簿记录与实物及款项的实有数额相符、会计账簿记录与会计凭证的有关内容相符、会计账簿之间相对应的记录相符、会计账簿记录与会计报表的有关内容相符。"

各单位和个人对于单位发生的各项经济业务事项，应当在会计账簿上如实反映，禁止私存私放财政资金或其他公款的行为。出纳人员作为财务管理人员，也应当遵守《会计法》等相关财务管理规定。

根据自治区财政厅检查组调查，该校2002—2009年军训费、军训服装费、电脑款等收支没有纳入学校账簿，由赵某单独管理，所有收支均是现金管理，截至2018年1月18日，结余资金也是由赵某管理。上述行为已符合《处罚处分条例》第十七条规定的处罚情形。

而赵某系该校的出纳人员，直接负责该校的现金管理等活动。虽然赵某有可能是按照学校领导的指示直接负责上述行为的现金管理，但并不因此免除赵某对上述现金管理的直接责任。因此，赵某的该上诉理由，不予采纳。

关于上诉人赵某提出其是举报人，应该给予奖励，不应受到处罚的问题，自治区财政厅在作出决定时，已将赵某的立功表现行为作为"应当依法从轻或者减轻行政处罚"的情形予以考量。

从行政处罚结果来看，自治区财政厅对赵某处以2 000元罚款的行政处罚已是行政处罚幅度范围内最轻处罚。因此，赵某的理由不成立，不予采纳。

依据：南宁铁路运输中级法院（2019）桂**行终***号行政判决书。

【案例分析002】 被告汾阳市市场监管局于2018年6月20日作出行

政处罚决定书，认定原告公司总经理陈某某提交年报公示信息与实际生产经营状况严重不相符，提交的资产负债表和同期利润表数字虚假不衔接，隐瞒生产经营真实情况，且长达 5 个月未能提供明细账簿和原始凭证，不主动配合检查，不按要求提供财务账簿，被告对原告某某公司及其总经理陈某某作出处罚：

（1）责令健全财务管理，完善财务制度；

（2）处以罚款 10 万元。

经审理查明，原告某某公司于 2014 年 12 月 26 日依法登记设立，取得《企业法人营业执照》。2017 年 12 月 7 日，汾阳市场监管局在检查时发现原告生产经营状态正常，生产环节正常运转，生产车间机器设备正在生产运作，工人按工序进行包装箱组装，原材料、成品包装箱库存整齐码放。而原告提交的年报信息公示中，资产状况信息"营业总收入为 0，营业总收入中主营业收入为 0，主营业务成本为 0"。

原告在生产经营状态正常运转的情况下，公示信息中资产状况主要数据均为 0。同时，2016 年原告公示资产状况信息中资产、负债、所有者权益数字不平衡，未真实反映原告的生产经营情况，公示信息与实际经营不符。原告未按汾阳市场监管局的要求提供财务总账、财务明细账账簿和原始单据，且其提供的近期资产负债表和同期利润表中显示，流动资产中存货、待摊费用均为 0，固定资产中固定资产期末值净值为 733 元；流动负债中应付税金为 0，应付工资为 4 000 元；利润表中主营业务收入、主营业务成本均为 0。

原告财务手续混乱，数字不真实、不连续、不完整、不全面，财务报表数字虚假且不衔接，不能真实反映生产经营情况。

法院认为，汾阳市场监管局提供的现场检查笔录、谈话笔录、资产负债表及利润表、原浆成装人员安排表、打泡沫个人统计表、贵宾封坛岗位工价表、原酿岗位工价、工人考勤表、员工资料、粘胶剂测试报告、产品生产合同、授权委托书、授权生产证明、成品酒购销合同、包装材料准许生产委托书及申请等证据足以证明某某公司作为依法核准登记的一人有限责任公司在生产经营状态正常、生产环节正常运转的情况下，却在其公示信息中资产状况主要数据均为0，与实际生产经营状况严重不符。

汾阳市场监管局依据《企业信息公示暂行条例》第十七条之规定将某某公司列入经营异常名录，认定事实清楚，适用法律正确。

《中华人民共和国公司法》（2013年第三次修正，以下简称《公司法》）第二百零二条规定："公司在依法向有关主管部门提供的财务会计报告等材料上作虚假记载或者隐瞒重要事实的，由有关主管部门对直接负责的主管人员和其他直接责任人员处以三万元以上三十万元以下的罚款。"

原汾阳市工商和质量监督管理局作为某某公司的主管部门，依法具有对向工商部门提供的财务会计报告等材料上作虚假记载或者隐瞒重要事实的处罚职权。

《公司法》第一百六十三条规定："公司应当依照法律、行政法规和国务院财政部门的规定建立本公司的财务、会计制度。"

根据庭审查明的事实，原告公司总经理作为负责财务主管工作，其提交的年报公示与实际生产经营状况严重不相符、提交的资产负债表和同期利润表数字虚假不衔接、隐瞒生产经营真实情况，长达5个月未提供明细账簿和原始凭证，被告对原告及总经理作出的行政处罚，事实清楚、适用法律正确。

依据：山西省吕梁市离石区人民法院（2019）晋****行初**号行政判决书。

【案例分析003】 在肖某某与王某某股权转让纠纷一案中，原告提供了某医药公司与某胶囊公司2011年年底的审计报告、资产负债表及某医药公司2011年提供税务机关的资产负债表复印件1份，认为两者显示数据不同，以此证明2012年股权转让价款明显低于实际价格。一审法院未予支持。

在二审中，上诉人称，同一年度出现两份内容不一致的资产负债表，肯定一个为真，一个为假。

被上诉人则认为，因两份提交的机构不同，评估时间和办法不一样，但均为真。因资产负债表所反映的是企业的经营情况，而非股权的固定价值，且股权作为一种特殊的商品,随市场经济持续波动,故不能作为本案股权的定价基准。

二审法院认可了被上诉人的观点。但本案中,同一年度出现两份资产负债表,的确违反了《会计法》第八条"国家实行统一的会计制度"的规定。

法院应将本案线索提供给财政、税务部门进行核实,如有违反《会计法》或者相关税法的行为,应依法予以处罚。

依据:山西省晋中市中级人民法院(2016)晋**民终****号民事判决书。

三、"两套账"的税法风险

(一)税法关于"两套账"的相关规定

《中华人民共和国税收征收管理法》(1992年9月4日第七届全国人民代表大会常务委员会第二十七次会议通过,根据1995年2月28日第八届全国人民代表大会常务委员会第十二次会议《关于修改〈中华人民共和国税收征收管理法〉的决定》第一次修正,2001年4月28日第九届全国人民代表大会常务委员会第二十一次会议修订,根据2013年6月29日第十二届全国人民代表大会常务委员会第三次会议《关于修改〈中华人民共和国文物保护法〉等十二部法律的决定》第二次修正,根据2015年4月24日第十二届全国人民代表大会常务委员会第十四次会议《关于修改〈中华人民共和国港口法〉等七部法律的决定》第三次修正,以下简称《税收征收管理法》)第十九条规定:"纳税人、扣缴义务人按照有关法律、行政法规和国务院财政、税务主管部门的规定设置账簿,根据合法、有效凭证记账,进行核算。"这里提到的有关法律主要是指《会计法》以及相关法律。企业设置"两套账"在明确违反《会计法》的同时,也违反了《税收征收管理法》。

《税收征收管理法》第三十五条规定:"纳税人有下列情形之一的,税务机关有权核定其应纳税额:(一)依照法律、行政法规的规定可以不设置账簿的;(二)依照法律、行政法规的规定应当设置账簿但未设置的;(三)擅

第三章　金税四期以数治税背景下的账务处理与风险防控

自销毁账簿或者拒不提供纳税资料的；（四）虽设置账簿，但账目混乱或者成本资料、收入凭证、费用凭证残缺不全，难以查账的；（五）发生纳税义务，未按照规定的期限办理纳税申报，经税务机关责令限期申报，逾期仍不申报的；（六）纳税人申报的计税依据明显偏低，又无正当理由的。税务机关核定应纳税额的具体程序和方法由国务院税务主管部门规定。"

企业设置"两套账"，很可能导致账目混乱或者"成本资料、收入凭证、费用凭证残缺不全"。此时，税务机关就可以对企业核定征税，这可能加重企业的税收负担。

《税收征收管理法》第五十四条规定："税务机关有权进行下列税务检查：（一）检查纳税人的账簿、记账凭证、报表和有关资料，检查扣缴义务人代扣代缴、代收代缴税款账簿、记账凭证和有关资料；（二）到纳税人的生产、经营场所和货物存放地检查纳税人应纳税的商品、货物或者其他财产，检查扣缴义务人与代扣代缴、代收代缴税款有关的经营情况；（三）责成纳税人、扣缴义务人提供与纳税或者代扣代缴、代收代缴税款有关的文件、证明材料和有关资料；（四）询问纳税人、扣缴义务人与纳税或者代扣代缴、代收代缴税款有关的问题和情况；（五）到车站、码头、机场、邮政企业及其分支机构检查纳税人托运、邮寄应纳税商品、货物或者其他财产的有关单据、凭证和有关资料；（六）经县以上税务局（分局）局长批准，凭全国统一格式的检查存款账户许可证明，查询从事生产、经营的纳税人、扣缴义务人在银行或者其他金融机构的存款账户。税务机关在调查税收违法案件时，经设区的市、自治州以上税务局（分局）局长批准，可以查询案件涉嫌人员的储蓄存款。税务机关查询所获得的资料，不得用于税收以外的用途。"

如果企业设置"两套账"，税务机关在税务检查中很容易发现此类问题。目前，税务机关已经与银行等机构联网，随着税务稽查手段的不断丰富，企业设置"两套账"被税务机关发现的可能性越来越大。

（二）企业及相关责任人的法律责任

《税收征收管理法》第六十三条规定："纳税人伪造、变造、隐匿、擅自销毁账簿、记账凭证，或者在账簿上多列支出或者不列、少列收入，或者经税务机关通知申报而拒不申报或者进行虚假的纳税申报，不缴或者少缴应纳税款的，是偷税。对纳税人偷税的，由税务机关追缴其不缴或者少缴的税款、滞纳金，并处不缴或者少缴的税款百分之五十以上五倍以下的罚款；构成犯罪的，依法追究刑事责任。"

（三）"两套账"税法风险的案例分析

【案例分析004】 2016年2月19日，原厦门市国家税务局稽查局（以下简称"稽查局"）向某彩钢公司送达《税务检查通知书》，决定对该彩钢公司在1997年11月15日至2016年2月18日涉税情况进行检查，要求其予以配合。同日，稽查局还向该彩钢公司送达《调取账簿资料通知书》，要求该彩钢公司提供其1997年11月15日至2016年2月18日的账簿、记账凭证、报表和其他有关资料。

2017年5月5日，稽查局作出厦国税稽处〔2017〕**号税务处理决定，认定2012年1月至2015年12月，该彩钢公司在销售彩钢设备及彩板货物等应税商品时，采取设置"两套账"、利用个人银行卡收取货款等手段，在账簿上少列收入，少申报增值税应税销售收入共计4 101.20万元，少缴增值税税款计697.20万元。

根据《中华人民共和国增值税暂行条例》（1993年12月13日中华人民共和国国务院令第134号公布，2008年11月5日国务院第34次常务会议修订通过，根据2016年2月6日《国务院关于修改部分行政法规的决定》第一次修订，根据2017年11月19日《国务院关于废止〈中华人民共和国营业税暂行条例〉和修改〈中华人民共和国增值税暂行条例〉的决定》第二次修订，以下简称《增值税暂行条例》）第一条、第四条、第五条、第八条及第十九条的规定，决定追缴该彩钢公司2012年1月至2015年12月期间少缴纳的增值税697.20万元。

根据《税收征收管理法》第三十二条、《税收征收管理法实施细则》第七十五条规定，从滞纳税款之日起按日加收万分之五的滞纳金。

2017年5月5日，稽查局还作出厦国税稽罚处〔2017〕**号税务行政处罚决定，认定2012年1月至2015年12月，该彩钢公司在销售彩钢设备及彩板货物等应税商品时，采取设置"两套账"、利用个人银行卡收取货款等手段，在账簿上少列收入，少缴增值税税款358.47万元。

第三章 金税四期以数治税背景下的账务处理与风险防控

根据《税收征收管理法》第六十三条第一款,参照《厦门市税务行政处罚裁量权执行基准》(2012 年第 2 号)规定,决定对该彩钢公司少缴增值税 358.47 万元处 0.5 倍罚款共 179.24 万元。

该彩钢公司不服上述处理决定和处罚决定,申请行政复议,随后又提起行政诉讼,经过一审、二审,最终维持了税稽查局的上述决定。

二审法院在判决书中认为,根据税收征管法及实施细则的相关规定,依法设置、保管账簿、记账凭证、完税凭证等系纳税人的法定义务。账簿、记账凭证、完税凭证及其他有关涉税资料应当合法、真实、完整,不得伪造、变造或者擅自损毁。

在案证据表明,该彩钢公司设有内部现金日记账,记载公司真实经营情况,而该账簿部分账页被该公司销毁,无法向税务稽查部门提供核对。此外,该彩钢公司违反公司财务制度规定,存在通过公司财务人员等个人银行账户收取公司货款等。稽查局在检查过程中依法获取费用一览表,且与在案其他证据能够相互印证。在该彩钢公司无法提供相反证据的情况下,稽查局以该费用一览表作为认定该彩钢公司 2012 年至 2014 年 2 月营业收入的依据,并无不当。仅以该费用一览表不能与公司出纳人员银行卡流水完全对应为由,尚不足以否定该一览表的真实性、有效性。

因该彩钢公司违反纳税人法定义务、违反公司财务制度造成税务稽查过程中不能取证导致的不利后果,应由该彩钢公司承担。

依据:厦门市中级人民法院(2019)闽 ** 行终 *** 号行政判决书。

【案例分析 005】 2016 年 10 月 19 日,珠海市地方税务局税务违法案件举报中心作出《关于交办珠海市某汽车发展有限公司检举事项的函》,将某汽车发展有限公司的检举事项转给珠海市香洲区地方税务局。

2017 年 3 月 7 日,原珠海市香洲区地方税务局稽查局(以下简称"稽查局")向该汽车发展有限公司送达《税务检查通知书》,决定自 2017 年 3 月 7 日起对该汽车发展有限公司 2011 年 1 月 1 日至 2013 年 12 月 31 日期间的涉税情况进行检查。

同日,稽查局向该汽车发展有限公司送达《调取账簿资料通知书》,要求该汽车发展有限公司在 2017 年 3 月 10 日前将上述期间的账簿、记账凭证等有关资料送到该局。同日，稽查局调取该汽车发展有限公司2011年度记账凭证A账12本、B账12本；2012年度记账凭证A账4本、B账4本；2013年度记账凭证A账3本、B账6本。

同月21日，稽查局向该汽车发展有限公司送达《税务事项通知书》，要求该汽车发展有限公司于2017年3月27日前提供上述检查期间的总账、明细账、年度财务报表、出租商铺与有关承租方签订的合同以及2013年1月至6月的记账凭证。

同月22日，该汽车发展有限公司向稽查局提交《情况说明书》，称《税务事项通知书》中要求该汽车发展有限公司提供的资料被其上任会计杨某某卷走挪用，其已向公安机关报案。次日，经稽查局局长批准，该汽车发展有限公司税收违法案件的检查完成日期从2017年3月26日延长至2017年9月30日。

2017年7月26日，稽查局向该汽车发展有限公司送达《询问通知书》，要求该汽车发展有限公司的法定代表人蔡某某到该局就涉税事宜接受讯问。次日，稽查局工作人员对蔡某某进行询问，并制作《询问（调查）笔录》。

蔡某某确认稽查局调取该汽车发展有限公司的2011年1～12月、2012年1～12月、2013年7～12月的A套账主要用于纳税申报，相同时间段的B套账真实反映公司的营业收入情况。2013年1～6月的会计资料在原会计杨某某处丢失，无法找回，也报了案；蔡某某对公司财务人员与稽查局工作人员对该汽车发展有限公司2011年、2012年、2013年7～9月A、B两套账财务数据核算结果无异议。

同年9月22日，稽查局向该汽车发展有限公司送达《税务事项通知书》，主要内容为：该汽车发展有限公司2013年的营业收入为100.58万元，核定该汽车发展有限公司2013年度应税所得率为10%，应纳税所得额为10.06万元，应纳企业所得税为2.51万元，该汽车发展有限公司如对此有异议，应在收到通知书3日内提供相关证据和书面说明。

2018年6月11日，稽查局作出《税务行政处罚决定书》，主要内容为：

（1）2011—2013年度采取A、B内外两套账、记账凭证进行账务处理并隐匿其中一套账册的手段，隐瞒租金收入，少申报营业收入。根据《税收征收管理法》第六十三条第一款的规定，该汽车发展有限公司少申报营业收入导致少缴2011—2013年度营业税、城市维护建设税和房产税，依法构成

第三章 金税四期以数治税背景下的账务处理与风险防控

偷税。

（2）该汽车发展有限公司2011年度、2012年度采取A、B内外两套账、记账凭证进行账务处理并隐匿其中一套账册的手段，隐瞒经营收入和经营利润，少申报应纳税所得额。稽查局根据《税收征收管理法》第六十三条第一款规定，认定该汽车发展有限公司的违法行为已构成偷税，且存在采取设置A、B内外两套账、记账凭证进行账务处理并隐匿其中一套账册的情形，构成违法行为，考虑到该汽车发展有限公司在检查中积极配合，对违法行为予以确认，决定对少缴的营业税12.18万元、城市维护建设税0.85万元、房产税25.29万元、2011年度企业所得税10.74万元及2012年度企业所得税6.93万元处以0.80倍罚款，合计罚款人民币44.80万元。

该汽车发展有限公司不服上述处罚，经过行政复议，法院一审、二审最终维持了稽查局的处罚决定。

依据：珠海市中级人民法院（2020）粤**行终***号行政判决书。

【案例分析006】 因举报人向南通市国家税务局稽查局举报某公司存在偷税行为，南通市通州区国家税务局（以下简称"通州区国税局"）自2013年7月24日起对该公司2011年1月1日至2013年6月30日的纳税申报情况进行检查。2016年8月9日，通州区国家税务局稽查局（以下简称"稽查局"）作出《税务处理决定书》，内容为：2011年1月至2013年6月期间，该公司以直接收款方式销售家纺产品、废品，共取得销售收入4 477.45万元，该公司采用"两套账"核算方法，向税务机关申报销售收入1 692.17万元，隐瞒销售收入2 785.28万元，未入账，未申报纳税，应补增值税473.40万元。

该公司财务核算混乱，成本资料不全，特别是原始凭证的取得不符合规定，根据规定对该公司2011—2012年度企业所得税采取核定应纳所得税的征收方法。

2011年核定收入合计971.79万元，核定应纳税所得额38.87万元，核定应纳企业所得税9.72万元，已缴企业所得税2.18万元，应补缴企业所得税7.53万元；2012年核定收入合计2 560.68万元，核定应纳税所得额102.43万元，核定应纳企业所得税25.61万元，已缴企业所得税2.77万元，应补缴企业所得税22.83万元。

2016年8月9日，通州区国税局作出《税务行政处罚决定书》，认定该公司2011年1月至2013年6月期间以直接收款的方式销售家纺产品及废品，共取得销售收入4 477.45万元，该公司采用两套账核算方法，向税务机关申报销售收入1 692.17万元，隐瞒销售收入2 785.28万元未入账，未申报纳税，应补缴增值税473.50万元。根据《税收征收管理法》第六十三条第一款之规定，税务部门决定对该公司少缴增值税处一倍罚款，计473.50万元。

该公司不服，申请行政复议，后又提起诉讼，经过一审、二审，法院均维持了税务机关的决定。

二审法院认为，通州区国税局在对该公司进行税务检查中，先后调取了该公司的账册和凭证、主服务器和辅助服务器硬盘，以及账外账凭证等证据材料。

这些证据材料能够反映该公司自2011年1月至2013年6月期间实际的销售收入与申报的销售收入之间存在明显差异。通州区国税局在对该公司的法定代表人龚某某和财务负责人瞿某某进行调查时，两人均承认公司建有两套账。外账是应付税务机关检查之用，内账是公司的真实账，由公司财务软件核算，真实反映公司的实际经营情况，连卖废品的几十元现金都要入账核算。

通州区国税局根据该公司账外账电子账套及凭证等制作的该公司自2011年1月至2013年6月期间主营业务收入统计表以及营业外收入统计表、查补税款计算表、少申报收入额确认表及总账电子账明细汇总内容，均经该公司的法定代表人或财务负责人签署"统计表内数据准确无误""与电子数据核对一致""数据准确、情况属实"等意见后签字确认，并加盖了该公司公章。

通州区国税局在作出被诉处罚决定前，还向该公司发出《税务检查签证》，对检查中发现的该公司采用两套账核算方法，未按规定如实申报销售收入4 477.45万元，仅申报销售收入1 692.17万元，少申报销售收入2 785.28万元，应补缴增值税473.50万元等问题，上诉人该公司财务负责人在《税务检查签证》上签署"数据准确、情况属实"后签字加盖该公司公章确认。

在此情况下，通州区国税局认定该公司存在隐匿账簿、记录凭证的偷税行为，依据《税收征收管理法》第六十三条第一款规定对该公司处以少缴税款一倍的罚款，事实根据充分，适用法律准确。

依据：南通市中级人民法院（2018）苏**行终***号行政判决书。

第三节　缺少增值税进项发票的账务处理与风险防控

一、增值税进项税额抵扣的相关规定

《增值税暂行条例》第八条至第十条规定：

第八条　纳税人购进货物、劳务、服务、无形资产、不动产支付或者负担的增值税额，为进项税额。

下列进项税额准予从销项税额中抵扣：

（一）从销售方取得的增值税专用发票上注明的增值税额。

（二）从海关取得的海关进口增值税专用缴款书上注明的增值税额。

（三）购进农产品，除取得增值税专用发票或者海关进口增值税专用缴款书外，按照农产品收购发票或者销售发票上注明的农产品买价和11%的扣除率计算的进项税额，国务院另有规定的除外。进项税额计算公式：

$$进项税额 = 买价 \times 扣除率$$

（四）自境外单位或者个人购进劳务、服务、无形资产或者境内的不动产，从税务机关或者扣缴义务人取得的代扣代缴税款的完税凭证上注明的增值税额。

准予抵扣的项目和扣除率的调整，由国务院决定。

第九条　纳税人购进货物、劳务、服务、无形资产、不动产，取得的增值税扣税凭证不符合法律、行政法规或者国务院税务主管部门有关规定的，其进项税额不得从销项税额中抵扣。

第十条　下列项目的进项税额不得从销项税额中抵扣：

（一）用于简易计税方法计税项目、免征增值税项目、集体福利或者个人消费的购进货物、劳务、服务、无形资产和不动产；

（二）非正常损失的购进货物，以及相关的劳务和交通运输服务；

（三）非正常损失的在产品、产成品所耗用的购进货物（不包括固定资产）、劳务和交通运输服务；

（四）国务院规定的其他项目。

二、购买增值税发票的法律风险

《中华人民共和国发票管理办法》（1993年12月12日国务院批准，1993年12月23日财政部令第6号发布，根据2010年12月20日《国务院关于修改〈中华人民共和国发票管理办法〉的决定》第一次修订，根据2019年3月2日《国务院关于修改部分行政法规的决定》第二次修订，根据2023年7月20日《国务院关于修改和废止部分行政法规的决定》第三次修订）第十八条至第二十一条、第三十三条和第三十五条规定：

第十八条 销售商品、提供服务以及从事其他经营活动的单位和个人，对外发生经营业务收取款项，收款方应当向付款方开具发票；特殊情况下，由付款方向收款方开具发票。

第十九条 所有单位和从事生产、经营活动的个人在购买商品、接受服务以及从事其他经营活动支付款项，应当向收款方取得发票。取得发票时，不得要求变更品名和金额。

第二十条 不符合规定的发票，不得作为财务报销凭证，任何单位和个人有权拒收。

第二十一条 开具发票应当按照规定的时限、顺序、栏目，全部联次一次性如实开具，开具纸质发票应当加盖发票专用章。

任何单位和个人不得有下列虚开发票行为：

（一）为他人、为自己开具与实际经营业务情况不符的发票；

（二）让他人为自己开具与实际经营业务情况不符的发票；

（三）介绍他人开具与实际经营业务情况不符的发票。

第三十三条 违反本办法的规定，有下列情形之一的，由税务机关责令改正，可以处1万元以下的罚款；有违法所得的予以没收：

（一）应当开具而未开具发票，或者未按照规定的时限、顺序、栏目，全部联次一次性开具发票，或者未加盖发票专用章的；

（二）使用税控装置开具发票，未按期向主管税务机关报送开具发票的数据的；

（三）使用非税控电子器具开具发票，未将非税控电子器具使用的软件程序说明资料报主管税务机关备案，或者未按照规定保存、报送开具发票的数据的；

（四）拆本使用发票的；

（五）扩大发票使用范围的；

（六）以其他凭证代替发票使用的；

（七）跨规定区域开具发票的；

（八）未按照规定缴销发票的；

（九）未按照规定存放和保管发票的。

第三十五条 违反本办法的规定虚开发票的，由税务机关没收违法所得；虚开金额在1万元以下的，可以并处5万元以下的罚款；虚开金额超过1万元的，并处5万元以上50万元以下的罚款；构成犯罪的，依法追究刑事责任。

非法代开发票的，依照前款规定处罚。

《中华人民共和国刑法》第二百零五条至第二百一十条规定：

第二百零五条 【虚开增值税专用发票、用于骗取出口退税、抵扣税款发票罪】虚开增值税专用发票或者虚开用于骗取出口退税、抵扣税款的其他发票的，处三年以下有期徒刑或者拘役，并处二万元以上二十万元以下罚金；虚开的税款数额较大或者有其他严重情节的，处三年以上十年以下有期徒刑，并处五万元以上五十万元以下罚金；虚开的税款数额巨大或者有其他特别严重情节的，处十年以上有期徒刑或者无期徒刑，并处五万元以上五十万元以下罚金或者没收财产。

单位犯本条规定之罪的，对单位判处罚金，并对其直接负责的主管人员和其他直接责任人员，处三年以下有期徒刑或者拘役；虚开的税款数额较大或者有其他严重情节的，处三年以上十年以下有期徒刑；虚开的税款数额巨大或者有其他特别严重情节的，处十年以上有期徒刑或者无期徒刑。

虚开增值税专用发票或者虚开用于骗取出口退税、抵扣税款的其他发票，是指有为他人虚开、为自己虚开、让他人为自己虚开、介绍他人虚开行为之一的。

第二百零六条 【伪造、出售伪造的增值税专用发票罪】伪造或者出售伪造的增值税专用发票的，处三年以下有期徒刑、拘役或者管制，并处二万元以上二十万元以下罚金；数量较大或者有其他严重情节的，处三年以上十年以下有期徒刑，并处五万元以上五十万元以下罚金；数量巨大或者有其他特别严重情节的，处十年以上有期徒刑或者无期徒刑，并处五万元以上五十万元以下罚金或者没收财产。

单位犯本条规定之罪的，对单位判处罚金，并对其直接负责的主管人员和其他直接责任人员，处三年以下有期徒刑、拘役或者管制；数量较大或者有其他严重情节的，处三年以上十年以下有期徒刑；数量巨大或者有其他特别严重情节的，处十年以上有期徒刑或者无期徒刑。

第二百零七条 【非法出售增值税专用发票罪】非法出售增值税专用发票的，处三年以下有期徒刑、拘役或者管制，并处二万元以上二十万元以下罚金；数量较大的，处三年以上十年以下有期徒刑，并处五万元以上五十万元以下罚金；数量巨大的，处十年以上有期徒刑或者无期徒刑，并处五万元以上五十万元以下罚金或者没收财产。

第二百零八条 【非法购买增值税专用发票、购买伪造的增值税专用发票罪】非法购买增值税专用发票或者购买伪造的增值税专用发票的，处五年以下有期徒刑或者拘役，并处或者单处二万元以上二十万元以下罚金。

【虚开增值税专用发票罪、出售伪造的增值税专用发票罪、非法出售增值税专用发票罪】非法购买增值税专用发票或者购买伪造的增值税专用发票又虚开或者出售的，分别依照本法第二百零五条、第二百零六条、第二百零七条的规定定罪处罚。

第二百零九条 【非法制造、出售非法制造的用于骗取出口退税、抵扣税款发票罪】伪造、擅自制造或者出售伪造、擅自制造的可以用于骗取出口退税、抵扣税款的其他发票的，处三年以下有期徒刑、拘役或者管制，并处二万元以上二十万元以下罚金；数量巨大的，处三年以上七年以下有期徒刑，并处五万元以上五十万元以下罚金；数量特别巨大的，处七年以上有期徒刑，并处五万元以上五十万元以下罚金或者没收财产。

【非法制造、出售非法制造的发票罪】伪造、擅自制造或者出售伪造、擅自制造的前款规定以外的其他发票的，处二年以下有期徒刑、拘役或者管制，并处或者单处一万元以上五万元以下罚金；情节严重的，处二年以上七年以下有期徒刑，并处五万元以上五十万元以下罚金。

【非法出售用于骗取出口退税、抵扣税款发票罪】非法出售可以用于骗取出口退税、抵扣税款的其他发票的，依照第一款的规定处罚。

非法出售第三款规定以外的其他发票的，依照第二款的规定处罚。

第二百一十条 【盗窃罪】盗窃增值税专用发票或者可以用于骗取出口退税、抵扣税款的其他发票的，依照本法第二百六十四条的规定定罪处罚。

【诈骗罪】使用欺骗手段骗取增值税专用发票或者可以用于骗取出口退税、抵扣税款的其他发票的，依照本法第二百六十六条的规定定罪处罚。

三、缺少增值税进项发票的处理与风险防控

第一，设立增值税小规模纳税人从事生产经营，因为小规模纳税人采取简易计税法计算增值税，不需要增值税进项发票；季度销售额不超过30万元的小规模纳税人还可以享受免征增值税的优惠政策。

第二，比较销售方的不含增值税价格，在价格差别不大时，优先选择能够开具增值税专用发票的销售方合作；对于均能开具增值税专用发票的一般纳税人和小规模纳税人之间，根据不含税价格的高低进行选择。

第三，将企业转移至可以享受地方财政奖励的科技园区，通过地方财政奖励政策降低自身增值税负担。

第四，降低劳动力的使用，增加机器设备的使用。

第四节　缺少成本票的账务处理与风险防控

一、缺少成本票账务处理的相关规定

《企业所得税税前扣除凭证管理办法》（国家税务总局公告2018年第28号）规定：

第一条　为规范企业所得税税前扣除凭证（以下简称"税前扣除凭证"）管理，根据《中华人民共和国企业所得税法》（以下简称"企业所得税法"）及其实施条例、《中华人民共和国税收征收管理法》及其实施细则、《中华人民共和国发票管理办法》及其实施细则等规定，制定本办法。

第二条　本办法所称税前扣除凭证，是指企业在计算企业所得税应纳税所得额时，证明与取得收入有关的、合理的支出实际发生，并据以税前扣除的各类凭证。

第三条　本办法所称企业是指企业所得税法及其实施条例规定的居民企业和非居民企业。

第四条　税前扣除凭证在管理中遵循真实性、合法性、关联性原则。真实性是指税前扣除凭证反映的经济业务真实，且支出已经实际发生；合法性是指税前扣除凭证的形式、来源符合国家法律、法规等相关规定；关联性是指税前扣除凭证与其反映的支出相关联且有证明力。

第五条　企业发生支出，应取得税前扣除凭证，作为计算企业所得税应纳税所得额时扣除相关支出的依据。

第六条　企业应在当年度企业所得税法规定的汇算清缴期结束前取得税前扣除凭证。

第七条　企业应将与税前扣除凭证相关的资料，包括合同协议、支出依据、付款凭证等留存备查，以证实税前扣除凭证的真实性。

第八条　税前扣除凭证按照来源分为内部凭证和外部凭证。

第三章 金税四期以数治税背景下的账务处理与风险防控

内部凭证是指企业自制用于成本、费用、损失和其他支出核算的会计原始凭证。内部凭证的填制和使用应当符合国家会计法律、法规等相关规定。

外部凭证是指企业发生经营活动和其他事项时，从其他单位、个人取得的用于证明其支出发生的凭证，包括但不限于发票（包括纸质发票和电子发票）、财政票据、完税凭证、收款凭证、分割单等。

第九条 企业在境内发生的支出项目属于增值税应税项目（以下简称"应税项目"）的，对方为已办理税务登记的增值税纳税人，其支出以发票（包括按照规定由税务机关代开的发票）作为税前扣除凭证；对方为依法无需办理税务登记的单位或者从事小额零星经营业务的个人，其支出以税务机关代开的发票或者收款凭证及内部凭证作为税前扣除凭证，收款凭证应载明收款单位名称、个人姓名及身份证号、支出项目、收款金额等相关信息。

小额零星经营业务的判断标准是个人从事应税项目经营业务的销售额不超过增值税相关政策规定的起征点。

税务总局对应税项目开具发票另有规定的，以规定的发票或者票据作为税前扣除凭证。

第十条 企业在境内发生的支出项目不属于应税项目的，对方为单位的，以对方开具的发票以外的其他外部凭证作为税前扣除凭证；对方为个人的，以内部凭证作为税前扣除凭证。

企业在境内发生的支出项目虽不属于应税项目，但按税务总局规定可以开具发票的，可以发票作为税前扣除凭证。

第十一条 企业从境外购进货物或者劳务发生的支出，以对方开具的发票或者具有发票性质的收款凭证、相关税费缴纳凭证作为税前扣除凭证。

第十二条 企业取得私自印制、伪造、变造、作废、开票方非法取得、虚开、填写不规范等不符合规定的发票（以下简称"不合规发票"），以及取得不符合国家法律、法规等相关规定的其他外部凭证（以下简称"不合规其他外部凭证"），不得作为税前扣除凭证。

第十三条 企业应当取得而未取得发票、其他外部凭证或者取得不合规发票、不合规其他外部凭证的，若支出真实且已实际发生，应当在当年度汇算清缴期结束前，要求对方补开、换开发票、其他外部凭证。补开、换开后的发票、其他外部凭证符合规定的，可以作为税前扣除凭证。

第十四条 企业在补开、换开发票、其他外部凭证过程中，因对方注销、撤销、依法被吊销营业执照、被税务机关认定为非正常户等特殊原因无法补开、换开发票、其他外部凭证的，可凭以下资料证实支出真实性后，其支出允许税前扣除：

（一）无法补开、换开发票、其他外部凭证原因的证明资料（包括工商注销、机构撤销、列入非正常经营户、破产公告等证明资料）；

（二）相关业务活动的合同或者协议；

（三）采用非现金方式支付的付款凭证；

（四）货物运输的证明资料；

（五）货物入库、出库内部凭证；

（六）企业会计核算记录以及其他资料。

前款第一项至第三项为必备资料。

第十五条 汇算清缴期结束后，税务机关发现企业应当取得而未取得发票、其他外部凭证或者取得不合规发票、不合规其他外部凭证并且告知企业的，企业应当自被告知之日起60日内补开、换开符合规定的发票、其他外部凭证。其中，因对方特殊原因无法补开、换开发票、其他外部凭证的，企业应当按照本办法第十四条的规定，自被告知之日起60日内提供可以证实其支出真实性的相关资料。

第十六条 企业在规定的期限未能补开、换开符合规定的发票、其他外部凭证，并且未能按照本办法第十四条的规定提供相关资料证实其支出真实性的，相应支出不得在发生年度税前扣除。

第十七条 除发生本办法第十五条规定的情形外，企业以前年度应当取得而未取得发票、其他外部凭证，且相应支出在该年度没有税前扣除的，在以后年度取得符合规定的发票、其他外部凭证或者按照本办法第十四条的规定提供可以证实其支出真实性的相关资料，相应支出可以追补至该支出发生年度税前扣除，但追补年限不得超过五年。

第十八条 企业与其他企业（包括关联企业）、个人在境内共同接受应纳增值税劳务（以下简称"应税劳务"）发生的支出，采取分摊方式的，应当按照独立交易原则进行分摊，企业以发票和分割单作为税前扣除凭证，共同接受应税劳务的其他企业以企业开具的分割单作为税前扣除凭证。

企业与其他企业、个人在境内共同接受非应税劳务发生的支出，采取分摊方式的，企业以发票外的其他外部凭证和分割单作为税前扣除凭证，共同接受非应税劳务的其他企业以企业开具的分割单作为税前扣除凭证。

第十九条 企业租用（包括企业作为单一承租方租用）办公、生产用房等资产发生的水、电、燃气、冷气、暖气、通讯线路、有线电视、网络等费用，出租方作为应税项目开具发票的，企业以发票作为税前扣除凭证；出租方采取分摊方式的，企业以出租方开具的其他外部凭证作为税前扣除凭证。

第二十条 本办法自2018年7月1日起施行。

二、购买发票的法律风险

《刑法》第二百零五条之一和第二百一十条之一规定：

第二百零五条之一 【虚开发票罪】虚开本法第二百零五条规定以外的其他发票，情节严重的，处二年以下有期徒刑、拘役或者管制，并处罚金；情节特别严重的，处二年以上七年以下有期徒刑，并处罚金。

单位犯前款罪的，对单位判处罚金，并对其直接负责的主管人员和其他直接责任人员，依照前款的规定处罚。

第二百一十条之一 【持有伪造的发票罪】明知是伪造的发票而持有，数量较大的，处二年以下有期徒刑、拘役或者管制，并处罚金；数量巨大的，处二年以上七年以下有期徒刑，并处罚金。

单位犯前款罪的，对单位判处罚金，并对其直接负责的主管人员和其他直接责任人员，依照前款的规定处罚。

三、缺少成本发票的处理与风险防控

第一，设立可以核定征税的个体工商户从事生产经营，因为其不需要成本发票。

第二，设立小型微利企业从事生产经营，在其年度应纳税所得额不超过100万元时，其实际税率仅为2.5%，缺少成本票时仅需要承担2.5%的所得税成本。

第三，在选择销售方时，在价格相差未超过2.5%时，优先选择能开具发票的销售方。

第四，500元以下的零星小额交易可以不需要取得发票，仅需取得付款证明及其他相关证明。

第五，因对方原因实在无法取得发票时，根据税法规定保留相关证据并据此进行企业所得税税前扣除。

第六，如果某个采购渠道无法改变且无法取得发票，可以设立一家可以核定征税的个体工商户专门进行该渠道的采购并给主体公司开具发票。该个体工商户本身核定征税，不需要成本发票。

第四章 个人所得税筹划实用技巧

第一节 工资薪金所得的纳税筹划

一、居民个人工资薪金所得的纳税筹划

（一）充分利用企业年金与职业年金

【筹划案例001】 甲公司共有员工1万人，人均年薪为20万元，人均年个人所得税税前扣除标准为12万元，人均年应纳税所得额为8万元，人均年应纳个人所得税税额为5 480元（80 000×10%－2 520）。

如甲公司为全体员工设立企业年金，员工人均年缴费8 000元（200 000×4%），符合税法规定，可以税前扣除。由此，人均年应纳个人所得税税额为4 680元［(80 000－8 000)×10%－2 520］，人均节税800元（5 480－4 680）。甲公司全体员工每年节税800万元（800×1）。

【主要法律依据】

1.《中华人民共和国个人所得税法》（1980年9月10日第五届全国人民代表大会第三次会议通过，2018年8月31日第十三届全国人民代表大会常务委员会第五次会议第七次修正，以下简称《个人所得税法》）第三条第（一）项和第六条第一款第（一）项

第三条第（一）项 个人所得税的税率：

（一）综合所得，适用百分之三至百分之四十五的超额累进税率（表4-1）。

表 4-1 个人所得税税率表一

(综合所得适用)

级数	全年应纳税所得额	税率	速算扣除数
1	不超过 36 000 元的	3%	0
2	超过 36 000 元至 144 000 元的部分	10%	2 520
3	超过 144 000 元至 300 000 元的部分	20%	16 920
4	超过 300 000 元至 420 000 元的部分	25%	31 920
5	超过 420 000 元至 660 000 元的部分	30%	52 920
6	超过 660 000 元至 960 000 元的部分	35%	85 920
7	超过 960 000 元的部分	45%	181 920

第六条第一款第（一）项 应纳税所得额的计算：

（一）居民个人的综合所得，以每一纳税年度的收入额减除费用六万元以及专项扣除、专项附加扣除和依法确定的其他扣除后的余额，为应纳税所得额。

2.《财政部　人力资源社会保障部　国家税务总局关于企业年金　职业年金个人所得税有关问题的通知》（财税〔2013〕103号）第一条和第二条

一、企业年金和职业年金缴费的个人所得税处理

1.企业和事业单位（以下统称"单位"）根据国家有关政策规定的办法和标准，为在本单位任职或者受雇的全体职工缴付的企业年金或职业年金（以下统称"年金"）单位缴费部分，在计入个人账户时，个人暂不缴纳个人所得税。

2.个人根据国家有关政策规定缴付的年金个人缴费部分，在不超过本人缴费工资计税基数的4%标准内的部分，暂从个人当期的应纳税所得额中扣除。

3.超过本通知第一条第1项和第2项规定的标准缴付的年金单位缴费和个人缴费部分，应并入个人当期的工资、薪金所得，依法计征个人所得税。税款由建立年金的单位代扣代缴，并向主管税务机关申报解缴。

4.企业年金个人缴费工资计税基数为本人上一年度月平均工资。月平均工资按国家统计局规定列入工资总额统计的项目计算。月平均工资超过职工工作地所在设区城市上一年度职工月平均工资300%以上的部分，不计入个人缴费工资计税基数。

职业年金个人缴费工资计税基数为职工岗位工资和薪级工资之和。职工

第四章 个人所得税筹划实用技巧

岗位工资和薪级工资之和超过职工工作地所在设区城市上一年度职工月平均工资 300% 以上的部分，不计入个人缴费工资计税基数。

二、年金基金投资运营收益的个人所得税处理

年金基金投资运营收益分配计入个人账户时，个人暂不缴纳个人所得税。

3.《财政部 国家税务总局关于个人所得税法修改后有关优惠政策衔接问题的通知》（财税〔2018〕164号）第四条

四、关于个人领取企业年金、职业年金的政策

个人达到国家规定的退休年龄，领取的企业年金、职业年金，符合《财政部 人力资源和社会保障部 国家税务总局关于企业年金 职业年金个人所得税有关问题的通知》（财税〔2013〕103号）规定的，不并入综合所得，全额单独计算应纳税款。其中按月领取的，适用月度税率表（表4-2）计算纳税；按季领取的，平均分摊计入各月，按每月领取额适用月度税率表计算纳税；按年领取的，适用综合所得税率表（表4-1）计算纳税。

个人因出境定居而一次性领取的年金个人账户资金，或个人死亡后，其指定的受益人或法定继承人一次性领取的年金个人账户余额，适用综合所得税率表计算纳税。对个人除上述特殊原因外一次性领取年金个人账户资金或余额的，适用月度税率表计算纳税。

表 4-2 个人所得税月度税率表

（综合所得适用）

级数	全月应纳税所得额	税率	速算扣除数
1	不超过 3 000 元的	3%	0
2	超过 3 000 元至 12 000 元的部分	10%	210
3	超过 12 000 元至 25 000 元的部分	20%	1 410
4	超过 25 000 元至 35 000 元的部分	25%	2 660
5	超过 35 000 元至 55 000 元的部分	30%	4 410
6	超过 55 000 元至 80 000 元的部分	35%	7 160
7	超过 80 000 元的部分	45%	15 160

（二）充分利用享受优惠的商业健康保险

【筹划案例 002】 M 公司共有员工 1 万人，人均年薪为 20 万元，人均

年个人所得税税前扣除标准为 12 万元，人均年应纳税所得额为 8 万元，人均年应纳个人所得税税额为 5 480 元（80 000×10%－2 520）。

如 M 公司从员工的应发工资中为全体员工统一购买符合税法规定的商业健康保险，员工人均年缴费 2 400 元，可以税前扣除。由此，人均年应纳个人所得税税额为 5 240 元［（80 000－2 400）×10%－2 520］，人均节税 240 元（5 480－5 240）。M 公司全体员工每年节税 240 万元（240×1）。

【主要法律依据】

《财政部　税务总局　保监会关于将商业健康保险个人所得税试点政策推广到全国范围实施的通知》(财税〔2017〕39 号)

各省、自治区、直辖市、计划单列市财政厅（局）、地方税务局、保监局，新疆生产建设兵团财务局：

自 2017 年 7 月 1 日起，将商业健康保险个人所得税试点政策推广到全国范围实施。现将有关问题通知如下：

一、关于政策内容

对个人购买符合规定的商业健康保险产品的支出，允许在当年（月）计算应纳税所得额时予以税前扣除，扣除限额为 2 400 元/年（200 元/月）。单位统一为员工购买符合规定的商业健康保险产品的支出，应分别计入员工个人工资薪金，视同个人购买，按上述限额予以扣除。

2 400 元/年（200 元/月）的限额扣除为个人所得税法规定减除费用标准之外的扣除。

二、关于适用对象

适用商业健康保险税收优惠政策的纳税人，是指取得工资薪金所得、连续性劳务报酬所得的个人，以及取得个体工商户生产经营所得、对企事业单位的承包承租经营所得的个体工商户业主、个人独资企业投资者、合伙企业合伙人和承包承租经营者。

三、关于商业健康保险产品的规范和条件

符合规定的商业健康保险产品，是指保险公司参照个人税收优惠型健康保险产品指引框架及示范条款开发的、符合下列条件的健康保险产品：

（一）健康保险产品采取具有保障功能并设立有最低保证收益账户的万能险方式，包含医疗保险和个人账户积累两项责任。被保险人个人账户由其所投保的保险公司负责管理维护。

（二）被保险人为16周岁以上、未满法定退休年龄的纳税人群。保险公司不得因被保险人既往病史拒保，并保证续保。

（三）医疗保险保障责任范围包括被保险人医保所在地基本医疗保险基金支付范围内的自付费用及部分基本医疗保险基金支付范围外的费用，费用的报销范围、比例和额度由各保险公司根据具体产品特点自行确定。

（四）同一款健康保险产品，可依据被保险人的不同情况，设置不同的保险金额，具体保险金额下限由保监会规定。

（五）健康保险产品坚持"保本微利"原则，对医疗保险部分的简单赔付率低于规定比例的，保险公司要将实际赔付率与规定比例之间的差额部分返还到被保险人的个人账户。

根据目标人群已有保障项目和保障需求的不同，符合规定的健康保险产品共有三类，分别适用于：1.对公费医疗或基本医疗保险报销后个人负担的医疗费用有报销意愿的人群；2.对公费医疗或基本医疗保险报销后个人负担的特定大额医疗费用有报销意愿的人群；3.未参加公费医疗或基本医疗保险，对个人负担的医疗费用有报销意愿的人群。

符合上述条件的个人税收优惠型健康保险产品，保险公司应按《保险法》规定程序上报保监会审批。

四、关于税收征管

（一）单位统一组织为员工购买或者单位和个人共同负担购买符合规定的商业健康保险产品，单位负担部分应当实名计入个人工资薪金明细清单，视同个人购买，并自购买产品次月起，在不超过200元/月的标准内按月扣除。一年内保费金额超过2 400元的部分，不得税前扣除。以后年度续保时，按上述规定执行。个人自行退保时，应及时告知扣缴单位。个人相关退保信息保险公司应及时传递给税务机关。

（二）取得工资薪金所得或连续性劳务报酬所得的个人，自行购买符合规定的商业健康保险产品的，应当及时向代扣代缴单位提供保单凭证。扣缴单位自个人提交保单凭证的次月起，在不超过200元/月的标准内按月扣除。一年内保费金额超过2 400元的部分，不得税前扣除。以后年度续保时，按上述规定执行。个人自行退保时，应及时告知扣缴义务人。

（三）个体工商户业主、企事业单位承包承租经营者、个人独资和合伙企业投资者自行购买符合条件的商业健康保险产品的，在不超过2 400元/年的标准内据实扣除。一年内保费金额超过2 400元的部分，不得税前扣除。以后年度续保时，按上述规定执行。

五、关于部门协作

商业健康保险个人所得税税前扣除政策涉及环节和部门多，各相关部门应密切配合，切实落实好商业健康保险个人所得税政策。

（一）财政、税务、保监部门要做好商业健康保险个人所得税优惠政策宣传解释，优化服务。税务、保监部门应建立信息共享机制，及时共享商业健康保险涉税信息。

（二）保险公司在销售商业健康保险产品时，要为购买健康保险的个人开具发票和保单凭证，载明产品名称及缴费金额等信息，作为个人税前扣除的凭据。保险公司要与商业健康保险信息平台保持实时对接，保证信息真实准确。

（三）扣缴单位应按照本通知及税务机关有关要求，认真落实商业健康保险个人所得税前扣除政策。

（四）保险公司或商业健康保险信息平台应向税务机关提供个人购买商业健康保险的相关信息，并配合税务机关做好相关税收征管工作。

六、关于实施时间

本通知自2017年7月1日起执行。自2016年1月1日起开展商业健康保险个人所得税政策试点的地区，自2017年7月1日起继续按本通知规定的政策执行。《财政部　国家税务总局　保监会关于开展商业健康保险个人所得税政策试点工作的通知》（财税〔2015〕56号）、《财政部　国家税务总局　保监会关于实施商业健康保险个人所得税政策试点的通知》（财税〔2015〕126号）同时废止。

（三）灵活运用子女教育专项附加扣除

【筹划案例003】　张先生和张太太有一儿一女，儿子读小学一年级，女儿读小学六年级。2023年度，张先生的应纳税所得额为10万元（尚未考虑子女教育专项附加扣除），张太太的应纳税所得额为3万元（尚未考虑子女教育专项附加扣除）。

第四章 个人所得税筹划实用技巧

如果张先生与张太太因疏忽而忘记申报子女教育专项附加扣除，则 2023 年度，张先生应纳个人所得税税额为 7 480 元（100 000×10% – 2 520）；张太太应纳个人所得税税额为 900 元（30 000×3%）。

如果由张太太申报两个子女的教育专项附加扣除 4.80 万元，则 2023 年度，张先生应纳个人所得税税额为 7 480 元（100 000×10% – 2 520）；张太太应纳个人所得税税额为 0；节税 900 元（900 – 0）。

如果由张先生和张太太各申报一个子女的教育专项附加扣除 2.40 万元，2023 年度，张先生应纳个人所得税税额为 5 080 元［（100 000 – 24 000）×10% – 2 520］；张太太应纳个人所得税税额为 180 元［（30 000 – 24 000）×3%］；节税 3 120 元（7 480 – 5 080 + 900 – 180）。

如果由张先生申报两个子女的教育专项附加扣除 4.80 万元，则 2023 年度，张先生应纳个人所得税税额为 2 680 元［（100 000 – 48 000）×10% – 2 520］；张太太应纳个人所得税税额为 900 元（30 000×3%）；节税 4 800 元（7 480 – 2 680）。

对张先生夫妇而言，4.80 万元的子女教育专项附加扣除抵税的最大额度就是 4 800 元。

【主要法律依据】

1.《个人所得税专项附加扣除暂行办法》（国发〔2018〕41 号印发）第五条至第七条、第二十九条

第五条　纳税人的子女接受全日制学历教育的相关支出，按照每个子女每月 1 000 元的标准定额扣除。

学历教育包括义务教育（小学、初中教育）、高中阶段教育（普通高中、中等职业、技工教育）、高等教育（大学专科、大学本科、硕士研究生、博士研究生教育）。

年满 3 岁至小学入学前处于学前教育阶段的子女，按本条第一款规定执行。

第六条　父母可以选择由其中一方按扣除标准的 100% 扣除，也可以选择由双方分别按扣除标准的 50% 扣除，具体扣除方式在一个纳税年度内不能变更。

第七条　纳税人子女在中国境外接受教育的，纳税人应当留存境外学校录取通知书、留学签证等相关教育的证明资料备查。

第二十九条 本办法所称父母，是指生父母、继父母、养父母。本办法所称子女，是指婚生子女、非婚生子女、继子女、养子女。父母之外的其他人担任未成年人的监护人的，比照本办法规定执行。

2.《国务院关于提高个人所得税有关专项附加扣除标准的通知》（国发〔2023〕13号）

各省、自治区、直辖市人民政府，国务院各部委、各直属机构：

为进一步减轻家庭生育养育和赡养老人的支出负担，依据《中华人民共和国个人所得税法》有关规定，国务院决定，提高3岁以下婴幼儿照护等三项个人所得税专项附加扣除标准。现将有关事项通知如下：

一、3岁以下婴幼儿照护专项附加扣除标准，由每个婴幼儿每月1 000元提高到2 000元。

二、子女教育专项附加扣除标准，由每个子女每月1 000元提高到2 000元。

三、赡养老人专项附加扣除标准，由每月2 000元提高到3 000元。其中，独生子女按照每月3 000元的标准定额扣除；非独生子女与兄弟姐妹分摊每月3 000元的扣除额度，每人分摊的额度不能超过每月1 500元。

四、3岁以下婴幼儿照护、子女教育、赡养老人专项附加扣除涉及的其他事项，按照《个人所得税专项附加扣除暂行办法》有关规定执行。

五、上述调整后的扣除标准自2023年1月1日起实施。

3.《国家税务总局关于贯彻执行提高个人所得税有关专项附加扣除标准政策的公告》（国家税务总局公告2023年第14号）

根据《国务院关于提高个人所得税有关专项附加扣除标准的通知》（国发〔2023〕13号，以下简称《通知》），现就有关贯彻落实事项公告如下：

一、3岁以下婴幼儿照护、子女教育专项附加扣除标准，由每个婴幼儿（子女）每月1 000元提高到2 000元。

父母可以选择由其中一方按扣除标准的100%扣除，也可以选择由双方分别按50%扣除。

二、赡养老人专项附加扣除标准，由每月2 000元提高到3 000元，其中，独生子女每月扣除3 000元；非独生子女与兄弟姐妹分摊每月3 000元

第四章 个人所得税筹划实用技巧

的扣除额度,每人不超过1 500元。

需要分摊享受的,可以由赡养人均摊或者约定分摊,也可以由被赡养人指定分摊。约定或者指定分摊的须签订书面分摊协议,指定分摊优先于约定分摊。

三、纳税人尚未填报享受3岁以下婴幼儿照护、子女教育、赡养老人专项附加扣除的,可以在手机个人所得税APP或通过扣缴义务人填报享受,系统将按照提高后的专项附加扣除标准计算应缴纳的个人所得税。

纳税人在2023年度已经填报享受3岁以下婴幼儿照护、子女教育、赡养老人专项附加扣除的,无需重新填报,系统将自动按照提高后的专项附加扣除标准计算应缴纳的个人所得税。纳税人对约定分摊或者指定分摊赡养老人专项附加扣除额度有调整的,可以在手机个人所得税APP或通过扣缴义务人填报新的分摊额度。

四、《通知》发布前,纳税人已经填报享受专项附加扣除并扣缴个人所得税的,多缴的税款可以自动抵减纳税人本年度后续月份应纳税款,抵减不完的,可以在2023年度综合所得汇算清缴时继续享受。

五、纳税人对专项附加扣除信息的真实性、准确性、完整性负责,纳税人情况发生变化的,应当及时向扣缴义务人或者税务机关报送新的专项附加扣除信息。对虚假填报享受专项附加扣除的,税务机关将按照《中华人民共和国税收征收管理法》《中华人民共和国个人所得税法》等有关规定处理。

六、各级税务机关要切实提高政治站位,积极做好政策解读、宣传辅导和政策精准推送工作,便利纳税人享受税收优惠,确保减税红利精准直达。

七、个人所得税专项附加扣除标准提高涉及的其他管理事项,按照《国务院关于印发个人所得税专项附加扣除暂行办法的通知》(国发〔2018〕41号)、《国家税务总局关于修订发布〈个人所得税专项附加扣除操作办法(试行)〉的公告》(2022年第7号)等有关规定执行。

八、本公告自2023年1月1日起施行。

(四)灵活运用大病医疗专项附加扣除

【**筹划案例004**】 王先生和王太太2023年喜添千金,但因女儿有先天性疾病,当年花费医疗费100万元,全部自负。王先生和王太太本人当年并未产生自负医疗费。2023年度,王先生的应纳税所得额为10万元(尚未考虑大病医疗专项附加扣除），王太太的应纳税所得额为 3 万元（尚未考虑大病医疗专项附加扣除）。

如果王先生与王太太因疏忽而忘记申报大病医疗专项附加扣除，则 2023 年度，王先生应纳个人所得税税额为 7 480 元（100 000×10%－2 520）；王太太应纳个人所得税税额为 900 元（30 000×3%）。

如果由王太太申报大病医疗专项附加扣除 8 万元，则 2023 年度，王先生应纳个人所得税税额为 7 480 元（100 000×10%－2 520）；王太太应纳个人所得税税额为 0；节税 900 元。

如果由王先生申报大病医疗专项附加扣除 8 万元，则 2023 年度，王先生应纳个人所得税税额为 600 元［（100 000－80 000）×3%］；王太太应纳个人所得税税额为 900 元（30 000×3%）；节税 6 880 元（7 480－600）。

对王先生夫妇而言，8 万元的大病医疗专项附加扣除抵税的最大额度就是 6 880 元。

【主要法律依据】

《个人所得税专项附加扣除暂行办法》（国发〔2018〕41 号印发）**第十一条至第十三条、第二十四条**

第十一条　在一个纳税年度内，纳税人发生的与基本医保相关的医药费用支出，扣除医保报销后个人负担（指医保目录范围内的自付部分）累计超过 15 000 元的部分，由纳税人在办理年度汇算清缴时，在 80 000 元限额内据实扣除。

第十二条　纳税人发生的医药费用支出可以选择由本人或者其配偶扣除；未成年子女发生的医药费用支出可以选择由其父母一方扣除。

纳税人及其配偶、未成年子女发生的医药费用支出，按本办法规定分别计算扣除额。

第十三条　纳税人应当留存医药服务收费及医保报销相关票据原件（或者复印件）等资料备查。医疗保障部门应当向患者提供在医疗保障信息系统记录的本人年度医药费用信息查询服务。

第二十四条　纳税人向收款单位索取发票、财政票据、支出凭证，收款单位不能拒绝提供。

第四章 个人所得税筹划实用技巧

（五）灵活运用赡养老人专项附加扣除

【筹划案例005】 秦先生和秦女士均年满60岁，其三个子女分别为秦一、秦二和秦三。2023年度，秦一的应纳税所得额为10万元，秦二的应纳税所得额为3万元，秦三的应纳税所得额为0，以上数额均未考虑赡养老人专项附加扣除。

如果三位子女因疏忽未申报赡养老人专项附加扣除，则2023年度，秦一应纳个人所得税税额为7 480元（100 000×10%－2 520）；秦二应纳个人所得税税额为900元（30 000×3%）；秦三应纳个人所得税税额为0。

如果由秦二一人申报赡养老人专项附加扣除1.80万元，则2023年度，秦一应纳个人所得税税额为7 480元（100 000×10%－2 520）；秦二应纳个人所得税税额为360元［（30 000－18 000）×3%］；秦三应纳个人所得税税额为0；节税540元（900－360）。

如果由秦一一人申报赡养老人专项附加扣除1.80万元，则2023年度，秦一应纳个人所得税税额为5 680元［（100 000－18 000）×10%－2 520］；秦二应纳个人所得税税额为900元（30 000×3%）；秦三应纳个人所得税税额为0；节税1 800元（7 480－5 680）。

如果由秦一和秦二各申报赡养老人专项附加扣除1.80万元，则2023年度，秦一应纳个人所得税税额为5 680元［（100 000－18 000）×10%－2 520］；秦二应纳个人所得税税额为360元［（30 000－18 000）×3%］；秦三应纳个人所得税税额为0；节税2 340元（7 480－5 680＋900－360）。

对秦家兄妹三人而言，3.60万元的赡养老人专项附加扣除抵税的最大额度就是2 340元。

【主要法律依据】

1.《个人所得税专项附加扣除暂行办法》（国发〔2018〕41号印发）**第二十二条、第二十三条**

第二十二条 纳税人赡养一位及以上被赡养人的赡养支出，统一按照以下标准定额扣除：

（一）纳税人为独生子女的，按照每月2 000元的标准定额扣除；

（二）纳税人为非独生子女的，由其与兄弟姐妹分摊每月2 000元的扣除额度，每人分摊的额度不能超过每月1 000元。可以由赡养人均摊或者约定分摊，也可以由被赡养人指定分摊。约定或者指定分摊的须签订书面分摊协议，指定分摊优先于约定分摊。具体分摊方式和额度在一个纳税年度内不能变更。

第二十三条 本办法所称被赡养人是指年满60岁的父母，以及子女均已去世的年满60岁的祖父母、外祖父母。

2.《国务院关于提高个人所得税有关专项附加扣除标准的通知》（国发〔2023〕13号）

参见本书128页。

二、外籍个人工资薪金所得的纳税筹划

（一）充分利用短期非居民个人的税收优惠

【筹划案例006】 李女士为中国香港地区永久居民，就职于香港甲公司。2023年度，甲公司计划安排李女士在深圳的代表处工作180天（6个月）。李女士2023年度每月工资为2万元，6个月的工资总额为12万元，由于其在香港可以享受的各项扣除比较多，税负接近零。

如果不进行纳税筹划，李女士来源于深圳的6个月的工资需要纳税。每月应纳个人所得税税额为1 590元〔（20 000 - 5 000）×20% - 1 410〕；6个月合计应纳个人所得税税额为9 540元（1 590×6）。

甲公司可以选派两位员工轮流到深圳工作，每人工作90天，每月工资均为2万元，可以享受短期非居民个人的税收优惠，即该两位员工在深圳工作期间取得的工资，可以在香港纳税（实际税负为零），不需要在深圳缴纳个人所得税，由此可以为两位员工节税9 540元。

【主要法律依据】

1.《个人所得税法》第一条、第六条第一款第（二）项、第十一条第三款

第一条 在中国境内有住所，或者无住所而一个纳税年度内在中国境内

第四章 个人所得税筹划实用技巧

居住累计满一百八十三天的个人,为居民个人。居民个人从中国境内和境外取得的所得,依照本法规定缴纳个人所得税。

在中国境内无住所又不居住,或者无住所而一个纳税年度内在中国境内居住累计不满一百八十三天的个人,为非居民个人。非居民个人从中国境内取得的所得,依照本法规定缴纳个人所得税。

纳税年度,自公历一月一日起至十二月三十一日止。

第六条第一款第(二)项 非居民个人的工资、薪金所得,以每月收入额减除费用五千元后的余额为应纳税所得额;劳务报酬所得、稿酬所得、特许权使用费所得,以每次收入额为应纳税所得额。

第十一条第三款 非居民个人取得工资、薪金所得,劳务报酬所得,稿酬所得和特许权使用费所得,有扣缴义务人的,由扣缴义务人按月或者按次代扣代缴税款,不办理汇算清缴。

2.《中华人民共和国个人所得税法实施条例》(1994年1月28日国务院令第142号发布,2018年12月18日国务院令第707号第四次修订,以下简称《个人所得税法实施条例》)**第五条**

第五条 在中国境内无住所的个人,在一个纳税年度内在中国境内居住累计不超过90天的,其来源于中国境内的所得,由境外雇主支付并且不由该雇主在中国境内的机构、场所负担的部分,免予缴纳个人所得税。

(二)充分利用短期居民个人的税收优惠

【筹划案例007】 赵先生为中国香港地区永久居民,在深圳创办了甲公司,每年在中国境内停留时间约360天。自2020年度起,赵先生每年境内应纳税所得额约50万元,境外年房租收入120万元。

如果不进行纳税筹划,自2020年度起,赵先生来自境外的房租收入可以免税5年。自第6年起,赵先生来自境外的租金收入需要在中国境内缴纳个人所得税,每月应纳个人所得税税额为1.60万元[10×(1-20%)×20%];全年应纳个人所得税税额为19.20万元(1.60×12)。如果赵先生在境外已经就该120万元的租金收入缴纳了个人所得税,可以从上述19.20万元的应纳税额中扣除。假设赵先生在境外实际纳税10万元,则赵先生还应在中国境内补税 9.20 万元。

如果赵先生在自 2020 年起的每个第 6 年离境 31 天,则赵先生可以永远保持短期居民个人的身份,其来自境外的每年 120 万元的租金收入可以免于在中国境内纳税,每年可以节税 9.20 万元。

【主要法律依据】

1.《个人所得税法实施条例》第四条

第四条　在中国境内无住所的个人,在中国境内居住累计满 183 天的年度连续不满六年的,经向主管税务机关备案,其来源于中国境外且由境外单位或者个人支付的所得,免予缴纳个人所得税;在中国境内居住累计满 183 天的任一年度中有一次离境超过 30 天的,其在中国境内居住累计满 183 天的年度的连续年限重新起算。

2.《财政部　税务总局关于在中国境内无住所的个人居住时间判定标准的公告》(财政部　税务总局公告 2019 年第 34 号)第一条

一、无住所个人一个纳税年度在中国境内累计居住满 183 天的,如果此前六年在中国境内每年累计居住天数都满 183 天而且没有任何一年单次离境超过 30 天,该纳税年度来源于中国境内、境外所得应当缴纳个人所得税;如果此前六年的任一年在中国境内累计居住天数不满 183 天或者单次离境超过 30 天,该纳税年度来源于中国境外且由境外单位或者个人支付的所得,免予缴纳个人所得税。

前款所称此前六年,是指该纳税年度的前一年至前六年的连续六个年度,此前六年的起始年度自 2019 年(含)以后年度开始计算。

(三)充分利用居住时间判断标准

【**筹划案例008**】　马先生是中国香港地区永久居民,就职于香港甲公司。甲公司在深圳设立了分公司,需要派驻一位经理。甲公司原计划在深圳为马先生租赁一套公寓,预计 2024 年度马先生在深圳停留约 200 天。马先生将成为中国内地居民纳税人。

如果马先生能增加回中国香港地区的次数,每回中国香港地区一次将减少在内地停留的天数。这样,马先生就能将 2024 年度在内地停留的天数

第四章 个人所得税筹划实用技巧

降低为182天，就可以非居民个人的身份在内地缴纳个人所得税。

如果马先生能够几乎每天回香港，即工作在深圳，但居住在香港，只是偶尔居住在深圳。这样，马先生就能将2024年度在内地停留的天数降低为90天，就可以不在内地缴纳个人所得税，仅仅在香港缴纳相关税费。

【主要法律依据】

《财政部　税务总局关于在中国境内无住所的个人居住时间判定标准的公告》（财政部　税务总局公告2019年第34号）**第二条**

二、无住所个人一个纳税年度内在中国境内累计居住天数，按照个人在中国境内累计停留的天数计算。在中国境内停留的当天满24小时的，计入中国境内居住天数，在中国境内停留的当天不足24小时的，不计入中国境内居住天数。

（四）充分利用外籍人员的各项免税补贴

【**筹划案例009**】　孙先生为外籍人士（非独生子女），因工作需要，长期在中国境内居住。2023年度，按税法规定，孙先生可以享受免税优惠的各项补贴总额为8万元。孙先生目前可以享受的专项附加扣除为两个子女的教育费和一位老人的赡养费。

如果孙先生选择居民纳税人的专项附加扣除，则扣除总额为3.60万元（$0.10 \times 12 \times 2 + 0.10 \times 12$）；如果孙先生选择免税补贴优惠，则扣除总额为8万元，可以多扣除4.40万元（$8 - 3.60$）。如果孙先生综合所得适用的最高税率为20%，则每年最高可以节税0.88万元（$4.4 \times 20\%$）。

【主要法律依据】

1.《财政部　国家税务总局关于个人所得税若干政策问题的通知》（财税字〔1994〕20号）**第二条**

二、下列所得，暂免征收个人所得税：

（一）外籍个人以非现金形式或实报实销形式取得的住房补贴、伙食补贴、搬迁费、洗衣费。

（二）外籍个人按合理标准取得的境内、外出差补贴。

（三）外籍个人取得的探亲费、语言训练费、子女教育费等，经当地税务机关审核批准为合理的部分。

（四）个人举报、协查各种违法、犯罪行为而获得的奖金。

（五）个人办理代扣代缴税款手续，按规定取得的扣缴手续费。

（六）个人转让自用达五年以上，并且是唯一的家庭生活用房取得的所得。

（七）对按国发〔1983〕141号《国务院关于高级专家离休退休若干问题的暂行规定》和国办发〔1991〕40号《国务院办公厅关于杰出高级专家暂缓离退休审批问题的通知》精神，达到离休、退休年龄，但确因工作需要，适当延长离休退休年龄的高级专家（指享受国家发放的政府特殊津贴的专家、学者），其在延长离休退休期间的工资、薪金所得，视同退休工资、离休工资免征个人所得税。

（八）外籍个人从外商投资企业取得的股息、红利所得。

（九）凡符合下列条件之一的外籍专家取得的工资、薪金所得可免征个人所得税：

1. 根据世界银行专项贷款协议由世界银行直接派往我国工作的外国专家；

2. 联合国组织直接派往我国工作的专家；

3. 为联合国援助项目来华工作的专家；

4. 援助国派往我国专为该国无偿援助项目工作的专家；

5. 根据两国政府签订文化交流项目来华工作两年以内的文教专家，其工资、薪金所得由该国负担的；

6. 根据我国大专院校国际交流项目来华工作两年以内的文教专家，其工资、薪金所得由该国负担的；

7. 通过民间科研协定来华工作的专家，其工资、薪金所得由该国政府机构负担的。

2.《财政部　税务总局关于个人所得税法修改后有关优惠政策衔接问题的通知》（财税〔2018〕164号）第七条

七、关于外籍个人有关津补贴的政策

（一）2019年1月1日至2021年12月31日期间，外籍个人符合居民个人条件的，可以选择享受个人所得税专项附加扣除，也可以选择按照《财

政部 国家税务总局关于个人所得税若干政策问题的通知》(财税字〔1994〕20号)、《国家税务总局关于外籍个人取得有关补贴征免个人所得税执行问题的通知》(国税发〔1997〕54号)和《财政部 国家税务总局关于外籍个人取得港澳地区住房等补贴征免个人所得税的通知》(财税〔2004〕29号)规定,享受住房补贴、语言训练费、子女教育费等津补贴免税优惠政策,但不得同时享受。外籍个人一经选择,在一个纳税年度内不得变更。

(二)自2022年1月1日起,外籍个人不再享受住房补贴、语言训练费、子女教育费津补贴免税优惠政策,应按规定享受专项附加扣除。

3.《财政部 税务总局关于延续实施外籍个人有关津补贴个人所得税政策的公告》(财政部 税务总局公告2023年第29号)

为进一步减轻纳税人负担,现将外籍个人有关津补贴个人所得税政策公告如下:

一、外籍个人符合居民个人条件的,可以选择享受个人所得税专项附加扣除,也可以选择按照《财政部 国家税务总局关于个人所得税若干政策问题的通知》(财税字〔1994〕020号)、《国家税务总局关于外籍个人取得有关补贴征免个人所得税执行问题的通知》(国税发〔1997〕54号)和《财政部 国家税务总局关于外籍个人取得港澳地区住房等补贴征免个人所得税的通知》(财税〔2004〕29号)规定,享受住房补贴、语言训练费、子女教育费等津补贴免税优惠政策,但不得同时享受。外籍个人一经选择,在一个纳税年度内不得变更。

二、本公告执行至2027年12月31日。

(五)平均发放工资

【筹划案例010】 刘女士为外籍人士,属于中国非居民个人。因工作需要,刘女士每年在中国停留4个月,领取4个月的工资。公司原计划按工作绩效发工资,假设刘女士2023年领取的4个月工资分别为3 000元、6 000元、4 000元和20 000元,总额为33 000元。刘女士2023年度在中国应纳个人所得税税额为1 620元[(6 000 − 5 000)×3% +(20 000 − 5 000)× 20% − 1 410]。

如果刘女士预先估计 4 个月的工资总额为 30 000 元左右，可以先按平均数发放，最后 1 个月汇总计算。即前 3 个月工资按照 8 000 元发放，第 4 个月按照 9 000 元（33 000 - 8 000×3）发放。刘女士 2023 年度在中国应纳个人所得税税额为 460 元 [（8 000 - 5 000）×3%×3+（9 000 - 5 000）×10% - 210]，节税 1 160 元（1 620 - 460）。

【主要法律依据】

《个人所得税法》第二条、第六条第一款第（二）项

第二条 下列各项个人所得，应当缴纳个人所得税：

（一）工资、薪金所得；

（二）劳务报酬所得；

（三）稿酬所得；

（四）特许权使用费所得；

（五）经营所得；

（六）利息、股息、红利所得；

（七）财产租赁所得；

（八）财产转让所得；

（九）偶然所得。

居民个人取得前款第一项至第四项所得（以下简称"综合所得"），按纳税年度合并计算个人所得税；非居民个人取得前款第一项至第四项所得，按月或者按次分项计算个人所得税。纳税人取得前款第五项至第九项所得，依照本法规定分别计算个人所得税。

第六条第一款第（二）项 非居民个人的工资、薪金所得，以每月收入额减除费用五千元后的余额为应纳税所得额；劳务报酬所得、稿酬所得、特许权使用费所得，以每次收入额为应纳税所得额。

三、工资薪金所得通用纳税筹划方案

（一）将工资适当转化为职工福利

【筹划案例 011】 甲公司共有员工 1 万余人，目前没有给员工提供任何

职工福利。该公司员工的年薪比同行业其他公司略高,平均为20万元。其中,税法允许的税前扣除额人均约13万元,人均应纳税所得额为7万元。人均应纳税额为4 480元(70 000×10%−2 520)。

如果甲公司充分利用税法规定的职工福利费、职工教育经费等,为职工提供上下班交通工具、三顿工作餐、工作手机及相应通信费、工作电脑、职工宿舍、职工培训费、差旅补贴等选项,由每位职工根据自身需求选用。选用公司福利的员工,其工资适当调低,以弥补公司提供上述福利的成本。假设通过上述方式,该公司50%的员工年薪由此降低1万元,则人均应纳税额为3 480元(60 000×10%−2 520),人均节税1 000元(4 480−3 480)。5 000名员工节税总额为500万元。假设甲公司为员工缴纳"五险一金"的比例为工资总额的30%,则该项筹划为甲公司节约"五险一金"1 500万元(1×5 000×30%)。

【主要法律依据】

1.《个人所得税法》第六条第一款第(一)项

参见本书第122页。

2.《征收个人所得税若干问题的规定》(国税发〔1994〕89号)第二条第(二)项

下列不属于工资、薪金性质的补贴、津贴或者不属于纳税人本人工资、薪金所得项目的收入,不征税。

1.独生子女补贴;

2.执行公务员工资制度未纳入基本工资总额的补贴、津贴差额和家属成员的副食品补贴;

3.托儿补助费;

4.差旅费津贴、误餐补助。

3.《财政部 国家税务总局关于误餐补助范围确定问题的通知》(财税〔1995〕82号)

国税发〔1994〕089号文件规定不征税的误餐补助,是指按财政部门规定,个人因公在城区、郊区工作,不能在工作单位或返回就餐,确实需要在外就餐的,根据实际误餐顿数,按规定的标准领取的误餐费。一些单位以误餐补助名义发给职工的补贴、津贴，应当并入当月工资、薪金所得计征个人所得税。

（二）充分利用公益慈善事业捐赠

【筹划案例012】 李先生为某地企业家，为提高自身形象与知名度，决定以个人名义长期开展一些公益捐赠活动。假设李先生每年综合所得应纳税所得额为1 000万元，某筹划公司为李先生设计了三种筹划方案。方案一：每年直接向若干所希望小学捐赠500万元；方案二：每年通过某地民政局向贫困地区捐赠500万元；方案三：每年向中国红十字会捐赠500万元。

如果不进行公益捐赠，李先生综合所得每年应纳税额为431.81万元（1 000×45%－18.19）。

如按照方案一进行公益捐赠，李先生综合所得每年应纳税额与上述情形相同，即无法税前扣除，公益捐赠起不到抵税的作用。

如按照方案二进行公益捐赠，李先生综合所得每年应纳税额为296.81万元〔（1 000－1 000×30%）×45%－18.19〕，节税135万元（431.81－296.81）。

如按照方案三进行公益捐赠，李先生综合所得每年应纳税额为206.81万元〔（1 000－500）×45%－18.19〕，节税225万元（431.81－206.81）。

【主要法律依据】

1.《个人所得税法》第六条第三款

个人将其所得对教育、扶贫、济困等公益慈善事业进行捐赠，捐赠额未超过纳税人申报的应纳税所得额百分之三十的部分，可以从其应纳税所得额中扣除；国务院规定对公益慈善事业捐赠实行全额税前扣除的，从其规定。

2.《财政部 国家税务总局关于对青少年活动场所、电子游戏厅有关所得税和营业税政策问题的通知》（财税〔2000〕21号）第一条

一、对公益性青少年活动场所暂免征收企业所得税；对企事业单位、社会团体和个人等社会力量，通过非营利性的社会团体和国家机关对公益性青少年活动场所（其中包括新建）的捐赠，在缴纳企业所得税和个人所得税前准予全额扣除。

本通知所称公益性青少年活动场所，是指专门为青少年学生提供科技、文化、德育、爱国主义教育、体育活动的青少年宫、青少年活动中心等校外活动的公益性场所。

3.《财政部 国家税务总局关于企业等社会力量向红十字事业捐赠有关所得税政策问题的通知》（财税〔2000〕30号）

各省、自治区、直辖市和计划单列市财政厅（局）、国家税务局、地方税务局：

根据国务院决定精神，为支持红十字事业的发展，现对企业等社会力量向红十字事业捐赠的有关所得税政策问题通知如下：

企业、事业单位、社会团体和个人等社会力量，通过非营利性的社会团体和国家机关（包括中国红十字会）向红十字事业的捐赠，在计算缴纳企业所得税和个人所得税时准予全额扣除。

本通知自2000年1月1日起执行。

4.《财政部 国家税务总局关于对老年服务机构有关税收政策问题的通知》（财税〔2000〕97号）第二条、第三条

二、对企事业单位、社会团体和个人等社会力量，通过非营利性的社会团体和政府部门向福利性、非营利性的老年服务机构的捐赠，在缴纳企业所得税和个人所得税前准予全额扣除。

三、本通知所称老年服务机构，是指专门为老年人提供生活照料、文化、护理、健身等多方面服务的福利性、非营利性的机构，主要包括：老年社会福利院、敬老院（养老院）、老年服务中心、老年公寓（含老年护理院、康复中心、托老所）等。

5.《财政部 税务总局关于确认中国红十字会总会等群众团体2024年度—2026年度公益性捐赠税前扣除资格的公告》（财政部 税务总局公告2023年第72号）

根据《中华人民共和国企业所得税法》及《中华人民共和国企业所得税法实施条例》有关规定，按照《财政部 税务总局关于通过公益性群众团体的公益性捐赠税前扣除有关事项的公告》（财政部 税务总局公告2021年第20号）有关要求，现将2024年度—2026年度符合公益性捐赠税前扣除资格

的群众团体名单公告如下：

1. 中国红十字会总会
2. 中华全国总工会
3. 中国宋庆龄基金会
4. 中国国际人才交流基金会

（三）充分利用年终奖单独计税

【筹划案例013】 刘先生2023年度综合所得应纳税所得额为100万元，全部来自工资薪金。单位为其提供了五种方案：方案一，全部通过工资薪金发放，不发放年终奖；方案二，发放3.60万元年终奖，综合所得应纳税所得额为96.40万元；方案三，发放14.40万元年终奖，综合所得应纳税所得额为85.60万元；方案四，发放43万元年终奖，综合所得应纳税所得额为57万元；方案五，发放42万元年终奖，综合所得应纳税所得额为58万元。

在方案一下，刘先生应纳个人所得税税额为26.81万元（100×45%-18.19）。

在方案二下，刘先生综合所得应纳个人所得税税额为25.19万元（96.40×45%－18.19）；年终奖应纳个人所得税税额为0.108万元（3.60×3%）；合计应纳个人所得税税额为25.298万元（25.19＋0.108）。方案二比方案一节税1.512万元（26.81－25.298）。

在方案三下，刘先生综合所得应纳个人所得税税额为21.37万元（85.60×35%－8.59）；年终奖应纳个人所得税1.42万元（14.40×10%－0.02）；合计应纳个人所得税税额为22.79万元（21.37＋1.42）。方案三比方案二节税2.508万元（25.298－22.79）；方案三比方案一节税4.02万元（26.81－22.79）。

在方案四下，刘先生综合所得应纳个人所得税税额为11.81万元（57×30%-5.29）；年终奖应纳个人所得税税额为12.46万元（43×30%-0.44）；合计应纳个人所得税税额为24.27万元（11.81+12.46）。方案四比方案三多纳税1.48万元（24.27-22.79）；方案四比方案二节税1.028万元（25.298-24.27）；方案四比方案一节税2.54万元（26.81-24.27）。

在方案五下,刘先生综合所得应纳个人所得税税额为12.11万元(58×30%–5.29);年终奖应纳个人所得税税额为10.23万元(42×25% – 0.27);合计应纳个人所得税税额为22.34万元(12.11 + 10.23)。方案五比方案四节税1.93万元(24.27 – 22.34);方案五比方案三节税0.45万元(22.79 – 22.34);方案五比方案二节税2.958万元(25.298 – 22.34);方案五比方案一节税4.47万元(26.81 – 22.34)。

【主要法律依据】

1.《财政部　税务总局关于个人所得税法修改后有关优惠政策衔接问题的通知》(财税〔2018〕164号)第一条第(一)项

居民个人取得全年一次性奖金,符合《国家税务总局关于调整个人取得全年一次性奖金等计算征收个人所得税方法问题的通知》(国税发〔2005〕9号)规定的,在2021年12月31日前,不并入当年综合所得,以全年一次性奖金收入除以12个月得到的数额,按照本通知所附按月换算后的综合所得税率表(以下简称"月度税率表"),确定适用税率和速算扣除数,单独计算纳税。计算公式为:

应纳税额＝全年一次性奖金收入 × 适用税率－速算扣除数

居民个人取得全年一次性奖金,也可以选择并入当年综合所得计算纳税。

自2022年1月1日起,居民个人取得全年一次性奖金,应并入当年综合所得计算缴纳个人所得税。

2.《财政部　税务总局关于延续实施全年一次性奖金个人所得税政策的公告》(财政部　税务总局公告2023年第30号)

为进一步减轻纳税人负担,现将全年一次性奖金个人所得税政策公告如下:

一、居民个人取得全年一次性奖金,符合《国家税务总局关于调整个人取得全年一次性奖金等计算征收个人所得税方法问题的通知》(国税发〔2005〕9号)规定的,不并入当年综合所得,以全年一次性奖金收入除以12个月得到的数额,按照本公告所附按月换算后的综合所得税率表,确定适用税率和速算扣除数,单独计算纳税。计算公式为:

应纳税额＝全年一次性奖金收入 × 适用税率－速算扣除数

二、居民个人取得全年一次性奖金，也可以选择并入当年综合所得计算纳税。

三、本公告执行至 2027 年 12 月 31 日。

特此公告。

附件：按月换算后的综合所得税率表（表 4-3）

表 4-3 按月换算后的综合所得税率表

级数	全月应纳税所得额	税率	速算扣除数
1	不超过 3000 元的	3%	0
2	超过 3000 元至 12000 元的部分	10%	210
3	超过 12000 元至 25000 元的部分	20%	1 410
4	超过 25000 元至 35000 元的部分	25%	2 660
5	超过 35000 元至 55000 元的部分	30%	4 410
6	超过 55000 元至 80000 元的部分	35%	7 160
7	超过 80000 元的部分	45%	15 160

（四）充分利用股票期权所得单独计税

【筹划案例 014】 董女士为某上市公司管理人员，预计 2024 年度综合所得应纳税所得额为 500 万元。公司为董女士设计了四种纳税方案：方案一，不发放股票期权所得，综合所得应纳税所得额为 500 万元；方案二，发放股票期权所得 3.60 万元，综合所得应纳税所得额为 496.40 万元；方案三，发放股票期权所得 14.40 万元，综合所得应纳税所得额为 485.60 万元；方案四，发放股票期权所得 250 万元，综合所得应纳税所得额为 250 万元。

在方案一下，董女士应纳个人所得税税额为 206.81 万元（500×45% - 18.19）。

在方案二下，董女士股票期权所得应纳个人所得税税额约为 0.108 万元（3.60×3%）；综合所得应纳个人所得税税额为 205.19 万元（496.4×45% - 18.19）；合计应纳个人所得税税额为 205.298 万元（0.108 + 205.19）。方案二比方案一节税 1.512 万元（206.81 - 205.298）。

在方案三下，董女士股票期权所得应纳个人所得税税额为 1.19 万元

第四章 个人所得税筹划实用技巧

（14.4×10% – 0.25）；综合所得应纳个人所得税税额为200.33万元（485.60×45% – 18.19）；合计应纳个人所得税税额为201.52万元（1.19 + 200.33）。方案三比方案二节税3.778万元（205.298 – 201.52）；方案三比方案一节税5.29万元（206.81 – 201.52）。

在方案四下，董女士股票期权所得应纳个人所得税税额为94.31万元（250×45% – 18.19）；综合所得应纳个人所得税税额为94.31万元（250×45% – 18.19）；合计应纳个人所得税税额为188.62万元（94.31 + 94.31）。方案四比方案三节税12.90万元（201.52 – 188.62）；方案四比方案二节税16.678万元（205.298 – 188.62）；方案四比方案一节税18.19万元（206.81 – 188.62）。

【主要法律依据】

1.《财政部　税务总局关于个人所得税法修改后有关优惠政策衔接问题的通知》（财税〔2018〕164号）第二条第（一）项

居民个人取得股票期权、股票增值权、限制性股票、股权奖励等股权激励（以下简称股权激励），符合《财政部　国家税务总局关于个人股票期权所得征收个人所得税问题的通知》（财税〔2005〕35号）、《财政部　国家税务总局关于股票增值权所得和限制性股票所得征收个人所得税有关问题的通知》（财税〔2009〕5号）、《财政部　国家税务总局关于将国家自主创新示范区有关税收试点政策推广到全国范围实施的通知》（财税〔2015〕116号）第四条、《财政部　国家税务总局关于完善股权激励和技术入股有关所得税政策的通知》（财税〔2016〕101号）第四条第（一）项规定的相关条件的，在2021年12月31日前，不并入当年综合所得，全额单独适用综合所得税率表（表4–1），计算纳税。计算公式为：

$$应纳税额 = 股权激励收入 \times 适用税率 - 速算扣除数$$

2.《财政部　税务总局关于延续实施上市公司股权激励有关个人所得税政策的公告》（财政部　税务总局公告2023年第25号）

为继续支持企业创新发展，现将上市公司股权激励有关个人所得税政策公告如下：

一、居民个人取得股票期权、股票增值权、限制性股票、股权奖励等股权激励（以下简称股权激励），符合《财政部　国家税务总局关于个人股票期权所得征收个人所得税问题的通知》（财税〔2005〕35号）、《财政部　国家税务总局关于股票增值权所得和限制性股票所得征收个人所得税有关问题的通知》（财税〔2009〕5号）、《财政部 国家税务总局关于将国家自主创新示范区有关税收试点政策推广到全国范围实施的通知》（财税〔2015〕116号）第四条、《财政部 国家税务总局关于完善股权激励和技术入股有关所得税政策的通知》（财税〔2016〕101号）第四条第（一）项规定的相关条件的，不并入当年综合所得，全额单独适用综合所得税率表，计算纳税。计算公式为：

应纳税额＝股权激励收入×适用税率－速算扣除数

二、居民个人一个纳税年度内取得两次以上（含两次）股权激励的，应合并按本公告第一条规定计算纳税。

三、本公告执行至2027年12月31日。

特此公告。

（五）综合利用年终奖与股票期权所得单独计税

【**筹划案例015**】 马先生为某上市公司管理人员，预计2023年度综合所得应纳税所得额为600万元。公司为马先生设计了四种纳税方案：方案一，不发放年终奖与股票期权所得，综合所得应纳税所得额为600万元；方案二，发放年终奖3.60万元、股票期权所得3.60万元，综合所得应纳税所得额为592.80万元；方案三，发放年终奖200万元、股票期权所得200万元，综合所得应纳税所得额为200万元；方案四，发放年终奖96万元、股票期权所得252万元，综合所得应纳税所得额为252万元。

在方案一下，马先生应纳个人所得税税额为251.81万元（600×45%－18.19）。

在方案二下，马先生年终奖应纳个人所得税税额为0.108万元（3.60×3%）；股票期权所得应纳个人所得税税额为0.108万元（3.60×3%）；综合所得应纳个人所得税税额为248.57万元（592.80×45%－18.19）；合计应纳个人所得税税额为248.786万元（0.108＋0.108＋248.57）。方案二比方案一节税3.024万元（251.81－248.786）。

在方案三下，马先生年终奖应纳个人所得税税额为88.48万元（200×45%－1.52）；股票期权所得应纳个人所得税税额为71.81万元（200×45%－18.19）；

第四章 个人所得税筹划实用技巧

综合所得应纳个人所得税税额为71.81万元（200×45%－18.19）；合计应纳个人所得税税额为232.10万元（88.48＋71.81＋71.81）。方案三比方案二节税16.686万元（248.786－232.10）；方案三比方案一节税19.71万元（251.81－232.10）。

在方案四下，马先生年终奖应纳个人所得税税额为32.88万元（96×35%－0.72）；股票期权所得应纳个人所得税税额为95.21万元（252×45%－18.19）；综合所得应纳个人所得税税额为95.21万元（252×45%－18.19）；合计应纳个人所得税税额为223.30万元（32.88＋95.21＋95.21）。方案四比方案三节税8.80万元（232.10－223.30）；方案四比方案二节税25.486万元（248.786－223.30）；方案四比方案一节税28.51万元（251.81－223.30）。

【主要法律依据】

1.《财政部　税务总局关于延续实施全年一次性奖金个人所得税政策的公告》（财政部　税务总局公告2023年第30号）

参见本书第143～144页。

2.《财政部　税务总局关于延续实施上市公司股权激励有关个人所得税政策的公告》（财政部　税务总局公告2023年第25号）

参见本书第145～146页。

第二节　劳务报酬所得的纳税筹划

一、预缴劳务报酬中的纳税筹划

【筹划案例016】 秦先生为某大学教授，2024年度为甲公司担任税务顾问，合同约定了两种支付方案：方案一，甲公司在2024年一次性向秦先生支付全年顾问费6万元；方案二，甲公司在2024年分12次向秦先生支付全年顾问费，每次为5 000元。假设秦先生2024年度综合所得应纳税所得额（已经计算该6万元顾问费）为10万元，除该顾问费以外，尚未预缴税款。

在方案一下，甲公司在支付顾问费时应预扣预缴税款12 400元［60 000×（1－20%）×30%－2 000］。秦先生2024年度综合所得应纳个人所得税税额为 7 480 元（100 000×10%－2 520）。秦先生应申请退税 4 920 元（12 400－7 480）。

在方案二下，甲公司在支付顾问费时应预扣预缴税款 9 600 元［5 000×（1-20%）×20%×12］。秦先生 2024 年度综合所得应纳个人所得税税额为 7 480 元（100 000×10%-2 520）。秦先生应申请退税 2 120 元（9 600-7 480）。方案二比方案一少占用秦先生资金 2 800 元（4 920-2 120）。

【主要法律依据】

《个人所得税扣缴申报管理办法（试行）》（国家税务总局公告 2018 年第 61 号发布）**第八条**

第八条　扣缴义务人向居民个人支付劳务报酬所得、稿酬所得、特许权使用费所得时，应当按照以下方法按次或者按月预扣预缴税款：

劳务报酬所得、稿酬所得、特许权使用费所得以收入减除费用后的余额为收入额；其中，稿酬所得的收入额减按百分之七十计算。

减除费用：预扣预缴税款时，劳务报酬所得、稿酬所得、特许权使用费所得每次收入不超过四千元的，减除费用按八百元计算；每次收入四千元以上的，减除费用按收入的百分之二十计算。

应纳税所得额：劳务报酬所得、稿酬所得、特许权使用费所得，以每次收入额为预扣预缴应纳税所得额，计算应预扣预缴税额。劳务报酬所得适用个人所得税预扣率表二（表 4-4），稿酬所得、特许权使用费所得适用百分之二十的比例预扣率。

居民个人办理年度综合所得汇算清缴时，应当依法计算劳务报酬所得、稿酬所得、特许权使用费所得的收入额，并入年度综合所得计算应纳税款，税款多退少补。

表 4-4　个人所得税预扣率表二

（居民个人劳务报酬所得预扣预缴适用）

级数	预扣预缴应纳税所得额	预扣率	速算扣除数
1	不超过 20 000 元的	20%	0
2	超过 20 000 元至 50 000 元的部分	30%	2 000
3	超过 50 000 元的部分	40%	7 000

第四章 个人所得税筹划实用技巧

二、转移劳务报酬中的成本

【**筹划案例017**】 吴先生是全国著名的税法专家,每年在全国巡回演讲几十次。每次演讲课酬的支付方式有两种:方案一,邀请单位支付课酬60 000元,各种费用均由吴先生自己负担,假设每次演讲的交通费、住宿费、餐饮费等必要费用为10 000元;方案二,邀请单位支付课酬50 000元,各种费用均由邀请单位负担。

在方案一下,邀请单位需要预扣预缴税款12 400元[60 000×(1-20%)×30%-2 000]。吴先生自负的10 000元各类费用无法税前扣除,起不到抵税的作用。

在方案二下,邀请单位需要预扣预缴税款10 000元[50 000×(1-20%)×30%-2 000]。方案二比方案一节税2 400元(12 400-10 000)。

【**主要法律依据**】

《个人所得税扣缴申报管理办法(试行)》(国家税务总局公告2018年第61号发布)第八条

参见本书第148页。

三、将部分劳务报酬分散至他人

【**筹划案例018**】 某位演员承担了甲影视公司的某个拍摄项目,整个拍摄工作在3个月内完成,甲影视公司需要向该演员支付劳务报酬120万元。甲影视公司设计了三种发放方案:方案一,拍摄任务完成后,一次性支付120万元劳务报酬;方案二,根据拍摄项目进度,每个月发放劳务报酬40万元;方案三,由于该演员雇佣了10名工作人员为其服务,平均每月劳务报酬为2万元,甲影视公司每月向这10名工作人员每人支付2万元劳务报酬,每月向该演员支付20万元劳务报酬。

在方案一下,甲影视公司需要预扣预缴税款37.70万元[120×(1-20%)×40%-0.70]。

在方案二下,甲影视公司每月需要预扣预缴税款为12.10万元[40×(1-20%)×40%-0.70];合计预扣预缴税款36.30万元(12.10×3)。方案二比方案一少预扣税款 1.40 万元（37.70 - 36.30）。

在方案三下，甲影视公司每月需要为该演员预扣预缴税款为 5.70 万元［20×（1 - 20%）×40% - 0.70］；甲影视公司每月需要为该演员雇佣的工作人员预扣预缴税款 3.20 万元［2×（1 - 20%）×20%×10］；合计预扣预缴税款 26.70 万元［（5.70 + 3.20）×3］。方案三比方案二少预扣税款 9.60 万元（36.30 - 26.70）。方案三比方案一少预扣税款 11 万元（37.70 - 26.70）。

【主要法律依据】

《个人所得税法实施条例》第十八条

第十八条　两个以上的个人共同取得同一项目收入的，应当对每个人取得的收入分别按照个人所得税法的规定计算纳税。

四、将劳务报酬转变为公司经营所得

【筹划案例 019】　孙先生为某大学教授，其收入主要为所在大学的工资以及在某培训机构讲课的课酬。2023 年度，其所在大学给其发放的工资总额为 20 万元，不考虑其他收入，由此计算的综合所得应纳税所得额为 3.60 万元。培训机构每月支付孙先生课酬 8 万元，如果考虑该课酬，孙先生 2023 年度的综合所得应纳税所得额将提高至 80.40 万元。某筹划公司为孙先生提供了两种方案：方案一，延续以往，由培训机构向孙先生每月支付课酬 8 万元的模式；方案二，孙先生成立甲公司，每月向培训机构开具 8 万元培训费发票，由甲公司取得 8 万元收入。

在方案一下，孙先生综合所得应纳个人所得税税额为 19.55 万元（80.40×35% - 8.59）。

在方案二下，孙先生综合所得应纳个人所得税税额约为 0.108 万元（3.60×3%）。甲公司每月取得 8 万元培训费，根据小微企业增值税优惠政策，不需要缴纳增值税及其附加，假设甲公司利润总额为 20 万元，甲公司需要缴纳企业所得税税额 1 万元（20×25%×20%），合计纳税 1.108 万元（0.108+1），方案二比方案一节税 18.442 万元（19.55 - 1.108）。

第四章 个人所得税筹划实用技巧

【主要法律依据】

1.《财政部　税务总局关于进一步支持小微企业和个体工商户发展有关税费政策的公告》（财政部　税务总局公告2023年第12号）**第三条和第五条**

三、对小型微利企业减按25%计算应纳税所得额，按20%的税率缴纳企业所得税政策，延续执行至2027年12月31日。

五、本公告所称小型微利企业，是指从事国家非限制和禁止行业，且同时符合年度应纳税所得额不超过300万元、从业人数不超过300人、资产总额不超过5 000万元等三个条件的企业。

从业人数，包括与企业建立劳动关系的职工人数和企业接受的劳务派遣用工人数。所称从业人数和资产总额指标，应按企业全年的季度平均值确定。具体计算公式如下：

季度平均值＝（季初值＋季末值）÷2

全年季度平均值＝全年各季度平均值之和÷4

年度中间开业或者终止经营活动的，以其实际经营期作为一个纳税年度确定上述相关指标。

小型微利企业的判定以企业所得税年度汇算清缴结果为准。登记为增值税一般纳税人的新设立的企业，从事国家非限制和禁止行业，且同时符合申报期上月末从业人数不超过300人、资产总额不超过5 000万元等两个条件的，可在首次办理汇算清缴前按照小型微利企业申报享受第二条规定的优惠政策。

2.《财政部　税务总局关于增值税小规模纳税人减免增值税政策的公告》（财政部　税务总局公告2023年第19号）

为进一步支持小微企业和个体工商户发展，现将延续小规模纳税人增值税减免政策公告如下：

一、对月销售额10万元以下（含本数）的增值税小规模纳税人，免征增值税。

二、增值税小规模纳税人适用3%征收率的应税销售收入，减按1%征收率征收增值税；适用3%预征率的预缴增值税项目，减按1%预征率预缴增值税。

三、本公告执行至 2027 年 12 月 31 日。

特此公告。

第三节　稿酬与特许权使用费所得的纳税筹划

一、稿酬所得的纳税筹划

【筹划案例 020】　赵女士在甲出版社出版了一本小说，稿酬总额为 10 万元。已知赵女士 2023 年度综合所得应纳税所得额为 3.60 万元，2024 年度预计综合所得应纳税所得额为 0，同时还有 5 万元的费用允许税前扣除。关于该笔稿酬发放的时间，甲出版社提供了两种方案：方案一，2023 年年底支付 10 万元稿酬；方案二，2024 年年初支付 10 万元稿酬。

在方案一下，该笔稿酬应当缴纳个人所得税税额 5 600 元［100 000×70%×（1-20%）×10%］。

在方案二下，该笔稿酬应当缴纳个人所得税税额为 180 元｛［100 000×70%×（1-20%）-50 000］×3%｝。方案二比方案一节税 5 420 元（5 600-180）。

【主要法律依据】

《个人所得税扣缴申报管理办法（试行）》（国家税务总局公告 2018 年第 61 号发布）第八条

参见本书第 148 页。

二、特许权使用费所得的纳税筹划

【筹划案例 021】　周先生为甲公司工程师，每年综合所得应纳税所得额为 3.60 万元。2023 年度，周先生取得一项专利，授予乙公司使用 10 年，

第四章 个人所得税筹划实用技巧

专利费总额为100万元。关于专利费的支付方式，乙公司设计了三种方案：方案一，每5年支付专利费50万元，共支付2次；方案二，每2年支付专利费20万元，共支付5次；方案三，每年支付专利费10万元，共支付10次。

在方案一下，周先生取得50万元专利费所需要缴纳的个人所得税税额为10.68万元［（14.40－3.60）×10%＋（30－14.40）×20%＋（42－30）×25%＋（53.60－42）×30%］；合计缴纳个人所得税税额为21.36万元（10.68×2）。

在方案二下，周先生取得20万元专利费，需要缴纳的个人所得税税额为2.92万元［（14.40－3.60）×10%＋（23.60－14.40）×20%］；合计缴纳个人所得税税额为14.60万元（2.92×5）。方案二比方案一节税6.76万元（21.36－14.60）。

在方案三下，周先生取得10万元专利费所需要缴纳的个人所得税税额为1万元（10×10%）；合计缴纳个人所得税税额为10万元（1×10）。方案三比方案二节税4.60万元（14.60－10）。方案三比方案一节税11.36万元（21.36－10）。

【主要法律依据】

《个人所得税扣缴申报管理办法（试行）》（国家税务总局公告2018年第61号发布）**第八条**

参见本书第148页。

第四节　经营所得的纳税筹划

一、充分利用税法规定的各项扣除

【筹划案例022】　2023年度，秦先生注册了一家个体工商户从事餐饮业，每月销售额为10万元，按税法规定允许扣除的各项费用为2万元。秦先生的妻子也在该餐馆帮忙，但由于是一家人，秦先生的妻子并未领取工资。2024年度，秦先生有两种方案可供选择：方案一，继续2023年度的经营模式，即其妻子继续在餐馆帮忙，但不领取工资；方案二，秦先生的妻子每月领取5 000元的工资。

在方案一下,秦先生2024年度经营所得应纳税所得税税额为96万元[(10-2)×12]。秦先生应当缴纳个人所得税税额为27.05万元(96×35%-6.55)。

在方案二下,秦先生2024年度经营所得应纳税所得税税额为90万元[(10-2-0.50)×12]。秦先生应当缴纳个人所得税税额为24.95万元(90×35%-6.55)。方案二比方案一节税2.10万元(27.05-24.95)。

【主要法律依据】

1.《个人所得税法》第三条第(二)项、第六条第一款第(三)项

第三条第(二)项 经营所得,适用百分之五至百分之三十五的超额累进税率(表4-5)。

表4-5 个人所得税税率表二

级数	全年应纳税所得额	税率	速算扣除数
1	不超过30 000元的	5%	0
2	超过30 000元至90 000元的部分	10%	1 500
3	超过90 000元至300 000元的部分	20%	10 500
4	超过300 000元至500 000元的部分	30%	40 500
5	超过500 000元的部分	35%	65 500

第六条第一款第(三)项 经营所得,以每一纳税年度的收入总额减除成本、费用以及损失后的余额,为应纳税所得额。

2.《个人所得税法实施条例》第十五条

第十五条 个人所得税法第六条第一款第三项所称成本、费用,是指生产、经营活动中发生的各项直接支出和分配计入成本的间接费用以及销售费用、管理费用、财务费用;所称损失,是指生产、经营活动中发生的固定资产和存货的盘亏、毁损、报废损失,转让财产损失,坏账损失,自然灾害等不可抗力因素造成的损失以及其他损失。

取得经营所得的个人,没有综合所得的,计算其每一纳税年度的应纳税所得额时,应当减除费用6万元、专项扣除、专项附加扣除以及依法确定的其他扣除。专项附加扣除在办理汇算清缴时减除。

第四章 个人所得税筹划实用技巧

从事生产、经营活动,未提供完整、准确的纳税资料,不能正确计算应纳税所得额的,由主管税务机关核定应纳税所得额或者应纳税额。

二、将个体工商户转变为一人有限责任公司

【筹划案例023】 李女士响应政府号召返乡创业,在某小学附近开办了"小饭桌",性质为个体工商户。每年可以取得经营所得应纳税所得额100万元。2024年度,李女士有三种方案可供选择:方案一,该"小饭桌"继续保持个体工商户的性质;方案二,将"小饭桌"注册为一人有限责任公司,税后利润全部分配;方案三,将"小饭桌"注册为一人有限责任公司,税后利润保留在公司,不做分配。

在方案一下,李女士需要缴纳个人所得税税额约为14.225万元[(100×35%−6.55)×(1−50%)]。

在方案二下,"小饭桌"公司需要缴纳企业所得税税额为5万元(100×25%×20%)。李女士取得税后利润需要缴纳个人所得税税额为19万元[(100−5)×20%],合计纳税24万元(5+19)。方案二比方案一增加税收负担9.775万元(24−14.225)。

在方案三下,"小饭桌"公司需要缴纳企业所得税税额为5万元(100×25%×20%)。方案三比方案二节税19万元(24−5)。方案三比方案一节税9.225万元(14.225−5)。

【主要法律依据】

1.《财政部 税务总局关于进一步支持小微企业和个体工商户发展有关税费政策的公告》(财政部 税务总局公告2023年第12号)第一条和第三条

一、自2023年1月1日至2027年12月31日,对个体工商户年应纳税所得额不超过200万元的部分,减半征收个人所得税。个体工商户在享受现行其他个人所得税优惠政策的基础上,可叠加享受本条优惠政策。

三、对小型微利企业减按25%计算应纳税所得额,按20%的税率缴纳企业所得税政策,延续执行至2027年12月31日。

2.《国家税务总局关于进一步落实支持个体工商户发展个人所得税优惠

政策有关事项的公告》（国家税务总局公告2023年第12号）

为贯彻落实《财政部 税务总局关于进一步支持小微企业和个体工商户发展有关税费政策的公告》（2023年第12号，以下简称12号公告），进一步支持个体工商户发展，现就有关事项公告如下：

一、对个体工商户年应纳税所得额不超过200万元的部分，减半征收个人所得税。个体工商户在享受现行其他个人所得税优惠政策的基础上，可叠加享受本条优惠政策。个体工商户不区分征收方式，均可享受。

二、个体工商户在预缴税款时即可享受，其年应纳税所得额暂按截至本期申报所属期末的情况进行判断，并在年度汇算清缴时按年计算、多退少补。若个体工商户从两处以上取得经营所得，需在办理年度汇总纳税申报时，合并个体工商户经营所得年应纳税所得额，重新计算减免税额，多退少补。

三、个体工商户按照以下方法计算减免税额：

减免税额=（经营所得应纳税所得额不超过200万元部分的应纳税额－其他政策减免税额×经营所得应纳税所得额不超过200万元部分÷经营所得应纳税所得额）×50%。

四、个体工商户需将按上述方法计算得出的减免税额填入对应经营所得纳税申报表"减免税额"栏次，并附报《个人所得税减免税事项报告表》。对于通过电子税务局申报的个体工商户，税务机关将提供该优惠政策减免税额和报告表的预填服务。实行简易申报的定期定额个体工商户，税务机关按照减免后的税额进行税款划缴。

五、按12号公告应减征的税款，在本公告发布前已缴纳的，可申请退税；也可自动抵减以后月份的税款，当年抵减不完的在汇算清缴时办理退税；12号公告发布之日前已办理注销的，不再追溯享受。

六、各级税务机关要切实提高政治站位，充分认识税收政策对于市场主体稳定预期、提振信心、安排好投资经营的重要意义，认真做好宣传解读、做优精准辅导，为纳税人提供便捷、高效的政策享受通道，积极回应纳税人诉求，全面抓好推进落实。

七、本公告自2023年1月1日起施行，2027年12月31日终止执行。《国家税务总局关于落实支持个体工商户发展个人所得税优惠政策有关事项的公告》（2023年第5号）同时废止。

特此公告。

三、增加合伙企业的合伙人

【筹划案例024】 甲合伙企业2023年度的应纳税所得额为100万元，平均分配给2个合伙人。2024年度，甲合伙企业有两种方案可供选择：方案一，仍然保持2个合伙人；方案二，两位合伙人均将自己的配偶或者其他直系亲属一人增加为合伙人，合伙企业的应纳税所得额平均分配给4个合伙人。假设该4个合伙人均未取得除合伙企业利润以外的其他所得，每个合伙人的基本扣除标准均为6万元。

在方案一下，每个合伙人需要缴纳个人所得税税额为9.15万元［（50－6）×30%－4.05］，合计缴纳个人所得税税额为18.30万元（9.15×2）。

在方案二下，每个合伙人需要缴纳个人所得税税额为2.75万元［（25－6）×20%－1.05］，合计缴纳个人所得税税额为11万元（2.75×4）。方案二比方案一节税7.30万元（18.30－11）。

【主要法律依据】
《个人所得税法实施条例》第十八条
参见本书第150页。

四、合伙人平均分配合伙企业利润

【筹划案例025】 甲合伙企业2023年度的应纳税所得额为100万元（假设已经扣除合伙人的个人扣除额）。甲合伙企业共有4个合伙人，有三种分配方案：方案一，4个合伙人的分配数额分别为3万元、3万元、3万元和82万元；方案二，4个合伙人的分配数额分别为3万元、9万元、30万元和58万元；方案三，4个合伙人平均分配，每人均为25万元。

在方案一下，全体合伙人应当缴纳个人所得税税额为22.60万元（3×5%×3+82×35%－6.55）。

在方案二下，全体合伙人应当缴纳个人所得税税额为19.60万元（3×5%+9×10%－0.15+30×20%－1.05+58×35%－6.55）。方案二比方案一节税

3万元（22.60 – 19.60）。

在方案三下，全体合伙人应当缴纳个人所得税税额为15.80万元〔（25×20% – 1.05）×4〕。方案三比方案二节税3.80万元（19.60 – 15.80）。方案三比方案一节税6.80万元（22.60 – 15.80）。

【主要法律依据】

《财政部 国家税务总局关于合伙企业合伙人所得税问题的通知》（财税〔2008〕159号）**第四条**

四、合伙企业的合伙人按照下列原则确定应纳税所得额：

（一）合伙企业的合伙人以合伙企业的生产经营所得和其他所得，按照合伙协议约定的分配比例确定应纳税所得额。

（二）合伙协议未约定或者约定不明确的，以全部生产经营所得和其他所得，按照合伙人协商决定的分配比例确定应纳税所得额。

（三）协商不成的，以全部生产经营所得和其他所得，按照合伙人实缴出资比例确定应纳税所得额。

（四）无法确定出资比例的，以全部生产经营所得和其他所得，按照合伙人数量平均计算每个合伙人的应纳税所得额。

合伙协议不得约定将全部利润分配给部分合伙人。

五、利用海南自贸港税收优惠政策

【筹划案例026】 甲公司对一批高技术人才实行灵活用工。这些员工主要在家里网上办公，全年综合所得超过100万元，综合税负约35%。如何利用海南自贸港优惠政策进行纳税筹划？

甲公司可以在海南自贸港设立全资子公司，作为集团的研发中心和技术服务中心。相关人员的劳动关系转移至乙公司，由乙公司向其支付工资薪金。这样，相关人员在个人所得税汇算清缴时就可以享受超过15%的部分予以退税的优惠，其个人所得税负担从35%降低至15%。

【主要法律依据】

《财政部 税务总局关于海南自由贸易港高端紧缺人才个人所得税政策的通知》（财税〔2020〕32号）

海南省财政厅、国家税务总局海南省税务局：

第四章 个人所得税筹划实用技巧

为支持海南自由贸易港建设，现就有关个人所得税优惠政策通知如下：

一、对在海南自由贸易港工作的高端人才和紧缺人才，其个人所得税实际税负超过15%的部分，予以免征。

二、享受上述优惠政策的所得包括来源于海南自由贸易港的综合所得（包括工资薪金、劳务报酬、稿酬、特许权使用费四项所得）、经营所得以及经海南省认定的人才补贴性所得。

三、纳税人在海南省办理个人所得税年度汇算清缴时享受上述优惠政策。

四、对享受上述优惠政策的高端人才和紧缺人才实行清单管理，由海南省商财政部、税务总局制定具体管理办法。

五、本通知自2020年1月1日起执行至2024年12月31日。

第五节　个人不动产转让所得的纳税筹划

一、利用"满五唯一"免税政策

【筹划案例027】 2015年1月，郑先生以300万元购买了家庭第一套住房且当月缴纳了契税。2024年2月，郑先生计划购买家庭第二套住房并出售第一套住房。关于家庭住房的换购，郑先生有两种方案可供选择：方案一，先购置第二套住房，待搬家以后，再以500万元转让第一套住房；方案二，先以500万元转让第一套住房，临时租房安置家具，再购买第二套住房。仅考虑个人所得税，不考虑其他税费。

在方案一下，郑先生转让第一套住房需要缴纳个人所得税税额为40万元[（500－300）×20%]。

在方案二下，郑先生转让第一套住房可以享受免征个人所得税的优惠政策。方案二比方案一节税40万元。

【筹划案例028】 魏先生夫妇名下各有一套住房，均为2014年在甲市购买，购买价格均为300万元。目前，其市场价格均为1 000万元。魏先生夫妇计划离开甲市去某海滨城市养老，有两种转让方案可供选择：方案一，魏先生夫妇直接转让甲市两套住房，取得售房款后去海滨城市购买别墅；方案二，魏先生夫妇先办理离婚手续，再转让每人名下的一套房产，随后二人再去海滨城市购买别墅（仅考虑个人所得税，不考虑其他税费）。

在方案一下，二人需要缴纳个人所得税税额为280万元［（1 000 - 300）× 20% × 2］。

在方案二下，二人可以分别享受免征个人所得税的优惠政策。方案二比方案一节税280万元。

【筹划案例029】 彭大妈的老伴去世多年，她名下仅有一套住房。该套住房为10年前购置，购买价格为100万元。目前，该套住房市场价格为500万元。彭大妈计划将该套住房转给其独子，未来由其儿子再将该套住房转让。彭大妈有两种转移方案可供选择：方案一，彭大妈将该套住房赠与其独子，3年后，其儿子再将该套住房以600万元出售；方案二，彭大妈将该套住房以500万元的价格卖给其独子，3年后，其儿子再将该套住房以600万元出售。仅考虑个人所得税，不考虑其他税费。

在方案一下，彭大妈将该套住房赠与其独子可以享受免税政策，彭大妈的儿子出售该套住房所需缴纳的个人所得税税额为100万元［（600 - 100）× 20%］。

在方案二下，彭大妈将该套住房卖给其独子可以享受免税政策，彭大妈的儿子出售该套住房需要缴纳个人所得税税额为20万元［（600 - 500）× 20%］。方案二比方案一节税80万元（100 - 20）。

【主要法律依据】

1.《财政部 国家税务总局关于个人所得税若干政策问题的通知》（财税字〔1994〕20号）第二条第（六）项

参见本书第135 ~ 136页。

2.《财政部 国家税务总局 建设部关于个人出售住房所得征收个人所得税有关问题的通知》（财税字〔1999〕278号）第四条

四、对个人转让自用5年以上，并且是家庭唯一生活用房取得的所得，继续免征个人所得税。

二、利用直系亲属房产赠与免税政策

【**筹划案例 030**】 张先生准备将一套住房赠与其侄子。已知该套住房为张先生 5 年前以 200 万元购买，目前该套住房的市场价格为 500 万元。张先生有两种方案可供选择：方案一，张先生直接将该套住房赠与其侄子；方案二，张先生将该套住房赠与其弟弟，其弟弟再赠与其儿子（即张先生的侄子）。仅考虑个人所得税，不考虑其他税费。

在方案一下，张先生的侄子需要缴纳个人所得税税额为 100 万元（500×20%）。

在方案二下，张先生将该套住房赠与其弟弟可以享受免税优惠，其弟弟再赠与其儿子（即张先生的侄子）也可以享受免税优惠。方案二比方案一节税 100 万元。

【**筹划案例 031**】 赵先生准备将一套住房赠与其侄子。已知该套住房为赵先生 5 年前以 200 万元购买，目前它的市场价格为 500 万元。赵先生的哥哥（即赵先生侄子的父亲）已经去世，赵先生的侄子目前为 30 周岁。赵先生有两种方案可供选择：方案一，赵先生直接将该套住房赠与其侄子；方案二，赵先生将该套住房的永久居住权赠与其侄子并办理公证，同时设立一份公证遗嘱，赵先生去世后，将该套住房遗赠与其侄子（仅考虑个人所得税，不考虑其他税费）。

在方案一下，赵先生的侄子需要缴纳的个人所得税税额为 100 万元（500×20%）。

在方案二下，赵先生将该套住房的永久居住权赠与其侄子不需要缴纳所得税，赵先生去世后将该套住房遗赠给其侄子可以享受免税优惠。方案二比方案一节税 100 万元。

【**主要法律依据**】

1.《财政部　国家税务总局关于个人无偿受赠房屋有关个人所得税问题的通知》（财税〔2009〕78 号）第一条、第四条、第五条

一、以下情形的房屋产权无偿赠与，对当事双方不征收个人所得税：

（一）房屋产权所有人将房屋产权无偿赠与配偶、父母、子女、祖父母、外祖父母、孙子女、外孙子女、兄弟姐妹；

（二）房屋产权所有人将房屋产权无偿赠与对其承担直接抚养或者赡养义务的抚养人或者赡养人；

（三）房屋产权所有人死亡，依法取得房屋产权的法定继承人、遗嘱继承人或者受遗赠人。

四、对受赠人无偿受赠房屋计征个人所得税时，其应纳税所得额为房地产赠与合同上标明的赠与房屋价值减除赠与过程中受赠人支付的相关税费后的余额。赠与合同标明的房屋价值明显低于市场价格或房地产赠与合同未标明赠与房屋价值的，税务机关可依据受赠房屋的市场评估价格或采取其他合理方式确定受赠人的应纳税所得额。

五、受赠人转让受赠房屋的，以其转让受赠房屋的收入减除原捐赠人取得该房屋的实际购置成本以及赠与和转让过程中受赠人支付的相关税费后的余额，为受赠人的应纳税所得额，依法计征个人所得税。受赠人转让受赠房屋价格明显偏低且无正当理由的，税务机关可以依据该房屋的市场评估价格或其他合理方式确定的价格核定其转让收入。

2.《中华人民共和国民法典》（2020年5月28日第十三届全国人民代表大会第三次会议通过）第三百六十六条至第三百七十一条

第三百六十六条 居住权人有权按照合同约定，对他人的住宅享有占有、使用的用益物权，以满足生活居住的需要。

第三百六十七条 设立居住权，当事人应当采用书面形式订立居住权合同。

居住权合同一般包括下列条款：

（一）当事人的姓名或者名称和住所；

（二）住宅的位置；

（三）居住的条件和要求；

（四）居住权期限；

（五）解决争议的方法。

第三百六十八条 居住权无偿设立，但是当事人另有约定的除外。设立居住权的，应当向登记机构申请居住权登记。居住权自登记时设立。

第三百六十九条 居住权不得转让、继承。设立居住权的住宅不得出租,但是当事人另有约定的除外。

第三百七十条 居住权期限届满或者居住权人死亡的,居住权消灭。居住权消灭的,应当及时办理注销登记。

第三百七十一条 以遗嘱方式设立居住权的,参照适用本章的有关规定。

三、利用核定征税政策

【**筹划案例032**】 马先生25年前以100万元购置一套房产,目前准备以800万元出售。已知当地税务机关并不掌握马先生购置房产的成本信息。马先生有两种方案可供选择:方案一,按照实际成本计算缴纳个人所得税;方案二,如果房产购置发票、合同等凭证丢失,申请税务机关按照3%的比率核定征收个人所得税(仅考虑个人所得税,不考虑其他税费)。

在方案一下,马先生需要缴纳的个人所得税税额为140万元[(800 - 100)×20%]。

在方案二下,马先生需要缴纳的个人所得税税额为24万元(800×3%)。方案二比方案一节税116万元(140-24)。

【**主要法律依据**】

《国家税务总局关于个人住房转让所得征收个人所得税有关问题的通知》(国税发〔2006〕108号)**第一条和第三条**

一、对住房转让所得征收个人所得税时,以实际成交价格为转让收入。纳税人申报的住房成交价格明显低于市场价格且无正当理由的,征收机关依法有权根据有关信息核定其转让收入,但必须保证各税种计税价格一致。

三、纳税人未提供完整、准确的房屋原值凭证,不能正确计算房屋原值和应纳税额的,税务机关可根据《中华人民共和国税收征收管理法》第三十五条的规定,对其实行核定征税,即按纳税人住房转让收入的一定比例核定应纳个人所得税税额。具体比例由省级地方税务局或者省级地方税务局授权的地市级地方税务局根据纳税人出售住房的所处区域、地理位置、建造时间、房屋类型、住房平均价格水平等因素,在住房转让收入1%~3%的幅度内确定。

四、利用不动产投资分期纳税政策

【筹划案例033】 朱先生计划将一套店铺投资设立一家有限责任公司。已知该店铺为5年前以200万元购置的,目前它的市场价为300万元。朱先生有两种方案可供选择:方案一,在店铺过户时一次性缴纳个人所得税;方案二,在店铺过户时分5年缴纳个人所得税,前4年每年缴税100元(仅考虑个人所得税,不考虑其他税费)。

在方案一下,朱先生需要在当期缴纳个人所得税税额为20万元[(300－200)×20%]。

在方案二下,朱先生仅需在当期缴纳100元税款,20万元的税款可以延期5年缴纳。假设5年期贷款年利率为5%,方案二比方案一节税5万元(20×5%×5)。

【主要法律依据】

1.《财政部 国家税务总局关于个人非货币性资产投资有关个人所得税政策的通知》(财税〔2015〕41号)第一条至第三条

一、个人以非货币性资产投资,属于个人转让非货币性资产和投资同时发生。对个人转让非货币性资产的所得,应按照"财产转让所得"项目,依法计算缴纳个人所得税。

二、个人以非货币性资产投资,应按评估后的公允价值确认非货币性资产转让收入。非货币性资产转让收入减除该资产原值及合理税费后的余额为应纳税所得额。

个人以非货币性资产投资,应于非货币性资产转让、取得被投资企业股权时,确认非货币性资产转让收入的实现。

三、个人应在发生上述应税行为的次月15日内向主管税务机关申报纳税。纳税人一次性缴税有困难的,可合理确定分期缴纳计划并报主管税务机关备案后,自发生上述应税行为之日起不超过5个公历年度内(含)分期缴纳个人所得税。

2.《国家税务总局关于个人非货币性资产投资有关个人所得税征管问题的公告》(国家税务总局公告2015年第20号)

为落实国务院第83次常务会议决定,鼓励和引导民间个人投资,根据

《中华人民共和国个人所得税法》及其实施条例、《中华人民共和国税收征收管理法》及其实施细则、《财政部国家税务总局关于个人非货币性资产投资有关个人所得税政策的通知》(财税〔2015〕41号)规定,现就落实个人非货币性资产投资有关个人所得税征管问题公告如下:

一、非货币性资产投资个人所得税以发生非货币性资产投资行为并取得被投资企业股权的个人为纳税人。

二、非货币性资产投资个人所得税由纳税人向主管税务机关自行申报缴纳。

三、纳税人以不动产投资的,以不动产所在地税务机关为主管税务机关;纳税人以其持有的企业股权对外投资的,以该企业所在地税务机关为主管税务机关;纳税人以其他非货币资产投资的,以被投资企业所在地税务机关为主管税务机关。

四、纳税人非货币性资产投资应纳税所得额为非货币性资产转让收入减除该资产原值及合理税费后的余额。

五、非货币性资产原值为纳税人取得该项资产时实际发生的支出。

纳税人无法提供完整、准确的非货币性资产原值凭证,不能正确计算非货币性资产原值的,主管税务机关可依法核定其非货币性资产原值。

六、合理税费是指纳税人在非货币性资产投资过程中发生的与资产转移相关的税金及合理费用。

七、纳税人以股权投资的,该股权原值确认等相关问题依照《股权转让所得个人所得税管理办法(试行)》(国家税务总局公告2014年第67号发布)有关规定执行。

八、纳税人非货币性资产投资需要分期缴纳个人所得税的,应于取得被投资企业股权之日的次月15日内,自行制定缴税计划并向主管税务机关报送《非货币性资产投资分期缴纳个人所得税备案表》、纳税人身份证明、投资协议、非货币性资产评估价格证明材料、能够证明非货币性资产原值及合理税费的相关资料。

2015年4月1日之前发生的非货币性资产投资,期限未超过5年,尚未进行税收处理且需要分期缴纳个人所得税的,纳税人应于本公告下发之日起30日内向主管税务机关办理分期缴税备案手续。

九、纳税人分期缴税期间提出变更原分期缴税计划的,应重新制定分期缴税计划并向主管税务机关重新报送《非货币性资产投资分期缴纳个人所得税备案表》。

十、纳税人按分期缴税计划向主管税务机关办理纳税申报时,应提供已在主管税务机关备案的《非货币性资产投资分期缴纳个人所得税备案表》和本期之前各期已缴纳个人所得税的完税凭证。

十一、纳税人在分期缴税期间转让股权的,应于转让股权之日的次月15日内向主管税务机关申报纳税。

十二、被投资企业应将纳税人以非货币性资产投入本企业取得股权和分期缴税期间纳税人股权变动情况,分别于相关事项发生后15日内向主管税务机关报告,并协助税务机关执行公务。

十三、纳税人和被投资企业未按规定备案、缴税和报送资料的,按照《中华人民共和国税收征收管理法》及有关规定处理。

十四、本公告自2015年4月1日起施行。

特此公告。

第六节 个人股权与其他财产转让所得的纳税筹划

一、利用小微企业转让股权

【筹划案例034】 周先生计划投资100万元,持有甲公司10%的股权,若干年后再以200万元的价格转让该10%的股权。周先生应当缴纳个人所得税税额为20万元[(200-100)×20%]。

如果周先生在投资甲公司时采取双层公司结构,即周先生投资设立乙公司,乙公司投资100万元持有甲公司10%的股权。若干年后,乙公司以 200 万元的价格转让该 10% 的股权。乙公司应当缴纳企业所得税税额为 5 万元［（200－100）×25%×20%］，节税 15 万元（20－5）。

【主要法律依据】

1.《个人所得税法》第三条第（三）项

利息、股息、红利所得，财产租赁所得，财产转让所得和偶然所得，适用比例税率，税率为百分之二十。

2.《财政部　税务总局关于进一步支持小微企业和个体工商户发展有关税费政策的公告》（财政部　税务总局公告 2023 年第 12 号）第三条

参见本书第 151 页。

二、利用双层公司分配股息

【**筹划案例 035**】　吴先生于 10 年前投资 100 万元创办了甲公司。为减轻税收负担，甲公司 10 年的利润均未分配，目前已经累计达到 1 000 万元。现吴先生准备将甲公司的股权转让给他人，转让价为 1 200 万元。吴先生需要缴纳的个人所得税税额为 220 万元［（1 200－100）×20%］。

如果吴先生在 10 年前即创办双层公司，即吴先生投资 110 万元创办乙公司，乙公司再投资 100 万元设立甲公司。乙公司在转让甲公司之前，可以将甲公司 1 000 万元的未分配利润分配至乙公司。由此，甲公司的股权转让价可以降低至 200 万元。乙公司需要缴纳企业所得税税额为 5 万元［（200－100）×25%×20%］。除甲公司外，吴先生投资其他公司也通过乙公司进行，这样就可以将所有投资利润均留在乙公司层面。吴先生通过纳税筹划，节税 215 万元（220－5）。

这一方案主要利用公司从公司之间取得股息免税的优惠政策。如果吴先生事先并未设置双层公司，此时股权转让就必须按规定纳税。如果甲公司的净资产为 1 200 万元，吴先生已经没有节税的空间。如果甲公司的净资产为 1 100 万元，吴先生可以先成立乙公司，将甲公司股权以 1 100 万元的价格转让给乙公司，纳税 200 万元。甲公司向乙公司分红 100 万元后，再以 1 100 万元转让甲公司股权，此时甲公司取得的 100 万元股息可以免税，节税 20 万元。

【主要法律依据】

1.《个人所得税法》第三条第（三）项

参见本书第167页。

2.《中华人民共和国企业所得税法》（2007年3月16日第十届全国人民代表大会第五次会议通过，2018年12月29日第十三届全国人民代表大会常务委员会第七次会议第二次修正，以下简称《企业所得税法》）**第二十六条**

第二十六条 企业的下列收入为免税收入：

（一）国债利息收入；

（二）符合条件的居民企业之间的股息、红利等权益性投资收益；

（三）在中国境内设立机构、场所的非居民企业从居民企业取得与该机构、场所有实际联系的股息、红利等权益性投资收益；

（四）符合条件的非营利组织的收入。

三、利用股权代持实现股权转让的目的

【**筹划案例036**】 刘先生持有甲公司20%的股权，该笔股权的投资成本为100万元，目前对应的公司净资产为200万元。刘先生准备以200万元转让给王先生，刘先生应当缴纳个人所得税税额为20万元[（200－100）×20%]。

如果刘先生与王先生签订股权代持协议，刘先生作为名义股东，王先生作为实际出资人，刘先生将该20%股权的一切权利均委托王先生代为行使，同时将股权质押给王先生。为此，王先生向刘先生支付200万元。王先生每年取得甲公司的分红。若干年后，因经营不善，甲公司出现亏损，甲公司20%股权对应的净资产仅为110万元。此时，刘先生再将该笔股权以110万元的名义价格（实际不需支付任何价款）转让给王先生，刘先生需要缴纳个人所得税税额为2万元[（110－100）×20%]。通过纳税筹划，刘先生节税18万元（20-2）。

第四章 个人所得税筹划实用技巧

【主要法律依据】

《个人所得税法》第二条第一款

第二条第一款 下列各项个人所得，应当缴纳个人所得税：

（一）工资、薪金所得；

（二）劳务报酬所得；

（三）稿酬所得；

（四）特许权使用费所得；

（五）经营所得；

（六）利息、股息、红利所得；

（七）财产租赁所得；

（八）财产转让所得；

（九）偶然所得。

四、个人技术出资的纳税筹划

【筹划案例037】 某科研人员涂女士取得一项专利，估值为1 000万元，成本为100万元。涂女士准备将该项专利投资入股甲公司，以发挥其社会效益。涂女士有三种方案可供选择：方案一，将该项技术投资入股甲公司，在当期缴纳个人所得税；方案二，将该项技术投资入股甲公司，选择5年分期缴纳个人所得税；方案三，将该项技术投资入股甲公司，选择递延纳税优惠。

在方案一下，涂女士需要在当期缴纳个人所得税税额为180万元［（1 000 – 100）×20%］。

在方案二下，涂女士在当期不需要缴纳个人所得税，只需要在第5年缴纳180万元税款即可。假设5年期贷款年利率为5%，方案二比方案一节税45万元（180×5%×5）。

在方案三下，只要涂女士不转让甲公司的股权，就可以一直不缴纳个人所得税。方案三比方案一节税180万元。

【筹划案例038】 钱先生投资创办了甲公司，该公司每年盈利为1 000万元，缴纳的企业所得税税额为250万元。2024年度，钱先生以10万元低价收购了若干项专利，经评估，以 1 000 万元投资甲公司，同时选择递延纳税优惠。根据税法规定，该批专利的投资成本分 10 年摊销，每年摊销 100 万元，即减少甲公司的应纳税款 25 万元，10 年可以减少甲公司的应纳税款 250 万元。钱先生为此付出的成本仅为 10 万元。不考虑该批专利给甲公司带来的利润，仅考虑上述抵税效果，甲公司由此实现节税 150 万元（250 – 100）。

【主要法律依据】

1.《财政部　国家税务总局关于完善股权激励和技术入股有关所得税政策的通知》（财税〔2016〕101 号）**第三条**

三、对技术成果投资入股实施选择性税收优惠政策

（一）企业或个人以技术成果投资入股到境内居民企业，被投资企业支付的对价全部为股票（权）的，企业或个人可选择继续按现行有关税收政策执行，也可选择适用递延纳税优惠政策。

选择技术成果投资入股递延纳税政策的，经向主管税务机关备案，投资入股当期可暂不纳税，允许递延至转让股权时，按股权转让收入减去技术成果原值和合理税费后的差额计算缴纳所得税。

（二）企业或个人选择适用上述任一项政策，均允许被投资企业按技术成果投资入股时的评估值入账并在企业所得税前摊销扣除。

（三）技术成果是指专利技术（含国防专利）、计算机软件著作权、集成电路布图设计专有权、植物新品种权、生物医药新品种，以及科技部、财政部、国家税务总局确定的其他技术成果。

（四）技术成果投资入股，是指纳税人将技术成果所有权让渡给被投资企业、取得该企业股票（权）的行为。

2.《国家税务总局关于股权激励和技术入股所得税征管问题的公告》（国家税务总局公告 2016 年第 62 号）**第一条第（五）项第 3 目和第（七）项**

3. 个人以技术成果投资入股境内公司并选择递延纳税的，被投资公司应于取得技术成果并支付股权之次月 15 日内，向主管税务机关报送《技术成果投资入股个人所得税递延纳税备案表》、技术成果相关证书或证明材料、技术成果投资入股协议、技术成果评估报告等资料。

第四章 个人所得税筹划实用技巧

（七）递延纳税股票（权）转让、办理纳税申报时，扣缴义务人、个人应向主管税务机关一并报送能够证明股票（权）转让价格、递延纳税股票（权）原值、合理税费的有关资料，具体包括转让协议、评估报告和相关票据等。资料不全或无法充分证明有关情况，造成计税依据偏低，又无正当理由的，主管税务机关可依据税收征管法有关规定进行核定。

五、拍卖物品选择核定征税

【**筹划案例039**】 陈先生酷爱收藏，若干年前在中国香港地区以10万元购得一幅古画。现陈先生通过拍卖的方式将该幅古画以500万元出售。陈先生有两种纳税方案可供选择：方案一，提供在中国香港地区购买古画的成本凭证，按照实际所得计算缴纳个人所得税；方案二，如果在中国香港地区购买古画的成本凭证丢失，由税务机关核定征税。仅考虑个人所得税，不考虑其他税费。

在方案一下，陈先生应缴纳个人所得税税额为98万元[（500 - 10）× 20%]。

在方案二下，陈先生应缴纳个人所得税税额为15万元（500 × 3%）。方案二比方案一节税83万元（98 - 15）。

【**主要法律依据**】

《**国家税务总局关于加强和规范个人取得拍卖收入征收个人所得税有关问题的通知**》（国税发〔2007〕38号）**第三条和第四条**

三、个人财产拍卖所得适用"财产转让所得"项目计算应纳税所得额时，纳税人凭合法有效凭证（税务机关监制的正式发票、相关境外交易单据或海关报关单据、完税证明等），从其转让收入额中减除相应的财产原值、拍卖财产过程中缴纳的税金及有关合理费用。

（一）财产原值，是指售出方个人取得该拍卖品的价格（以合法有效凭证为准）。具体为：

1.通过商店、画廊等途径购买的，为购买该拍卖品时实际支付的价款；

2.通过拍卖行拍得的,为拍得该拍卖品实际支付的价款及交纳的相关税费;

3.通过祖传收藏的,为其收藏该拍卖品而发生的费用;

4.通过赠送取得的,为其受赠该拍卖品时发生的相关税费;

5.通过其他形式取得的,参照以上原则确定财产原值。

(二)拍卖财产过程中缴纳的税金,是指在拍卖财产时纳税人实际缴纳的相关税金及附加。

(三)有关合理费用,是指拍卖财产时纳税人按照规定实际支付的拍卖费(佣金)、鉴定费、评估费、图录费、证书费等费用。

四、纳税人如不能提供合法、完整、准确的财产原值凭证,不能正确计算财产原值的,按转让收入额的3%征收率计算缴纳个人所得税;拍卖品为经文物部门认定是海外回流文物的,按转让收入额的2%征收率计算缴纳个人所得税。

第七节 股息与财产租赁所得的纳税筹划

一、利用双层公司留存股息

【筹划案例040】 孙先生持有甲公司40%的股权,每年从甲公司取得股息500万元,甲公司代扣代缴的个人所得税税额为100万元。如果孙先生在投资之初先设立孙氏投资公司,由孙氏投资公司向甲公司投资并持有甲公司40%的股权,孙氏投资公司每年从甲公司取得股息500万元则可以免税,由此实现每年节税100万元的目的。

【主要法律依据】

1.《个人所得税法》第三条第(三)项

参见本书第167页。

2.《企业所得税法》第二十六条

参见本书第168页。

第四章 个人所得税筹划实用技巧

二、利用借款取得公司未分配利润

【**筹划案例 041**】 马先生投资设立了一人有限责任公司甲公司。甲公司每年产生 100 万元的未分配利润。关于该未分配利润的使用方式,马先生有三种方案可供选择:方案一,甲公司直接向马先生分配 100 万元的股息;方案二,马先生将甲公司的未分配利润以借款的形式取出,等公司解散时再归还;方案三,马先生在年初将甲公司的未分配利润借出,年底予以归还,第二年年初再将甲公司的未分配利润借出,年底再予以归还,循环往复(仅考虑该 100 万元未分配利润的个人所得税,不考虑其他税费)。

在方案一下,马先生需要缴纳个人所得税税额为 20 万元(100×20%)。

在方案二下,马先生需要缴纳个人所得税税额为 20 万元(100×20%)。由于马先生不会主动缴纳税款,未来被税务机关查处时还面临每日万分之五的滞纳金(相当于年利息 18.25%)以及罚款。

在方案三下,马先生不需要缴纳个人所得税。方案三比方案二、方案一节税 20 万元。

【**主要法律依据**】

《财政部 国家税务总局关于规范个人投资者个人所得税征收管理的通知》(财税〔2003〕158 号)**第二条**

二、关于个人投资者从其投资的企业(个人独资企业、合伙企业除外)借款长期不还的处理问题

纳税年度内个人投资者从其投资的企业(个人独资企业、合伙企业除外)借款,在该纳税年度终了后既不归还,又未用于企业生产经营的,其未归还的借款可视为企业对个人投资者的红利分配,依照"利息、股息、红利所得"项目计征个人所得税。

三、利用上市公司股息差别化税收政策

【**筹划案例 042**】 2023 年 12 月 10 日,沈女士购买了甲上市公司的股

票。2023年12月30日,沈女士获得了甲上市公司的股息10万元。沈女士有三种持股方案可供选择:方案一,沈女士在2024年1月10日之前转让甲公司的股票;方案二,沈女士在2024年1月11日以后,在2024年12月10日之前转让甲公司的股票;方案三,沈女士在2024年12月11日以后转让甲公司的股票(仅考虑该10万元股息的个人所得税,不考虑其他税费)。

在方案一下,沈女士应当缴纳个人所得税税额为2万元(10×20%)。

在方案二下,沈女士应当缴纳个人所得税税额为1万元(10×50%×20%)。方案二比方案一节税1万元(2-1)。

在方案三下,沈女士免纳个人所得税。方案三比方案二节税1万元。方案三比方案一节税2万元。

【主要法律依据】

《财政部　国家税务总局　证监会关于上市公司股息红利差别化个人所得税政策有关问题的通知》(财税〔2015〕101号)第一条和第五条第一款

一、个人从公开发行和转让市场取得的上市公司股票,持股期限超过1年的,股息红利所得暂免征收个人所得税。

个人从公开发行和转让市场取得的上市公司股票,持股期限在1个月以内(含1个月)的,其股息红利所得全额计入应纳税所得额;持股期限在1个月以上至1年(含1年)的,暂减按50%计入应纳税所得额;上述所得统一适用20%的税率计征个人所得税。

五、本通知自2015年9月8日起施行。

四、增加财产租赁所得的次数

【筹划案例043】 关先生将某商场的一层对外出租,年租金为36万元。关先生有两种方案可供选择:方案一,将商场一层整体出租给某公司,月租金为3万元;方案二,将商场一层出租给10家个体工商户,每家每月租金为3 000元(仅考虑个人所得税,不考虑其他税费)。

第四章 个人所得税筹划实用技巧

在方案一下,关先生全年需要缴纳个人所得税税额为57 600元[30 000×(1-20%)×20%×12]。

在方案二下,关先生全年需要缴纳个人所得税税额为52 800元[(3 000-800)×20%×10×12]。方案二比方案一节税4 800元(57 600-52 800)。

【主要法律依据】

1.《个人所得税法》第六条第一款第(四)项

财产租赁所得,每次收入不超过四千元的,减除费用八百元;四千元以上的,减除百分之二十的费用,其余额为应纳税所得额。

2.《个人所得税法实施条例》第六条第一款第(七)项和第十四条第(二)项

第六条 个人所得税法规定的各项个人所得的范围:

(七)财产租赁所得,是指个人出租不动产、机器设备、车船以及其他财产取得的所得。

第十四条 个人所得税法第六条第一款第二项、第四项、第六项所称每次,分别按照下列方法确定:

(二)财产租赁所得,以一个月内取得的收入为一次。

五、利用公司取得财产租赁所得

【筹划案例044】 张先生计划出资1 000万元购置一处门面房,出租给某银行,每年取得100万元租金。张先生有两种方案可供选择:方案一,由张先生购置该处门面房,由个人出租给银行;方案二,张先生成立甲公司,由甲公司购置该处门面房并出租给银行(仅考虑个人所得税,不考虑其他税费)。甲公司每年提取门面房折旧50万元。

在方案一下,张先生需要缴纳个人所得税税额为16万元[100×(1-20%)×20%]。

在方案二下,甲公司需要缴纳企业所得税税额为2.5万元[(100-50)×25%×20%]。方案二比方案一节税13.5万元(16-2.5)。

【主要法律依据】

1.《个人所得税法》第三条第（三）项

参见本书第 167 页。

2.《财政部　税务总局关于进一步支持小微企业和个体工商户发展有关税费政策的公告》（财政部　税务总局公告 2023 年第 12 号）**第三条**

参见本书第 151 页。

第五章 企业所得税筹划实用技巧

第一节 企业设立阶段所得税的筹划

一、法人型企业与非法人型企业的选择

【筹划案例 045】 李先生原计划创办一家有限责任公司,预计该公司年盈利 500 万元,公司的税后利润全部分配给股东。请对此提出纳税筹划方案。

如果李先生设立有限责任公司,该公司需要缴纳企业所得税税额为 125 万元(500×25%),税后利润为 375 万元(500-125)。如果税后利润全部分配,李先生需要缴纳个人所得税税额为 75 万元(375×20%),获得税后利润 300 万元(375-75),综合税负为 40%[(125+75)÷500]。

李先生可以考虑设立个人独资企业,该企业本身不需要缴纳企业所得税,李先生需要缴纳个人所得税税额为 168.45 万元(500×35%-6.55),税后利润为 331.55 万元(500-168.45),综合税负为 33.69%(168.45÷500)。通过纳税筹划,李先生企业的综合税负下降了 6.31%。

【筹划案例 046】 李先生计划成立一家企业从事生产经营活动。预计该企业年收入为 1 000 万元,各项成本费用为 600 万元。李先生计划成立一家有限责任公司来从事该项经营,税后利润全部分配。请对此提出纳税筹划方案。

如果李先生设立有限责任公司,需缴纳的企业所得税税额为 100 万元[(1 000-600)×25%],净利润为 300 万元(400-100)。

如果税后利润全部分配,需缴纳个人所得税税额为60万元(300×20%),税后利润为240万元(300-60),综合税负为40%[(100+60)÷400]。

如果李先生设立个人独资企业,不需缴纳企业所得税,仅需缴纳个人所得税,其税额为133.45万元[(1 000-600)×35%-6.55],净利润为266.55万元(1 000-600-133.45),综合税负为33.36%(133.45÷400),增加利润26.55万元(266.55-240)。

如果李先生设立个体工商户,不需缴纳企业所得税,仅需缴纳个人所得税。200万元以下的应纳税所得额可以享受减半征税的优惠。200万元应纳税所得额应当缴纳个人所得税63.45万元(200×35%-6.55),减免税额为31.725万元[63.45×(1-50%)]。个体工商户个人所得税的计算与前述个人独资企业个人所得税的计算过程相同。该个体工商户应纳税额为101.725万元(133.45-31.725),净利润为298.275万元(1 000-600-101.725),综合税负约为25.43%(101.725÷400),增加利润为58.275万元(298.275-240)。

【主要法律依据】

1.《企业所得税法》第四条第一款、第五条

第四条第一款 企业所得税的税率为25%。

第五条 企业每一纳税年度的收入总额,减除不征税收入、免税收入、各项扣除以及允许弥补的以前年度亏损后的余额,为应纳税所得额。

2.《中华人民共和国企业所得税法实施条例》(2007年12月6日国务院颁布,2019年4月23日国务院修订,以下简称《企业所得税法实施条例》)**第九条**

第九条 企业应纳税所得额的计算,以权责发生制为原则,属于当期的收入和费用,不论款项是否收付,均作为当期的收入和费用;不属于当期的收入和费用,即使款项已经在当期收付,均不作为当期的收入和费用。本条例和国务院财政、税务主管部门另有规定的除外。

3.《个人所得税法》第三条、第六条第一款第(三)项和第(六)项

第三条 个人所得税的税率:

(一)综合所得,适用百分之三至百分之四十五的超额累进税率。

(二)经营所得,适用百分之五至百分之三十五的超额累进税率。

（三）利息、股息、红利所得，财产租赁所得，财产转让所得和偶然所得，适用比例税率，税率为百分之二十。

第六条第一款第（三）项和第（六）项 应纳税所得额的计算：

（三）经营所得，以每一纳税年度的收入总额减除成本、费用以及损失后的余额，为应纳税所得额。

（六）利息、股息、红利所得和偶然所得，以每次收入额为应纳税所得额。

4.《个人所得税法实施条例》第六条第一款第（五）项和第（六）项

第六条第一款第（五）项和第（六）项 个人所得税法规定的各项个人所得的范围：

（五）经营所得，是指：

1.个体工商户从事生产、经营活动取得的所得，个人独资企业投资人、合伙企业的个人合伙人来源于境内注册的个人独资企业、合伙企业生产、经营的所得；

2.个人依法从事办学、医疗、咨询以及其他有偿服务活动取得的所得；

3.个人对企业、事业单位承包经营、承租经营以及转包、转租取得的所得；

4.个人从事其他生产、经营活动取得的所得。

（六）利息、股息、红利所得，是指个人拥有债权、股权等而取得的利息、股息、红利所得。

5.《财政部　税务总局关于进一步支持小微企业和个体工商户发展有关税费政策的公告》（财政部　税务总局公告2023年第12号）**第一条**

参见本书第155页。

二、分公司与子公司的选择

【筹划案例047】 总部位于西安的甲公司拟在北京设立一个全资子公司。假设该子公司2022—2025年度的应纳税所得额分别为-1000万元、-500万元、

1 000万元和2 000万元。该子公司4年缴纳企业所得税分别为0、0、0、375万元。请对此提出纳税筹划方案。

该子公司前期亏损、后期盈利，因此，我们可以考虑先设立分公司，第3年再将分公司转变为子公司。由于分公司和全资子公司的盈利能力大体相当，可以认为该公司形式的变化不会影响该公司的盈利能力，该分公司在2022年度和2023年度将分别亏损1 000万元和500万元，上述亏损可以弥补总公司的应纳税所得。由此，总公司在2022年度和2023年度将分别少纳企业所得税250万元和125万元。从第3年开始，该分公司变为子公司，需要独立纳税。2024年度和2025年度，该子公司应纳税额分别为250万元和500万元。2022—2025年度，该分支机构无论是作为子公司还是分公司，纳税总额是相同的，都是375万元，但设立分公司可以在2022年度和2023年度弥补亏损，而设立子公司只能等到2024年度和2025年度再弥补亏损。设立分公司使得该公司提前两年弥补了亏损，相当于获得了250万元和125万元的两年期无息贷款，其所节省的利息就是该纳税筹划的收益。

【筹划案例048】 某公司在外地设立一分公司，预计该分公司每年盈利100万元。由于分公司没有独立法人资格，需要与总公司合并纳税。该分公司每年需要缴纳企业所得税税额为25万元（100×25%）。请对此情况提出纳税筹划方案。

假设该公司在设立分支机构之前进行了纳税筹划，认为该分支机构在设立当年即可盈利，且盈利额不会太大，符合《企业所得税法》关于小型微利企业的标准，因此，设立了子公司。小型子公司和分公司形式的差异对于生产经营活动不会产生较大影响，因此我们假设该子公司3年盈利水平与分公司相似，这样，该子公司每年只需要缴纳企业所得税的税额为5万元（100×25%×20%）。通过纳税筹划，该公司每年可减轻税负20万元（25−5）。

【筹划案例049】 甲公司计划在全国增设10家分公司。经测算，每家分公司每年应纳税所得额约为300万元，均符合小型微利企业的标准，请为甲公司提出纳税筹划方案。

甲公司设立分公司，则需要与甲公司汇总缴纳企业所得税税额为750万元（300×10×25%）。如果甲公司能设立10家子公司，独立纳税，则其均可以享受小型微利企业的税收优惠，10家子公司合计缴纳企业所得税150万元

（300×25%×20%×10）。

【筹划案例050】 乙公司计划在本地、西部地区、海南自贸港、新疆霍尔果斯各设立一家分公司。四家分公司预计年盈利分别为100万元、500万元、600万元和400万元。由于分公司没有独立法人资格，需要与总公司汇总纳税。乙公司适用企业所得税税率为25%，这四家分公司应纳企业所得税400万元（1 600×25%）。

如设立分公司，第一家分公司可以享受小微企业优惠，第二、第三家分公司可以享受15%的低税率优惠，第四家分公司免税，则四家分公司应纳企业所得税税额为170万元［100×25%×20%+（500+600）×15%］。节税230万元（400-170）。

【主要法律依据】

1.《企业所得税法》第五条、第八条和第十八条

第五条 企业每一纳税年度的收入总额，减除不征税收入、免税收入、各项扣除以及允许弥补的以前年度亏损后的余额，为应纳税所得额。

第八条 企业实际发生的与取得收入有关的、合理的支出，包括成本、费用、税金、损失和其他支出，准予在计算应纳税所得额时扣除。

第十八条 企业纳税年度发生的亏损，准予向以后年度结转，用以后年度的所得弥补，但结转年限最长不得超过五年。

2.《企业所得税法实施条例》第十条

第十条 企业所得税法第五条所称亏损，是指企业依照企业所得税法和本条例的规定将每一纳税年度的收入总额减除不征税收入、免税收入和各项扣除后小于零的数额。

3.《财政部 税务总局关于进一步支持小微企业和个体工商户发展有关税费政策的公告》（财政部 税务总局公告2023年第12号）**第一、第三、第五条**

一、自2023年1月1日至2027年12月31日，对个体工商户年应纳税所得额不超过200万元的部分，减半征收个人所得税。个体工商户在享受现行其他个人所得税优惠政策的基础上，可叠加享受本条优惠政策。

三、对小型微利企业减按25%计算应纳税所得额，按20%的税率缴纳企业所得税政策，延续执行至 2027 年 12 月 31 日。

五、本公告所称小型微利企业，是指从事国家非限制和禁止行业，且同时符合年度应纳税所得额不超过 300 万元、从业人数不超过 300 人、资产总额不超过 5 000 万元等三个条件的企业。

从业人数，包括与企业建立劳动关系的职工人数和企业接受的劳务派遣用工人数。所称从业人数和资产总额指标，应按企业全年的季度平均值确定。具体计算公式如下：

$$季度平均值 =（季初值 + 季末值）\div 2$$

$$全年季度平均值 = 全年各季度平均值之和 \div 4$$

年度中间开业或者终止经营活动的，以其实际经营期作为一个纳税年度确定上述相关指标。

小型微利企业的判定以企业所得税年度汇算清缴结果为准。登记为增值税一般纳税人的新设立的企业，从事国家非限制和禁止行业，且同时符合申报期上月末从业人数不超过 300 人、资产总额不超过 5 000 万元等两个条件的，可在首次办理汇算清缴前按照小型微利企业申报享受第二条规定的优惠政策。

三、投资国家扶持产业

【筹划案例 051】 某企业准备投资 5 000 万元用于中药材的种植或者香料作物的种植。预计种植中药材每年可以获得利润总额 500 万元，种植香料每年可以获得利润总额 560 万元。假设无纳税调整事项，从纳税筹划的角度出发，企业应选择哪一项目？

由于中药材种植可以享受免税优惠政策，企业投资中药材每年可以获得净利润为 500 万元。由于香料作物种植可以享受减半征税的优惠政策，企业每年需要缴纳企业所得税税额为 70 万元（560 × 25% × 50%），净利润为 490 万元（560 − 70）。种植中药材的利润总额低于种植香料的利润总额，但种植中药材的净利润（即税后利润）高于种植香料的净利润，企业应选择种植中药材。

【主要法律依据】

1.《企业所得税法》第二十五条和第二十七条

第二十五条 国家对重点扶持和鼓励发展的产业和项目，给予企业所得

第五章 企业所得税筹划实用技巧

税优惠。

第二十七条 企业的下列所得，可以免征、减征企业所得税：

（一）从事农、林、牧、渔业项目的所得；

（二）从事国家重点扶持的公共基础设施项目投资经营的所得；

（三）从事符合条件的环境保护、节能节水项目的所得；

（四）符合条件的技术转让所得；

（五）本法第三条第三款规定的所得。

2.《企业所得税法实施条例》第八十六条至第九十条

第八十六条 企业所得税法第二十七条第（一）项规定的企业从事农、林、牧、渔业项目的所得，可以免征、减征企业所得税，是指：

（一）企业从事下列项目的所得，免征企业所得税：

1．蔬菜、谷物、薯类、油料、豆类、棉花、麻类、糖料、水果、坚果的种植；

2．农作物新品种的选育；

3．中药材的种植；

4．林木的培育和种植；

5．牲畜、家禽的饲养；

6．林产品的采集；

7．灌溉、农产品初加工、兽医、农技推广、农机作业和维修等农、林、牧、渔服务业项目；

8．远洋捕捞。

（二）企业从事下列项目的所得，减半征收企业所得税：

1．花卉、茶以及其他饮料作物和香料作物的种植；

2．海水养殖、内陆养殖。

企业从事国家限制和禁止发展的项目，不得享受本条规定的企业所得税优惠。

第八十七条 企业所得税法第二十七条第（二）项所称国家重点扶持的公共基础设施项目，是指《公共基础设施项目企业所得税优惠目录》规定的港口码头、机场、铁路、公路、城市公共交通、电力、水利等项目。

企业从事前款规定的国家重点扶持的公共基础设施项目的投资经营的

所得，自项目取得第一笔生产经营收入所属纳税年度起，第一年至第三年免征企业所得税，第四年至第六年减半征收企业所得税。

企业承包经营、承包建设和内部自建自用本条规定的项目，不得享受本条规定的企业所得税优惠。

第八十八条 企业所得税法第二十七条第（三）项所称符合条件的环境保护、节能节水项目，包括公共污水处理、公共垃圾处理、沼气综合开发利用、节能减排技术改造、海水淡化等。项目的具体条件和范围由国务院财政、税务主管部门商国务院有关部门制订，报国务院批准后公布施行。

企业从事前款规定的符合条件的环境保护、节能节水项目的所得，自项目取得第一笔生产经营收入所属纳税年度起，第一年至第三年免征企业所得税，第四年至第六年减半征收企业所得税。

第八十九条 依照本条例第八十七条和第八十八条规定享受减免税优惠的项目，在减免税期限内转让的，受让方自受让之日起，可以在剩余期限内享受规定的减免税优惠；减免税期限届满后转让的，受让方不得就该项目重复享受减免税优惠。

第九十条 企业所得税法第二十七第（四）项所称符合条件的技术转让所得免征、减征企业所得税，是指一个纳税年度内，居民企业技术转让所得不超过500万元的部分，免征企业所得税；超过500万元的部分，减半征收企业所得税。

3.《财政部　税务总局　商务部　科技部　国家发展改革委关于将技术先进型服务企业所得税政策推广至全国实施的通知》（财税〔2017〕79号）
各省、自治区、直辖市、计划单列市财政厅（局）、国家税务局、地方税务局、商务主管部门、科技厅（委、局）、发展改革委，新疆生产建设兵团财务局、商务局、科技局、发展改革委：

为贯彻落实《国务院关于促进外资增长若干措施的通知》（国发〔2017〕39号）要求，发挥外资对优化服务贸易结构的积极作用，引导外资更多投向高技术、高附加值服务业，促进企业技术创新和技术服务能力的提升，增强我国服务业的综合竞争力，现就技术先进型服务企业有关企业所得税政策问题通知如下：

第五章 企业所得税筹划实用技巧

一、自2017年1月1日起，在全国范围内实行以下企业所得税优惠政策：

1. 对经认定的技术先进型服务企业，减按15%的税率征收企业所得税。

2. 经认定的技术先进型服务企业发生的职工教育经费支出，不超过工资薪金总额8%的部分，准予在计算应纳税所得额时扣除；超过部分，准予在以后纳税年度结转扣除。

二、享受本通知第一条规定的企业所得税优惠政策的技术先进型服务企业必须同时符合以下条件：

1. 在中国境内（不包括港、澳、台地区）注册的法人企业；

2. 从事《技术先进型服务业务认定范围（试行）》中的一种或多种技术先进型服务业务，采用先进技术或具备较强的研发能力；

3. 具有大专以上学历的员工占企业职工总数的50%以上；

4. 从事《技术先进型服务业务认定范围（试行）》中的技术先进型服务业务取得的收入占企业当年总收入的50%以上；

5. 从事离岸服务外包业务取得的收入不低于企业当年总收入的35%。

从事离岸服务外包业务取得的收入，是指企业根据境外单位与其签订的委托合同，由本企业或其直接转包的企业为境外单位提供《技术先进型服务业务认定范围（试行）》中所规定的信息技术外包服务（ITO）、技术性业务流程外包服务（BPO）和技术性知识流程外包服务（KPO），而从上述境外单位取得的收入。

三、技术先进型服务企业的认定管理。

1. 省级科技部门会同本级商务、财政、税务和发展改革部门根据本通知规定制定本省（自治区、直辖市、计划单列市）技术先进型服务企业认定管理办法，并负责本地区技术先进型服务企业的认定管理工作。各省（自治区、直辖市、计划单列市）技术先进型服务企业认定管理办法应报科技部、商务部、财政部、税务总局和国家发展改革委备案。

2. 符合条件的技术先进型服务企业应向所在省级科技部门提出申请，由省级科技部门会同本级商务、财政、税务和发展改革部门联合评审后发文认定，并将认定企业名单及有关情况通过科技部"全国技术先进型服务企业业务办理管理平台"备案，科技部与商务部、财政部、税务总局和国家发展改革委共享备案信息。符合条件的技术先进型服务企业须在商务部"服务贸易统计监测管理信息系统（服务外包信息管理应用）"中填报企业基本信息，按时报送数据。

3.经认定的技术先进型服务企业，持相关认定文件向所在地主管税务机关办理享受本通知第一条规定的企业所得税优惠政策事宜。享受企业所得税优惠的技术先进型服务企业条件发生变化的，应当自发生变化之日起15日内向主管税务机关报告；不再符合享受税收优惠条件的，应当依法履行纳税义务。主管税务机关在执行税收优惠政策过程中，发现企业不具备技术先进型服务企业资格的，应提请认定机构复核。复核后确认不符合认定条件的，应取消企业享受税收优惠政策的资格。

4.省级科技、商务、财政、税务和发展改革部门对经认定并享受税收优惠政策的技术先进型服务企业应做好跟踪管理，对变更经营范围、合并、分立、转业、迁移的企业，如不再符合认定条件，应及时取消其享受税收优惠政策的资格。

5.省级财政、税务、商务、科技和发展改革部门要认真贯彻落实本通知的各项规定，在认定工作中对内外资企业一视同仁，平等对待，切实做好沟通与协作工作。在政策实施过程中发现问题，要及时反映上报财政部、税务总局、商务部、科技部和国家发展改革委。

6.省级科技、商务、财政、税务和发展改革部门及其工作人员在认定技术先进型服务企业工作中，存在违法违纪行为的，按照《公务员法》《行政监察法》等国家有关规定追究相应责任；涉嫌犯罪的，移送司法机关处理。

7.本通知印发后，各地应按照本通知规定于2017年12月31日前出台本省（自治区、直辖市、计划单列市）技术先进型服务企业认定管理办法并据此开展认定工作。现有31个中国服务外包示范城市已认定的2017年度技术先进型服务企业继续有效。从2018年1月1日起，中国服务外包示范城市技术先进型服务企业认定管理工作依照所在省（自治区、直辖市、计划单列市）制定的管理办法实施。

4.《财政部　税务总局　商务部　科技部　国家发展改革委关于将服务贸易创新发展试点地区技术先进型服务企业所得税政策推广至全国实施的通知》
（财税〔2018〕44号）

各省、自治区、直辖市、计划单列市财政厅（局）、国家税务局、地方税务

第五章 企业所得税筹划实用技巧

局、商务主管部门、科技厅（委、局）、发展改革委，新疆生产建设兵团财务局、商务局、科技局、发展改革委：

为进一步推动服务贸易创新发展、优化外贸结构，现就服务贸易类技术先进型服务企业所得税优惠政策通知如下：

一、自2018年1月1日起，对经认定的技术先进型服务企业（服务贸易类），减按15%的税率征收企业所得税。

二、本通知所称技术先进型服务企业（服务贸易类）须符合的条件及认定管理事项，按照《财政部 税务总局 商务部 科技部 国家发展改革委关于将技术先进型服务企业所得税政策推广至全国实施的通知》（财税〔2017〕79号）的相关规定执行。其中，企业须满足的技术先进型服务业务领域范围按照本通知所附《技术先进型服务业务领域范围（服务贸易类）》执行。

三、省级科技部门应会同本级商务、财政、税务和发展改革部门及时将《技术先进型服务业务领域范围（服务贸易类）》增补入本地区技术先进型服务企业认定管理办法，并据此开展认定管理工作。省级人民政府财政、税务、商务、科技和发展改革部门应加强沟通与协作，发现新情况、新问题及时上报财政部、税务总局、商务部、科技部和国家发展改革委。

四、省级科技、商务、财政、税务和发展改革部门及其工作人员在认定技术先进型服务企业工作中，存在违法违纪行为的，按照《公务员法》《行政监察法》等国家有关规定追究相应责任；涉嫌犯罪的，移送司法机关处理。

5.《财政部 税务总局 国家发展改革委 生态环境部关于从事污染防治的第三方企业所得税政策问题的公告》（财政部 税务总局 国家发展改革委 生态环境部公告2019年第60号）

为鼓励污染防治企业的专业化、规模化发展，更好支持生态文明建设，现将有关企业所得税政策问题公告如下：

一、对符合条件的从事污染防治的第三方企业（以下简称"第三方防治企业"）减按15%的税率征收企业所得税。

本公告所称第三方防治企业是指受排污企业或政府委托，负责环境污染治理设施（包括自动连续监测设施，下同）运营维护的企业。

二、本公告所称第三方防治企业应当同时符合以下条件：

（一）在中国境内（不包括港、澳、台地区）依法注册的居民企业；

（二）具有 1 年以上连续从事环境污染治理设施运营实践，且能够保证设施正常运行；

（三）具有至少 5 名从事本领域工作且具有环保相关专业中级及以上技术职称的技术人员，或者至少 2 名从事本领域工作且具有环保相关专业高级及以上技术职称的技术人员；

（四）从事环境保护设施运营服务的年度营业收入占总收入的比例不低于 60%；

（五）具备检验能力，拥有自有实验室，仪器配置可满足运行服务范围内常规污染物指标的检测需求；

（六）保证其运营的环境保护设施正常运行，使污染物排放指标能够连续稳定达到国家或者地方规定的排放标准要求；

（七）具有良好的纳税信用，近三年内纳税信用等级未被评定为 C 级或 D 级。

三、第三方防治企业，自行判断其是否符合上述条件，符合条件的可以申报享受税收优惠，相关资料留存备查。税务部门依法开展后续管理过程中，可转请生态环境部门进行核查，生态环境部门可以委托专业机构开展相关核查工作，具体办法由税务总局会同国家发展改革委、生态环境部制定。

四、本公告执行期限自 2019 年 1 月 1 日起至 2021 年 12 月 31 日止。

特此公告。

6.《财政部　税务总局关于延长部分税收优惠政策执行期限的公告》（财政部　税务总局公告 2022 年第 4 号）**第一条**

一、《财政部　税务总局　科技部　教育部关于科技企业孵化器　大学科技园和众创空间税收政策的通知》（财税〔2018〕120 号）、《财政部　税务总局关于继续对城市公交站场　道路客运站场　城市轨道交通系统减免城镇土地使用税优惠政策的通知》（财税〔2019〕11 号）、《财政部　税务总局关于继续实行农产品批发市场　农贸市场房产税　城镇土地使用税优惠政策的通知》（财税〔2019〕12 号）、《财政部　税务总局关于高校学生公寓房产税　印花税政策的通知》（财税〔2019〕14 号）、《财政部　税务总局　退役军人部关于进一步扶持自主就业退役士兵创业就业有关税收政策的通知》（财税〔2019〕21 号）、《财政部　税务总局　国家发展改革

委　生态环境部关于从事污染防治的第三方企业所得税政策问题的公告》（财政部　税务总局　国家发展改革委　生态环境部公告2019年第60号）、《财政部　税务总局关于支持新型冠状病毒感染的肺炎疫情防控有关个人所得税政策的公告》（财政部　税务总局公告2020年第10号）中规定的税收优惠政策，执行期限延长至2023年12月31日。

7.《财政部　税务总局　国家发展改革委　生态环境部关于从事污染防治的第三方企业所得税政策问题的公告》（财政部　税务总局　国家发展改革委　生态环境部公告2023年第38号）

为鼓励污染防治企业的专业化、规模化发展，更好支持生态文明建设，现将有关企业所得税政策公告如下：

一、对符合条件的从事污染防治的第三方企业（以下称第三方防治企业）减按15%的税率征收企业所得税。

本公告所称第三方防治企业是指受排污企业或政府委托，负责环境污染治理设施（包括自动连续监测设施，下同）运营维护的企业。

二、本公告所称第三方防治企业应当同时符合以下条件：

（一）在中国境内（不包括港、澳、台地区）依法注册的居民企业；

（二）具有1年以上连续从事环境污染治理设施运营实践，且能够保证设施正常运行；

（三）具有至少5名从事本领域工作且具有环保相关专业中级及以上技术职称的技术人员，或者至少2名从事本领域工作且具有环保相关专业高级及以上技术职称的技术人员；

（四）从事环境保护设施运营服务的年度营业收入占总收入的比例不低于60%；

（五）具备检验能力，拥有自有实验室，仪器配置可满足运行服务范围内常规污染物指标的检测需求；

（六）保证其运营的环境保护设施正常运行，使污染物排放指标能够连续稳定达到国家或者地方规定的排放标准要求；

（七）具有良好的纳税信用，近三年内纳税信用等级未被评定为C级或D级。

三、第三方防治企业，自行判断其是否符合上述条件，符合条件的可以申报享受税收优惠,相关资料留存备查。税务部门依法开展后续管理过程中,可转请生态环境部门进行核查,生态环境部门可以委托专业机构开展相关核查工作,具体办法由税务总局会同国家发展改革委、生态环境部制定。

四、本公告执行期限自2024年1月1日起至2027年12月31日止。

特此公告。

8.《财政部 税务总局 发展改革委 工业和信息化部关于促进集成电路产业和软件产业高质量发展企业所得税政策的公告》(财政部 税务总局 发展改革委 工业和信息化部公告2020年第45号)

根据《国务院关于印发新时期促进集成电路产业和软件产业高质量发展若干政策的通知》(国发〔2020〕8号)有关要求,为促进集成电路产业和软件产业高质量发展,现就有关企业所得税政策问题公告如下:

一、国家鼓励的集成电路线宽小于28纳米(含),且经营期在15年以上的集成电路生产企业或项目,第一年至第十年免征企业所得税;国家鼓励的集成电路线宽小于65纳米(含),且经营期在15年以上的集成电路生产企业或项目,第一年至第五年免征企业所得税,第六年至第十年按照25%的法定税率减半征收企业所得税;国家鼓励的集成电路线宽小于130纳米(含),且经营期在10年以上的集成电路生产企业或项目,第一年至第二年免征企业所得税,第三年至第五年按照25%的法定税率减半征收企业所得税。

对于按照集成电路生产企业享受税收优惠政策的,优惠期自获利年度起计算;对于按照集成电路生产项目享受税收优惠政策的,优惠期自项目取得第一笔生产经营收入所属纳税年度起计算,集成电路生产项目需单独进行会计核算、计算所得,并合理分摊期间费用。

国家鼓励的集成电路生产企业或项目清单由国家发展改革委、工业和信息化部会同财政部、税务总局等相关部门制定。

二、国家鼓励的线宽小于130纳米(含)的集成电路生产企业,属于国家鼓励的集成电路生产企业清单年度之前5个纳税年度发生的尚未弥补完的亏损,准予向以后年度结转,总结转年限最长不得超过10年。

三、国家鼓励的集成电路设计、装备、材料、封装、测试企业和软件企业,自获利年度起,第一年至第二年免征企业所得税,第三年至第五年按照25%的法定税率减半征收企业所得税。

第五章 企业所得税筹划实用技巧

国家鼓励的集成电路设计、装备、材料、封装、测试企业和软件企业条件，由工业和信息化部会同国家发展改革委、财政部、税务总局等相关部门制定。

四、国家鼓励的重点集成电路设计企业和软件企业，自获利年度起，第一年至第五年免征企业所得税，接续年度减按10%的税率征收企业所得税。

国家鼓励的重点集成电路设计和软件企业清单由国家发展改革委、工业和信息化部会同财政部、税务总局等相关部门制定。

五、符合原有政策条件且在2019年（含）之前已经进入优惠期的企业或项目，2020年（含）起可按原有政策规定继续享受至期满为止，如也符合本公告第一条至第四条规定，可按本公告规定享受相关优惠，其中定期减免税优惠，可按本公告规定计算优惠期，并就剩余期限享受优惠至期满为止。符合原有政策条件，2019年（含）之前尚未进入优惠期的企业或项目，2020年（含）起不再执行原有政策。

六、集成电路企业或项目、软件企业按照本公告规定同时符合多项定期减免税优惠政策条件的，由企业选择其中一项政策享受相关优惠。其中，已经进入优惠期的，可由企业在剩余期限内选择其中一项政策享受相关优惠。

七、本公告规定的优惠，采取清单进行管理的，由国家发展改革委、工业和信息化部于每年3月底前按规定向财政部、税务总局提供上一年度可享受优惠的企业和项目清单；不采取清单进行管理的，税务机关按照财税〔2016〕49号第十条的规定转请发展改革、工业和信息化部门进行核查。

八、集成电路企业或项目、软件企业按照原有政策规定享受优惠的，税务机关按照财税〔2016〕49号第十条的规定转请发展改革、工业和信息化部门进行核查。

九、本公告所称原有政策，包括：《财政部 国家税务总局关于进一步鼓励软件产业和集成电路产业发展企业所得税政策的通知》（财税〔2012〕27号）、《财政部 国家税务总局 发展改革委 工业和信息化部关于进一步鼓励集成电路产业发展企业所得税政策的通知》（财税〔2015〕6号）、《财政部 国家税务总局 发展改革委 工业和信息化部关于软件和集成电路产业企业所得税优惠政策有关问题的通知》（财税〔2016〕49号）、《财政部 税务总局 国家发展改革委 工业和信息化部关于集成电路生产企业有关企业所得税政策问题的通知》(财税〔2018〕27号)、《财政部 税务总局关于集成电路设计和软件产业企业所得税政策的公告》(财政部 税务总局公告2019年第68号)、《财政部 税务总局关于集成电路设计企业和软件企业2019年度企业所得税汇算清缴适用政策的公告》(财政部 税务总局公告2020年第29号)。

十、本公告自2020年1月1日起执行。财税〔2012〕27号第二条中"经认定后，减按15%的税率征收企业所得税"的规定和第四条"国家规划布局内的重点软件企业和集成电路设计企业，如当年未享受免税优惠的，可减按10%的税率征收企业所得税"同时停止执行。

9.《财政部　税务总局　民政部关于生产和装配伤残人员专门用品企业免征企业所得税的公告》(财政部　税务总局　民政部公告2023年第57号)

为帮助伤残人员康复或者恢复残疾肢体功能，现对生产和装配伤残人员专门用品的企业免征企业所得税政策明确如下：

一、对符合下列条件的居民企业，免征企业所得税：

1.生产和装配伤残人员专门用品，且在民政部发布的《中国伤残人员专门用品目录》范围之内。

2.以销售本企业生产或者装配的伤残人员专门用品为主，其所取得的年度伤残人员专门用品销售收入(不含出口取得的收入)占企业收入总额60%以上。

收入总额，是指《中华人民共和国企业所得税法》第六条规定的收入总额。

3.企业账证健全，能够准确、完整地向主管税务机关提供纳税资料，且本企业生产或者装配的伤残人员专门用品所取得的收入能够单独、准确核算。

4.企业拥有假肢制作师、矫形器制作师资格证书的专业技术人员不得少于1人；其企业生产人员如超过20人，则其拥有假肢制作师、矫形器制作师资格证书的专业技术人员不得少于全部生产人员的1/6。

5.具有与业务相适应的测量取型、模型加工、接受腔成型、打磨、对线组装、功能训练等生产装配专用设备和工具。

6.具有独立的接待室、假肢或者矫形器(辅助器具)制作室和假肢功能训练室，使用面积不少于115平方米。

二、符合本公告规定条件的企业，按照《国家税务总局关于发布修订后的〈企业所得税优惠政策事项办理办法〉的公告》(国家税务总局公告2018年第23号）的规定，采取"自行判别、申报享受、相关资料留存备查"的办理方式享受税收优惠政策。

三、本公告执行至2027年12月31日。

10.《财政部　税务总局关于基础设施领域不动产投资信托基金（REITs）试点税收政策的公告》(财政部　税务总局公告2022年第3号）

为支持基础设施领域不动产投资信托基金（以下简称"基础设施REITs"）试点，现将有关税收政策公告如下：

一、设立基础设施REITs前，原始权益人向项目公司划转基础设施资产相应取得项目公司股权，适用特殊性税务处理，即项目公司取得基础设施资产的计税基础，以基础设施资产的原计税基础确定；原始权益人取得项目公司股权的计税基础，以基础设施资产的原计税基础确定。原始权益人和项目公司不确认所得，不征收企业所得税。

二、基础设施REITs设立阶段，原始权益人向基础设施REITs转让项目公司股权实现的资产转让评估增值，当期可暂不缴纳企业所得税，允许递延至基础设施REITs完成募资并支付股权转让价款后缴纳。其中，对原始权益人按照战略配售要求自持的基础设施REITs份额对应的资产转让评估增值，允许递延至实际转让时缴纳企业所得税。

原始权益人通过二级市场认购（增持）该基础设施REITs份额，按照先进先出原则认定优先处置战略配售份额。

三、对基础设施REITs运营、分配等环节涉及的税收，按现行税收法律法规的规定执行。

四、本公告适用范围为证监会、发展改革委根据有关规定组织开展的基础设施REITs试点项目。

五、本公告自2021年1月1日起实施。2021年1月1日前发生的符合本公告规定的事项，可按本公告规定享受相关政策。

11.《财政部　税务总局关于延续实施支持农村金融发展企业所得税政策的公告》(财政部　税务总局公告2023年第55号）

为支持农村金融发展，现将延续实施有关企业所得税政策公告如下：

一、对金融机构农户小额贷款的利息收入，在计算应纳税所得额时，按90%计入收入总额。

二、对保险公司为种植业、养殖业提供保险业务取得的保费收入，在计算应纳税所得额时，按90%计入收入总额。

三、本公告所称农户，是指长期（一年以上）居住在乡镇（不包括城关镇）行政管理区域内的住户，还包括长期居住在城关镇所辖行政村范围内的住户和户口不在本地而在本地居住一年以上的住户，国有农场的职工和农村个体工商户。位于乡镇（不包括城关镇）行政管理区域内和在城关镇所辖行政村范围内的国有经济的机关、团体、学校、企事业单位的集体户；有本地户口，但举家外出谋生一年以上的住户，无论是否保留承包耕地均不属于农户。农户以户为统计单位，既可以从事农业生产经营，也可以从事非农业生产经营。农户贷款的判定应以贷款发放时的承贷主体是否属于农户为准。

本公告所称小额贷款，是指单笔且该农户贷款余额总额在10万元（含本数）以下的贷款。

本公告所称保费收入，是指原保险保费收入加上分保费收入减去分出保费后的余额。

四、金融机构应对符合条件的农户小额贷款利息收入进行单独核算，不能单独核算的不得适用本公告第一条规定的优惠政策。

五、本公告执行至2027年12月31日。

四、投资国家扶持地区

【筹划案例052】 某企业原计划在广州设立一高科技企业，预计该企业每年取得利润总额为1 000万元。经过市场调研，该企业设在广州还是深圳对于其盈利能力没有实质影响，该企业在深圳预计每年取得利润总额为900万元。假设无纳税调整事项，请对该企业的投资计划提出纳税筹划方案。

该企业可以在深圳设立高科技企业，因为高科技企业在经济特区内取得的所得，可以享受下列税收优惠政策：自取得第一笔生产经营收入所属纳税年度起，第1年至第2年免征企业所得税，第3年至第5年按照25%的法定税率减半征收企业所得税。按照该企业每年利润总额1 000万元计算，如果设在广州，该企业5年需要缴纳的企业所得税税额为1 250万元（1 000×25%×5），税后利润为3 750万元（1 000×5－1 250）。如果设在深圳，该企业五年需要缴纳的企业所得税税额为337.50万元（900×25%×50%×3），税后利润为4 162.50万元（900×5－337.50），故应当设立在深圳。通过纳税筹划，该企业增加税后利润412.50万元（4 162.50－3 750）。

【**筹划案例053**】 新疆股权投资企业优惠政策于2010年8月25日开始实施，当年迁移新疆和新注册的企业很少。2011年，迁移入驻新疆的股权投资企业逐步增多；2013年，企业迁移入驻新疆形成了热潮。亚太科技2013年1月13日的限售股份上市流通公告表明，该公司第六大股东湖南唯通资产管理有限公司、第七大股东深圳兰石创业投资有限公司已分别于2011年9月和2011年3月变更为新疆唯通股权投资管理合伙企业（有限合伙）与新疆兰石创业投资有限合伙企业，两家企业分持亚太科技538.20万股和292.50万股，均已解禁流通。长信科技第二大股东于2011年3月进驻新疆，其名称由芜湖润丰科技有限公司变更为新疆润丰股权投资企业（有限合伙）。作为东方电热第四大股东的上海东方世纪企业管理有限公司于2012年3月8日发布公告，其名称已变更为新疆东方世纪股权投资合伙企业，其所持占东方电热9.90%的890万股，于2012年5月18日解禁上市流通。请分析上述企业迁移所带来的纳税筹划利益。

根据新疆税收优惠政策，上述企业迁移前税负为40%，迁移后税负为28%，降低税负12%。个人持有上市公司限售股，解禁后转让，需要就差价缴纳20%的个人所得税。投资公司持有上市公司限售股，解禁后转让，需要就差价缴纳25%的企业所得税，个人股东从该投资公司取得股息还要缴纳20%的个人所得税，综合税率为40%。个人持有新疆合伙企业股权，合伙企业持有上市公司股权，解禁后个人按照5%～35%的税率缴纳个人所得税。地方退税20%，综合税率低于28%。个人持有新疆公司股权，新疆公司持有上市公司股权。解禁转让后，新疆公司享受"两免三减半"优惠不纳税，个人取得股息缴纳20%的个人所得税，地方退税为20%，实际税负为16%。与个人直接持股上市公司相比，税负降低4%。与个人通过公司间接持有上市公司相比，税负降低24%。

全国多数影视公司均在霍尔果斯设立了子公司,有超过一半的公司注册在同一个地方:霍尔果斯市北京路以西、珠海路以南合作中心配套区查验业务楼8楼,同一楼层里超过100家公司办公。在霍尔果斯能享受如此优惠政策的不仅仅是影视传媒公司,凡是被列入《新疆困难地区重点鼓励发展产业企业所得税优惠目录》的行业都能享受以上优惠政策。

【主要法律依据】

1.《财政部 税务总局 国家发展改革委关于延续西部大开发企业所得税政策的公告》(财政部公告2020年第23号)

为贯彻落实党中央、国务院关于新时代推进西部大开发形成新格局有关精神,现将延续西部大开发企业所得税政策公告如下:

一、自2021年1月1日至2030年12月31日,对设在西部地区的鼓励类产业企业减按15%的税率征收企业所得税。本条所称鼓励类产业企业是指以《西部地区鼓励类产业目录》中规定的产业项目为主营业务,且其主营业务收入占企业收入总额60%以上的企业。

二、《西部地区鼓励类产业目录》由发展改革委牵头制定。该目录在本公告执行期限内修订的,自修订版实施之日起按新版本执行。

三、税务机关在后续管理中,不能准确判定企业主营业务是否属于国家鼓励类产业项目时,可提请发展改革等相关部门出具意见。对不符合税收优惠政策规定条件的,由税务机关按税收征收管理法及有关规定进行相应处理。具体办法由省级发展改革、税务部门另行制定。

四、本公告所称西部地区包括内蒙古自治区、广西壮族自治区、重庆市、四川省、贵州省、云南省、西藏自治区、陕西省、甘肃省、青海省、宁夏回族自治区、新疆维吾尔自治区和新疆生产建设兵团。湖南省湘西土家族苗族自治州、湖北省恩施土家族苗族自治州、吉林省延边朝鲜族自治州和江西省赣州市,可以比照西部地区的企业所得税政策执行。

五、本公告自2021年1月1日起执行。《财政部 海关总署 国家税务总局关于深入实施西部大开发战略有关税收政策问题的通知》(财税〔2011〕58号)、《财政部 海关总署 国家税务总局关于赣州市执行西部大开发税收政策问题的通知》(财税〔2013〕4号)中的企业所得税政策规定自2021年

1月1日起停止执行。

特此公告。

2.《财政部 税务总局关于海南自由贸易港企业所得税优惠政策的通知》
(财税〔2020〕31号)

海南省财政厅、国家税务总局海南省税务局:

为支持海南自由贸易港建设,现就有关企业所得税优惠政策通知如下:

一、对注册在海南自由贸易港并实质性运营的鼓励类产业企业,减按15%的税率征收企业所得税。

本条所称鼓励类产业企业,是指以海南自由贸易港鼓励类产业目录中规定的产业项目为主营业务,且其主营业务收入占企业收入总额60%以上的企业。所称实质性运营,是指企业的实际管理机构设在海南自由贸易港,并对企业生产经营、人员、账务、财产等实施实质性全面管理和控制。对不符合实质性运营的企业,不得享受优惠。

海南自由贸易港鼓励类产业目录包括《产业结构调整指导目录(2019年本)》《鼓励外商投资产业目录(2019年版)》和海南自由贸易港新增鼓励类产业目录。上述目录在本通知执行期限内修订的,自修订版实施之日起按新版本执行。

对总机构设在海南自由贸易港的符合条件的企业,仅就其设在海南自由贸易港的总机构和分支机构的所得,适用15%税率;对总机构设在海南自由贸易港以外的企业,仅就其设在海南自由贸易港内的符合条件的分支机构的所得,适用15%税率。具体征管办法按照税务总局有关规定执行。

二、对在海南自由贸易港设立的旅游业、现代服务业、高新技术产业企业新增境外直接投资取得的所得,免征企业所得税。

本条所称新增境外直接投资所得应当符合以下条件:

(一)从境外新设分支机构取得的营业利润;或从持股比例超过20%(含)的境外子公司分回的,与新增境外直接投资相对应的股息所得。

(二)被投资国(地区)的企业所得税法定税率不低于5%。

本条所称旅游业、现代服务业、高新技术产业,按照海南自由贸易港鼓励类产业目录执行。

三、对在海南自由贸易港设立的企业，新购置（含自建、自行开发）固定资产或无形资产，单位价值不超过500万元（含）的，允许一次性计入当期成本费用在计算应纳税所得额时扣除，不再分年度计算折旧和摊销；新购置（含自建、自行开发）固定资产或无形资产，单位价值超过500万元的，可以缩短折旧、摊销年限或采取加速折旧、摊销的方法。

本条所称固定资产，是指除房屋、建筑物以外的固定资产。

四、本通知自2020年1月1日起执行至2024年12月31日。

3.《财政部　税务总局关于新疆困难地区及喀什、霍尔果斯两个特殊经济开发区新办企业所得税优惠政策的通知》（财税〔2021〕27号）第一条和第二条

一、2021年1月1日至2030年12月31日，对在新疆困难地区新办的属于《新疆困难地区重点鼓励发展产业企业所得税优惠目录》（以下简称《目录》）范围内的企业，自取得第一笔生产经营收入所属纳税年度起，第一年至第二年免征企业所得税，第三年至第五年减半征收企业所得税。

享受上述企业所得税定期减免税政策的企业，在减半期内，按照企业所得税25%的法定税率计算的应纳税额减半征税。

新疆困难地区包括南疆三地州、其他脱贫县（原国家扶贫开发重点县）和边境县市。

二、2021年1月1日至2030年12月31日，对在新疆喀什、霍尔果斯两个特殊经济开发区内新办的属于《目录》范围内的企业，自取得第一笔生产经营收入所属纳税年度起，五年内免征企业所得税。

五、投资国家扶持项目

【筹划案例054】 2024纳税年度，某科技型企业符合小型微利企业的从业人数和资产总额标准，但预计年应纳税所得额会达到400万元。该企业如何进行纳税筹划？

该企业可以进行一项新产品的研发，投入研发资金50万元。这50万元研发费用可以直接计入当期成本，同时可以加计扣除100%的费用，也就是可以在当期扣除100万元的成本。这样，该企业的应纳税所得额就变成

300万元，可以享受小型微利企业的低税率优惠政策。如果该企业不进行纳税筹划，则需要缴纳的企业所得税税额为100万元（400×25%）；经过纳税筹划，需要缴纳的企业所得税税额为15万元（300×25%×20%），减轻税收负担85万元（100-15）。

【主要法律依据】

1.《财政部　国家税务总局　科技部关于完善研究开发费用税前加计扣除政策的通知》（财税〔2015〕119号）

各省、自治区、直辖市、计划单列市财政厅（局）、国家税务局、地方税务局、科技厅（局），新疆生产建设兵团财务局、科技局：

根据《中华人民共和国企业所得税法》及其实施条例有关规定，为进一步贯彻落实《中共中央　国务院关于深化体制机制改革加快实施创新驱动发展战略的若干意见》精神，更好地鼓励企业开展研究开发活动（以下简称"研发活动"）和规范企业研究开发费用（以下简称"研发费用"）加计扣除优惠政策执行，现就企业研发费用税前加计扣除有关问题通知如下：

一、研发活动及研发费用归集范围

本通知所称研发活动，是指企业为获得科学与技术新知识，创造性运用科学技术新知识，或实质性改进技术、产品（服务）、工艺而持续进行的具有明确目标的系统性活动。

（一）允许加计扣除的研发费用。

企业开展研发活动中实际发生的研发费用，未形成无形资产计入当期损益的，在按规定据实扣除的基础上，按照本年度实际发生额的50%，从本年度应纳税所得额中扣除；形成无形资产的，按照无形资产成本的150%在税前摊销。研发费用的具体范围包括：

1.人员人工费用。

直接从事研发活动人员的工资薪金、基本养老保险费、基本医疗保险费、失业保险费、工伤保险费、生育保险费和住房公积金，以及外聘研发人员的劳务费用。

2.直接投入费用。

（1）研发活动直接消耗的材料、燃料和动力费用。

（2）用于中间试验和产品试制的模具、工艺装备开发及制造费，不构成固定资产的样品、样机及一般测试手段购置费，试制产品的检验费。

（3）用于研发活动的仪器、设备的运行维护、调整、检验、维修等费用，以及通过经营租赁方式租入的用于研发活动的仪器、设备租赁费。

3.折旧费用。

用于研发活动的仪器、设备的折旧费。

4.无形资产摊销。

用于研发活动的软件、专利权、非专利技术（包括许可证、专有技术、设计和计算方法等）的摊销费用。

5.新产品设计费、新工艺规程制定费、新药研制的临床试验费、勘探开发技术的现场试验费。

6.其他相关费用。

与研发活动直接相关的其他费用，如技术图书资料费、资料翻译费、专家咨询费、高新科技研发保险费，研发成果的检索、分析、评议、论证、鉴定、评审、评估、验收费用，知识产权的申请费、注册费、代理费，差旅费、会议费等。此项费用总额不得超过可加计扣除研发费用总额的10%。

7.财政部和国家税务总局规定的其他费用。

（二）下列活动不适用税前加计扣除政策。

1.企业产品（服务）的常规性升级。

2.对某项科研成果的直接应用，如直接采用公开的新工艺、材料、装置、产品、服务或知识等。

3.企业在商品化后为顾客提供的技术支持活动。

4.对现存产品、服务、技术、材料或工艺流程进行的重复或简单改变。

5.市场调查研究、效率调查或管理研究。

6.作为工业（服务）流程环节或常规的质量控制、测试分析、维修维护。

7.社会科学、艺术或人文学方面的研究。

二、特别事项的处理

1.企业委托外部机构或个人进行研发活动所发生的费用，按照费用实际发生额的80%计入委托方研发费用并计算加计扣除，受托方不得再进行加计扣除。委托外部研究开发费用实际发生额应按照独立交易原则确定。

委托方与受托方存在关联关系的，受托方应向委托方提供研发项目费用支出明细情况。

2.企业共同合作开发的项目，由合作各方就自身实际承担的研发费用分别计算加计扣除。

3.企业集团根据生产经营和科技开发的实际情况，对技术要求高、投资数额大，需要集中研发的项目，其实际发生的研发费用，可以按照权利和义务相一致、费用支出和收益分享相配比的原则，合理确定研发费用的分摊方法，在受益成员企业间进行分摊，由相关成员企业分别计算加计扣除。

4.企业为获得创新性、创意性、突破性的产品进行创意设计活动而发生的相关费用，可按照本通知规定进行税前加计扣除。

创意设计活动是指多媒体软件、动漫游戏软件开发，数字动漫、游戏设计制作；房屋建筑工程设计（绿色建筑评价标准为三星）、风景园林工程专项设计；工业设计、多媒体设计、动漫及衍生产品设计、模型设计等。

三、会计核算与管理

1.企业应按照国家财务会计制度要求，对研发支出进行会计处理；同时，对享受加计扣除的研发费用按研发项目设置辅助账，准确归集核算当年可加计扣除的各项研发费用实际发生额。企业在一个纳税年度内进行多项研发活动的，应按照不同研发项目分别归集可加计扣除的研发费用。

2.企业应对研发费用和生产经营费用分别核算，准确、合理归集各项费用支出，对划分不清的，不得实行加计扣除。

四、不适用税前加计扣除政策的行业

1.烟草制造业。

2.住宿和餐饮业。

3.批发和零售业。

4.房地产业。

5.租赁和商务服务业。

6.娱乐业。

7.财政部和国家税务总局规定的其他行业。

上述行业以《国民经济行业分类与代码（GB/4754-2011）》为准，并随

之更新。

五、管理事项及征管要求

1.本通知适用于会计核算健全、实行查账征收并能够准确归集研发费用的居民企业。

2.企业研发费用各项目的实际发生额归集不准确、汇总额计算不准确的，税务机关有权对其税前扣除额或加计扣除额进行合理调整。

3.税务机关对企业享受加计扣除优惠的研发项目有异议的，可以转请地市级（含）以上科技行政主管部门出具鉴定意见，科技部门应及时回复意见。企业承担省部级（含）以上科研项目的，以及以前年度已鉴定的跨年度研发项目，不再需要鉴定。

4.企业符合本通知规定的研发费用加计扣除条件而在2016年1月1日以后未及时享受该项税收优惠的，可以追溯享受并履行备案手续，追溯期限最长为3年。

5.税务部门应加强研发费用加计扣除优惠政策的后续管理，定期开展核查，年度核查面不得低于20%。

六、执行时间

本通知自2016年1月1日起执行。《国家税务总局关于印发〈企业研究开发费用税前扣除管理办法（试行）〉的通知》（国税发〔2008〕116号）和《财政部 国家税务总局关于研究开发费用税前加计扣除有关政策问题的通知》（财税〔2013〕70号）同时废止。

2.《财政部 税务总局 科技部关于企业委托境外研究开发费用税前加计扣除有关政策问题的通知》（财税〔2018〕64号）

各省、自治区、直辖市、计划单列市财政厅（局）、科技厅（局），国家税务总局各省、自治区、直辖市、计划单列市税务局，新疆生产建设兵团财政局、科技局：

为进一步激励企业加大研发投入，加强创新能力开放合作，现就企业委托境外进行研发活动发生的研究开发费用（以下简称"研发费用"）企业所得税前加计扣除有关政策问题通知如下：

一、委托境外进行研发活动所发生的费用，按照费用实际发生额的80%

计入委托方的委托境外研发费用。委托境外研发费用不超过境内符合条件的研发费用三分之二的部分，可以按规定在企业所得税前加计扣除。

上述费用实际发生额应按照独立交易原则确定。委托方与受托方存在关联关系的，受托方应向委托方提供研发项目费用支出明细情况。

二、委托境外进行研发活动应签订技术开发合同，并由委托方到科技行政主管部门进行登记。相关事项按技术合同认定登记管理办法及技术合同认定规则执行。

三、企业应在年度申报享受优惠时，按照《国家税务总局关于发布修订后的〈企业所得税优惠政策事项办理办法〉的公告》（国家税务总局公告2018年第23号）的规定办理有关手续，并留存备查以下资料：

（一）企业委托研发项目计划书和企业有权部门立项的决议文件；

（二）委托研究开发专门机构或项目组的编制情况和研发人员名单；

（三）经科技行政主管部门登记的委托境外研发合同；

（四）"研发支出"辅助账及汇总表；

（五）委托境外研发银行支付凭证和受托方开具的收款凭据；

（六）当年委托研发项目的进展情况等资料。

企业如果已取得地市级（含）以上科技行政主管部门出具的鉴定意见，应作为资料留存备查。

四、企业对委托境外研发费用以及留存备查资料的真实性、合法性承担法律责任。

五、委托境外研发费用加计扣除其他政策口径和管理要求按照《财政部 国家税务总局 科技部关于完善研究开发费用税前加计扣除政策的通知》（财税〔2015〕119号）、《财政部 税务总局 科技部关于提高科技型中小企业研究开发费用税前加计扣除比例的通知》（财税〔2017〕34号）、《国家税务总局关于企业研究开发费用税前加计扣除政策有关问题的公告》（国家税务总局公告2015年第97号）等文件规定执行。

六、本通知所称委托境外进行研发活动不包括委托境外个人进行的研发活动。

七、本通知自2018年1月1日起执行。财税〔2015〕119号文件第二条中"企业委托境外机构或个人进行研发活动所发生的费用,不得加计扣除"的规定同时废止。

3.《财政部 税务总局关于进一步完善研发费用税前加计扣除政策的公告》(财政部 税务总局公告2023年第7号)

为进一步激励企业加大研发投入,更好地支持科技创新,现就企业研发费用税前加计扣除政策有关问题公告如下:

一、企业开展研发活动中实际发生的研发费用,未形成无形资产计入当期损益的,在按规定据实扣除的基础上,自2023年1月1日起,再按照实际发生额的100%在税前加计扣除;形成无形资产的,自2023年1月1日起,按照无形资产成本的200%在税前摊销。

二、企业享受研发费用加计扣除政策的其他政策口径和管理要求,按照《财政部 国家税务总局 科技部关于完善研究开发费用税前加计扣除政策的通知》(财税〔2015〕119号)、《财政部 税务总局 科技部关于企业委托境外研究开发费用税前加计扣除有关政策问题的通知》(财税〔2018〕64号)等文件相关规定执行。

三、本公告自2023年1月1日起执行,《财政部 税务总局关于进一步完善研发费用税前加计扣除政策的公告》(财政部 税务总局公告2021年第13号)、《财政部 税务总局 科技部关于进一步提高科技型中小企业研发费用税前加计扣除比例的公告》(财政部 税务总局 科技部公告2022年第16号)、《财政部 税务总局 科技部关于加大支持科技创新税前扣除力度的公告》(财政部 税务总局 科技部公告2022年第28号)同时废止。

特此公告。

4.《国家税务总局 财政部关于优化预缴申报享受研发费用加计扣除政策有关事项的公告》(国家税务总局 财政部公告2023年第11号)

为更好地支持企业创新发展,根据《中华人民共和国企业所得税法》及其实施条例等相关规定,现就优化预缴申报享受研发费用加计扣除政策有关事项公告如下:

一、企业7月份预缴申报第2季度(按季预缴)或6月份(按月预缴)企业所得税时,能准确归集核算研发费用的,可以结合自身生产经营实际情况，自主选择就当年上半年研发费用享受加计扣除政策。

对7月份预缴申报期未选择享受优惠的企业，在10月份预缴申报或年度汇算清缴时能够准确归集核算研发费用的，可结合自身生产经营实际情况，自主选择在10月份预缴申报或年度汇算清缴时统一享受。

二、企业10月份预缴申报第3季度（按季预缴）或9月份（按月预缴）企业所得税时，能准确归集核算研发费用的，企业可结合自身生产经营实际情况，自主选择就当年前三季度研发费用享受加计扣除政策。

对10月份预缴申报期未选择享受优惠的企业，在年度汇算清缴时能够准确归集核算研发费用的，可结合自身生产经营实际情况，自主选择在年度汇算清缴时统一享受。

三、企业享受研发费用加计扣除优惠政策采取"真实发生、自行判别、申报享受、相关资料留存备查"的办理方式，由企业依据实际发生的研发费用支出，自行计算加计扣除金额，填报《中华人民共和国企业所得税月（季）度预缴纳税申报表（A类）》享受税收优惠，并根据享受加计扣除优惠的研发费用情况（上半年或前三季度）填写《研发费用加计扣除优惠明细表》（A107012）。《研发费用加计扣除优惠明细表》（A107012）与规定的其他资料一并留存备查。

四、本公告自2023年1月1日起施行。《国家税务总局关于企业预缴申报享受研发费用加计扣除优惠政策有关事项的公告》（2022年第10号）同时废止。

特此公告。

5.《财政部　税务总局　国家发展改革委　工业和信息化部关于提高集成电路和工业母机企业研发费用加计扣除比例的公告》（财政部　税务总局　国家发展改革委　工业和信息化部公告2023年第44号）

为进一步鼓励企业研发创新，促进集成电路产业和工业母机产业高质量发展，现就有关企业研发费用税前加计扣除政策公告如下：

一、集成电路企业和工业母机企业开展研发活动中实际发生的研发费用，未形成无形资产计入当期损益的，在按规定据实扣除的基础上，在2023年1月1日至2027年12月31日期间，再按照实际发生额的120%在税前扣除；

形成无形资产的,在上述期间按照无形资产成本的220%在税前摊销。

二、第一条所称集成电路企业是指国家鼓励的集成电路生产、设计、装备、材料、封装、测试企业。具体按以下条件确定:

(一)国家鼓励的集成电路生产企业是指符合《财政部 税务总局 发展改革委 工业和信息化部关于促进集成电路产业和软件产业高质量发展企业所得税政策的公告》(财政部 税务总局 发展改革委 工业和信息化部公告2020年第45号)第一条规定的生产企业或项目归属企业,企业清单由国家发展改革委、工业和信息化部会同财政部、税务总局等部门制定。

(二)国家鼓励的集成电路设计企业是指符合《财政部 税务总局 发展改革委 工业和信息化部关于促进集成电路产业和软件产业高质量发展企业所得税政策的公告》(财政部 税务总局 发展改革委 工业和信息化部公告2020年第45号)第四条规定的重点集成电路设计企业,企业清单由国家发展改革委、工业和信息化部会同财政部、税务总局等部门制定。

(三)国家鼓励的集成电路装备、材料、封装、测试企业是指符合《中华人民共和国工业和信息化部 国家发展改革委 财政部 国家税务总局公告(2021年第9号)》规定条件的企业。如有更新,从其规定。

三、第一条所称工业母机企业是指生产销售符合本公告附件《先进工业母机产品基本标准》产品的企业,具体适用条件和企业清单由工业和信息化部会同国家发展改革委、财政部、税务总局等部门制定。

四、企业享受研发费用加计扣除政策的其他政策口径和管理要求,按照《财政部 国家税务总局 科技部关于完善研究开发费用税前加计扣除政策的通知》(财税〔2015〕119号)、《财政部 税务总局 科技部关于企业委托境外研究开发费用税前加计扣除有关政策问题的通知》(财税〔2018〕64号)等文件相关规定执行。

五、本公告规定的税收优惠政策,采用清单管理的,由国家发展改革委、工业和信息化部于每年3月底前按规定向财政部、税务总局提供上一年度可享受优惠的企业清单;不采取清单管理的,税务机关可按《财政部 税务总局 发展改革委 工业和信息化部关于促进集成电路产业和软件产业高质量发展企业所得税政策的公告》(财政部 税务总局 发展改革委 工业和信息化部公告2020年第45号）规定的核查机制转请发展改革、工业和信息化部门进行核查。

特此公告。

6.《财政部　税务总局　发展改革委　民政部　商务部　卫生健康委关于养老、托育、家政等社区家庭服务业税费优惠政策的公告》（财政部公告2019年第76号）

为支持养老、托育、家政等社区家庭服务业发展，现就有关税费政策公告如下：

一、为社区提供养老、托育、家政等服务的机构，按照以下规定享受税费优惠政策：

（一）提供社区养老、托育、家政服务取得的收入，免征增值税。

（二）提供社区养老、托育、家政服务取得的收入，在计算应纳税所得额时，减按90%计入收入总额。

（三）承受房屋、土地用于提供社区养老、托育、家政服务的，免征契税。

（四）用于提供社区养老、托育、家政服务的房产、土地，免征不动产登记费、耕地开垦费、土地复垦费、土地闲置费；用于提供社区养老、托育、家政服务的建设项目，免征城市基础设施配套费；确因地质条件等原因无法修建防空地下室的，免征防空地下室易地建设费。

二、为社区提供养老、托育、家政等服务的机构自有或其通过承租、无偿使用等方式取得并用于提供社区养老、托育、家政服务的房产、土地，免征房产税、城镇土地使用税。

三、本公告所称社区是指聚居在一定地域范围内的人们所组成的社会生活共同体，包括城市社区和农村社区。

为社区提供养老服务的机构，是指在社区依托固定场所设施，采取全托、日托、上门等方式，为社区居民提供养老服务的企业、事业单位和社会组织。社区养老服务是指为老年人提供的生活照料、康复护理、助餐助行、紧急救援、精神慰藉等服务。

为社区提供托育服务的机构，是指在社区依托固定场所设施，采取全日托、半日托、计时托、临时托等方式,为社区居民提供托育服务的企业、事业单位和社会组织。社区托育服务是指为3周岁(含)以下婴幼儿提供的照料、看护、膳食、保育等服务。

为社区提供家政服务的机构,是指以家庭为服务对象,为社区居民提供家政服务的企业、事业单位和社会组织。社区家政服务是指进入家庭成员住所或医疗机构为孕产妇、婴幼儿、老人、病人、残疾人提供的照护服务,以及进入家庭成员住所提供的保洁、烹饪等服务。

四、符合下列条件的家政服务企业提供家政服务取得的收入,比照《营业税改征增值税试点过渡政策的规定》(财税〔2016〕36号附件)第一条第(三十一)项规定,免征增值税。

(一)与家政服务员、接受家政服务的客户就提供家政服务行为签订三方协议;

(二)向家政服务员发放劳动报酬,并对家政服务员进行培训管理;

(三)通过建立业务管理系统对家政服务员进行登记管理。

五、财政、税费征收机关可根据工作需要与民政、卫生健康、商务等部门建立信息共享和工作配合机制,民政、卫生健康、商务等部门应积极协同配合,保障优惠政策落实到位。

六、本公告自2019年6月1日起执行至2025年12月31日。

7.《财政部　税务总局关于进一步加大增值税期末留抵退税政策实施力度的公告》(财政部　税务总局公告2022年第14号)

为支持小微企业和制造业等行业发展,提振市场主体信心、激发市场主体活力,现将进一步加大增值税期末留抵退税实施力度有关政策公告如下:

一、加大小微企业增值税期末留抵退税政策力度,将先进制造业按月全额退还增值税增量留抵税额政策范围扩大至符合条件的小微企业(含个体工商户,下同),并一次性退还小微企业存量留抵税额。

(一)符合条件的小微企业,可以自2022年4月纳税申报期起向主管税务机关申请退还增量留抵税额。在2022年12月31日前,退税条件按照本公告第三条规定执行。

(二)符合条件的微型企业,可以自2022年4月纳税申报期起向主管税务机关申请一次性退还存量留抵税额；符合条件的小型企业，可以自2022年5月纳税申报期起向主管税务机关申请一次性退还存量留抵税额。

二、加大"制造业""科学研究和技术服务业""电力、热力、燃气及水生产和供应业""软件和信息技术服务业""生态保护和环境治理业"和"交通运输、仓储和邮政业"（以下称制造业等行业）增值税期末留抵退税政策力度，将先进制造业按月全额退还增值税增量留抵税额政策范围扩大至符合条件的制造业等行业企业（含个体工商户，下同），并一次性退还制造业等行业企业存量留抵税额。

（一）符合条件的制造业等行业企业，可以自2022年4月纳税申报期起向主管税务机关申请退还增量留抵税额。

（二）符合条件的制造业等行业中型企业，可以自2022年7月纳税申报期起向主管税务机关申请一次性退还存量留抵税额；符合条件的制造业等行业大型企业，可以自2022年10月纳税申报期起向主管税务机关申请一次性退还存量留抵税额。

三、适用本公告政策的纳税人需同时符合以下条件：

（一）纳税信用等级为A级或者B级；

（二）申请退税前36个月未发生骗取留抵退税、骗取出口退税或虚开增值税专用发票情形；

（三）申请退税前36个月未因偷税被税务机关处罚两次及以上；

（四）2019年4月1日起未享受即征即退、先征后返（退）政策。

四、本公告所称增量留抵税额，区分以下情形确定：

（一）纳税人获得一次性存量留抵退税前，增量留抵税额为当期期末留抵税额与2019年3月31日相比新增加的留抵税额。

（二）纳税人获得一次性存量留抵退税后，增量留抵税额为当期期末留抵税额。

五、本公告所称存量留抵税额，区分以下情形确定：

（一）纳税人获得一次性存量留抵退税前，当期期末留抵税额大于或等于2019年3月31日期末留抵税额的，存量留抵税额为2019年3月31日期末留抵税额；当期期末留抵税额小于2019年3月31日期末留抵税额的，存量留抵税额为当期期末留抵税额。

（二）纳税人获得一次性存量留抵退税后，存量留抵税额为零。

六、本公告所称中型企业、小型企业和微型企业，按照《中小企业划型标准规定》（工信部联企业〔2011〕300号）和《金融业企业划型标准规定》（银发〔2015〕309号）中的营业收入指标、资产总额指标确定。其中，资产总额指标按照纳税人上一会计年度年末值确定。营业收入指标按照纳税人上一会计年度增值税销售额确定；不满一个会计年度的，按照以下公式计算：

$$\text{增值税销售额}（年） = \frac{\text{上一会计年度企业实际存续期间增值税销售额}}{\text{企业实际存续月数}} \times 12$$

本公告所称增值税销售额，包括纳税申报销售额、稽查查补销售额、纳税评估调整销售额。适用增值税差额征税政策的，以差额后的销售额确定。

对于工信部联企业〔2011〕300号和银发〔2015〕309号文件所列行业以外的纳税人，以及工信部联企业〔2011〕300号文件所列行业但未采用营业收入指标或资产总额指标划型确定的纳税人，微型企业标准为增值税销售额（年）100万元以下（不含100万元）；小型企业标准为增值税销售额（年）2 000万元以下（不含2 000万元）；中型企业标准为增值税销售额（年）1亿元以下（不含1亿元）。

本公告所称大型企业，是指除上述中型企业、小型企业和微型企业外的其他企业。

七、本公告所称制造业等行业企业，是指从事《国民经济行业分类》中"制造业""科学研究和技术服务业""电力、热力、燃气及水生产和供应业""软件和信息技术服务业""生态保护和环境治理业"和"交通运输、仓储和邮政业"业务相应发生的增值税销售额占全部增值税销售额的比重超过50%的纳税人。

上述销售额比重根据纳税人申请退税前连续12个月的销售额计算确定；申请退税前经营期不满12个月但满3个月的，按照实际经营期的销售额计算确定。

八、适用本公告政策的纳税人,按照以下公式计算允许退还的留抵税额:

允许退还的增量留抵税额=增量留抵税额×进项构成比例×100%

允许退还的存量留抵税额=存量留抵税额×进项构成比例×100%

进项构成比例,为2019年4月至申请退税前一税款所属期已抵扣的增值税专用发票(含带有"增值税专用发票"字样全面数字化的电子发票、税控机动车销售统一发票)、收费公路通行费增值税电子普通发票、海关进口增值税专用缴款书、解缴税款完税凭证注明的增值税额占同期全部已抵扣进项税额的比重。

九、纳税人出口货物劳务、发生跨境应税行为,适用免抵退税办法的,应先办理免抵退税。免抵退税办理完毕后,仍符合本公告规定条件的,可以申请退还留抵税额;适用免退税办法的,相关进项税额不得用于退还留抵税额。

十、纳税人自2019年4月1日起已取得留抵退税款的,不得再申请享受增值税即征即退、先征后返(退)政策。纳税人可以在2022年10月31日前一次性将已取得的留抵退税款全部缴回后,按规定申请享受增值税即征即退、先征后返(退)政策。

纳税人自2019年4月1日起已享受增值税即征即退、先征后返(退)政策的,可以在2022年10月31日前一次性将已退还的增值税即征即退、先征后返(退)税款全部缴回后,按规定申请退还留抵税额。

十一、纳税人可以选择向主管税务机关申请留抵退税,也可以选择结转下期继续抵扣。纳税人应在纳税申报期内,完成当期增值税纳税申报后申请留抵退税。2022年4月至6月的留抵退税申请时间,延长至每月最后一个工作日。

纳税人可以在规定期限内同时申请增量留抵退税和存量留抵退税。同时符合本公告第一条和第二条相关留抵退税政策的纳税人,可任意选择申请适用上述留抵退税政策。

十二、纳税人取得退还的留抵税额后,应相应调减当期留抵税额。

如果发现纳税人存在留抵退税政策适用有误的情形,纳税人应在下个纳税申报期结束前缴回相关留抵退税款。

以虚增进项、虚假申报或其他欺骗手段,骗取留抵退税款的,由税务机关追缴其骗取的退税款,并按照《中华人民共和国税收征收管理法》等有关规定处理。

十三、适用本公告规定留抵退税政策的纳税人办理留抵退税的税收管理事项,继续按照现行规定执行。

十四、除上述纳税人以外的其他纳税人申请退还增量留抵税额的规定,继续按照《财政部 税务总局 海关总署关于深化增值税改革有关政策的公告》(财政部 税务总局 海关总署公告2019年第39号)执行,其中,第八条第三款关于"进项构成比例"的相关规定,按照本公告第八条规定执行。

十五、各级财政和税务部门务必高度重视留抵退税工作,摸清底数、周密筹划、加强宣传、密切协作、统筹推进,并分别于2022年4月30日、6月30日、9月30日、12月31日前,在纳税人自愿申请的基础上,集中退还微型、小型、中型、大型企业存量留抵税额。税务部门结合纳税人留抵退税申请情况,规范高效便捷地为纳税人办理留抵退税。

十六、本公告自2022年4月1日施行。《财政部 税务总局关于明确部分先进制造业增值税期末留抵退税政策的公告》(财政部 税务总局公告2019年第84号)、《财政部 税务总局关于明确国有农用地出租等增值税政策的公告》(财政部 税务总局公告2020年第2号)第六条、《财政部 税务总局关于明确先进制造业增值税期末留抵退税政策的公告》(财政部 税务总局公告2021年第15号)同时废止。

特此公告。

8.《国家税务总局关于跨境电子商务综合试验区零售出口企业所得税核定征收有关问题的公告》(国家税务总局公告2019年第36号)

为支持跨境电子商务健康发展,推动外贸模式创新,有效配合《财政部 税务总局 商务部海关总署关于跨境电子商务综合试验区零售出口货物税收政策的通知》(财税〔2018〕103号)落实工作,现就跨境电子商务综合试验区(以下简称"综试区")内的跨境电子商务零售出口企业(以下简称

"跨境电商企业")核定征收企业所得税有关问题公告如下：

一、综试区内的跨境电商企业，同时符合下列条件的，试行核定征收企业所得税办法：

（一）在综试区注册，并在注册地跨境电子商务线上综合服务平台登记出口货物日期、名称、计量单位、数量、单价、金额的；

（二）出口货物通过综试区所在地海关办理电子商务出口申报手续的；

（三）出口货物未取得有效进货凭证，其增值税、消费税享受免税政策的。

二、综试区内核定征收的跨境电商企业应准确核算收入总额，并采用应税所得率方式核定征收企业所得税。应税所得率统一按照4%确定。

三、税务机关应按照有关规定，及时完成综试区跨境电商企业核定征收企业所得税的鉴定工作。

四、综试区内实行核定征收的跨境电商企业符合小型微利企业优惠政策条件的，可享受小型微利企业所得税优惠政策；其取得的收入属于《中华人民共和国企业所得税法》第二十六条规定的免税收入的，可享受免税收入优惠政策。

五、本公告所称综试区，是指经国务院批准的跨境电子商务综合试验区；本公告所称跨境电商企业，是指自建跨境电子商务销售平台或利用第三方跨境电子商务平台开展电子商务出口的企业。

六、本公告自2020年1月1日起施行。

特此公告。

9.《财政部　税务总局关于完善资源综合利用增值税政策的公告》（财政部　税务总局公告2021年第40号）

为推动资源综合利用行业持续健康发展，现将有关增值税政策公告如下：

一、从事再生资源回收的增值税一般纳税人销售其收购的再生资源，可以选择适用简易计税方法依照3%征收率计算缴纳增值税，或适用一般计税方法计算缴纳增值税。

（一）本公告所称再生资源，是指在社会生产和生活消费过程中产生的，已经失去原有全部或部分使用价值，经过回收、加工处理，能够使其重新获得使用价值的各种废弃物。其中，加工处理仅限于清洗、挑选、破碎、切割、拆解、打包等改变再生资源密度、湿度、长度、粗细、软硬等物理性状的简单加工。

（二）纳税人选择适用简易计税方法，应符合下列条件之一：

1.从事危险废物收集的纳税人，应符合国家危险废物经营许可证管理办法的要求，取得危险废物经营许可证。

2.从事报废机动车回收的纳税人，应符合国家商务主管部门出台的报废机动车回收管理办法要求，取得报废机动车回收拆解企业资质认定证书。

3.除危险废物、报废机动车外，其他再生资源回收纳税人应符合国家商务主管部门出台的再生资源回收管理办法要求，进行市场主体登记，并在商务部门完成再生资源回收经营者备案。

（三）各级财政、主管部门及其工作人员，存在违法违规给予从事再生资源回收业务的纳税人财政返还、奖补行为的，依法追究相应责任。

二、除纳税人聘用的员工为本单位或者雇主提供的再生资源回收不征收增值税外，纳税人发生的再生资源回收并销售的业务，均应按照规定征免增值税。

三、增值税一般纳税人销售自产的资源综合利用产品和提供资源综合利用劳务（以下简称"销售综合利用产品和劳务"），可享受增值税即征即退政策。

（一）综合利用的资源名称、综合利用产品和劳务名称、技术标准和相关条件、退税比例等按照本公告所附《资源综合利用产品和劳务增值税优惠目录（2022年版）》（以下简称《目录》）的相关规定执行。

（二）纳税人从事《目录》所列的资源综合利用项目，其申请享受本公告规定的增值税即征即退政策时，应同时符合下列条件：

1.纳税人在境内收购的再生资源，应按规定从销售方取得增值税发票；适用免税政策的，应按规定从销售方取得增值税普通发票。销售方为依法依规无法申领发票的单位或者从事小额零星经营业务的自然人，应取得销售方开具的收款凭证及收购方内部凭证，或者税务机关代开的发票。本款所称小额零星经营业务是指自然人从事应税项目经营业务的销售额不超过增值税按

第五章 企业所得税筹划实用技巧

次起征点的业务。

纳税人从境外收购的再生资源，应按规定取得海关进口增值税专用缴款书，或者从销售方取得具有发票性质的收款凭证、相关税费缴纳凭证。

纳税人应当取得上述发票或凭证而未取得的，该部分再生资源对应产品的销售收入不得适用本公告的即征即退规定。

不得适用本公告即征即退规定的销售收入＝当期销售综合利用产品和劳务的销售收入×（纳税人应当取得发票或凭证而未取得的购入再生资源成本÷当期购进再生资源的全部成本）

纳税人应当在当期销售综合利用产品和劳务销售收入中剔除不得适用即征即退政策部分的销售收入后，计算可申请的即征即退税额：

可申请退税额＝[（当期销售综合利用产品和劳务的销售收入－不得适用即征即退规定的销售收入）×适用税率－当期即征即退项目的进项税额]×对应的退税比例

各级税务机关要加强发票开具相关管理工作，纳税人应按规定及时开具、取得发票。

2. 纳税人应建立再生资源收购台账，留存备查。台账内容包括：再生资源供货方单位名称或个人姓名及身份证号、再生资源名称、数量、价格、结算方式、是否取得增值税发票或符合规定的凭证等。纳税人现有账册、系统能够包括上述内容的，无需单独建立台账。

3. 销售综合利用产品和劳务，不属于发展改革委《产业结构调整指导目录》中的淘汰类、限制类项目。

4. 销售综合利用产品和劳务，不属于生态环境部《环境保护综合名录》中的"高污染、高环境风险"产品或重污染工艺。"高污染、高环境风险"产品，是指在《环境保护综合名录》中标注特性为"GHW/GHF"的产品，但纳税人生产销售的资源综合利用产品满足"GHW/GHF"例外条款规定的技术和条件的除外。

5. 综合利用的资源，属于生态环境部《国家危险废物名录》列明的危险废物的，应当取得省级或市级生态环境部门颁发的《危险废物经营许可证》，且许可经营范围包括该危险废物的利用。

6.纳税信用级别不为C级或D级。

7.纳税人申请享受本公告规定的即征即退政策时,申请退税税款所属期前6个月(含所属期当期)不得发生下列情形:

(1)因违反生态环境保护的法律法规受到行政处罚(警告、通报批评或单次10万元以下罚款、没收违法所得、没收非法财物除外;单次10万元以下含本数,下同)。

(2)因违反税收法律法规被税务机关处罚(单次10万元以下罚款除外),或发生骗取出口退税、虚开发票的情形。

纳税人在办理退税事宜时,应向主管税务机关提供其符合本条规定的上述条件以及《目录》规定的技术标准和相关条件的书面声明,并在书面声明中如实注明未取得发票或相关凭证以及接受环保、税收处罚等情况。未提供书面声明的,税务机关不得给予退税。

(三)已享受本公告规定的增值税即征即退政策的纳税人,自不符合本公告"三"中第"(二)"部分规定的条件以及《目录》规定的技术标准和相关条件的当月起,不再享受本公告规定的增值税即征即退政策。

(四)已享受本公告规定的增值税即征即退政策的纳税人,在享受增值税即征即退政策后,出现本公告"三"中第"(二)"部分第"7"点规定情形的,自处罚决定作出的当月起6个月内不得享受本公告规定的增值税即征即退政策。如纳税人连续12个月内发生两次以上本公告"三"中第"(二)"部分第"7"点规定的情形,自第二次处罚决定作出的当月起36个月内不得享受本公告规定的增值税即征即退政策。相关处罚决定被依法撤销、变更、确认违法或者确认无效的,符合条件的纳税人可以重新申请办理退税事宜。

(五)各省、自治区、直辖市、计划单列市税务机关应于每年3月底之前在其网站上,将本地区上一年度所有享受本公告规定的增值税即征即退或免税政策的纳税人,按下列项目予以公示:纳税人名称、纳税人识别号、综合利用的资源名称、综合利用产品和劳务名称。各省、自治区、直辖市、计划单列市税务机关在对本地区上一年度享受本公告规定的增值税即征即退或免税政策的纳税人进行公示前,应会同本地区生态环境部门,再次核实纳税人受环保处罚情况。

四、纳税人从事《目录》2.15"污水处理厂出水、工业排水（矿井水）、生活污水、垃圾处理厂渗透（滤）液等"项目、5.1"垃圾处理、污泥处理处置劳务"、5.2"污水处理劳务"项目，可适用本公告"三"规定的增值税即征即退政策，也可选择适用免征增值税政策；一经选定，36个月内不得变更。选择适用免税政策的纳税人，应满足本公告"三"有关规定以及《目录》规定的技术标准和相关条件，相关资料留存备查。

五、按照本公告规定单个所属期退税金额超过500万元的，主管税务机关应在退税完成后30个工作日内，将退税资料送同级财政部门复查，财政部门逐级复查后，由省级财政部门送财政部当地监管局出具最终复查意见。复查工作应于退税后3个月内完成，具体复查程序由财政部当地监管局会同省级财税部门制定。

六、再生资源回收、利用纳税人应依法履行纳税义务。各级税务机关要加强纳税申报、发票开具、即征即退等事项的管理工作，保障纳税人按规定及时办理相关纳税事项。

七、本公告自2022年3月1日起执行。《财政部 国家税务总局关于印发〈资源综合利用产品和劳务增值税优惠目录〉的通知》（财税〔2015〕78号）、《财政部 税务总局关于资源综合利用增值税政策的公告》（财政部 税务总局公告2019年第90号）除"技术标准和相关条件"外同时废止，"技术标准和相关条件"有关规定可继续执行至2022年12月31日止。《目录》所列的资源综合利用项目适用的国家标准、行业标准，如在执行过程中有更新、替换，统一按新的国家标准、行业标准执行。

此前已发生未处理的事项，按本公告规定执行。已处理的事项，如执行完毕则不再调整；如纳税人受到环保、税收处罚已停止享受即征即退政策的时间超过6个月但尚未执行完毕的，则自本公告执行的当月起，可重新申请享受即征即退政策；如纳税人受到环保、税收处罚已停止享受即征即退政策的时间未超过6个月，则自6个月期满后的次月起，可重新申请享受即征即退政策。

特此公告。

六、设立双层公司进行投资

【筹划案例055】 李先生拥有甲公司40%的股份,每年可以从该公司获得500万元的股息。根据我国现行个人所得税制度,李先生每年需要缴纳100万元的个人所得税。李先生所获得的股息全部用于股票投资或者直接投资于其他企业。李先生应当如何进行纳税筹划?

李先生可以用该股权以及部分现金投资设立一家一人有限责任公司——李氏投资公司,由李氏投资公司持有甲公司40%的股权。李先生也可以先设立李氏投资公司,再由李氏投资公司从李先生手中收购甲公司40%的股权。这样,李氏投资公司每年从甲公司获得的500万元股息就不需要缴纳企业所得税。李先生原定的用股息投资于股票或者其他投资计划可以由李氏投资公司来进行操作,李氏投资公司投资于其他企业所获得的股息同样不需要缴纳企业所得税,这样就免除了李先生每次获得股息所应当承担的个人所得税纳税义务。

【主要法律依据】

1.《企业所得税法》第二十六条第(二)项

参见本书第168页。

2.《企业所得税法实施条例》第八十三条

第八十三条 企业所得税法第二十六条第(二)项所称符合条件的居民企业之间的股息、红利等权益性投资收益,是指居民企业直接投资于其他居民企业取得的投资收益。符合条件的居民企业之间的股息、红利等权益性投资收益,不包括连续持有居民企业公开发行并上市流通的股票不足12个月取得的投资收益。

七、灵活选择享受税收优惠的起始年度

【筹划案例056】 某公司根据税法规定,可以享受自项目取得第一笔生产经营收入的纳税年度起,第1年至第3年免征企业所得税,第4年至第6年减半征收企业所得税的优惠政策。该公司原计划于2022年12月开始该项目的生产经营,当年预计会亏损;2023—2028年度,每年预计应纳

第五章 企业所得税筹划实用技巧

税所得额分别为100万元、500万元、800万元、1 000万元、1 500万元和2 000万元。请计算2022—2028年度该公司应当缴纳的企业所得税税额，并提出纳税筹划方案。

该公司从2022年度开始生产经营，应当计算享受税收优惠的期限。该公司2022—2024年度可以享受免税待遇，不需要缴纳企业所得税。该公司2025—2027年度可以享受减半征税的待遇，因此，需要缴纳的企业所得税税额为412.50万元〔(800+1 000+1 500)×25%×50%〕。该公司2028年度不享受税收优惠，需要缴纳的企业所得税税额为500万元（2 000×25%）。因此，该公司2022—2028年度合计需要缴纳的企业所得税税额为912.50万元（412.50+500）。

如果该公司将该项目的生产经营日期推迟到2023年1月1日，这样，2021年度就是该公司享受税收优惠的第一年，2023—2025年度，该公司可以享受免税待遇，不需要缴纳企业所得税。2026—2028年度，该公司可以享受减半征收企业所得税的优惠待遇，需要缴纳的企业所得税税额为562.50万元〔(1 000+1 500+2 000)×25%×50%〕。经过纳税筹划，该公司减轻税收负担350万元（912.50-562.50）。

【主要法律依据】

1.《企业所得税法》第二十七条

第二十七条　企业的下列所得，可以免征、减征企业所得税：

（一）从事农、林、牧、渔业项目的所得；

（二）从事国家重点扶持的公共基础设施项目投资经营的所得；

（三）从事符合条件的环境保护、节能节水项目的所得；

（四）符合条件的技术转让所得；

（五）本法第三条第三款规定的所得。

2.《企业所得税法实施条例》第八十七条至第八十九条

参见本书第183～184页。

八、利用创业投资优惠政策

【筹划案例057】　甲公司为创业投资企业，适用25%的企业所得税税率，计划在2024年2月底前对外股权投资10亿元。相关部门提出两种方案：方案一是投资一家成熟的大型高新技术企业；方案二是投资一家初创期中型科技型企业。两种方案的投资收益率大体相当，请为甲公司提出纳税筹划方案。

建议甲公司选择第二种方案，该方案可以为甲公司创造可抵扣应纳税所得额7亿元（10×70%），未来可以减少应纳税额1.75亿元。同时建议甲公司在2023年12月31日前完成相关投资，这样可以在2025年度享受该项优惠。如果在2024年1月1日以后投资，则甲公司需推迟至2026年度才能开始享受该项优惠。

甲公司投资满2年后即可撤出，再选择其他初创期中型科技型企业进行投资。这样，该10亿元的投资可以每2年为企业创造7亿元的抵扣额，相当于每年3.50亿元的抵扣额，即每年节税8 750万元。

【主要法律依据】

1.《企业所得税法》第三十一条

第三十一条　创业投资企业从事国家需要重点扶持和鼓励的创业投资，可以按投资额的一定比例抵扣应纳税所得额。

2.《企业所得税法实施条例》第九十七条

第九十七条　企业所得税法第三十一条所称抵扣应纳税所得额，是指创业投资企业采取股权投资方式投资于未上市的中小高新技术企业2年以上的，可以按照其投资额的70%在股权持有满2年的当年抵扣该创业投资企业的应纳税所得额；当年不足抵扣的，可以在以后纳税年度结转抵扣。

3.《财政部　国家税务总局关于将国家自主创新示范区有关税收试点政策推广到全国范围实施的通知》（财税〔2015〕116号）

各省、自治区、直辖市、计划单列市财政厅（局）、国家税务局、地方税务局，新疆生产建设兵团财务局：

根据国务院常务会议决定精神，将国家自主创新示范区试点的四项所得税政策推广至全国范围实施。现就有关税收政策问题明确如下：

一、关于有限合伙制创业投资企业法人合伙人企业所得税政策

1.自2015年10月1日起，全国范围内的有限合伙制创业投资企业采取股权投资方式投资于未上市的中小高新技术企业满2年（24个月）的，该有

限合伙制创业投资企业的法人合伙人可按照其对未上市中小高新技术企业投资额的70%抵扣该法人合伙人从该有限合伙制创业投资企业分得的应纳税所得额，当年不足抵扣的，可以在以后纳税年度结转抵扣。

2.有限合伙制创业投资企业的法人合伙人对未上市中小高新技术企业的投资额，按照有限合伙制创业投资企业对中小高新技术企业的投资额和合伙协议约定的法人合伙人占有限合伙制创业投资企业的出资比例计算确定。

二、关于技术转让所得企业所得税政策

1.自2015年10月1日起，全国范围内的居民企业转让5年以上非独占许可使用权取得的技术转让所得，纳入享受企业所得税优惠的技术转让所得范围。居民企业的年度技术转让所得不超过500万元的部分，免征企业所得税；超过500万元的部分，减半征收企业所得税。

2.本通知所称技术，包括专利（含国防专利）、计算机软件著作权、集成电路布图设计专有权、植物新品种权、生物医药新品种，以及财政部和国家税务总局确定的其他技术。其中，专利是指法律授予独占权的发明、实用新型以及非简单改变产品图案和形状的外观设计。

三、关于企业转增股本个人所得税政策

1.自2016年1月1日起，全国范围内的中小高新技术企业以未分配利润、盈余公积、资本公积向个人股东转增股本时，个人股东一次缴纳个人所得税确有困难的，可根据实际情况自行制定分期缴税计划，在不超过5个公历年度内（含）分期缴纳，并将有关资料报主管税务机关备案。

2.个人股东获得转增的股本，应按照"利息、股息、红利所得"项目，适用20%税率征收个人所得税。

3.股东转让股权并取得现金收入的，该现金收入应优先用于缴纳尚未缴清的税款。

4.在股东转让该部分股权之前，企业依法宣告破产，股东进行相关权益处置后没有取得收益或收益小于初始投资额的，主管税务机关对其尚未缴纳的个人所得税可不予追征。

5.本通知所称中小高新技术企业，是指注册在中国境内实行查账征收的、经认定取得高新技术企业资格，且年销售额和资产总额均不超过2亿元、从业人数不超过500人的企业。

6. 上市中小高新技术企业或在全国中小企业股份转让系统挂牌的中小高新技术企业向个人股东转增股本，股东应纳的个人所得税，继续按照现行有关股息红利差别化个人所得税政策执行，不适用本通知规定的分期纳税政策。

四、关于股权奖励个人所得税政策

1. 自2016年1月1日起，全国范围内的高新技术企业转化科技成果，给予本企业相关技术人员的股权奖励，个人一次缴纳税款有困难的，可根据实际情况自行制定分期缴税计划，在不超过5个公历年度内（含）分期缴纳，并将有关资料报主管税务机关备案。

2. 个人获得股权奖励时，按照"工资薪金所得"项目，参照《财政部 国家税务总局关于个人股票期权所得征收个人所得税问题的通知》（财税〔2005〕35号）有关规定计算确定应纳税额。股权奖励的计税价格参照获得股权时的公平市场价格确定。

3. 技术人员转让奖励的股权（含奖励股权孳生的送、转股）并取得现金收入的，该现金收入应优先用于缴纳尚未缴清的税款。

4. 技术人员在转让奖励的股权之前企业依法宣告破产，技术人员进行相关权益处置后没有取得收益或资产，或取得的收益和资产不足以缴纳其取得股权尚未缴纳的应纳税款的部分，税务机关可不予追征。

5. 本通知所称相关技术人员，是指经公司董事会和股东大会决议批准获得股权奖励的以下两类人员：

（1）对企业科技成果研发和产业化作出突出贡献的技术人员，包括企业内关键职务科技成果的主要完成人、重大开发项目的负责人、对主导产品或者核心技术、工艺流程作出重大创新或者改进的主要技术人员。

（2）对企业发展作出突出贡献的经营管理人员，包括主持企业全面生产经营工作的高级管理人员，负责企业主要产品（服务）生产经营合计占主营业务收入（或者主营业务利润）50%以上的中、高级经营管理人员。

企业面向全体员工实施的股权奖励，不得按本通知规定的税收政策执行。

6. 本通知所称股权奖励，是指企业无偿授予相关技术人员一定份额的股权或一定数量的股份。

7. 本通知所称高新技术企业，是指实行查账征收、经省级高新技术企业认定管理机构认定的高新技术企业。

第五章 企业所得税筹划实用技巧

4.《财政部　国家税务总局关于创业投资企业和天使投资个人有关税收政策的通知》（财税〔2018〕55号）

各省、自治区、直辖市、计划单列市财政厅（局）、国家税务局、地方税务局，新疆生产建设兵团财政局：

为进一步支持创业投资发展，现就创业投资企业和天使投资个人有关税收政策问题通知如下：

一、税收政策内容

（一）公司制创业投资企业采取股权投资方式直接投资于种子期、初创期科技型企业（以下简称"初创科技型企业"）满2年（24个月，下同）的，可以按照投资额的70%在股权持有满2年的当年抵扣该公司制创业投资企业的应纳税所得额；当年不足抵扣的，可以在以后纳税年度结转抵扣。

（二）有限合伙制创业投资企业（以下简称"合伙创投企业"）采取股权投资方式直接投资于初创科技型企业满2年的，该合伙创投企业的合伙人分别按以下方式处理：

1.法人合伙人可以按照对初创科技型企业投资额的70%抵扣法人合伙人从合伙创投企业分得的所得；当年不足抵扣的，可以在以后纳税年度结转抵扣。

2.个人合伙人可以按照对初创科技型企业投资额的70%抵扣个人合伙人从合伙创投企业分得的经营所得；当年不足抵扣的，可以在以后纳税年度结转抵扣。

（三）天使投资个人采取股权投资方式直接投资于初创科技型企业满2年的，可以按照投资额的70%抵扣转让该初创科技型企业股权取得的应纳税所得额；当期不足抵扣的，可以在以后取得转让该初创科技型企业股权的应纳税所得额时结转抵扣。

天使投资个人投资多个初创科技型企业的，对其中办理注销清算的初创科技型企业，天使投资个人对其投资额的70%尚未抵扣完的，可自注销清算之日起36个月内抵扣天使投资个人转让其他初创科技型企业股权取得的应纳税所得额。

二、相关政策条件

（一）本通知所称初创科技型企业，应同时符合以下条件：

1.在中国境内（不包括港、澳、台地区）注册成立、实行查账征收的居民企业；

2. 接受投资时，从业人数不超过200人，其中具有大学本科以上学历的从业人数不低于30%；资产总额和年销售收入均不超过3 000万元；

3. 接受投资时设立时间不超过5年（60个月）；

4. 接受投资时以及接受投资后2年内未在境内外证券交易所上市；

5. 接受投资当年及下一纳税年度，研发费用总额占成本费用支出的比例不低于20%。

（二）享受本通知规定税收政策的创业投资企业，应同时符合以下条件：

1. 在中国境内（不含港、澳、台地区）注册成立、实行查账征收的居民企业或合伙创投企业，且不属于被投资初创科技型企业的发起人；

2. 符合《创业投资企业管理暂行办法》（发展改革委等10部门令第39号）规定或者《私募投资基金监督管理暂行办法》（证监会令第105号）关于创业投资基金的特别规定，按照上述规定完成备案且规范运作；

3. 投资后2年内，创业投资企业及其关联方持有被投资初创科技型企业的股权比例合计应低于50%。

（三）享受本通知规定的税收政策的天使投资个人，应同时符合以下条件：

1. 不属于被投资初创科技型企业的发起人、雇员或其亲属（包括配偶、父母、子女、祖父母、外祖父母、孙子女、外孙子女、兄弟姐妹，下同），且与被投资初创科技型企业不存在劳务派遣等关系；

2. 投资后2年内，本人及其亲属持有被投资初创科技型企业股权比例合计应低于50%。

（四）享受本通知规定的税收政策的投资，仅限于通过向被投资初创科技型企业直接支付现金方式取得的股权投资，不包括受让其他股东的存量股权。

三、管理事项及管理要求

（一）本通知所称研发费用口径，按照《财政部 国家税务总局 科技部关于完善研究开发费用税前加计扣除政策的通知》（财税〔2015〕119号）等规定执行。

（二）本通知所称从业人数，包括与企业建立劳动关系的职工人员及企业接受的劳务派遣人员。从业人数和资产总额指标，按照企业接受投资前连续

12个月的平均数计算，不足12个月的，按实际月数平均计算。

本通知所称销售收入，包括主营业务收入与其他业务收入；年销售收入指标，按照企业接受投资前连续12个月的累计数计算，不足12个月的，按实际月数累计计算。

本通知所称成本费用，包括主营业务成本、其他业务成本、销售费用、管理费用、财务费用。

（三）本通知所称投资额，按照创业投资企业或天使投资个人对初创科技型企业的实缴投资额确定。

合伙创投企业的合伙人对初创科技型企业的投资额，按照合伙创投企业对初创科技型企业的实缴投资额和合伙协议约定的合伙人占合伙创投企业的出资比例计算确定。合伙人从合伙创投企业分得的所得，按照《财政部 国家税务总局关于合伙企业合伙人所得税问题的通知》（财税〔2008〕159号）规定计算。

（四）天使投资个人、公司制创业投资企业、合伙创投企业、合伙创投企业法人合伙人、被投资初创科技型企业应按规定办理优惠手续。

（五）初创科技型企业接受天使投资个人投资满2年，在上海证券交易所、深圳证券交易所上市的，天使投资个人转让该企业股票时，按照现行限售股有关规定执行，其尚未抵扣的投资额，在税款清算时一并计算抵扣。

（六）享受本通知规定的税收政策的纳税人，其主管税务机关对被投资企业是否符合初创科技型企业条件有异议的，可以转请被投资企业主管税务机关提供相关材料。对纳税人提供虚假资料，违规享受税收政策的，应按税收征管法相关规定处理，并将其列入失信纳税人名单，按规定实施联合惩戒措施。

四、执行时间

本通知规定的天使投资个人所得税政策自2018年7月1日起执行，其他各项政策自2018年1月1日起执行。执行日期前2年内发生的投资，在执行日期后投资满2年，且符合本通知规定的其他条件的，可以适用本通知规定的税收政策。

《财政部 税务总局关于创业投资企业和天使投资个人有关税收试点政策的通知》（财税〔2017〕38号）自2018年7月1日起废止，符合试点政策条件的投资额可按本通知的规定继续抵扣。

5.《财政部　税务总局关于延续执行创业投资企业和天使投资个人投资初创科技型企业有关政策条件的公告》（财政部　税务总局公告2022年第6号）

为进一步支持创业创新，现就创业投资企业和天使投资个人投资初创科技型企业所得税政策有关事项公告如下：

自2022年1月1日至2023年12月31日，对于初创科技型企业需符合的条件，从业人数继续按不超过300人、资产总额和年销售收入按均不超过5 000万元执行，《财政部　税务总局关于创业投资企业和天使投资个人有关税收政策的通知》（财税〔2018〕55号）规定的其他条件不变。

在此期间已投资满2年及新发生的投资，可按财税〔2018〕55号文件和本公告规定适用税收政策。

6.《财政部　税务总局关于延续执行创业投资企业和天使投资个人投资初创科技型企业有关政策条件的公告》（财政部　税务总局公告2023年第17号）

为进一步支持创业创新，现就创业投资企业和天使投资个人投资初创科技型企业有关税收政策事项公告如下：

对于初创科技型企业需符合的条件，从业人数继续按不超过300人、资产总额和年销售收入按均不超过5 000万元执行，《财政部　税务总局关于创业投资企业和天使投资个人有关税收政策的通知》（财税〔2018〕55号）规定的其他条件不变。

在此期间已投资满2年及新发生的投资，可按财税〔2018〕55号文件和本公告规定适用有关税收政策。

本公告执行至2027年12月31日。

第二节　企业经营阶段所得税的筹划

一、充分利用小型微利企业税收优惠

【筹划案例058】　某运输公司共有10个运输车队，每个运输车队有员工

第五章 企业所得税筹划实用技巧

20人,资产总额为2 000万元。每个运输车队年均盈利100万元,整个运输公司年盈利1 000万元。请对该运输公司提出纳税筹划方案。

该运输公司可以将10个运输车队分别注册为独立的子公司。这样,每个子公司都符合小型微利企业的标准,可以享受小微企业的优惠税率。如果不进行纳税筹划,该运输公司需要缴纳企业所得税税额为250万元(1 000×25%)。纳税筹划后,该运输公司集团需要缴纳企业所得税税额为50万元(100×25%×20%×10),减轻税收负担200万元(250-50)。如果某运输车队的盈利能力超过了小型微利企业的标准,则该运输公司可以考虑设立更多的子公司,从而继续享受小型微利企业的税收优惠政策。

【筹划案例059】 赵先生计划成立一家企业从事生产经营活动。预计该企业年收入约150万元,各项成本费用约50万元。赵先生计划成立个人独资企业来从事该项经营,税后利润全部分配。请对此提出纳税筹划方案。

如果赵先生设立个人独资企业,需缴纳个人所得税税额为28.45万元〔(150-50)×35%-6.55〕,净利润为71.55万元(100-28.45),综合税负为28.45%(28.45÷100×100%)。

如赵先生设立有限责任公司,该公司需要缴纳企业所得税税额为5万元〔(150-50)×25%×20%〕,净利润为95万元(100-5)。如果税后利润全部分配,需缴纳个人所得税税额为19万元(95×20%),税后利润为76万元(95-19),综合税负为24%〔(5+19)÷100×100%〕,增加利润4.45万元(76-71.55)。在双层公司节税法下可以不考虑个人所得税,则设立小微公司的税负仅为5%。

如果赵先生设立个体工商户,本应缴纳个人所得税税额为28.45万元〔(150-50)×35%-6.55〕,目前个体工商户应纳税所得额在200万元以下的可以减半征税。减免税额为14.225万元〔28.45×(1-50%)〕,实际缴纳税额为14.225万元。净利润为85.775万元(100-14.225),综合税负为14.225%(14.225÷100×100%),由此可见,个体工商户的税负最轻。如果不考虑个人所得税,小微公司的税负最轻,仅为5%。

【主要法律依据】

1.《企业所得税法》第二十八第一款

第二十八条第一款 符合条件的小型微利企业,减按20%的税率征收企业所得税。

2.《企业所得税法实施条例》第九十二条

第九十二条　企业所得税法第二十八条第一款所称符合条件的小型微利企业，是指从事国家非限制和禁止行业，并符合下列条件的企业：

（一）工业企业，年度应纳税所得额不超过30万元，从业人数不超过100人，资产总额不超过3 000万元；

（二）其他企业，年度应纳税所得额不超过30万元，从业人数不超过80人，资产总额不超过1 000万元。

3.《财政部　税务总局关于进一步支持小微企业和个体工商户发展有关税费政策的公告》（财政部　税务总局公告2023年第12号）**第一条、第三条**

参见本书第155页。

二、利用国债利息免税的优惠政策

【筹划案例060】　某公司拥有1 000万元闲置资金，准备用于获取利息。假设5年期国债年利率为4%，银行5年期定期存款年利率为5%，借给其他企业5年期年利率为6%。请为该公司进行纳税筹划。

（1）如果购买国债，年利息为40万元（1 000×4%），税后利息为40万元。

（2）如果存入银行，年利息为50万元（1 000×5%），税后利息为37.50万元（50－50×25%）。

（3）如果借给企业，年利息为60万元（1 000×6%），增值税及其附加约为4万元（60×6.72%），税后利息约为42万元〔（60－4）×（1－25%）〕。

从税后利息来看，存入银行的利息最少，购买国债的利息高于储蓄利息但低于借给企业的利息，但由于购买国债风险较小，借给企业风险较大，该公司应当在充分考虑借给该企业的风险以后确定是否选择借给企业。

【主要法律依据】

1.《企业所得税法》第二十六条第一项

参见本书第168页。

2.《国家税务总局关于企业国债投资业务企业所得税处理问题的公告》（国家税务总局公告 2011 年第 36 号）

根据《中华人民共和国企业所得税法》（以下简称"企业所得税法"）及其实施条例的规定，现对企业国债投资业务企业所得税处理问题，公告如下：

一、关于国债利息收入税务处理问题

（一）国债利息收入时间确认

1. 根据企业所得税法实施条例第十八条的规定，企业投资国债从国务院财政部门（以下简称"发行者"）取得的国债利息收入，应以国债发行时约定应付利息的日期，确认利息收入的实现。

2. 企业转让国债，应在国债转让收入确认时确认利息收入的实现。

（二）国债利息收入计算

企业到期前转让国债，或者从非发行者投资购买的国债，其持有期间尚未兑付的国债利息收入，按以下公式计算确定：

国债利息收入 = 国债金额 ×（适用年利率 ÷ 365）× 持有天数

上述公式中的"国债金额"，按国债发行面值或发行价格确定；"适用年利率"按国债票面年利率或折合年收益率确定；如企业不同时间多次购买同一品种国债的，"持有天数"可按平均持有天数计算确定。

（三）国债利息收入免税问题

根据企业所得税法第二十六条的规定，企业取得的国债利息收入，免征企业所得税。具体按以下规定执行：

1. 企业从发行者直接投资购买的国债持有至到期，其从发行者取得的国债利息收入，全额免征企业所得税。

2. 企业到期前转让国债，或者从非发行者投资购买的国债，其按本公告第一条第（二）项计算的国债利息收入，免征企业所得税。

二、关于国债转让收入税务处理问题

（一）国债转让收入时间确认

1. 企业转让国债应在转让国债合同、协议生效的日期，或者国债移交时确认转让收入的实现。

2. 企业投资购买国债，到期兑付的，应在国债发行时约定的应付利息的日期，确认国债转让收入的实现。

（二）国债转让收益（损失）计算

企业转让或到期兑付国债取得的价款，减除其购买国债成本，并扣除其持有期间按照本公告第一条计算的国债利息收入以及交易过程中相关税费后的余额，为企业转让国债收益（损失）。

（三）国债转让收益（损失）征税问题

根据企业所得税法实施条例第十六条规定，企业转让国债，应作为转让财产，其取得的收益（损失）应作为企业应纳税所得额计算纳税。

三、关于国债成本确定问题

（一）通过支付现金方式取得的国债，以买入价和支付的相关税费为成本；

（二）通过支付现金以外的方式取得的国债，以该资产的公允价值和支付的相关税费为成本；

四、关于国债成本计算方法问题

企业在不同时间购买同一品种国债的，其转让时的成本计算方法，可在先进先出法、加权平均法、个别计价法中选用一种。计价方法一经选用，不得随意改变。

五、本公告自 2011 年 1 月 1 日起施行。

特此公告。

三、利用研发费用加计扣除优惠政策

【筹划案例061】 甲公司为科技型中小企业，适用 15% 的企业所得税税率。甲公司 2024 年度计划增加支出 1 000 万元用于新产品开发，增加职工工资支出 500 万元。请为甲公司提出纳税筹划方案。

如果甲公司能将 1 000 万元支出核算为研究开发费用，将 500 万元工资支出用于残疾职工，则可以加计扣除 1 500 万元（1 000 × 100% + 500 × 100%）。如果甲公司 2024 年度不考虑上述加计扣除的应纳税所得额超过 1 500 万元，则上述支出为甲公司节省企业所得税税额为 225 万元（1 500 × 15%）。

【主要法律依据】

1.《企业所得税法》第三十条

第三十条 企业的下列支出，可以在计算应纳税所得额时加计扣除：

（一）开发新技术、新产品、新工艺发生的研究开发费用。

（二）安置残疾人员及国家鼓励安置的其他就业人员所支付的工资。

2.《企业所得税法实施条例》第九十五条

第九十五条　企业所得税法第三十条第（一）项所称研究开发费用的加计扣除，是指企业为开发新技术、新产品、新工艺发生的研究开发费用，未形成无形资产计入当期损益的，在按照规定据实扣除的基础上，按照研究开发费用的50%加计扣除；形成无形资产的，按照无形资产成本的150%摊销。

3.《财政部　税务总局关于进一步完善研发费用税前加计扣除政策的公告》（财政部　税务总局公告2023年第7号）

参见本书第204页。

4.《国家税务总局关于进一步落实研发费用加计扣除政策有关问题的公告》（国家税务总局公告2021年第28号）

为贯彻落实国务院激励企业加大研发投入、优化研发费用加计扣除政策实施的举措，深入开展2021年"我为纳税人缴费人办实事暨便民办税春风行动"，方便企业提前享受研发费用加计扣除优惠政策，现就有关事项公告如下：

一、关于2021年度享受研发费用加计扣除政策问题

（一）企业10月份预缴申报第3季度（按季预缴）或9月份（按月预缴）企业所得税时，可以自主选择就前三季度研发费用享受加计扣除优惠政策。

对10月份预缴申报期未选择享受优惠的，可以在2022年办理2021年度企业所得税汇算清缴时统一享受。

（二）企业享受研发费用加计扣除政策采取"真实发生、自行判别、申报享受、相关资料留存备查"的办理方式，由企业依据实际发生的研发费用支出，自行计算加计扣除金额，填报《中华人民共和国企业所得税月（季）度预缴纳税申报表（A类）》享受税收优惠，并根据享受加计扣除优惠的研发费用情况（前三季度）填写《研发费用加计扣除优惠明细表》（A107012）。《研发费用加计扣除优惠明细表》（A107012）与政策规定的其他资料一并留存备查。

二、关于研发支出辅助账样式的问题

（一）《国家税务总局关于企业研究开发费用税前加计扣除政策有关问题的公告》（2015年第97号，以下简称"97号公告"）发布的研发支出辅助账和研发支出辅助账汇总表样式（以下简称"2015版研发支出辅助账样式"）继续有效。另增设简化版研发支出辅助账和研发支出辅助账汇总表样式（以下简称"2021版研发支出辅助账样式"）。

（二）企业按照研发项目设置辅助账时，可以自主选择使用2015版研发支出辅助账样式，或者2021版研发支出辅助账样式，也可以参照上述样式自行设计研发支出辅助账样式。

企业自行设计的研发支出辅助账样式，应当包括2021版研发支出辅助账样式所列数据项，且逻辑关系一致，能准确归集允许加计扣除的研发费用。

三、关于其他相关费用限额计算的问题

（一）企业在一个纳税年度内同时开展多项研发活动的，由原来按照每一研发项目分别计算"其他相关费用"限额，改为统一计算全部研发项目"其他相关费用"限额。企业按照以下公式计算《财政部　国家税务总局　科技部关于完善研究开发费用税前加计扣除政策的通知》（财税〔2015〕119号）第一条第（一）项"允许加计扣除的研发费用"第6目规定的"其他相关费用"的限额，其中资本化项目发生的费用在形成无形资产的年度统一纳入计算：

$$\text{全部研发项目的其他相关费用限额} = \text{全部研发项目的人员人工等五项费用之和} \times 10\% \div (1-10\%)$$

"人员人工等五项费用"是指财税〔2015〕119号文件第一条第（一）项"允许加计扣除的研发费用"第1目至第5目费用，包括"人员人工费用""直接投入费用""折旧费用""无形资产摊销"和"新产品设计费、新工艺规程制定费、新药研制的临床试验费、勘探开发技术的现场试验费"。

（二）当"其他相关费用"实际发生数小于限额时，按实际发生数计算税前加计扣除额；当"其他相关费用"实际发生数大于限额时，按限额计算税前加计扣除额。

四、执行时间

本公告第一条适用于2021年度，其他条款适用于2021年及以后年度。97号公告第二条第（三）项"其他相关费用的归集与限额计算"的规定同时废止。

特此公告。

四、利用残疾人工资加计扣除优惠政策

【**筹划案例062**】 某公司由于生产经营需要准备招用100名普通职工。该项工作不需要职工具备特殊技能而且是坐在椅子上从事工作,因此腿部残疾人员也可以完成。该公司原计划招收非残疾人员,人均月工资为3 000元,合同期限为3年。请对该公司的招用计划进行纳税筹划。

该公司可以通过招用残疾人员来进行纳税筹划。根据税法规定,该公司可以享受按实际支付给残疾职工工资的100%加计扣除的优惠政策。3年内,支付给残疾职工的工资可以为企业节约企业所得税税额为270万元($0.30 \times 100 \times 12 \times 3 \times 25\%$)。

除此以外,雇佣残疾人还可以为企业节约残保金的支出。假设该公司共有员工5 000人,按1.5%的标准应当雇用残疾人75人。如果不雇用上述100名残疾人,假设该公司人均年工资5万元,则该公司每年应当缴纳的残保金375万元(75×5)。

【**主要法律依据**】

1.《企业所得税法》第三十条

参见本书第230~231页。

2.《企业所得税法实施条例》第九十六条第一款

第九十六条第一款 企业所得税法第三十条第(二)项所称企业安置残疾人员所支付的工资的加计扣除,是指企业安置残疾人员的,在按照支付给残疾职工工资据实扣除的基础上,按照支付给残疾职工工资的100%加计扣除。残疾人员的范围适用《中华人民共和国残疾人保障法》的有关规定。

3.《中国实用残疾人评定标准(试用)》(中国残疾人联合会〔1995〕残联组联字第61号)

视力残疾标准

1.视力残疾的定义

视力残疾,是指由各种原因导致双眼视力障碍或视野缩小,通过各种药物、手术及其他疗法而不能恢复视功能(或暂时不能通过上述疗法恢复视功能),以致不能进行一般人所能从事的工作、学习或其他活动。

视力残疾包括盲及低视力两类。

2.视力残疾的分级

盲：

一级盲，最佳矫正视力低于0.02；或视野半径小于5度。

二级盲，最佳矫正视力等于或优于0.02，而低于0.05；或视野半径小于10度。

低视力：

一级低视力，最佳矫正视力等于或优于0.05，而低于0.1。

二级低视力，最佳矫正视力等于或优于0.1，而低于0.3。

注：

1.盲或低视力均指双眼而言，若双眼视力不同，则以视力较好的一眼为准。

2.如仅有一眼为盲或低视力，而另一眼的视力达到或优于0.3，则不属于视力残疾范围。

3.最佳矫正视力是指以适当镜片矫正所能达到的最好视力，或以针孔镜所测得的视力。

4.视野＞5度或＜10度者，不论其视力如何均属于盲。

听力残疾标准

1.听力残疾的定义

听力残疾，是指由各种原因导致双耳不同程度的听力丧失，听不到或听不清周围环境声及言语声（经治疗一年以上不愈者）。

听力残疾包括：听力完全丧失及有残留听力但辨音不清，不能进行听说交往两类。

2.听力残疾的分级

列表（表5-1）如下：

表5-1 听力残疾的分级

级别	平均听力损失（dBspL）	言语识别率
一级	＞90（好耳）	＜15%
二级	71～90（好耳）	15%～30%
三级	61～70（好耳）	31%～60%
四级	51～60（好耳）	61%～70%

注：本标准适用于3岁以上儿童或成人听力丧失经治疗一年以上不愈者。

言语残疾标准

1.言语残疾的定义

言语残疾指由各种原因导致言语障碍（经治疗一年以上不愈者），而不能进行正常的言语交往活动。

言语残疾包括：言语能力完全丧失及言语能力部分丧失，不能进行正常言语交往两类。

2.言语残疾的分级

一级指只能简单发音而言语能力完全丧失者；二级指具有一定的发音能力，语音清晰度在10%～30%，言语能力等级测试可通过一级，但不能通过二级测试水平；三级指具有发音能力，语音清晰度在31%～50%，言语能力等级测试可通过二级，但不能通过三级测试水平；四级指具有发音能力，语言清晰度在51%～70%，言语能力等级测试可通过三级，但不能通过四级测试水平。

智力残疾标准

1.智力残疾的定义

智力残疾是指人的智力明显低于一般人的水平，并显示适应行为障碍。

智力残疾包括：在智力发育期间，由各种原因导致的智力低下；智力发育成熟以后，由各种原因引起的智力损伤和老年期的智力明显衰退导致的痴呆。

2.智力残疾的分级

根据世界卫生组织（WHO）和美国智力低下协会（AAMD）的智力残疾的分级标准，按其智力商数（IQ）及社会适应行为来划分智力残疾的等级。

肢体残疾标准

1.肢体残疾的定义

肢体残疾是指人的肢体残缺、畸形、麻痹所致人体运动功能障碍。

肢体残疾包括：脑瘫（四肢瘫、三肢瘫、二肢瘫、单肢瘫）；偏瘫；脊髓疾病及损伤（四肢瘫、截瘫）；小儿麻痹后遗症；后天性截肢；先天性缺肢、短肢、肢体畸形、侏儒症；两下肢不等长；脊柱畸形（驼背、侧弯、强直）；严重骨、关节、肌肉疾病和损伤；周围神经疾病和损伤。

2.肢体残疾的分级

以残疾者在无辅助器具帮助下，对日常生活活动的能力进行评价计分。日常生活活动分为八项，即：端坐、站立、行走、穿衣、洗漱、进餐、如厕、写字。能实现一项算1分，实现困难算0.5分，不能实现的算0分，据此划分三个等级。

（1）重度（一级）：完全不能或基本上不能完成日常生活活动（0～4分）。①四肢瘫或严重三肢瘫。②截瘫、双髋关节无主动活动能力。③严重偏瘫，一侧肢体功能全部丧失。④四肢均截肢或先天性缺肢。⑤三肢截肢或缺肢（腕关节和踝关节以上）。⑥双大腿或双大臂截肢或缺肢。⑦双上肢或三肢功能严重障碍。

（2）中度（二级）：能够部分完成日常生活活动（4.5～6分）。①截瘫、二肢瘫或偏瘫，残肢有一定功能。②双下肢膝关节以下或双上肢肘关节以下截肢或缺肢。③一上肢肘关节以上或一下肢膝关节以上截肢或缺肢。④双手拇指伴有食指（或中指）缺损。⑤一肢功能严重障碍，两肢功能重度障碍，三肢功能中度障碍。

（3）轻度（三级）：基本上能够完成日常生活活动（6.5～7.5分）。①一上肢肘关节以下或一下肢膝关节以下截肢或缺肢。②一肢功能中度障碍，二肢功能轻度障碍。③脊柱强直：驼背畸形大于70度；脊柱侧凸大于45度。④双下肢不等长大于5cm。⑤单侧拇指伴食指（或中指）缺损；单侧保留拇指，其余四指截除或缺损。⑥侏儒症（身高不超过130cm的成人）。

精神残疾标准

1.精神残疾的定义

精神残疾是指精神病人患病持续一年以上未痊愈，同时导致其对家庭、社会应尽职能出现一定程度的障碍。

精神残疾可由以下精神疾病引起：

（1）精神分裂症；

（2）情感性、反应性精神障碍；

第五章 企业所得税筹划实用技巧

（3）脑器质性与躯体疾病所致的精神障碍；

（4）精神活性物质所致的精神障碍；

（5）儿童少年期精神障碍；

（6）其他精神障碍。

2.精神残疾的分级

对于患有上述精神疾病持续1年以上未痊愈者，应用"精神残疾分级的操作性评估标准"评定精神残疾的等级。

（1）重度（一级）：五项评分中有三项或多于三项评为2分。

（2）中度（二级）：五项评分中有一项或两项评为2分。

（3）轻度（三级）：五项评分中有两项或多于两项评为1分。

4.《残疾人就业保障金征收使用管理办法》（财税〔2015〕72号印发）

第一章 总 则

第一条 为了规范残疾人就业保障金（以下简称"保障金"）征收使用管理，促进残疾人就业，根据《残疾人保障法》《残疾人就业条例》的规定，制定本办法。

第二条 保障金是为保障残疾人权益，由未按规定安排残疾人就业的机关、团体、企业、事业单位和民办非企业单位（以下简称"用人单位"）缴纳的资金。

第三条 保障金的征收、使用和管理，适用本办法。

第四条 本办法所称残疾人，是指持有《中华人民共和国残疾人证》上注明属于视力残疾、听力残疾、言语残疾、肢体残疾、智力残疾、精神残疾和多重残疾的人员，或者持有《中华人民共和国残疾军人证》（1至8级）的人员。

第五条 保障金的征收、使用和管理应当接受财政部门的监督检查和审计机关的审计监督。

第二章 征收缴库

第六条 用人单位安排残疾人就业的比例不得低于本单位在职职工总数的1.5%。具体比例由各省、自治区、直辖市人民政府根据本地区的实际情况规定。

用人单位安排残疾人就业达不到其所在地省、自治区、直辖市人民政府规定比例的，应当缴纳保障金。

第七条 用人单位将残疾人录用为在编人员或依法与就业年龄段内的残疾人签订1年以上（含1年）劳动合同（服务协议），且实际支付的工资不低于当地最低工资标准，并足额缴纳社会保险费的，方可计入用人单位所安排的残疾人就业人数。

用人单位安排1名持有《中华人民共和国残疾人证》（1至2级）或《中华人民共和国残疾军人证》（1至3级）的人员就业的，按照安排2名残疾人就业计算。

用人单位跨地区招用残疾人的，应当计入所安排的残疾人就业人数。

第八条 保障金按上年用人单位安排残疾人就业未达到规定比例的差额人数和本单位在职职工年平均工资之积计算缴纳。计算公式如下：

保障金年缴纳额＝（上年用人单位在职职工人数×所在地省、自治区、直辖市人民政府规定的安排残疾人就业比例－上年用人单位实际安排的残疾人就业人数）×上年用人单位在职职工年平均工资。

用人单位在职职工，是指用人单位在编人员或依法与用人单位签订1年以上（含1年）劳动合同（服务协议）的人员。季节性用工应当折算为年平均用工人数。以劳务派遣用工的，计入派遣单位在职职工人数。

用人单位安排残疾人就业未达到规定比例的差额人数，以公式计算结果为准，可以不是整数。

上年用人单位在职职工年平均工资，按用人单位上年在职职工工资总额除以用人单位在职职工人数计算。

第九条 保障金由用人单位所在地的地方税务局负责征收。没有分设地方税务局的地方，由国家税务局负责征收。

有关省、自治区、直辖市对保障金征收机关另有规定的，按其规定执行。

第十条 保障金一般按月缴纳。

用人单位应按规定时限向保障金征收机关申报缴纳保障金。在申报时，应提供本单位在职职工人数、实际安排残疾人就业人数、在职职工年平均工资等信息，并保证信息的真实性和完整性。

第十一条 保障金征收机关应当定期对用人单位进行检查。发现用人单位申报不实、少缴纳保障金的，征收机关应当催报并追缴保障金。

第十二条　残疾人就业服务机构应当配合保障金征收机关做好保障金征收工作。

用人单位应按规定时限如实向残疾人就业服务机构申报上年本单位安排的残疾人就业人数。未在规定时限申报的，视为未安排残疾人就业。

残疾人就业服务机构进行审核后，确定用人单位实际安排的残疾人就业人数，并及时提供给保障金征收机关。

第十三条　保障金征收机关征收保障金时，应当向用人单位开具省级财政部门统一印制的票据或税收票证。

第十四条　保障金全额缴入地方国库。

地方各级人民政府之间保障金的分配比例，由各省、自治区、直辖市财政部门商残疾人联合会确定。

具体缴库办法按照省级财政部门的规定执行。

第十五条　保障金由税务机关负责征收的，应积极采取财税库银税收收入电子缴库横向联网方式征缴保障金。

第十六条　自工商登记注册之日起3年内，对安排残疾人就业未达到规定比例、在职职工总数20人以下（含20人）的小微企业，免征保障金。

第十七条　用人单位遇不可抗力自然灾害或其他突发事件遭受重大直接经济损失，可以申请减免或者缓缴保障金。具体办法由各省、自治区、直辖市财政部门规定。

用人单位申请减免保障金的最高限额不得超过1年的保障金应缴额，申请缓缴保障金的最长期限不得超过6个月。

批准减免或者缓缴保障金的用人单位名单，应当每年公告一次。公告内容应当包括批准机关、批准文号、批准减免或缓缴保障金的主要理由等。

第十八条　保障金征收机关应当严格按规定的范围、标准和时限要求征收保障金，确保保障金及时、足额征缴到位。

第十九条　任何单位和个人均不得违反本办法规定，擅自减免或缓征保障金，不得自行改变保障金的征收对象、范围和标准。

第二十条　各地应当建立用人单位按比例安排残疾人就业及缴纳保障金公示制度。

残疾人联合会应当每年向社会公布本地区用人单位应安排残疾人就业人数、实际安排残疾人就业人数和未按规定安排残疾人就业人数。

保障金征收机关应当定期向社会公布本地区用人单位缴纳保障金情况。

第三章 使 用 管 理

第二十一条 保障金纳入地方一般公共预算统筹安排，主要用于支持残疾人就业和保障残疾人生活。支持方向包括：

（一）残疾人职业培训、职业教育和职业康复支出。

（二）残疾人就业服务机构提供残疾人就业服务和组织职业技能竞赛（含展能活动）支出。补贴用人单位安排残疾人就业所需设施设备购置、改造和支持性服务费用。补贴辅助性就业机构建设和运行费用。

（三）残疾人从事个体经营、自主创业、灵活就业的经营场所租赁、启动资金、设施设备购置补贴和小额贷款贴息。各种形式就业残疾人的社会保险缴费补贴和用人单位岗位补贴。扶持农村残疾人从事种植、养殖、手工业及其他形式生产劳动。

（四）奖励超比例安排残疾人就业的用人单位，以及为安排残疾人就业做出显著成绩的单位或个人。

（五）对从事公益性岗位就业、辅助性就业、灵活就业，收入达不到当地最低工资标准、生活确有困难的残疾人的救济补助。

（六）经地方人民政府及其财政部门批准用于促进残疾人就业和保障困难残疾人、重度残疾人生活等其他支出。

第二十二条 地方各级残疾人联合会所属残疾人就业服务机构的正常经费开支，由地方同级财政预算统筹安排。

第二十三条 各地要积极推行政府购买服务，按照政府采购法律制度规定选择符合要求的公办、民办等各类就业服务机构，承接残疾人职业培训、职业教育、职业康复、就业服务和就业援助等工作。

第二十四条 地方各级残疾人联合会、财政部门应当每年向社会公布保障金用于支持残疾人就业和保障残疾人生活支出情况，接受社会监督。

第四章 法 律 责 任

第二十五条 单位和个人违反本办法规定，有下列情形之一的，依照《财政违法行为处罚处分条例》和《违反行政事业性收费和罚没收入收支两

条线管理规定行政处分暂行规定》等国家有关规定追究法律责任;涉嫌犯罪的,依法移送司法机关处理:

(一)擅自减免保障金或者改变保障金征收范围、对象和标准的;

(二)隐瞒、坐支应当上缴的保障金的;

(三)滞留、截留、挪用应当上缴的保障金的;

(四)不按照规定的预算级次、预算科目将保障金缴入国库的;

(五)违反规定使用保障金的;

(六)其他违反国家财政收入管理规定的行为。

第二十六条 用人单位未按规定缴纳保障金的,按照《残疾人就业条例》的规定,由保障金征收机关提交财政部门,由财政部门予以警告,责令限期缴纳;逾期仍不缴纳的,除补缴欠缴数额外,还应当自欠缴之日起,按日加收5‰的滞纳金。滞纳金按照保障金入库预算级次缴入国库。

第二十七条 保障金征收、使用管理有关部门的工作人员违反本办法规定,在保障金征收和使用管理工作中滥用职权、玩忽职守、徇私舞弊的,依法给予处分;涉嫌犯罪的,依法移送司法机关。

第五章 附 则

第二十八条 各省、自治区、直辖市财政部门会同税务部门、残疾人联合会根据本办法制定具体实施办法,并报财政部、国家税务总局、中国残疾人联合会备案。

第二十九条 本办法由财政部会同国家税务总局、中国残疾人联合会负责解释。

第三十条 本办法自2015年10月1日起施行。《财政部关于发布〈残疾人就业保障金管理暂行规定〉的通知》(财综字〔1995〕5号)及其他与本办法不符的规定同时废止。

5.《财政部关于调整残疾人就业保障金征收政策的公告》(财政部公告2019年第98号)

为进一步完善残疾人就业保障金制度,现就调整残疾人就业保障金征收政策公告如下:

一、残疾人就业保障金征收标准上限，按照当地社会平均工资2倍执行。当地社会平均工资按照所在地城镇非私营单位就业人员平均工资和城镇私营单位就业人员平均工资加权计算。

二、用人单位依法以劳务派遣方式接受残疾人在本单位就业的，由派遣单位和接受单位通过签订协议的方式协商一致后，将残疾人数计入其中一方的实际安排残疾人就业人数和在职职工人数，不得重复计算。

三、自2020年1月1日起至2022年12月31日，对残疾人就业保障金实行分档减缴政策。其中：用人单位安排残疾人就业比例达到1%（含）以上，但未达到所在地省、自治区、直辖市人民政府规定比例的，按规定应缴费额的50%缴纳残疾人就业保障金；用人单位安排残疾人就业比例在1%以下的，按规定应缴费额的90%缴纳残疾人就业保障金。

四、自2020年1月1日起至2022年12月31日，在职职工人数在30人（含）以下的企业，暂免征收残疾人就业保障金。

五、本公告自2020年1月1日起执行。

6.《财政部关于延续实施残疾人就业保障金优惠政策的公告》（财政部公告2023年第8号）

为促进小微企业发展，进一步减轻用人单位负担，现就延续实施《财政部关于调整残疾人就业保障金征收政策的公告》（财政部公告2019年第98号）相关优惠政策公告如下：

一、延续实施残疾人就业保障金分档减缴政策。其中：用人单位安排残疾人就业比例达到1%（含）以上，但未达到所在地省、自治区、直辖市人民政府规定比例的，按规定应缴费额的50%缴纳残疾人就业保障金；用人单位安排残疾人就业比例在1%以下的，按规定应缴费额的90%缴纳残疾人就业保障金。

二、在职职工人数在30人（含）以下的企业，继续免征残疾人就业保障金。

三、本公告执行期限自2023年1月1日起至2027年12月31日。对符合本公告规定减免条件但缴费人已缴费的，可按规定办理退费。

特此公告。

五、利用固定资产加速折旧优惠政策

【筹划案例063】 甲公司新购进一台机器设备，原值为40万元，预计残值率为3%。经税务机关核定，该设备的折旧年限为5年。请比较各种不同折旧方法的异同，并提出纳税筹划方案。

（1）直线法：

年折旧率=（1－3%）÷5=19.40%

月折旧率=19.40%÷12≈1.62%

预计净残值=400 000×3%=12 000（元）

每年折旧额=（400 000－12 000）÷5=77 600（元）

或：　　　　　　=400 000×19.40%=77 600（元）

（2）缩短折旧年限法：

该设备最短的折旧年限为正常折旧年限的60%，即3年。

年折旧率=（1－3%）÷3≈32.33%

月折旧率=32.33%÷12≈2.69%

预计净残值=400 000×3%=12 000（元）

每年折旧额=（400 000－12 000）÷3≈129 333（元）

或：　　　　　　=400 000×（1－3%）÷3≈129 333（元）

（3）双倍余额递减法：

年折旧率=（2÷5）×100%=40%

采用双倍余额递减法，每年提取折旧额如表5-2所示。

表5-2　双倍余额递减法下每年提取折旧额

金额单位：元

年份	折旧率	年折旧额	账面净值
第1年	40%	160 000（400 000×40%）	240 000
第2年	40%	96 000（240 000×40%）	144 000
第3年	40%	57 600（144 000×40%）	86 400
第4年	50%	37 200（74 400×50%）	49 200
第5年	50%	37 200（74 400×50%）	12 000

注：74 400=86 400－400 000×3%。

（4）年数总和法：

年折旧率＝尚可使用年数 ÷ 预计使用年限的年数总和

采用年数总和法，每年提取折旧额如表5-3所示。

表5-3 年数总和法下每年提取折旧额

金额单位：元

年份	折旧率	年折旧额	账面净值
第1年	5/15	129 333（388 000×5÷15）	270 667
第2年	4/15	103 467（388 000×4÷15）	167 200
第3年	3/15	77 600（388 000×3÷15）	89 600
第4年	2/15	51 733（388 000×2÷15）	37 867
第5年	1/15	25 867（388 000×1÷15）	12 000

注：388 000=400 000×（1-3%）。

假设在提取折旧之前，企业每年的税前利润均为1 077 600元，企业所得税税率为25%，那么采用不同方法计算出的折旧额和所得税税额如表5-4所示。

由表5-4可以看出，无论甲公司采用哪种折旧提取方法，对于某一特定固定资产而言，所提取的折旧总额是相同的。同一固定资产所抵扣的应税所得额并由此所抵扣的所得税税额也是相同的，但甲公司在固定资产使用年限内每年所抵扣的应税所得额是不同的，由此导致每年所抵扣的所得税税额也是不同的。具体到本案例，在第1年年末，该公司采用直线法、缩短折旧年限法、双倍余额递减法和年数总和法提取折旧，应当缴纳的所得税税额分别为250 000元、237 066.75元、229 400元、237 066.75元。由此可见，采用双倍余额递减法提取折旧所获得的税收利益最大，接下来是年数总和法和缩短折旧年限法，最后是直线法。

上述顺序是在一般情况下企业的最佳选择，但在某些特殊情况下，企业的选择也会不同。比如，如果本案例中，甲公司前2年免税，以后年度按25%的税率缴纳企业所得税，那么采用直线法、缩短折旧年限法、双倍余额递减法和年数总和法提取折旧，5年总共应当缴纳的所得税税额分别为750 000元、775 867元、775 200元、769 400元。由此可见，最优的方法应当为直线法，接下来是年数总和法和双倍余额递减法，最后是缩短折旧年限法。当然，这是从企业5年总共应当缴纳的企业所得税角度，也就是从企业所有者的角度而言的最优结果。从企业每年所缴纳的企业所得税角度，也就

第五章 企业所得税筹划实用技巧

是从企业经营者的角度而言,则不一定如此。因为就第4年而言,四种方法所对应缴纳的企业所得税税额分别为250 000元、269 400元、260 100元、256 466.75元。可见,三种加速折旧的方法使得甲公司每年所缴纳的企业所得税都超过了采用非加速折旧方法所应缴纳的税款,但加速折旧也为企业经营者提供了一项秘密资金,即已经提足折旧的固定资产仍然在为企业服务,却没有另外挤占企业的资金。这些固定资产的存在为企业将来的经营亏损提供了弥补的途径。因此,为了有一个较为宽松的财务环境,即使在减免税期间,许多企业的经营者也愿意采用加速折旧的方法。

【主要法律依据】

1.《企业所得税法》第三十二条

第三十二条 企业的固定资产由于技术进步等原因,确需加速折旧的,可以缩短折旧年限或者采取加速折旧的方法。

2.《企业所得税法实施条例》第六十条和第九十八条

第六十条 除国务院财政、税务主管部门另有规定外,固定资产计算折旧的最低年限如下:

(一)房屋、建筑物,为20年;

(二)飞机、火车、轮船、机器、机械和其他生产设备,为10年;

(三)与生产经营活动有关的器具、工具、家具等,为5年;

(四)飞机、火车、轮船以外的运输工具,为4年;

(五)电子设备,为3年。

第九十八条 可以采取缩短折旧年限或者采取加速折旧的方法的固定资产,包括:

(一)由于技术进步,产品更新换代较快的固定资产;

(二)常年处于强震动、高腐蚀状态的固定资产。

采取缩短折旧年限方法的,最低折旧年限不得低于本条例规定折旧年限的60%;采取加速折旧方法的,可以采取双倍余额递减法或者年数总和法。

3.《国家税务总局关于企业固定资产加速折旧所得税处理有关问题的通知》(国税发〔2009〕81号)

各省、自治区、直辖市和计划单列市国家税务局、地方税务局:

根据《中华人民共和国企业所得税法》(以下简称《企业所得税法》)及《中华人民共和国企业所得税法实施条例》(以下简称《实施条例》)的有关规定,现就企业固定资产实行加速折旧的所得税处理问题通知如下:

一、根据《中华人民共和国企业所得税法》第三十二条及《实施条例》第九十八条的相关规定,企业拥有并用于生产经营的主要或关键的固定资产,由于以下原因确需加速折旧的,可以缩短折旧年限或者采取加速折旧的方法:

(一)由于技术进步,产品更新换代较快的;

(二)常年处于强震动、高腐蚀状态的。

二、企业拥有并使用的固定资产符合本通知第一条规定的,可按以下情况分别处理:

(一)企业过去没有使用过与该项固定资产功能相同或类似的固定资产,但有充分的证据证明该固定资产的预计使用年限短于《实施条例》规定的计算折旧最低年限的,企业可根据该固定资产的预计使用年限和本通知的规定,对该固定资产采取缩短折旧年限或者加速折旧的方法。

(二)企业在原有的固定资产未达到《实施条例》规定的最低折旧年限前,使用功能相同或类似的新固定资产替代旧固定资产的,企业可根据旧固定资产的实际使用年限和本通知的规定,对新替代的固定资产采取缩短折旧年限或者加速折旧的方法。

三、企业采取缩短折旧年限方法的,对其购置的新固定资产,最低折旧年限不得低于《实施条例》第六十条规定的折旧年限的60%;若为购置已使用过的固定资产,其最低折旧年限不得低于《实施条例》规定的最低折旧年限减去已使用年限后剩余年限的60%。最低折旧年限一经确定,一般不得变更。

四、企业拥有并使用符合本通知第一条规定条件的固定资产采取加速折旧方法的,可以采用双倍余额递减法或者年数总和法。加速折旧方法一经确定,一般不得变更。

(一)双倍余额递减法,是指在不考虑固定资产预计净残值的情况下,根据每期期初固定资产原值减去累计折旧后的金额和双倍的直线法折旧率计

第五章 企业所得税筹划实用技巧

表 5-4 不同折旧方法的比较

单位：元

年份	直线法			缩短折旧年限法			双倍余额递减法			年数总和法		
	折旧额	税前利润	所得税税额	折旧额	税前利润	所得税税额	折旧额	税前利润	所得税税额	折旧额	税前利润	所得税税额
第 1 年	77 600	1 000 000	250 000	129 333	948 267	237 066.75	160 000	917 600	229 400	129 333	948 267	237 066.75
第 2 年	77 600	1 000 000	250 000	129 333	948 267	237 066.75	96 000	981 600	245 400	103 467	974 133	243 533.25
第 3 年	77 600	1 000 000	250 000	129 333	948 267	237 066.75	57 600	1 020 000	255 000	77 600	1 000 000	250 000
第 4 年	77 600	1 000 000	250 000	0	1 077 600	269 400	37 200	1 040 400	260 100	51 733	1 025 867	256 466.75
第 5 年	77 600	1 000 000	250 000	0	1 077 600	269 400	37 200	1 040 400	260 100	25 867	1 051 733	262 933.25
合计	388 000	5 000 000	1 250 000	388 000	5 000 000	1 250 000	388 000	5 000 000	1 250 000	388 000	5 000 000	1 250 000

算固定资产折旧的一种方法。应用这种方法计算折旧额时,由于每年年初固定资产净值没有减去预计净残值,所以在计算固定资产折旧额时,应在其折旧年限到期前的两年期间,将固定资产净值减去预计净残值后的余额平均摊销。计算公式如下:

年折旧率 = 2÷预计使用寿命(年)×100%

月折旧率 = 年折旧率÷12

月折旧额 = 月初固定资产账面净值×月折旧率

(二)年数总和法,又称年限合计法,是指将固定资产的原值减去预计净残值后的余额,乘以一个以固定资产尚可使用寿命为分子、以预计使用寿命逐年数字之和为分母的逐年递减的分数计算每年的折旧额。计算公式如下:

年折旧率 = 尚可使用年限÷预计使用寿命的年数总和×100%

月折旧率 = 年折旧率÷12

月折旧额 =(固定资产原值 - 预计净残值)×月折旧率

五、企业确需对固定资产采取缩短折旧年限或者加速折旧方法的,应在取得该固定资产后一个月内,向其企业所得税主管税务机关(以下简称主管税务机关)备案,并报送以下资料:

(一)固定资产的功能、预计使用年限短于《实施条例》规定计算折旧的最低年限的理由、证明资料及有关情况的说明;

(二)被替代的旧固定资产的功能、使用及处置等情况的说明;

(三)固定资产加速折旧拟采用的方法和折旧额的说明;

(四)主管税务机关要求报送的其他资料。

企业主管税务机关应在企业所得税年度纳税评估时,对企业采取加速折旧的固定资产的使用环境及状况进行实地核查。对不符合加速折旧规定条件的,主管税务机关有权要求企业停止该项固定资产加速折旧。

六、对于采取缩短折旧年限的固定资产,足额计提折旧后继续使用而未进行处置(包括报废等情形)超过12个月的,今后对其更新替代、改造改建后形成的功能相同或者类似的固定资产,不得再采取缩短折旧年限的方法。

七、对于企业采取缩短折旧年限或者采取加速折旧方法的，主管税务机关应设立相应的税收管理台账，并加强监督，实施跟踪管理。对发现不符合《实施条例》第九十八条及本通知规定的，主管税务机关要及时责令企业进行纳税调整。

八、适用总、分机构汇总纳税的企业，对其所属分支机构使用的符合《实施条例》第九十八条及本通知规定情形的固定资产采取缩短折旧年限或者采取加速折旧方法的，由其总机构向其所在地主管税务机关备案。分支机构所在地主管税务机关应负责配合总机构所在地主管税务机关实施跟踪管理。

九、本通知自2008年1月1日起执行。

4.《财政部　国家税务总局关于完善固定资产加速折旧企业所得税政策的通知》（财税〔2014〕75号）

各省、自治区、直辖市、计划单列市财政厅（局）、国家税务局、地方税务局，新疆生产建设兵团财务局：

为贯彻落实国务院完善固定资产加速折旧政策精神，现就有关固定资产加速折旧企业所得税政策问题通知如下：

一、对生物药品制造业，专用设备制造业，铁路、船舶、航空航天和其他运输设备制造业，计算机、通信和其他电子设备制造业，仪器仪表制造业，信息传输、软件和信息技术服务业等6个行业的企业2014年1月1日后新购进的固定资产，可缩短折旧年限或采取加速折旧的方法。

对上述6个行业的小型微利企业2014年1月1日后新购进的研发和生产经营共用的仪器、设备，单位价值不超过100万元的，允许一次性计入当期成本费用在计算应纳税所得额时扣除，不再分年度计算折旧；单位价值超过100万元的，可缩短折旧年限或采取加速折旧的方法。

二、对所有行业企业2014年1月1日后新购进的专门用于研发的仪器、设备，单位价值不超过100万元的，允许一次性计入当期成本费用在计算应纳税所得额时扣除，不再分年度计算折旧；单位价值超过100万元的，可缩短折旧年限或采取加速折旧的方法。

三、对所有行业企业持有的单位价值不超过5 000元的固定资产，允许一次性计入当期成本费用在计算应纳税所得额时扣除，不再分年度计算折旧。

四、企业按本通知第一条、第二条规定缩短折旧年限的，最低折旧年限不得低于企业所得税法实施条例第六十条规定折旧年限的60%；采取加速折旧方法的，可采取双倍余额递减法或者年数总和法。本通知第一至三条规定之外的企业固定资产加速折旧所得税处理问题，继续按照企业所得税法及其实施条例和现行税收政策规定执行。

五、本通知自2014年1月1日起执行。

5.《财政部　国家税务总局关于进一步完善固定资产加速折旧企业所得税政策的通知》（财税〔2015〕106号）

各省、自治区、直辖市、计划单列市财政厅（局）、国家税务局、地方税务局，新疆生产建设兵团财务局：

根据国务院常务会议的有关决定精神，现就有关固定资产加速折旧企业所得税政策问题通知如下：

一、对轻工、纺织、机械、汽车等四个领域重点行业的企业2015年1月1日后新购进的固定资产，可由企业选择缩短折旧年限或采取加速折旧的方法。

二、对上述行业的小型微利企业2015年1月1日后新购进的研发和生产经营共用的仪器、设备，单位价值不超过100万元的，允许一次性计入当期成本费用在计算应纳税所得额时扣除，不再分年度计算折旧；单位价值超过100万元的，可由企业选择缩短折旧年限或采取加速折旧的方法。

三、企业按本通知第一条、第二条规定缩短折旧年限的，最低折旧年限不得低于企业所得税法实施条例第六十条规定折旧年限的60%；采取加速折旧方法的，可采取双倍余额递减法或者年数总和法。

按照企业所得税法及其实施条例有关规定，企业根据自身生产经营需要，也可选择不实行加速折旧政策。

四、本通知自2015年1月1日起执行。2015年前3季度按本通知规定未能计算办理的，统一在2015年第4季度预缴申报时享受优惠或2015年度汇算清缴时办理。

第五章 企业所得税筹划实用技巧

6.《财政部　税务总局关于扩大固定资产加速折旧优惠政策适用范围的公告》（财政部　税务总局公告2019年第66号）

为支持制造业企业加快技术改造和设备更新，现就有关固定资产加速折旧政策公告如下：

一、自2019年1月1日起，适用《财政部　国家税务总局关于完善固定资产加速折旧企业所得税政策的通知》（财税〔2014〕75号）和《财政部　国家税务总局关于进一步完善固定资产加速折旧企业所得税政策的通知》（财税〔2015〕106号）规定固定资产加速折旧优惠的行业范围，扩大至全部制造业领域。

二、制造业按照国家统计局《国民经济行业分类与代码（GB/T 4754—2017）》确定。今后国家有关部门更新国民经济行业分类与代码，从其规定。

三、本公告发布前，制造业企业未享受固定资产加速折旧优惠的，可自本公告发布后在月（季）度预缴申报时享受优惠或在2019年度汇算清缴时享受优惠。

特此公告。

7.《财政部　税务总局关于中小微企业设备器具所得税税前扣除有关政策的公告》（财政部　税务总局公告2022年第12号）

为促进中小微企业设备更新和技术升级，持续激发市场主体创新活力，现就有关企业所得税税前扣除政策公告如下：

一、中小微企业在2022年1月1日至2022年12月31日期间新购置的设备、器具，单位价值在500万元以上的，按照单位价值的一定比例自愿选择在企业所得税税前扣除。其中，企业所得税法实施条例规定最低折旧年限为3年的设备器具，单位价值的100%可在当年一次性税前扣除；最低折旧年限为4年、5年、10年的，单位价值的50%可在当年一次性税前扣除，其余50%按规定在剩余年度计算折旧进行税前扣除。

企业选择适用上述政策当年不足扣除形成的亏损，可在以后5个纳税年度结转弥补，享受其他延长亏损结转年限政策的企业可按现行规定执行。

二、本公告所称中小微企业是指从事国家非限制和禁止行业，且符合以下条件的企业：

（一）信息传输业、建筑业、租赁和商务服务业：从业人员 2 000 人以下，或营业收入 10 亿元以下或资产总额 12 亿元以下；

（二）房地产开发经营：营业收入 20 亿元以下或资产总额 1 亿元以下；

（三）其他行业：从业人员 1 000 人以下或营业收入 4 亿元以下。

三、本公告所称设备、器具，是指除房屋、建筑物以外的固定资产；所称从业人数，包括与企业建立劳动关系的职工人数和企业接受的劳务派遣用工人数。

从业人数和资产总额指标，应按企业全年的季度平均值确定。具体计算公式如下：

$$季度平均值 =（季初值 + 季末值）\div 2$$

$$全年季度平均值 = 全年各季度平均值之和 \div 4$$

年度中间开业或者终止经营活动的，以其实际经营期作为一个纳税年度确定上述相关指标。

四、中小微企业可按季（月）在预缴申报时享受上述政策。本公告发布前企业在 2022 年已购置的设备、器具，可在本公告发布后的预缴申报、年度汇算清缴时享受。

五、中小微企业可根据自身生产经营核算需要自行选择享受上述政策，当年度未选择享受的，以后年度不得再变更享受。

8.《财政部　税务总局关于设备、器具扣除有关企业所得税政策的公告》（财政部　税务总局公告 2023 年第 37 号）

为引导企业加大设备、器具投资力度，现就有关企业所得税政策公告如下：

一、企业在 2024 年 1 月 1 日至 2027 年 12 月 31 日期间新购进的设备、器具，单位价值不超过 500 万元的，允许一次性计入当期成本费用在计算应纳税所得额时扣除，不再分年度计算折旧；单位价值超过 500 万元的，仍按企业所得税法实施条例、《财政部　国家税务总局关于完善固定资产加速折旧企业所得税政策的通知》（财税〔2014〕75 号）、《财政部　国家税务总局

第五章 企业所得税筹划实用技巧

关于进一步完善固定资产加速折旧企业所得税政策的通知》(财税〔2015〕106号)等相关规定执行。

二、本公告所称设备、器具，是指除房屋、建筑物以外的固定资产。

六、利用亏损结转优惠政策

【筹划案例064】 某企业2019年度发生年度亏损100万元。假设该企业2019—2025年各纳税年度应纳税所得额如表5-5所示。

表5-5 2019—2025年各纳税年度应纳税所得额　　　　单位：万元

年份	2019	2020	2021	2022	2023	2024	2025
应纳税所得额	-100	10	10	20	30	10	600

请计算该企业2025年应当缴纳的企业所得税税额，并提出纳税筹划方案。

根据税法关于亏损结转的规定，该企业2019年的100万元亏损，可分别用2020—2024年的所得来弥补。由于该企业2020—2024年的总计应纳税所得额为80万元，低于2019年度的亏损，2019—2024年，该企业都不需要缴纳企业所得税。2025年度，该年度的应纳税所得额只能弥补5年以内的亏损，即不能弥补2019年度的亏损。由于2020年以来该企业一直没有亏损，该企业2025年度应当缴纳的企业所得税税额为150万元（600×25%）。

从该企业各年度的应纳税所得额来看，该企业的生产经营一直是朝好的方向发展。2024年度，该企业之所以应纳税所得额比较少，可能是因为增加了投资，或者增加了各项费用的支出，或者进行了公益捐赠等。由于该企业2019年度仍有未弥补完的亏损，如果该企业能够在2024年度进行纳税筹划，压缩成本和支出，尽量增加企业的收入，将2024年度应纳税所得额提高到30万元，同时，2024年度压缩的成本和支出可以在2025年度予以开支。这样，该企业2024年度的应纳税所得额为30万元，2025年度的应纳税所得额为580万元。

根据税法亏损弥补的相关规定，该企业在2024年度的应纳税所得额可以用来弥补 2019 年度的亏损,而 2025 年度的应纳税所得额则要全部计算缴纳企业所得税。这样,该企业在 2025 年度应当缴纳的企业所得税税额为 145 万元(580×25%),减少企业所得税 5 万元(150-145)。

【主要法律依据】

1.《企业所得税法》第十七条和第十八条

第十七条 企业在汇总计算缴纳企业所得税时,其境外营业机构的亏损不得抵减境内营业机构的盈利。

第十八条 企业纳税年度发生的亏损,准予向以后年度结转,用以后年度的所得弥补,但结转年限最长不得超过五年。

2.《企业所得税法实施条例》第十条

参见本书第 181 页。

3.《财政部 税务总局关于延长高新技术企业和科技型中小企业亏损结转年限的通知》(财税〔2018〕76号)

各省、自治区、直辖市、计划单列市财政厅(局),国家税务总局各省、自治区、直辖市、计划单列市税务局,新疆生产建设兵团财政局:

为支持高新技术企业和科技型中小企业发展,现就高新技术企业和科技型中小企业亏损结转年限政策通知如下:

一、自 2018 年 1 月 1 日起,当年具备高新技术企业或科技型中小企业资格(以下统称资格)的企业,其具备资格年度之前 5 个年度发生的尚未弥补完的亏损,准予结转以后年度弥补,最长结转年限由 5 年延长至 10 年。

二、本通知所称高新技术企业,是指按照《科技部 财政部 国家税务总局关于修订印发〈高新技术企业认定管理办法〉的通知》(国科发火〔2016〕32号)规定认定的高新技术企业;所称科技型中小企业,是指按照《科技部 财政部 国家税务总局关于印发〈科技型中小企业评价办法〉的通知》(国科发政〔2017〕115号)规定取得科技型中小企业登记编号的企业。

三、本通知自 2018 年 1 月 1 日开始执行。

4.《国家税务总局关于延长高新技术企业和科技型中小企业亏损结转弥补年限有关企业所得税处理问题的公告》（国家税务总局公告2018年第45号）

为支持高新技术企业和科技型中小企业发展，根据《中华人民共和国企业所得税法》及其实施条例、《财政部 税务总局关于延长高新技术企业和科技型中小企业亏损结转年限的通知》（财税〔2018〕76号，以下简称"《通知》"）规定，现就延长高新技术企业和科技型中小企业亏损结转弥补年限有关企业所得税处理问题公告如下：

一、《通知》第一条所称当年具备高新技术企业或科技型中小企业资格（以下统称"资格"）的企业，其具备资格年度之前5个年度发生的尚未弥补完的亏损，是指当年具备资格的企业，其前5个年度无论是否具备资格，所发生的尚未弥补完的亏损。

2018年具备资格的企业，无论2013年至2017年是否具备资格，其2013年至2017年发生的尚未弥补完的亏损，均准予结转以后年度弥补，最长结转年限为10年。2018年以后年度具备资格的企业，依此类推，进行亏损结转弥补税务处理。

二、高新技术企业按照其取得的高新技术企业证书注明的有效期所属年度，确定其具备资格的年度。

科技型中小企业按照其取得的科技型中小企业入库登记编号注明的年度，确定其具备资格的年度。

三、企业发生符合特殊性税务处理规定的合并或分立重组事项的，其尚未弥补完的亏损，按照《财政部 国家税务总局关于企业重组业务企业所得税处理若干问题的通知》（财税〔2009〕59号）和本公告有关规定进行税务处理：

（一）合并企业承继被合并企业尚未弥补完的亏损的结转年限，按照被合并企业的亏损结转年限确定；

（二）分立企业承继被分立企业尚未弥补完的亏损的结转年限，按照被分立企业的亏损结转年限确定；

（三）合并企业或分立企业具备资格的，其承继被合并企业或被分立企业尚未弥补完的亏损的结转年限，按照《通知》第一条和本公告第一条规定处理。

四、符合《通知》和本公告规定延长亏损结转弥补年限条件的企业，在企业所得税预缴和汇算清缴时，自行计算亏损结转弥补年限，并填写相关纳税申报表。

五、本公告自 2018 年 1 月 1 日起施行。

特此公告。

七、利用公益捐赠优惠政策

【筹划案例 065】 某工业企业 2024 年度预计可以实现会计利润（假设等于应纳税所得额）1 000 万元，企业所得税税率为 25%。该企业为提高其产品知名度及竞争力，树立良好的社会形象，决定向有关单位捐赠 200 万元。该企业提出两种方案：第一种方案是进行非公益性捐赠或不通过我国境内非营利性社会团体、国家机关做公益性捐赠；第二种方案是通过我国境内非营利性社会团体、国家机关进行公益性捐赠，并且在当年全部捐赠。请对上述两种方案进行评析，并提出纳税筹划方案。

第一种方案不符合税法规定的公益性捐赠条件，捐赠额不能在税前扣除。该企业 2024 年度应当缴纳企业所得税税额为 250 万元（1 000×25%）。

第二种方案，捐赠额在法定扣除限额内的部分可以据实扣除，超过的部分只能结转以后年度扣除。企业应纳所得税税额为 220 万元［（1 000 - 1 000×12%）×25%］。

为了最大限度地将捐赠支出予以扣除，该企业可以将该捐赠分两次进行，2024 年年底一次性捐赠 100 万元，2025 年度再捐赠 100 万元。这样，200 万元的捐赠支出同样可以在计算应纳税所得额时予以全部扣除。相较于第二种方案，该纳税筹划方案使该企业在 2024 年少缴企业所得税税额 20 万元［（200 - 120）×25%］。

该企业也可以选择向脱贫地区进行扶贫捐赠。该类捐赠没有扣除限额，也不考虑捐赠当年是否有会计利润，均可以据实扣除。

第五章 企业所得税筹划实用技巧

【**筹划案例066**】 甲公司计划对外捐赠1 000万元,相关部门提出三种方案:第一种方案是直接向受赠对象进行捐赠;第二种方案是通过政府部门捐赠;第三种方案是分两年进行捐赠。已知甲公司当年利润总额为4 000万元,预计第二年利润总额为5 000万元,请从纳税筹划的角度来分析上述三种方案。

第一种捐赠方案无法在税前扣除,导致甲公司多缴纳企业所得税税额250万元(1 000×25%);第二种方案无法在当年全部税前扣除,导致当年多缴纳企业所得税税额130万元[(1 000－4 000×12%)×25%];第三种方案可以在当年和第二年全部税前扣除,不额外增加企业的税收负担。

【**主要法律依据**】

1.《企业所得税法》第九条

第九条 企业发生的公益性捐赠支出,在年度利润总额12%以内的部分,准予在计算应纳税所得额时扣除;超过年度利润总额12%的部分,准予结转以后三年内在计算应纳税所得额时扣除。

2.《企业所得税法实施条例》第五十一条至第五十三条

第五十一条 企业所得税法第九条所称公益性捐赠,是指企业通过公益性社会组织或者县级以上人民政府及其部门,用于符合法律规定的慈善活动、公益事业的捐赠。

第五十二条 本条例第五十一条所称公益性社会组织,是指同时符合下列条件的慈善组织以及其他社会组织:

(一)依法登记,具有法人资格;

(二)以发展公益事业为宗旨,且不以营利为目的;

(三)全部资产及其增值为该法人所有;

(四)收益和营运结余主要用于符合该法人设立目的的事业;

(五)终止后的剩余财产不归属任何个人或者营利组织;

(六)不经营与其设立目的无关的业务;

(七)有健全的财务会计制度;

(八)捐赠者不以任何形式参与该法人财产的分配;

（九）国务院财政、税务主管部门会同国务院民政部门等登记管理部门规定的其他条件。

第五十三条 企业当年发生以及以前年度结转的公益性捐赠支出，不超过年度利润总额12%的部分，准予扣除。

年度利润总额，是指企业依照国家统一会计制度的规定计算的年度会计利润。

3.《财政部　税务总局　国务院扶贫办关于企业扶贫捐赠所得税税前扣除政策的公告》（财政部　税务总局　国务院扶贫办公告2019年第49号）

为支持脱贫攻坚，现就企业扶贫捐赠支出的所得税税前扣除政策公告如下：

一、自2019年1月1日至2022年12月31日，企业通过公益性社会组织或者县级（含县级）以上人民政府及其组成部门和直属机构，用于目标脱贫地区的扶贫捐赠支出，准予在计算企业所得税应纳税所得额时据实扣除。在政策执行期限内，目标脱贫地区实现脱贫的，可继续适用上述政策。

"目标脱贫地区"包括832个国家扶贫开发工作重点县、集中连片特困地区县（新疆阿克苏地区6县1市享受片区政策）和建档立卡贫困村。

二、企业同时发生扶贫捐赠支出和其他公益性捐赠支出，在计算公益性捐赠支出年度扣除限额时，符合上述条件的扶贫捐赠支出不计算在内。

三、企业在2015年1月1日至2018年12月31日期间已发生的符合上述条件的扶贫捐赠支出，尚未在计算企业所得税应纳税所得额时扣除的部分，可执行上述企业所得税政策。

特此公告。

4.《财政部　税务总局　人力资源和社会保障部　国家乡村振兴局关于延长部分扶贫税收优惠政策执行期限的公告》（财政部　税务总局　人力资源和社会保障部　国家乡村振兴局公告2021年第18号）

为贯彻落实《中共中央　国务院关于实现巩固拓展脱贫攻坚成果同乡村振兴有效衔接的意见》精神，严格落实过渡期内"四个不摘"的要求，现将有关税收政策公告如下：

《财政部 税务总局 人力资源社会保障部 国务院扶贫办关于进一步支持和促进重点群体创业就业有关税收政策的通知》(财税〔2019〕22号)、《财政部 税务总局 国务院扶贫办关于企业扶贫捐赠所得税税前扣除政策的公告》(财政部 税务总局 国务院扶贫办公告2019年第49号)、《财政部 税务总局 国务院扶贫办关于扶贫货物捐赠免征增值税政策的公告》(财政部 税务总局 国务院扶贫办公告2019年第55号)中规定的税收优惠政策,执行期限延长至2025年12月31日。

特此公告。

5.《财政部 税务总局 民政部关于公益性捐赠税前扣除有关事项的公告》(财政部 税务总局 民政部公告2020年第27号)

为贯彻落实《中华人民共和国企业所得税法》及其实施条例、《中华人民共和国个人所得税法》及其实施条例,现就公益性捐赠税前扣除有关事项公告如下:

一、企业或个人通过公益性社会组织、县级以上人民政府及其部门等国家机关,用于符合法律规定的公益慈善事业捐赠支出,准予按税法规定在计算应纳税所得额时扣除。

二、本公告第一条所称公益慈善事业,应当符合《中华人民共和国公益事业捐赠法》第三条对公益事业范围的规定或者《中华人民共和国慈善法》第三条对慈善活动范围的规定。

三、本公告第一条所称公益性社会组织,包括依法设立或登记并按规定条件和程序取得公益性捐赠税前扣除资格的慈善组织、其他社会组织和群众团体。公益性群众团体的公益性捐赠税前扣除资格确认及管理按照现行规定执行。依法登记的慈善组织和其他社会组织的公益性捐赠税前扣除资格确认及管理按本公告执行。

四、在民政部门依法登记的慈善组织和其他社会组织(以下统称社会组织),取得公益性捐赠税前扣除资格应当同时符合以下规定:

(一)符合企业所得税法实施条例第五十二条第一项到第八项规定的条件。

(二)每年应当在3月31日前按要求向登记管理机关报送经审计的上年

度专项信息报告。报告应当包括财务收支和资产负债总体情况、开展募捐和接受捐赠情况、公益慈善事业支出及管理费用情况（包括本条第三项、第四项规定的比例情况）等内容。

首次确认公益性捐赠税前扣除资格的，应当报送经审计的前两个年度的专项信息报告。

（三）具有公开募捐资格的社会组织，前两年度每年用于公益慈善事业的支出占上年总收入的比例均不得低于70%。计算该支出比例时，可以用前三年收入平均数代替上年总收入。不具有公开募捐资格的社会组织，前两年度每年用于公益慈善事业的支出占上年末净资产的比例均不得低于8%。计算该比例时，可以用前三年年末净资产平均数代替上年末净资产。

（四）具有公开募捐资格的社会组织，前两年度每年支出的管理费用占当年总支出的比例均不得高于10%。

不具有公开募捐资格的社会组织，前两年每年支出的管理费用占当年总支出的比例均不得高于12%。

（五）具有非营利组织免税资格，且免税资格在有效期内。

（六）前两年度未受到登记管理机关行政处罚（警告除外）。

（七）前两年度未被登记管理机关列入严重违法失信名单。

（八）社会组织评估等级为3A以上（含3A）且该评估结果在确认公益性捐赠税前扣除资格时仍在有效期内。

公益慈善事业支出、管理费用和总收入的标准和范围，按照《民政部 财政部 国家税务总局关于印发〈关于慈善组织开展慈善活动年度支出和管理费用的规定〉的通知》（民发〔2016〕189号）关于慈善活动支出、管理费用和上年总收入的有关规定执行。

按照《中华人民共和国慈善法》新设立或新认定的慈善组织，在其取得非营利组织免税资格的当年，只需要符合本条第一项、第六项、第七项条件即可。

五、公益性捐赠税前扣除资格的确认按以下规定执行：

（一）在民政部登记注册的社会组织，由民政部结合社会组织公益活动情况和日常监督管理、评估等情况，对社会组织的公益性捐赠税前扣除资格进行核实，提出初步意见。根据民政部初步意见，财政部、税务总局和民政部对照本公告相关规定，联合确定具有公益性捐赠税前扣除资格的社会组织名单，并发布公告。

（二）在省级和省级以下民政部门登记注册的社会组织，由省、自治区、直辖市和计划单列市财政、税务、民政部门参照本条第一项规定执行。

（三）公益性捐赠税前扣除资格的确认对象包括：

1.公益性捐赠税前扣除资格将于当年末到期的公益性社会组织；

2.已被取消公益性捐赠税前扣除资格但又重新符合条件的社会组织；

3.登记设立后尚未取得公益性捐赠税前扣除资格的社会组织。

（四）每年年底前，省级以上财政、税务、民政部门按权限完成公益性捐赠税前扣除资格的确认和名单发布工作，并按本条第三项规定的不同审核对象，分别列示名单及其公益性捐赠税前扣除资格起始时间。

六、公益性捐赠税前扣除资格在全国范围内有效，有效期为三年。

本公告第五条第三项规定的第一种情形，其公益性捐赠税前扣除资格自发布名单公告的次年1月1日起算。本公告第五条第三项规定的第二种和第三种情形，其公益性捐赠税前扣除资格自发布公告的当年1月1日起算。

七、公益性社会组织存在以下情形之一的，应当取消其公益性捐赠税前扣除资格：

（一）未按本公告规定时间和要求向登记管理机关报送专项信息报告的；

（二）最近一个年度用于公益慈善事业的支出不符合本公告第四条第三项规定的；

（三）最近一个年度支出的管理费用不符合本公告第四条第四项规定的；

（四）非营利组织免税资格到期后超过六个月未重新获取免税资格的；

（五）受到登记管理机关行政处罚（警告除外）的；

（六）被登记管理机关列入严重违法失信名单的；

（七）社会组织评估等级低于3A或者无评估等级的。

八、公益性社会组织存在以下情形之一的，应当取消其公益性捐赠税前扣除资格，且取消资格的当年及之后三个年度内不得重新确认资格：

（一）违反规定接受捐赠的，包括附加对捐赠人构成利益回报的条件、以捐赠为名从事营利性活动、利用慈善捐赠宣传烟草制品或法律禁止宣传的产品和事项、接受不符合公益目的或违背社会公德的捐赠等情形；

（二）开展违反组织章程的活动，或者接受的捐赠款项用于组织章程规定用途之外的；

（三）在确定捐赠财产的用途和受益人时，指定特定受益人，且该受益人与捐赠人或公益性社会组织管理人员存在明显利益关系的。

九、公益性社会组织存在以下情形之一的，应当取消其公益性捐赠税前扣除资格且不得重新确认资格：

（一）从事非法政治活动的；

（二）从事、资助危害国家安全或者社会公共利益活动的。

十、对应当取消公益性捐赠税前扣除资格的公益性社会组织，由省级以上财政、税务、民政部门核实相关信息后，按权限及时向社会发布取消资格名单公告。自发布公告的次月起，相关公益性社会组织不再具有公益性捐赠税前扣除资格。

十一、公益性社会组织、县级以上人民政府及其部门等国家机关在接受捐赠时，应当按照行政管理级次分别使用由财政部或省、自治区、直辖市财政部门监（印）制的公益事业捐赠票据，并加盖本单位的印章。

企业或个人将符合条件的公益性捐赠支出进行税前扣除，应当留存相关票据备查。

十二、公益性社会组织登记成立时的注册资金捐赠人，在该公益性社会组织首次取得公益性捐赠税前扣除资格的当年进行所得税汇算清缴时，可按规定对其注册资金捐赠额进行税前扣除。

十三、除另有规定外，公益性社会组织、县级以上人民政府及其部门等国家机关在接受企业或个人捐赠时，按以下原则确认捐赠额：

（一）接受的货币性资产捐赠，以实际收到的金额确认捐赠额。

（二）接受的非货币性资产捐赠，以其公允价值确认捐赠额。捐赠方在向公益性社会组织、县级以上人民政府及其部门等国家机关捐赠时，应当提供注明捐赠非货币性资产公允价值的证明；不能提供证明的，接受捐赠方不得向其开具捐赠票据。

十四、为方便纳税主体查询,省级以上财政、税务、民政部门应当及时在官方网站上发布具备公益性捐赠税前扣除资格的公益性社会组织名单公告。

企业或个人可通过上述渠道查询社会组织公益性捐赠税前扣除资格及有效期。

十五、本公告自2020年1月1日起执行。《财政部 国家税务总局 民政部关于公益性捐赠税前扣除有关问题的通知》(财税〔2008〕160号)、《财政部 国家税务总局 民政部关于公益性捐赠税前扣除有关问题的补充通知》(财税〔2010〕45号)、《财政部 国家税务总局 民政部关于公益性捐赠税前扣除资格确认审批有关调整事项的通知》(财税〔2015〕141号)同时废止。

尚未完成2019年度及以前年度社会组织公益性捐赠税前扣除资格确认工作的,各级财政、税务、民政部门按照原政策规定执行。2020年度及以后年度的公益性捐赠税前扣除资格的确认及管理按本公告规定执行。

6.《财政部 税务总局关于通过公益性群众团体的公益性捐赠税前扣除有关事项的公告》(财政部 税务总局公告2021年第20号)

为贯彻落实《中华人民共和国企业所得税法》及其实施条例、《中华人民共和国个人所得税法》及其实施条例,现就通过公益性群众团体的公益性捐赠税前扣除有关事项公告如下:

一、企业或个人通过公益性群众团体用于符合法律规定的公益慈善事业捐赠支出,准予按税法规定在计算应纳税所得额时扣除。

二、本公告第一条所称公益慈善事业,应当符合《中华人民共和国公益事业捐赠法》第三条对公益事业范围的规定或者《中华人民共和国慈善法》第三条对慈善活动范围的规定。

三、本公告第一条所称公益性群众团体,包括依照《社会团体登记管理条例》规定不需进行社团登记的人民团体以及经国务院批准免予登记的社会团体(以下统称群众团体),且按规定条件和程序已经取得公益性捐赠税前扣除资格。

四、群众团体取得公益性捐赠税前扣除资格应当同时符合以下条件:

(一)符合企业所得税法实施条例第五十二条第一项至第八项规定的条件;

(二)县级以上各级机构编制部门直接管理其机构编制;

（三）对接受捐赠的收入以及用捐赠收入进行的支出单独进行核算，且申报前连续3年接受捐赠的总收入中用于公益慈善事业的支出比例不低于70%。

五、公益性捐赠税前扣除资格的确认按以下规定执行：

（一）由中央机构编制部门直接管理其机构编制的群众团体，向财政部、税务总局报送材料；

（二）由县级以上地方各级机构编制部门直接管理其机构编制的群众团体，向省、自治区、直辖市和计划单列市财政、税务部门报送材料；

（三）对符合条件的公益性群众团体，按照上述管理权限，由财政部、税务总局和省、自治区、直辖市、计划单列市财政、税务部门分别联合公布名单。企业和个人在名单所属年度内向名单内的群众团体进行的公益性捐赠支出，可以按规定进行税前扣除；

（四）公益性捐赠税前扣除资格的确认对象包括：公益性捐赠税前扣除资格将于当年末到期的公益性群众团体；已被取消公益性捐赠税前扣除资格但又重新符合条件的群众团体；尚未取得或资格终止后未取得公益性捐赠税前扣除资格的群众团体。

（五）每年年底前，省级以上财政、税务部门按权限完成公益性捐赠税前扣除资格的确认和名单发布工作，并按本条第（四）项规定的不同审核对象，分别列示名单及其公益性捐赠税前扣除资格起始时间。

六、本公告第五条规定需报送的材料，应在申报年度6月30日前报送，包括：

（一）申报报告；

（二）县级以上各级党委、政府或机构编制部门印发的"三定"规定；

（三）组织章程；

（四）申报前3个年度的受赠资金来源、使用情况，财务报告，公益活动的明细，注册会计师的审计报告或注册会计师、（注册）税务师、律师的纳税审核报告（或鉴证报告）。

七、公益性捐赠税前扣除资格在全国范围内有效，有效期为三年。

本公告第五条第（四）项规定的第一种情形，其公益性捐赠税前扣除资格自发布名单公告的次年1月1日起算。本公告第五条第（四）项规定的第二种和第三种情形，其公益性捐赠税前扣除资格自发公告的当年1月

第五章 企业所得税筹划实用技巧

1日起算。

八、公益性群众团体前3年接受捐赠的总收入中用于公益慈善事业的支出比例低于70%的，应当取消其公益性捐赠税前扣除资格。

九、公益性群众团体存在以下情形之一的，应当取消其公益性捐赠税前扣除资格，且被取消资格的当年及之后三个年度内不得重新确认资格：

（一）违反规定接受捐赠的，包括附加对捐赠人构成利益回报的条件、以捐赠为名从事营利性活动、利用慈善捐赠宣传烟草制品或法律禁止宣传的产品和事项、接受不符合公益目的或违背社会公德的捐赠等情形；

（二）开展违反组织章程的活动，或者接受的捐赠款项用于组织章程规定用途之外的；

（三）在确定捐赠财产的用途和受益人时，指定特定受益人，且该受益人与捐赠人或公益性群众团体管理人员存在明显利益关系的；

（四）受到行政处罚（警告或单次1万元以下罚款除外）的。

对存在本条第（一）、（二）、（三）项情形的公益性群众团体，应对其接受捐赠收入和其他各项收入依法补征企业所得税。

十、公益性群众团体存在以下情形之一的，应当取消其公益性捐赠税前扣除资格且不得重新确认资格：

（一）从事非法政治活动的；

（二）从事、资助危害国家安全或者社会公共利益活动的。

十一、获得公益性捐赠税前扣除资格的公益性群众团体，应自不符合本通知第四条规定条件之一或存在本通知第八条、第九条、第十条规定情形之一之日起15日内向主管税务机关报告。对应当取消公益性捐赠税前扣除资格的公益性群众团体，由省级以上财政、税务部门核实相关信息后，按权限及时向社会发布取消资格名单公告。自发布公告的次月起，相关公益性群众团体不再具有公益性捐赠税前扣除资格。

十二、公益性群众团体在接受捐赠时，应按照行政管理级次分别使用由财政部或省、自治区、直辖市财政部门监（印）制的公益事业捐赠票据，并加盖本单位的印章；对个人索取捐赠票据的，应予以开具。

企业或个人将符合条件的公益性捐赠支出进行税前扣除，应当留存相关票据备查。

十三、除另有规定外，公益性群众团体在接受企业或个人捐赠时，按以下原则确认捐赠额：

（一）接受的货币性资产捐赠，以实际收到的金额确认捐赠额；

（二）接受的非货币性资产捐赠，以其公允价值确认捐赠额。捐赠方在向公益性群众团体捐赠时，应当提供注明捐赠非货币性资产公允价值的证明；不能提供证明的，接受捐赠方不得向其开具捐赠票据。

十四、为方便纳税主体查询，省级以上财政、税务部门应当及时在官方网站上发布具备公益性捐赠税前扣除资格的公益性群众团体名单公告。

企业或个人可通过上述渠道查询群众团体公益性捐赠税前扣除资格及有效期。

十五、本公告自2021年1月1日起执行。《财政部 国家税务总局关于通过公益性群众团体的公益性捐赠税前扣除有关问题的通知》（财税〔2009〕124号）同时废止。

为做好政策衔接工作，尚未完成2020年度及以前年度群众团体的公益性捐赠税前扣除资格确认工作的，各级财政、税务部门按原政策规定执行；群众团体公益性捐赠税前扣除资格2020年年末到期的，其2021—2023年度公益性捐赠税前扣除资格自2021年1月1日起算。

特此公告。

7.《国家税务总局关于企业所得税若干政策征管口径问题的公告》（国家税务总局公告2021年第17号）

为贯彻落实中办、国办印发的《关于进一步深化税收征管改革的意见》，深入开展2021年"我为纳税人缴费人办实事暨便民办税春风行动"，推进税收领域"放管服"改革，更好服务市场主体，根据《中华人民共和国企业所得税法》及其实施条例（以下简称"税法"）等相关规定，对企业所得税若干政策征管口径问题公告如下：

一、关于公益性捐赠支出相关费用的扣除问题

企业在非货币性资产捐赠过程中发生的运费、保险费、人工费用等相关支出，凡纳入国家机关、公益性社会组织开具的公益捐赠票据记载的数额中的，作为公益性捐赠支出按照规定在税前扣除；上述费用未纳入公益性捐赠票据记载的数额中的，作为企业相关费用按照规定在税前扣除。

二、关于可转换债券转换为股权投资的税务处理问题

（一）购买方企业的税务处理

1. 购买方企业购买可转换债券，在其持有期间按照约定利率取得的利息收入，应当依法申报缴纳企业所得税。

2. 购买方企业可转换债券转换为股票时，将应收未收利息一并转为股票的，该应收未收利息即使会计上未确认收入，税收上也应当作为当期利息收入申报纳税；转换后以该债券购买价、应收未收利息和支付的相关税费为该股票投资成本。

（二）发行方企业的税务处理

1. 发行方企业发生的可转换债券的利息，按照规定在税前扣除。

2. 发行方企业按照约定将购买方持有的可转换债券和应付未付利息一并转为股票的，其应付未付利息视同已支付，按照规定在税前扣除。

三、关于跨境混合性投资业务企业所得税的处理问题

境外投资者在境内从事混合性投资业务，满足《国家税务总局关于企业混合性投资业务企业所得税处理问题的公告》（2013年第41号）第一条规定的条件的，可以按照该公告第二条第一款的规定进行企业所得税处理，但同时符合以下两种情形的除外：

（一）该境外投资者与境内被投资企业构成关联关系；

（二）境外投资者所在国家（地区）将该项投资收益认定为权益性投资收益，且不征收企业所得税。

同时符合上述第（一）项和第（二）项规定情形的，境内被投资企业向境外投资者支付的利息应视为股息，不得进行税前扣除。

四、企业所得税核定征收改为查账征收后有关资产的税务处理问题

（一）企业能够提供资产购置发票的，以发票载明金额为计税基础；不能提供资产购置发票的，可以凭购置资产的合同（协议）、资金支付证明、会计核算资料等记载金额，作为计税基础。

（二）企业核定征税期间投入使用的资产，改为查账征税后，按照税法规定的折旧、摊销年限，扣除该资产投入使用年限后，就剩余年限继续计提折旧、摊销额并在税前扣除。

五、关于文物、艺术品资产的税务处理问题

企业购买的文物、艺术品用于收藏、展示、保值增值的，作为投资资产进行税务处理。文物、艺术品资产在持有期间，计提的折旧、摊销费用，不得税前扣除。

六、关于企业取得政府财政资金的收入时间确认问题

企业按照市场价格销售货物、提供劳务服务等，凡由政府财政部门根据企业销售货物、提供劳务服务的数量、金额的一定比例给予全部或部分资金支付的，应当按照权责发生制原则确认收入。

除上述情形外，企业取得的各种政府财政支付，如财政补贴、补助、补偿、退税等，应当按照实际取得收入的时间确认收入。

本公告适用于 2021 年及以后年度汇算清缴。

特此公告。

八、将超标利息支出转化为其他形式

【**筹划案例 067**】 某企业职工人数为 1 000 人，人均月工资为 4 500 元。该企业 2024 年度计划向职工集资人均 10 000 元，年利率为 10%，假设同期同类银行贷款利率为年利率 6%。由于企业所得税法规定，向非金融机构借款的利息支出，不高于按照金融机构同类、同期贷款利率计算的数额以内的部分，准予扣除。因此，超过的部分不能扣除，该企业应当调增应纳税所得额 40 万元［1 000×1×（10%–6%）］。该企业为此需要多缴纳企业所得税 10 万元（40×25%），应当代扣代缴个人所得税税额为 20 万元（1×10%×20%×1 000）。请提出该企业的纳税筹划方案。

如果进行纳税筹划，该企业可以考虑将集资利率降低到 6%，这样，每位职工的利息损失为 400 元［10 000×（10%–6%）］。该企业可以通过提高工资待遇的方式来弥补职工在利息上受到的损失，即将 400 元平均摊入一年的工资中，每月增加工资 34 元。这样，该企业为本次集资所付出的利息与纳税筹划前是一样的，职工所实际获得的利息也是一样的。但在这种情况下，该企业所支付的集资利息就可以全额扣除了，而人均工资增加 34 元仍然可以全额扣除。由于职工个人的月工资没有超过个人所得税法所规定的扣除额，

职工也不需要为此缴纳个人所得税。该纳税筹划可以减少企业所得税10万元。另外，还可以减少企业代扣代缴的个人所得税税额为8万元［1×1 000×（10%－6%）×20%］。经过纳税筹划，该企业和职工都获得了税收利益，可谓一举两得。如果将全部利息改为工资发放，就根本不需要代扣代缴个人所得税，而职工工资由于尚未达到5 000元，实际上也不需要缴纳个人所得税。上述纳税筹划方案可以为企业和职工合计节税30万元。

【主要法律依据】

1.《企业所得税法》第八条

参见本书第181页。

2.《企业所得税法实施条例》第三十三条和第三十八条

第三十三条　企业所得税法第八条所称其他支出，是指除成本、费用、税金、损失外，企业在生产经营活动中发生的与生产经营活动有关的、合理的支出。

第三十八条　企业在生产经营活动中发生的下列利息支出，准予扣除：

（一）非金融企业向金融企业借款的利息支出、金融企业的各项存款利息支出和同业拆借利息支出、企业经批准发行债券的利息支出；

（二）非金融企业向非金融企业借款的利息支出，不超过按照金融企业同期同类贷款利率计算的数额的部分。

3.《国家税务总局关于企业向自然人借款的利息支出企业所得税税前扣除问题的通知》（国税函〔2009〕777号）

各省、自治区、直辖市和计划单列市国家税务局、地方税务局：

现就企业向自然人借款的利息支出企业所得税税前扣除问题，通知如下：

一、企业向股东或其他与企业有关联关系的自然人借款的利息支出，应根据《中华人民共和国企业所得税法》（以下简称"税法"）第四十六条及《财政部、国家税务总局关于企业关联方利息支出税前扣除标准有关税收政策问题的通知》（财税〔2008〕121号）规定的条件，计算企业所得税扣除额。

二、企业向除第一条规定以外的内部职工或其他人员借款的利息支出，其借款情况同时符合以下条件的，其利息支出在不超过按照金融企业同期同类贷款利率计算的数额的部分,根据税法第八条和税法实施条例第二十七条规定,准予扣除。

(一)企业与个人之间的借贷是真实、合法、有效的,并且不具有非法集资目的或其他违反法律、法规的行为;

(二)企业与个人之间签订了借款合同。

4.《国家税务总局关于企业所得税若干问题的公告》(国家税务总局公告2011年第34号)

根据《中华人民共和国企业所得税法》(以下简称"税法")以及《中华人民共和国企业所得税法实施条例》(以下简称《实施条例》)的有关规定,现就企业所得税若干问题公告如下:

一、关于金融企业同期同类贷款利率确定问题

根据《实施条例》第三十八条规定,非金融企业向非金融企业借款的利息支出,不超过按照金融企业同期同类贷款利率计算的数额的部分,准予税前扣除。鉴于目前我国对金融企业利率要求的具体情况,企业在按照合同要求首次支付利息并进行税前扣除时,应提供"金融企业的同期同类贷款利率情况说明",以证明其利息支出的合理性。

"金融企业的同期同类贷款利率情况说明"中,应包括在签订该借款合同当时,本省任何一家金融企业提供同期同类贷款利率情况。该金融企业应为经政府有关部门批准成立的可以从事贷款业务的企业,包括银行、财务公司、信托公司等金融机构。"同期同类贷款利率"是指在贷款期限、贷款金额、贷款担保以及企业信誉等条件基本相同下,金融企业提供贷款的利率。既可以是金融企业公布的同期同类平均利率,也可以是金融企业对某些企业提供的实际贷款利率。

二、关于企业员工服饰费用支出扣除问题

企业根据其工作性质和特点,由企业统一制作并要求员工工作时统一着装所发生的工作服饰费用,根据《实施条例》第二十七条的规定,可以作为企业合理的支出给予税前扣除。

三、关于航空企业空勤训练费扣除问题

航空企业实际发生的飞行员养成费、飞行训练费、乘务训练费、空中保卫员训练费等空勤训练费用,根据《实施条例》第二十七条规定,可以作为

航空企业运输成本在税前扣除。

四、关于房屋、建筑物固定资产改扩建的税务处理问题

企业对房屋、建筑物固定资产在未足额提取折旧前进行改扩建的,如属于推倒重置的,该资产原值减除提取折旧后的净值,应并入重置后的固定资产计税成本,并在该固定资产投入使用后的次月起,按照税法规定的折旧年限,一并计提折旧;如属于提升功能、增加面积的,该固定资产的改扩建支出,并入该固定资产计税基础,并从改扩建完工投入使用后的次月起,重新按税法规定的该固定资产折旧年限计提折旧,如该改扩建后的固定资产尚可使用的年限低于税法规定的最低年限的,可以按尚可使用的年限计提折旧。

五、投资企业撤回或减少投资的税务处理

投资企业从被投资企业撤回或减少投资,其取得的资产中,相当于初始出资的部分,应确认为投资收回;相当于被投资企业累计未分配利润和累计盈余公积按减少实收资本比例计算的部分,应确认为股息所得;其余部分确认为投资资产转让所得。

被投资企业发生的经营亏损,由被投资企业按规定结转弥补;投资企业不得调整减低其投资成本,也不得将其确认为投资损失。

六、关于企业提供有效凭证时间问题

企业当年度实际发生的相关成本、费用,由于各种原因未能及时取得该成本、费用的有效凭证,企业在预缴季度所得税时,可暂按账面发生金额进行核算;但在汇算清缴时,应补充提供该成本、费用的有效凭证。

七、本公告自2011年7月1日起施行。本公告施行以前,企业发生的相关事项已经按照本公告规定处理的,不再调整;已经处理,但与本公告规定处理不一致的,凡涉及需要按照本公告规定调减应纳税所得额的,应当在本公告施行后相应调减2011年度企业应纳税所得额。

特此公告。

5.《财政部 税务总局关于广告费和业务宣传费支出税前扣除有关事项的公告》(财政部 税务总局公告2020年第43号)

根据《中华人民共和国企业所得税法》及其实施条例,现就广告费和业务宣传费支出税前扣除有关事项公告如下:

一、对化妆品制造或销售、医药制造和饮料制造(不含酒类制造)企业发生的广告费和业务宣传费支出，不超过当年销售（营业）收入30%的部分，准予扣除；超过部分，准予在以后纳税年度结转扣除。

二、对签订广告费和业务宣传费分摊协议（以下简称"分摊协议"）的关联企业，其中一方发生的不超过当年销售（营业）收入税前扣除限额比例内的广告费和业务宣传费支出可以在本企业扣除，也可以将其中的部分或全部按照分摊协议归集至另一方扣除。另一方在计算本企业广告费和业务宣传费支出企业所得税税前扣除限额时，可将按照上述办法归集至本企业的广告费和业务宣传费不计算在内。

三、烟草企业的烟草广告费和业务宣传费支出，一律不得在计算应纳税所得额时扣除。

四、本通知自2021年1月1日起至2025年12月31日止执行。《财政部 税务总局关于广告费和业务宣传费支出税前扣除政策的通知》（财税〔2017〕41号）自2021年1月1日起废止。

九、恰当选择企业所得税预缴方法

【筹划案例068】 某企业2023纳税年度缴纳企业所得税1 200万元，预计2024纳税年度应纳税所得额会有较大的增长，每季度实际的应纳税所得额分别为1 500万元、1 600万元、1 400万元和1 700万元。该企业选择按照纳税期限的实际数额来预缴企业所得税。请计算该企业每季度预缴企业所得税税额，并提出纳税筹划方案。

按照25%的企业所得税税率计算，该企业需要在每季度预缴企业所得税分别为375万元、400万元、350万元和425万元。

由于该企业2024年度的实际应纳税所得额比2023年度高很多，而且在企业的预料之中，该企业可以选择按上一年度应税所得额的1/4的方法按季度分期预缴所得税。这样，该企业在每季度只需要预缴企业所得税税额为300万元。假设资金成本为10%，则该企业可以获得利息收入11.875万元〔（375－300）×10%×9÷12+（400－300）×10%×6÷12+（350－300）×10%×3÷12〕。

第五章 企业所得税筹划实用技巧

【主要法律依据】

1.《企业所得税法》第五十四条

第五十四条 企业所得税分月或者分季预缴。

企业应当自月份或者季度终了之日起十五日内,向税务机关报送预缴企业所得税纳税申报表,预缴税款。

企业应当自年度终了之日起五个月内,向税务机关报送年度企业所得税纳税申报表,并汇算清缴,结清应缴应退税款。

企业在报送企业所得税纳税申报表时,应当按照规定附送财务会计报告和其他有关资料。

2.《企业所得税法实施条例》第一百二十七条和第一百二十八条

第一百二十七条 企业所得税分月或者分季预缴,由税务机关具体核定。

企业根据企业所得税法第五十四条规定分月或者分季预缴企业所得税时,应当按照月度或者季度的实际利润额预缴;按照月度或者季度的实际利润额预缴有困难的,可以按照上一纳税年度应纳税所得额的月度或者季度平均额预缴,或者按照经税务机关认可的其他方法预缴。预缴方法一经确定,该纳税年度内不得随意变更。

第一百二十八条 企业在纳税年度内无论盈利或者亏损,都应当依照企业所得税法第五十四条规定的期限,向税务机关报送预缴企业所得税纳税申报表、年度企业所得税纳税申报表、财务会计报告和税务机关规定应当报送的其他有关资料。

3.《国家税务总局关于加强企业所得税预缴工作的通知》(国税函〔2009〕34号)

各省、自治区、直辖市和计划单列市国家税务局、地方税务局:

为进一步做好企业所得税征收管理,现就加强企业所得税预缴工作通知如下:

一、根据《中华人民共和国企业所得税法》及其实施条例规定,企业所得税应当按照月度或者季度的实际利润额预缴;按照月度或者季度的实际利润额预缴有困难的,可以按照上一纳税年度应纳税所得额的月度或者季度平均额预缴,或者按照经税务机关认可的其他方法预缴。为确保税款足额及时入库,各级税务机关对纳入当地重点税源管理的企业,原则上应按照实际利润额预缴方法征收企业所得税。

二、各级税务机关根据企业上年度企业所得税预缴和汇算清缴情况,对全年企业所得税预缴税款占企业所得税应缴税款比例明显偏低的,要及时查明原因,调整预缴方法或预缴税额。

三、各级税务机关要处理好企业所得税预缴和汇算清缴税款入库的关系,原则上各地企业所得税年度预缴税款占当年企业所得税入库税款(预缴数+汇算清缴数)应不少于70%。

四、各级税务机关要进一步加大监督管理力度。对未按规定申报预缴企业所得税的,按照《中华人民共和国税收征收管理法》及其实施细则的有关规定进行处理。

五、加强企业所得税预缴工作是税收征管中的一项重要任务,各级税务机关要高度重视,周密部署,精心组织实施。税务总局将适时组织督促检查,通报此项工作的落实情况。

十、利用汇率变动趋势进行筹划

【筹划案例069】 某公司主要从事对美外贸业务,每月都有大量的美元收入。该公司选择按月预缴企业所得税。该公司某年度1～5月,每月应纳税所得税税额分别为2 000万美元、1 500万美元、1 500万美元、1 000万美元和1 000万美元。假设每月最后一日美元对人民币汇率中间价分别为7.52、7.49、7.46、7.43和7.41。请计算该公司每月美元收入应当预缴多少企业所得税并提出纳税筹划方案。

该公司1月应当预缴企业所得税税额为3 760万元(2 000×7.52×25%);2月应当预缴企业所得税税额为2 808.75万元(1 500×7.49×25%);3月应当预缴企业所得税税额为2 797.50万元(1 500×7.46×25%);4月应当预缴企业所得税税额为1 857.50万元(1 000×7.43×25%);5月应当预缴企业所得税税额为1 852.50万元(1 000×7.41×25%);合计预缴企业所得税税额为13 076.25万元(3 760+2 808.75+2 797.50+1 857.50+1 852.50)。如果该公司能够预测到美元的人民币汇率中间价会持续降低,则可以适当调整取得收入所在月。例如,将该年度1～5月的每月应纳税所得额调整为1 000万美元、

1 000万美元、1 000万美元、1 500万美元和2 500万美元,收入总额并未发生变化,只是改变了总收入在各月的分布情况。经过纳税筹划,该公司1月应当预缴企业所得税税额为1 880万元(1 000×7.52×25%);2月应当预缴企业所得税税额为1 872.50万元(1 000×7.49×25%);3月应当预缴企业所得税税额为1 865万元(1 000×7.46×25%);4月应当预缴企业所得税税额为2 786.25万元(1 500×7.43×25%);5月应当预缴企业所得税税额为4 631.25万元(2 500×7.41×25%);合计预缴企业所得税税额为13 035万元(1 880+1 872.50+1 865+2 786.25+4 631.25)。经过纳税筹划,减轻税收负担41.25万元(13 076.25－13 035)。

【主要法律依据】

1.《企业所得税法》第五十六条

第五十六条 依照本法缴纳的企业所得税,以人民币计算。所得以人民币以外的货币计算的,应当折合成人民币计算并缴纳税款。

2.《企业所得税法实施条例》第三十九条和第一百二十九条

第三十九条 企业在货币交易中,以及纳税年度终了时将人民币以外的货币性资产、负债按照期末即期人民币汇率中间价折算为人民币时产生的汇兑损失,除已经计入有关资产成本以及与向所有者进行利润分配相关的部分外,准予扣除。

第一百二十九条 企业所得以人民币以外的货币计算的,预缴企业所得税时,应当按照月度或者季度最后一日的人民币汇率中间价,折合成人民币计算应纳税所得额。年度终了汇算清缴时,对已经按照月度或者季度预缴税款的,不再重新折合计算,只就该纳税年度内未缴纳企业所得税的部分,按照纳税年度最后一日的人民币汇率中间价,折合成人民币计算应纳税所得额。

经税务机关检查确认,企业少计或者多计前款规定的所得的,应当按照检查确认补税或者退税时的上一个月最后一日的人民币汇率中间价,将少计或者多计的所得折合成人民币计算应纳税所得额,再计算应补缴或者应退的税款。

第三节　企业融资阶段所得税的筹划

一、增加债权性融资比例

【**筹划案例 070**】　某公司计划投资 1 000 万元用于一项新产品的生产,在专业人员的指导下制订了三种方案。三种方案的债务利率均为 10%,企业所得税税率为 25%,其权益资本投资利润率如表 5-6 所示。

表 5-6　权益资本投资利润率

项目	债务资本：权益资本		
	方案 A	方案 B	方案 C
	0∶1 000	200∶800	600∶400
息税前利润（万元）	300	300	300
利率	10%	10%	10%
税前利润（万元）	300	280	240
纳税额（25%）	75	70	60
税后利润（万元）	225	210	180
权益资本收益率	22.50%	26.25%	45%

从以上 A、B、C 三种方案的对比可以看出,在息税前利润和贷款利率不变的条件下,随着企业负债比例的提高,权益资本的收益率在不断增加。通过比较不同资本结构带来的权益资本收益率的不同,选择合理的融资组合,实现股东收益最大化。我们可以选择方案 C 作为该公司投资该项目的融资方案。

【**主要法律依据**】

1.《企业所得税法》第八条和第十条第（一）项

第八条　企业实际发生的与取得收入有关的、合理的支出,包括成本、费用、税金、损失和其他支出,准予在计算应纳税所得额时扣除。

第十条第（一）项　在计算应纳税所得额时,下列支出不得扣除:

（一）向投资者支付的股息、红利等权益性投资收益款项。

2.《企业所得税法实施条例》第二十七条至第三十三条、第三十七条和第三十八条

第二十七条 企业所得税法第八条所称有关的支出，是指与取得收入直接相关的支出。

企业所得税法第八条所称合理的支出，是指符合生产经营活动常规，应当计入当期损益或者有关资产成本的必要和正常的支出。

第二十八条 企业发生的支出应当区分收益性支出和资本性支出。收益性支出在发生当期直接扣除；资本性支出应当分期扣除或者计入有关资产成本，不得在发生当期直接扣除。

企业的不征税收入用于支出所形成的费用或者财产，不得扣除或者计算对应的折旧、摊销扣除。

除企业所得税法和本条例另有规定外，企业实际发生的成本、费用、税金、损失和其他支出，不得重复扣除。

第二十九条 企业所得税法第八条所称成本，是指企业在生产经营活动中发生的销售成本、销货成本、业务支出以及其他耗费。

第三十条 企业所得税法第八条所称费用，是指企业在生产经营活动中发生的销售费用、管理费用和财务费用，已经计入成本的有关费用除外。

第三十一条 企业所得税法第八条所称税金，是指企业发生的除企业所得税和允许抵扣的增值税以外的各项税金及其附加。

第三十二条 企业所得税法第八条所称损失，是指企业在生产经营活动中发生的固定资产和存货的盘亏、毁损、报废损失，转让财产损失，呆账损失，坏账损失，自然灾害等不可抗力因素造成的损失以及其他损失。

企业发生的损失，减除责任人赔偿和保险赔款后的余额，依照国务院财政、税务主管部门的规定扣除。

企业已经作为损失处理的资产，在以后纳税年度又全部收回或者部分收回时，应当计入当期收入。

第三十三条 企业所得税法第八条所称其他支出，是指除成本、费用、税金、损失外，企业在生产经营活动中发生的与生产经营活动有关的、合理的支出。

第三十七条 企业在生产经营活动中发生的合理的不需要资本化的借款费用，准予扣除。

企业为购置、建造固定资产、无形资产和经过 12 个月以上的建造才能达到预定可销售状态的存货发生借款的，在有关资产购置、建造期间发生的合理的借款费用，应当作为资本性支出计入有关资产的成本，并依照本条例的规定扣除。

第三十八条 企业在生产经营活动中发生的下列利息支出，准予扣除：

（一）非金融企业向金融企业借款的利息支出、金融企业的各项存款利息支出和同业拆借利息支出、企业经批准发行债券的利息支出；

（二）非金融企业向非金融企业借款的利息支出，不超过按照金融企业同期同类贷款利率计算的数额的部分。

二、长期借款融资的筹划

【**筹划案例 071**】 某股份有限公司的资本结构备选方案如表 5-7 所示。

表 5-7 资本结构备选方案表

项目	A 方案	B 方案	C 方案	D 方案	E 方案
负债比例	0	1∶1	2∶1	3∶1	4∶1
负债成本率	—	6%	7%	9%	10.50%
投资收益率	10%	10%	10%	10%	10%
负债额（万元）	0	3 000	4 000	4 500	4 800
权益资本额（万元）	6 000	3 000	2 000	1 500	1 200
普通股股数（万股）	60	30	20	15	12
年息税前利润额（万元）	600	600	600	600	600
减：负债利息成本（万元）	—	180	280	405	504
年税前净利（万元）	600	420	320	195	96
所得税税率	25%	25%	25%	25%	25%
应纳所得税税额（万元）	150	105	80	48.75	24
年息税后利润（万元）	450	315	240	146.25	72
权益资本收益率	7.50%	10.50%	12%	9.75%	6%
普通股每股收益额（元）	7.5	10.5	12	9.75	6

第五章 企业所得税筹划实用技巧

从 A、B、C、D、E 五种选择方案可以看出，方案 B、C、D 利用了负债融资的方式，由于其负债利息可以在税前扣除，降低了所得税的税收负担，产生了权益资本收益率和普通股每股收益额均高于完全靠权益资金融资的方案 A。

上述方案中，假设随着企业负债比例的不断提高，企业融资的成本也在不断提高，反映在表 5-6 中是负债成本率不断提高，这一假设是符合现实的。正是由于负债成本率的不断提高，增加的债务融资成本逐渐超过因其抵税作用带来的收益，这时，通过增加负债比例进行纳税筹划的空间就没有了。上述五种方案所带来的权益资本收益率和普通股每股收益额的变化充分说明了这一规律。从方案 A 到方案 C，随着企业负债比例的不断提高，权益资本收益率和普通股每股收益额也在不断提高，说明税收效应处于明显的优势，但从方案 C 到方案 D 则出现了权益资本收益率和普通股每股收益额逐渐下降的趋势，这就说明了此时起主导作用的因素已经开始向负债成本转移，债务成本抵税作用带来的收益增加效应已经受到削弱与抵销，但与完全采用股权性融资的方案相比，它仍然是有利可图的。但到方案 E 时，债务融资税收挡板作用带来的收益完全被负债成本的增加所抵销，而且负债成本已经超过节税的效应，因此，方案 E 的权益资本收益率和普通股每股收益额已经低于完全不进行融资时（方案 A）的收益。此时融资所带来的就不是收益，而是成本。

这一案例再次说明了前面的结论：只有当企业息税前投资收益率高于负债成本率时，增加负债比例才能提高企业的整体效益；否则，就会降低企业的整体效益。

在长期借款融资的纳税筹划中，借款偿还方式的不同也会导致不同的税收待遇，从而同样存在纳税筹划的空间。比如，某公司为了引进一条先进的生产线，从银行贷款 1 000 万元，年利率为 10%，年投资收益率为 18%，5 年内还清全部本息。经过纳税筹划，该公司可选择的方案主要有四种：①期末一次性还本付息。②每年偿还等额的本金和利息。③每年偿还等额的本金 200 万元及当期利息。④每年支付等额利息 100 万元，并在第 5 年年末一次性还本。在以上各种不同的偿还方式下，年偿还额、总偿还额、税额以及企业的整体收益均是不同的。

一般来讲，第①种方案给企业带来的节税额最大，但它给企业带来的经济效益却是最差的,企业最终所获利润低,而且现金流出量大,因此是不可取的。第③种方案尽管使企业缴纳了较多的所得税,但其税后收益却是最高的,而且现金流出量也是最小的,因此,它是最优的方案。第②种方案是次优的,它给企业带来的经济利益小于第③种方案,但大于第④种方案。长期借款融资偿还方式的一般原则是分期偿还本金和利息,尽量避免一次性偿还本金或者本金和利息。

【主要法律依据】

1.《财政部　国家税务总局关于企业关联方利息支出税前扣除标准有关税收政策问题的通知》(财税〔2008〕121号)

各省、自治区、直辖市、计划单列市财政厅(局)、国家税务局、地方税务局,新疆生产建设兵团财务局:

为规范企业利息支出税前扣除,加强企业所得税管理,根据《中华人民共和国企业所得税法》(以下简称"税法")第四十六条和《中华人民共和国企业所得税法实施条例》(国务院令第512号,以下简称"实施条例")第一百一十九条的规定,现将企业接受关联方债权性投资利息支出税前扣除的政策问题通知如下:

一、在计算应纳税所得额时,企业实际支付给关联方的利息支出,不超过以下规定比例和税法及其实施条例有关规定计算的部分,准予扣除,超过的部分不得在发生当期和以后年度扣除。

企业实际支付给关联方的利息支出,除符合本通知第二条规定外,其接受关联方债权性投资与其权益性投资比例为:

(一)金融企业,为5∶1;

(二)其他企业,为2∶1。

二、企业如果能够按照税法及其实施条例的有关规定提供相关资料,并证明相关交易活动符合独立交易原则的;或者该企业的实际税负不高于境内关联方的,其实际支付给境内关联方的利息支出,在计算应纳税所得额时准予扣除。

三、企业同时从事金融业务和非金融业务,其实际支付给关联方的利息支出,应按照合理方法分开计算;没有按照合理方法分开计算的,一律按本通知第一条有关其他企业的比例计算准予税前扣除的利息支出。

四、企业自关联方取得的不符合规定的利息收入应按照有关规定缴纳企业所得税。

2.《财政部 税务总局关于延续境外机构投资境内债券市场企业所得税、增值税政策的公告》（财政部 税务总局公告2021年第34号）

为进一步推动债券市场对外开放，现将有关税收政策公告如下：

自2021年11月7日起至2025年12月31日止，对境外机构投资境内债券市场取得的债券利息收入暂免征收企业所得税和增值税。

上述暂免征收企业所得税的范围不包括境外机构在境内设立的机构、场所取得的与该机构、场所有实际联系的债券利息。

3.《财政部 税务总局关于北京证券交易所税收政策适用问题的公告》（财政部 税务总局公告2021年第33号）

为支持进一步深化全国中小企业股份转让系统（以下简称"新三板"）改革，将精选层变更设立为北京证券交易所（以下简称"北交所"），按照平稳转换、有效衔接的原则，现将北交所税收政策适用问题明确如下：

新三板精选层公司转为北交所上市公司，以及创新层挂牌公司通过公开发行股票进入北交所上市后，投资北交所上市公司涉及的个人所得税、印花税相关政策，暂按照现行新三板适用的税收规定执行。涉及企业所得税、增值税相关政策，按企业所得税法及其实施条例、《财政部 国家税务总局关于全面推开营业税改征增值税试点的通知》（财税〔2016〕36号）及有关规定执行。

三、利用融资租赁进行筹划

【**筹划案例072**】 某公司计划增添一设备，总共需要资金200万元，预计使用寿命为6年，净残值为8万元，采用平均年限法，折现系数为10%。该企业有三种方案可供选择：第一种方案是用自有资金购买；第二种方案是贷款购买，银行提供5年期的长期贷款，每年偿还40万元本金及利息，利率为10%；第三种方案是融资租赁，5年后取得所有权，每年支付租赁费40万元，手续费为1%，融资利率为9%。请比较这三种方案，并提出纳税筹划方案。

第一种方案的现金流出量现值如表5-8所示。

表5-8 现金流出量现值表一　　　　　　金额单位：万元

年份①	购买成本②	折旧费③	节税额④=③×25%	税后现金流出量⑤=②-④	折现系数⑥	税后现金流出量现值⑦=⑤×⑥
第1年年初	200			200		200
第1年年末		32	8	-8	0.91	-7.28
第2年年末		32	8	-8	0.83	-6
第3年年末		32	8	-8	0.75	-6.44
第4年年末		32	8	-8	0.68	-5.44
第5年年末		32	8	-8	0.62	-4.96
第6年年末		32	8	-8	0.56	-4.48
				-8	0.56	-4.48
合计	200	192	48	144		160.72

第二种方案的现金流出量现值如表5-9所示。

表5-9 现金流出量现值表二　　　　　　金额单位：万元

年份①	偿还本金②	利息③	本利和④=②+③	折旧费⑤	节税额⑥=(③+⑤)×25%	税后现金流出量⑦=④-⑥	折现系数⑧	税后现金流出量现值⑨=⑦×⑧
1	40	20	60	32	13	47	0.91	42.77
2	40	16	56	32	12	44	0.83	36.52
3	40	12	52	32	11	41	0.75	30.75
4	40	8	48	32	10	38	0.68	25.84
5	40	4	44	32	9	35	0.62	21.70
6				32	8	-8	0.56	-4.48
						-8	0.56	-4.48
合计	200	60	260	192	63	149		148.62

第三种方案的现金流出量现值如表5-10所示。

第五章 企业所得税筹划实用技巧

表 5-10　现金流出量现值表三　　　　　　　　　　金额单位：万元

年份①	租赁成本②	手续费③=②×1%	融资利息④	租赁总成本⑤=②+③+④	折旧费⑥	节税额⑦=(③+④+⑤)×25%	税后现金流出量⑧=⑤-⑦	折现系数⑨	税后现金流出量现值⑩=⑦×⑧
1	40	0.40	18	58.40	32	12.60	45.80	0.91	41.68
2	40	0.40	14.40	54.80	32	11.70	43.10	0.83	35.77
3	40	0.40	10.80	51.20	32	10.80	40.40	0.75	30.30
4	40	0.40	7.20	47.60	32	9.90	37.70	0.68	25.64
5	40	0.40	3.60	44	32	9	35	0.62	21.7
6					32	8	-8	0.56	-4.48
							-8	0.56	-4.48
合计	200	2	54	256	192	62	186		146.13

通过比较以上三种方案可知，仅仅从节税的角度来看，该公司贷款购买设备所享受的税收优惠最大，因为这部分资金的成本（贷款利息）可以在税前扣除，而用自有资金购买设备就不能享受税前扣除的待遇，因此所获得的税收优惠是最小的。但是从税后现金流出量现值来看，融资租赁所获得的利益是最大的，用贷款购买设备次之，用自有资金购买设备是最次的方案。

这一案例的分析也充分体现了上文对相关问题的分析结论，比如，利用自有资金实现融资目的无法享受债权性融资产生的税收挡板作用带来的节税利益，因此，通过负债的方式实现融资目的是较优的选择。而在负债融资的方式中，偿还贷款的方式不同，企业所获得的效益也不同，本案例所假设的偿还贷款的方式是效益最佳的方式。而在贷款融资和融资租赁融资的比较中，后者一般来讲较优，但仍需要具体比较和分析租赁期间、偿还贷款的时间、融资的利率和贷款的利率等主要指标。一般来讲，时间越长，利率越低，税收利益也就越大。

【主要法律依据】

1.《中华人民共和国民法典》（2020 年 5 月 28 日第十三届全国人民代表大会第三次会议通过）**第七百零三条和第七百三十五条**

第七百零三条　租赁合同是出租人将租赁物交付承租人使用、收益，承租人支付租金的合同。

第七百三十五条 融资租赁合同是出租人根据承租人对出卖人、租赁物的选择，向出卖人购买租赁物，提供给承租人使用，承租人支付租金的合同。

2.《企业所得税法实施条例》第四十七条

第四十七条 企业根据生产经营活动的需要租入固定资产支付的租赁费，按照以下方法扣除：

（一）以经营租赁方式租入固定资产发生的租赁费支出，按照租赁期限均匀扣除；

（二）以融资租赁方式租入固定资产发生的租赁费支出，按照规定构成融资租入固定资产价值的部分应当提取折旧费用，分期扣除。

四、企业职工融资中的筹划

【筹划案例073】 某企业在生产经营中需要1 000万元贷款，贷款期限为3年。由于各种原因，该企业难以继续向银行贷款。企业财务主管提出三种融资方案：第一种是从其他企业贷款，贷款利率为10%，需提供担保；第二种是从社会上的个人处贷款，贷款利率为12%，不需要提供担保；第三种是向本企业职工借款，利率为12%。同期银行贷款利率为6%，该企业应当如何进行决策？

虽然从其他企业贷款的利率较低，但需要提供担保，贷款条件和银行基本相当，并非最佳选择。如果选择从社会上的个人处贷款，企业所支付的超过银行同期贷款利率的利息不能扣除，增加了企业的税收负担。如果向本企业职工借款，则可以通过提供职工工资的方式支付部分利息，从而使全部贷款利息均可以在税前扣除。通过向职工借款，该企业可以多扣除利息180万元〔1 000×（12%－6%）×3〕，减轻税收负担45万元（180×25%）。

【主要法律依据】

1.《企业所得税法》第八条

参见本书第181页。

2.《企业所得税法实施条例》第三十八条

参见本书第269页。

第五章 企业所得税筹划实用技巧

五、恰当选择融资的适宜时间

【筹划案例074】 某企业2023年度应纳税所得税额为310万元,2023年度计划进行重大投资,预计亏损10万元,2025年度预计应纳税所得税额为0,2026年度预计实现盈利30万元,2027年度预计实现盈利100万元。该企业原计划自2024年度开始从银行贷款,贷款期限为3年,每年支付贷款利息约10万元。该企业应当如何进行纳税筹划?

如果该企业从2024年度开始贷款,加上贷款利息的支付,该企业2023年度将亏损20万元,2025年度将亏损10万元,2026年度将实现盈利20万元(支付10万元利息),弥补2024年度亏损后没有盈利,2027年盈利100万元,弥补2025年度亏损后盈利90万元。该企业2023年度需缴纳企业所得税税额为77.50万元(310×25%)。该企业2024—2026年度不需要缴纳企业所得税,2027年度需要缴纳企业所得税税额为4.5万元(90×25%×20%)。

如果该企业将贷款提前到2023年度,则其2023年度应纳税所得税额将变为300万元,应纳税额为15万元(300×25%×20%)。该企业2024年度亏损20万元,2025年度亏损10万元,2026年度弥补亏损后没有盈利,2027年度实现盈利100万元,应纳税额为5万元(100×25%×20%)。通过纳税筹划,该企业减轻税收负担62万元(77.5+4.5-15-5)。

【主要法律依据】

1.《企业所得税法》第八条

参见本书第181页。

2.《企业所得税法实施条例》第九条

参见本书第178页。

3.《财政部 税务总局关于小微企业和个体工商户所得税优惠政策的公告》(财政部 税务总局公告2023年第6号)

为支持小微企业和个体工商户发展,现将有关税收政策公告如下:

一、对小型微利企业年应纳税所得额不超过100万元的部分,减按25%计入应纳税所得额,按20%的税率缴纳企业所得税。

二、对个体工商户年应纳税所得额不超过100万元的部分,在现行优惠政策基础上,减半征收个人所得税。

三、本公告所称小型微利企业，是指从事国家非限制和禁止行业，且同时符合年度应纳税所得额不超过300万元、从业人数不超过300人、资产总额不超过5 000万元等三个条件的企业。

从业人数，包括与企业建立劳动关系的职工人数和企业接受的劳务派遣用工人数。所称从业人数和资产总额指标，应按企业全年的季度平均值确定。具体计算公式如下：

季度平均值＝（季初值＋季末值）÷2

全年季度平均值＝全年各季度平均值之和 ÷4

年度中间开业或者终止经营活动的，以其实际经营期作为一个纳税年度确定上述相关指标。

四、本公告执行期限为2023年1月1日至2024年12月31日。

特此公告

4.《财政部　税务总局关于进一步支持小微企业和个体工商户发展有关税费政策的公告》（财政部　税务总局公告2023年第12号）**第一条、第三条**

参见本书第155页。

六、关联企业融资的筹划

【筹划案例075】　甲公司对乙公司权益性投资总额为1 000万元。乙公司2024年度计划从甲公司融资3 000万元，融资利率为7%。已知金融机构同期同类贷款的利率也为7%，甲公司应当如何进行纳税筹划？

由于甲公司对乙公司的债权性投资已经达到权益性投资的3倍（3 000÷1 000），超过了2倍的上限，超过部分的利息不能扣除，甲公司2024年度不能扣除的利息为70万元（1 000×7%），需要多缴纳企业所得税税额17.50万元（70×25%）。如果甲公司通过一个非关联企业进行融资（关联企业通过一定的调整可以转变为非关联企业），那么上述70万元的利息都可以扣除。甲公司可以减轻税收负担17.50万元。

另外，如果能够证明甲公司与乙公司的实际税负是相同的或者乙公司的实际税负低于甲公司，不需要通过非关联企业间接融资，其超标的利息也可以在企业所得税税前扣除。

【主要法律依据】

1.《企业所得税法》第四十一条第一款

第四十一条第一款 企业与其关联方之间的业务往来，不符合独立交易原则而减少企业或者其关联方应纳税收入或者所得额的，税务机关有权按照合理方法调整。

2.《企业所得税法实施条例》第一百零九条

第一百零九条 企业所得税法第四十一条所称关联方，是指与企业有下列关联关系之一的企业、其他组织或者个人：

（一）在资金、经营、购销等方面存在直接或者间接的控制关系；

（二）直接或者间接地同为第三者控制；

（三）在利益上具有相关联的其他关系。

3.《财政部 国家税务总局关于企业关联方利息支出税前扣除标准有关税收政策问题的通知》（财税〔2008〕121号）

参见本书第280页。

七、利用个人接受货币捐赠免税优惠政策

【筹划案例076】 赵先生生前立了一份遗嘱，将500万元在死亡以后赠与甲公司，甲公司是有限责任公司，有三位股东。赵先生如何进行纳税筹划可以避免缴纳企业所得税？

按照我国《企业所得税法》的规定，甲公司需要缴纳企业所得税税额为125万元（500×25%）。根据《个人所得税法》的规定，个人向个人捐赠货币是不需要缴纳个人所得税的。因此，赵先生可以修改遗嘱，将500万元赠与甲公司的三位股东，同时要求该股东将该500万元作为出资增加甲公司的注册资本。

【主要法律依据】

1.《企业所得税法》第六条

第六条 企业以货币形式和非货币形式从各种来源取得的收入，为收入总额。包括：

（一）销售货物收入；

（二）提供劳务收入；

（三）转让财产收入；

（四）股息、红利等权益性投资收益；

（五）利息收入；

（六）租金收入；

（七）特许权使用费收入；

（八）接受捐赠收入；

（九）其他收入。

2.《企业所得税法实施条例》第二十一条

第二十一条　接受捐赠收入，是指企业接受的来自其他企业、组织或者个人无偿给予的货币性资产、非货币性资产。

接受捐赠收入，按照实际收到捐赠资产的日期确认收入的实现。

3.《个人所得税法》第二条第一款

参见本书第138页。

八、利用银行理财产品进行筹划

【筹划案例077】　甲公司有5 000万元闲置资金，乙公司缺少短期资金5 000万元。甲公司与乙公司计划签订借款协议，借款期限为1年，年利率为10%。已知银行同期同类贷款利率为6%。甲、乙公司面临以下风险：第一，如果甲公司无法开出利息发票，乙公司支付的利息将无法在企业所得税税前扣除，由此导致多缴纳企业所得税税额为125万元（5 000×10%×25%）；第二，即使甲公司可以开出利息发票，乙公司支付的利息也无法全部在企业所得税税前扣除，由此导致多缴纳企业所得税税额为50万元［5 000×（10% - 6%）×25%］。请提出纳税筹划方案。

甲、乙公司可以和丙银行合作。甲公司将5 000万元委托丙银行发行理财产品，丙银行将该5 000万元发放给乙公司。丙银行按照年收益率10%向甲公司支付理财收益，乙公司按照年收益率11%向丙银行支付理财收益。在这一方案下，乙公司支付的成本增加了1%，即50万元，但乙公司向丙银行支付的融资成本可以在企业所得税税前扣除，由此避免多缴企业所得税，仍是值得的。

【主要法律依据】

1.《企业所得税法》第八条

参见本书第181页。

2.《企业所得税法实施条例》第三十八条

参见本书第269页。

九、利用股权投资进行融资

【筹划案例078】 甲公司有5 000万元闲置资金，乙公司缺少短期资金5 000万元。甲公司与乙公司计划签订借款协议，借款期限为1年，年利率为10%。已知银行同期同类贷款利率为6%。甲、乙公司面临以下风险：第一，如果甲公司无法开出利息发票，乙公司支付的利息将无法在企业所得税税前扣除，由此导致多缴纳企业所得税税额为125万元（5 000×10%×25%）；第二，即使甲公司可以开出利息发票，乙公司支付的利息也无法全部在企业所得税税前扣除，由此导致多缴纳企业所得税税额为50万元〔5 000×（10% - 6%）×25%〕。请提出纳税筹划方案。

甲公司可以将5 000万元投资乙公司，持有乙公司3%（或其他适当比例）的股权。持股期间，乙公司向甲公司分红100万元。持股满1年后，甲公司将乙公司股权转让给乙公司其他股东或者以减资的方式退出，取得股权转让所得370万元。甲公司取得净利润为377.50万元〔100 + 370×（1 - 25%）〕。在纳税筹划前，甲公司可以取得净利润为375万元〔500×（1 - 25%）〕。甲公司取得的净利润、乙公司支付的成本在纳税筹划前后并无明显变化，但乙公司避免了多缴企业所得税的风险，纳税筹划的收益很明显。

【主要法律依据】

1.《企业所得税法》第二十六条第（二）项

参见本书第168页。

2.《企业所得税法实施条例》第八十三条

参见本书第218页。

十、利用预付款与违约金进行融资

【**筹划案例079**】 甲公司有5 000万元闲置资金，乙公司缺少短期资金5 000万元。甲公司与乙公司计划签订借款协议，借款期限为1年，年利率为10%。已知银行同期同类贷款利率为6%。甲、乙公司面临以下风险：第一，如果甲公司无法开出利息发票，乙公司支付的利息将无法在企业所得税税前扣除，由此导致多缴纳企业所得税税额为125万元（5 000×10%×25%）；第二，即使甲公司可以开出利息发票，乙公司支付的利息也无法全部在企业所得税税前扣除，由此导致多缴纳企业所得税税额为50万元［5 000×（10%－6%）×25%］。请提出纳税筹划方案。

甲公司可以与乙公司签订一份委托研发无形资产的协议。根据约定，甲公司向乙公司预付转让无形资产价款5 000万元，待乙公司研发成功并交付无形资产时再支付剩余的5 000万元。研发期限为1年，若乙公司研发失败，乙公司应返还甲公司预付的5 000万元价款并支付500万元违约金。由于遇到不可克服的困难，导致乙公司无法按期研发无形资产。由此导致乙公司在研发协议期满后需要返还甲公司5 000万元并支付500万元违约金。对乙公司而言，该500万元违约金是企业生产经营中合理的成本，根据税法规定，允许在企业所得税税前扣除。

【**主要法律依据**】

1.《企业所得税法》第六条

参见本书第287~288页。

2.《企业所得税法实施条例》第九条、第十二条和第二十二条

第九条 企业应纳税所得额的计算，以权责发生制为原则，属于当期的收入和费用，不论款项是否收付，均作为当期的收入和费用；不属于当期的收入和费用，即使款项已经在当期收付，均不作为当期的收入和费用。本条例和国务院财政、税务主管部门另有规定的除外。

第十二条 企业取得收入的货币形式,包括现金、存款、应收账款、应收票据、准备持有至到期的债券投资以及债务的豁免等。

企业取得收入的非货币形式,包括固定资产、生物资产、无形资产、股权投资、存货、不准备持有至到期的债券投资、劳务以及有关权益等。

第二十二条 企业所得税法第六条第(九)项所称其他收入,是指企业取得的除企业所得税法第六条第(一)项至第(八)项规定的收入外的其他收入,包括企业资产溢余收入、逾期未退包装物押金收入、确实无法偿付的应付款项、已作坏账损失处理后又收回的应收款项、债务重组收入、补贴收入、违约金收入、汇兑收益等。

3.《企业所得税税前扣除凭证管理办法》(国家税务总局公告2018年第28号发布)

参见本书第116页。

第四节　企业重组阶段所得税的筹划

一、利用企业间利润转移进行筹划

【筹划案例080】 某企业集团下属甲、乙两家公司,其中,甲公司适用25%的企业所得税税率,乙公司属于需要国家扶持的高新技术企业,适用15%的企业所得税税率。预计2024纳税年度,甲公司的应纳税所得额为8 000万元,乙公司的应纳税所得税税额为9 000万元。请计算甲、乙两家公司以及该企业集团在2024纳税年度分别应当缴纳的企业所得税税款,并提出纳税筹划方案。

甲公司应当缴纳企业所得税税额为2 000万元(8 000×25%),乙公司应当缴纳企业所得税税额为1 350万元(9 000×15%)。该企业集团合计缴纳企业所得税税额为3 350万元(2 000+1 350)。

由于甲公司的企业所得税税率高于乙公司的税率，我们可以考虑将甲公司的部分收入归为乙公司。假设该企业集团通过纳税筹划将甲公司的应纳税所得额降低为7 000万元，乙公司的应纳税所得额相应增加为1亿元，则甲公司应当缴纳企业所得税税额为1 750万元（7 000×25%），乙公司应当缴纳企业所得税税额为1 500万元（10 000×15%），该企业集团合计缴纳企业所得税3 250万元（1 750+1 500）。由此可见，通过纳税筹划，该企业集团可以少缴纳企业所得税税额为100万元（3 350-3 250）。企业之间利润筹划主要有关联交易和业务转移两种方法。

【筹划案例081】 甲集团公司共有10家子公司，集团公司全年实现应纳税所得额8 000万元，由于均不符合高新技术企业的条件，均适用25%的税率，合计缴纳企业所得税税额为2 000万元。该集团中的乙公司与高新技术企业的条件比较接近，年应纳税所得额为1 000万元，请为甲集团公司提出纳税筹划方案。

甲集团公司可以集中力量将乙公司打造成高新技术企业，再将其他公司的盈利项目整合到乙公司，使得乙公司应纳税所得额提高至3 000万元，则集团可以少缴纳企业所得税税额为300万元［3 000×（25%-15%）］。

【主要法律依据】

1.《企业所得税法》第四条、第二十八条、第四十一条和第四十二条

第四条 企业所得税的税率为25%。

非居民企业取得本法第三条第三款规定的所得，适用税率为20%。

第二十八条 符合条件的小型微利企业，减按20%的税率征收企业所得税。

国家需要重点扶持的高新技术企业，减按15%的税率征收企业所得税。

第四十一条 企业与其关联方之间的业务往来，不符合独立交易原则而减少企业或者其关联方应纳税收入或者所得额的，税务机关有权按照合理方法调整。

企业与其关联方共同开发、受让无形资产，或者共同提供、接受劳务发生的成本，在计算应纳税所得额时应当按照独立交易原则进行分摊。

第四十二条 企业可以向税务机关提出与其关联方之间业务往来的定价

第五章 企业所得税筹划实用技巧

原则和计算方法，税务机关与企业协商、确认后，达成预约定价安排。

2.《企业所得税法实施条例》第九十三条、第一百一十条和第一百一十一条

第九十三条　企业所得税法第二十八条第二款所称国家需要重点扶持的高新技术企业，是指拥有核心自主知识产权，并同时符合下列条件的企业：

（一）产品（服务）属于《国家重点支持的高新技术领域》规定的范围；

（二）研究开发费用占销售收入的比例不低于规定比例；

（三）高新技术产品（服务）收入占企业总收入的比例不低于规定比例；

（四）科技人员占企业职工总数的比例不低于规定比例；

（五）高新技术企业认定管理办法规定的其他条件。

《国家重点支持的高新技术领域》和高新技术企业认定管理办法由国务院科技、财政、税务主管部门商国务院有关部门制订，报国务院批准后公布施行。

第一百一十条　企业所得税法第四十一条所称独立交易原则，是指没有关联关系的交易各方，按照公平成交价格和营业常规进行业务往来遵循的原则。

第一百一十一条　企业所得税法第四十一条所称合理方法，包括：

（一）可比非受控价格法，是指按照没有关联关系的交易各方进行相同或者类似业务往来的价格进行定价的方法；

（二）再销售价格法，是指按照从关联方购进商品再销售给没有关联关系的交易方的价格，减除相同或者类似业务的销售毛利进行定价的方法；

（三）成本加成法，是指按照成本加合理的费用和利润进行定价的方法；

（四）交易净利润法，是指按照没有关联关系的交易各方进行相同或者类似业务往来取得的净利润水平确定利润的方法；

（五）利润分割法，是指将企业与其关联方的合并利润或者亏损在各方之间采用合理标准进行分配的方法；

（六）其他符合独立交易原则的方法。

二、利用企业资产损失进行筹划

【筹划案例082】　甲公司账面应收款高达8 000万元，多数债权虽经法院判决，但债务人大多已经被吊销营业执照或者下落不明，这些债权基本上没有收回的希望。经过初步估计可以扣除的资产损失为7 800万元。甲公司全部资产的计税基础为9 000万元，公允价值为2 000万元。乙公司与甲公司的经营范围基本相同，乙公司2023纳税年度实现利润8 000万元，预计2024纳税年度将实现利润9 000万元。请给出乙公司进行纳税筹划的方案。

乙公司可以和甲公司的股东达成协议，甲公司和乙公司合并组成新的乙公司，甲公司的全部资产和负债并入乙公司，甲公司的股东取得乙公司10%的股权，该10%股权的公允价值为2 000万元。甲公司和乙公司的合并符合特殊企业合并的条件，乙公司取得甲公司资产的计税基础为9 000万元，甲公司的股东取得乙公司股权的计税基础也为9 000万元。乙公司可以将甲公司的资产损失7 800万元予以确认并在企业所得税税前扣除，由此可以少缴企业所得税税额为1 950万元（7 800×25%）。甲公司的股东可以在若干年后转让乙公司的股权，假设该10%的股权公允价值已经增加到9 000万元，由于甲公司的股东取得该股权的计税基础就是9 000万元，甲公司的股东转让该股权没有所得，不需要缴纳所得税。但实际上，甲公司的股东获得的所得税税额为7 000万元（9 000－2 000）。

【主要法律依据】

1.《财政部　国家税务总局关于企业资产损失税前扣除政策的通知》（财税〔2009〕57号）

各省、自治区、直辖市、计划单列市财政厅（局）、国家税务局、地方税务局，新疆生产建设兵团财务局：

根据《中华人民共和国企业所得税法》和《中华人民共和国企业所得税法实施条例》（国务院令第512号）的有关规定，现就企业资产损失在计算企业所得税应纳税所得额时的扣除政策通知如下：

一、本通知所称资产损失，是指企业在生产经营活动中实际发生的、与取得应税收入有关的资产损失，包括现金损失，存款损失，坏账损失，贷款损失，股权投资损失，固定资产和存货的盘亏、毁损、报废、被盗损失，自然灾害等不可抗力因素造成的损失以及其他损失。

二、企业清查出的现金短缺减除责任人赔偿后的余额，作为现金损失在计算应纳税所得额时扣除。

第五章 企业所得税筹划实用技巧

三、企业将货币性资金存入法定具有吸收存款职能的机构，因该机构依法破产、清算，或者政府责令停业、关闭等原因，确实不能收回的部分，作为存款损失在计算应纳税所得额时扣除。

四、企业除贷款类债权外的应收、预付账款符合下列条件之一的，减除可收回金额后确认的无法收回的应收、预付款项，可以作为坏账损失在计算应纳税所得额时扣除：

（一）债务人依法宣告破产、关闭、解散、被撤销，或者被依法注销、吊销营业执照，其清算财产不足清偿的；

（二）债务人死亡，或者依法被宣告失踪、死亡，其财产或者遗产不足清偿的；

（三）债务人逾期3年以上未清偿，且有确凿证据证明已无力清偿债务的；

（四）与债务人达成债务重组协议或法院批准破产重整计划后，无法追偿的；

（五）因自然灾害、战争等不可抗力导致无法收回的；

（六）国务院财政、税务主管部门规定的其他条件。

五、企业经采取所有可能的措施和实施必要的程序之后，符合下列条件之一的贷款类债权，可以作为贷款损失在计算应纳税所得额时扣除：

（一）借款人和担保人依法宣告破产、关闭、解散、被撤销，并终止法人资格，或者已完全停止经营活动，被依法注销、吊销营业执照，对借款人和担保人进行追偿后，未能收回的债权；

（二）借款人死亡，或者依法被宣告失踪、死亡，依法对其财产或者遗产进行清偿，并对担保人进行追偿后，未能收回的债权；

（三）借款人遭受重大自然灾害或者意外事故，损失巨大且不能获得保险补偿，或者以保险赔偿后，确实无力偿还部分或者全部债务，对借款人财产进行清偿和对担保人进行追偿后，未能收回的债权；

（四）借款人触犯刑律，依法受到制裁，其财产不足归还所借债务，又无其他债务承担者，经追偿后确实无法收回的债权；

（五）由于借款人和担保人不能偿还到期债务，企业诉诸法律，经法院对借款人和担保人强制执行，借款人和担保人均无财产可执行，法院裁定执行程序终结或终止（中止）后，仍无法收回的债权；

（六）由于借款人和担保人不能偿还到期债务，企业诉诸法律后，经法院调解或经债权人会议通过，与借款人和担保人达成和解协议或重整协议，在借款人和担保人履行完还款义务后，无法追偿的剩余债权；

（七）由于上述（1）至（6）项原因借款人不能偿还到期债务，企业依法取得抵债资产，抵债金额小于贷款本息的差额，经追偿后仍无法收回的债权；

（八）开立信用证、办理承兑汇票、开具保函等发生垫款时，凡开证申请人和保证人由于上述（1）至（7）项原因，无法偿还垫款，金融企业经追偿后仍无法收回的垫款；

（九）银行卡持卡人和担保人由于上述（1）至（7）项原因，未能还清透支款项，金融企业经追偿后仍无法收回的透支款项；

（十）助学贷款逾期后，在金融企业确定的有效追索期限内，依法处置助学贷款抵押物（质押物），并向担保人追索连带责任后，仍无法收回的贷款；

（十一）经国务院专案批准核销的贷款类债权；

（十二）国务院财政、税务主管部门规定的其他条件。

六、企业的股权投资符合下列条件之一的，减除可收回金额后确认的无法收回的股权投资，可以作为股权投资损失在计算应纳税所得额时扣除：

（一）被投资方依法宣告破产、关闭、解散、被撤销，或者被依法注销、吊销营业执照的；

（二）被投资方财务状况严重恶化，累计发生巨额亏损，已连续停止经营3年以上，且无重新恢复经营改组计划的；

（三）对被投资方不具有控制权，投资期限届满或者投资期限已超过10年，且被投资单位因连续3年经营亏损导致资不抵债的；

（四）被投资方财务状况严重恶化，累计发生巨额亏损，已完成清算或清算期超过3年的；

（五）国务院财政、税务主管部门规定的其他条件。

七、对企业盘亏的固定资产或存货，以该固定资产的账面净值或存货的成本减除责任人赔偿后的余额，作为固定资产或存货盘亏损失在计算应纳税所得额时扣除。

八、对企业毁损、报废的固定资产或存货，以该固定资产的账面净值或存货的成本减除残值、保险赔款和责任人赔偿后的余额,作为固定资产或存货毁损、报废损失在计算应纳税所得额时扣除。

九、对企业被盗的固定资产或存货,以该固定资产的账面净值或存货的成本减除保险赔款和责任人赔偿后的余额,作为固定资产或存货被盗损失在计算应纳税所得额时扣除。

十、企业因存货盘亏、毁损、报废、被盗等原因不得从增值税销项税额中抵扣的进项税额,可以与存货损失一起在计算应纳税所得额时扣除。

十一、企业在计算应纳税所得额时已经扣除的资产损失,在以后纳税年度全部或者部分收回时,其收回部分应当作为收入计入收回当期的应纳税所得额。

十二、企业境内、境外营业机构发生的资产损失应分开核算,对境外营业机构由于发生资产损失而产生的亏损,不得在计算境内应纳税所得额时扣除。

十三、企业对其扣除的各项资产损失,应当提供能够证明资产损失确属已实际发生的合法证据,包括具有法律效力的外部证据、具有法定资质的中介机构的经济鉴证证明、具有法定资质的专业机构的技术鉴定证明等。

十四、本通知自2008年1月1日起执行。

2.《企业资产损失所得税税前扣除管理办法》(国家税务总局公告2011年第25号发布)

第一章 总 则

第一条 根据《中华人民共和国企业所得税法》(以下简称"企业所得税法")及其实施条例、《中华人民共和国税收征收管理法》(以下简称"征管法")及其实施细则、《财政部 国家税务总局关于企业资产损失税前扣除政策的通知》(财税〔2009〕57号)(以下简称"《通知》")的规定,制定本办法。

第二条 本办法所称资产是指企业拥有或者控制的、用于经营管理活动相关的资产,包括现金、银行存款、应收及预付款项(包括应收票据、各类垫款、企业之间往来款项)等货币性资产,存货、固定资产、无形资产、在建工程、生产性生物资产等非货币性资产，以及债权性投资和股权（权益）性投资。

第三条　准予在企业所得税税前扣除的资产损失，是指企业在实际处置、转让上述资产过程中发生的合理损失（以下简称"实际资产损失"），以及企业虽未实际处置、转让上述资产，但符合《通知》和本办法规定条件计算确认的损失（以下简称"法定资产损失"）。

第四条　企业实际资产损失，应当在其实际发生且会计上已作损失处理的年度申报扣除；法定资产损失，应当在企业向主管税务机关提供证据资料证明该项资产已符合法定资产损失确认条件，且会计上已作损失处理的年度申报扣除。

第五条　企业发生的资产损失，应按规定的程序和要求向主管税务机关申报后方能在税前扣除。未经申报的损失，不得在税前扣除。

第六条　企业以前年度发生的资产损失未能在当年税前扣除的，可以按照本办法的规定，向税务机关说明并进行专项申报扣除。其中，属于实际资产损失，准予追补至该项损失发生年度扣除，其追补确认期限一般不得超过五年，但因计划经济体制转轨过程中遗留的资产损失、企业重组上市过程中因权属不清出现争议而未能及时扣除的资产损失、因承担国家政策性任务而形成的资产损失以及政策定性不明确而形成资产损失等特殊原因形成的资产损失，其追补确认期限经国家税务总局批准后可适当延长。属于法定资产损失，应在申报年度扣除。

企业因以前年度实际资产损失未在税前扣除而多缴的企业所得税税款，可在追补确认年度企业所得税应纳税款中予以抵扣，不足抵扣的，向以后年度递延抵扣。

企业实际资产损失发生年度扣除追补确认的损失后出现亏损的，应先调整资产损失发生年度的亏损额，再按弥补亏损的原则计算以后年度多缴的企业所得税税款，并按前款办法进行税务处理。

第二章　申报管理

第七条　企业在进行企业所得税年度汇算清缴申报时，可将资产损失申报材料和纳税资料作为企业所得税年度纳税申报表的附件一并向税务机关报送。

第五章 企业所得税筹划实用技巧

第八条 企业资产损失按其申报内容和要求的不同，分为清单申报和专项申报两种申报形式。其中，属于清单申报的资产损失，企业可按会计核算科目进行归类、汇总，然后再将汇总清单报送税务机关，有关会计核算资料和纳税资料留存备查；属于专项申报的资产损失，企业应逐项（或逐笔）报送申请报告，同时附送会计核算资料及其他相关的纳税资料。

企业在申报资产损失税前扣除过程中不符合上述要求的，税务机关应当要求其改正，企业拒绝改正的，税务机关有权不予受理。

第九条 下列资产损失，应以清单申报的方式向税务机关申报扣除：

（一）企业在正常经营管理活动中，按照公允价格销售、转让、变卖非货币资产的损失；

（二）企业各项存货发生的正常损耗；

（三）企业固定资产达到或超过使用年限而正常报废清理的损失；

（四）企业生产性生物资产达到或超过使用年限而正常死亡发生的资产损失；

（五）企业按照市场公平交易原则，通过各种交易场所、市场等买卖债券、股票、期货、基金以及金融衍生产品等发生的损失。

第十条 前条以外的资产损失，应以专项申报的方式向税务机关申报扣除。企业无法准确判别是否属于清单申报扣除的资产损失，可以采取专项申报的形式申报扣除。

第十一条 在中国境内跨地区经营的汇总纳税企业发生的资产损失，应按以下规定申报扣除：

（一）总机构及其分支机构发生的资产损失，除应按专项申报和清单申报的有关规定，各自向当地主管税务机关申报外，各分支机构同时还应上报总机构；

（二）总机构对各分支机构上报的资产损失，除税务机关另有规定外，应以清单申报的形式向当地主管税务机关进行申报；

（三）总机构将跨地区分支机构所属资产捆绑打包转让所发生的资产损失，由总机构向当地主管税务机关进行专项申报。

第十三条 属于专项申报的资产损失，企业因特殊原因不能在规定的时限内报送相关资料的，可以向主管税务机关提出申请，经主管税务机关同意后，可适当延期申报。

第十四条 企业应当建立健全资产损失内部核销管理制度，及时收集、整理、编制、审核、申报、保存资产损失税前扣除证据材料，方便税务机关检查。

第十五条 税务机关应按分项建档、分级管理的原则，建立企业资产损失税前扣除管理台账和纳税档案，及时进行评估。对资产损失金额较大或经评估后发现不符合资产损失税前扣除规定、或存有疑点、异常情况的资产损失，应及时进行核查。对有证据证明申报扣除的资产损失不真实、不合法的，应依法作出税收处理。

第三章 资产损失确认证据

第十六条 企业资产损失相关的证据包括具有法律效力的外部证据和特定事项的企业内部证据。

第十七条 具有法律效力的外部证据，是指司法机关、行政机关、专业技术鉴定部门等依法出具的与本企业资产损失相关的具有法律效力的书面文件，主要包括：

（一）司法机关的判决或者裁定；

（二）公安机关的立案结案证明、回复；

（三）工商部门出具的注销、吊销及停业证明；

（四）企业的破产清算公告或清偿文件；

（五）行政机关的公文；

（六）专业技术部门的鉴定报告；

（七）具有法定资质的中介机构的经济鉴定证明；

（八）仲裁机构的仲裁文书；

（九）保险公司对投保资产出具的出险调查单、理赔计算单等保险单据；

（十）符合法律规定的其他证据。

第十八条 特定事项的企业内部证据，是指会计核算制度健全、内部控制制度完善的企业，对各项资产发生毁损、报废、盘亏、死亡、变质等内部证明或承担责任的声明，主要包括：

（一）有关会计核算资料和原始凭证；

（二）资产盘点表；

（三）相关经济行为的业务合同；

（四）企业内部技术鉴定部门的鉴定文件或资料；

（五）企业内部核批文件及有关情况说明；

（六）对责任人由于经营管理责任造成损失的责任认定及赔偿情况说明；

（七）法定代表人、企业负责人和企业财务负责人对特定事项真实性承担法律责任的声明。

第四章 货币资产损失的确认

第十九条 企业货币资产损失包括现金损失、银行存款损失和应收及预付款项损失等。

第二十条 现金损失应依据以下证据材料确认：

（一）现金保管人确认的现金盘点表（包括倒推至基准日的记录）；

（二）现金保管人对于短缺的说明及相关核准文件；

（三）对责任人由于管理责任造成损失的责任认定及赔偿情况的说明；

（四）涉及刑事犯罪的，应有司法机关出具的相关材料；

（五）金融机构出具的假币收缴证明。

第二十一条 企业因金融机构清算而发生的存款类资产损失应依据以下证据材料确认：

（一）企业存款类资产的原始凭据；

（二）金融机构破产、清算的法律文件；

（三）金融机构清算后剩余资产分配情况资料。

金融机构应清算而未清算超过三年的，企业可将该款项确认为资产损失，但应有法院或破产清算管理人出具的未完成清算证明。

第二十二条 企业应收及预付款项坏账损失应依据以下相关证据材料确认：

（一）相关事项合同、协议或说明；

（二）属于债务人破产清算的，应有人民法院的破产、清算公告；

（三）属于诉讼案件的，应出具人民法院的判决书或裁决书或仲裁机构的仲裁书，或者被法院裁定终（中）止执行的法律文书；

（四）属于债务人停止营业的，应有工商部门注销、吊销营业执照证明；

（五）属于债务人死亡、失踪的，应有公安机关等有关部门对债务人个人的死亡、失踪证明；

（六）属于债务重组的，应有债务重组协议及其债务人重组收益纳税情况说明；

（七）属于自然灾害、战争等不可抗力而无法收回的，应有债务人受灾情况说明以及放弃债权申明。

第二十三条　企业逾期三年以上的应收款项在会计上已作为损失处理的，可以作为坏账损失，但应说明情况，并出具专项报告。

第二十四条　企业逾期一年以上，单笔数额不超过五万或者不超过企业年度收入总额万分之一的应收款项，会计上已经作为损失处理的，可以作为坏账损失，但应说明情况，并出具专项报告。

第五章　非货币资产损失的确认

第二十五条　企业非货币资产损失包括存货损失、固定资产损失、无形资产损失、在建工程损失、生产性生物资产损失等。

第二十六条　存货盘亏损失，为其盘亏金额扣除责任人赔偿后的余额，应依据以下证据材料确认：

（一）存货计税成本确定依据；

（二）企业内部有关责任认定、责任人赔偿说明和内部核批文件；

（三）存货盘点表；

（四）存货保管人对于盘亏的情况说明。

第二十七条　存货报废、毁损或变质损失，为其计税成本扣除残值及责任人赔偿后的余额，应依据以下证据材料确认：

（一）存货计税成本的确定依据；

（二）企业内部关于存货报废、毁损、变质、残值情况说明及核销资料；

（三）涉及责任人赔偿的，应当有赔偿情况说明；

（四）该项损失数额较大的（指占企业该类资产计税成本10%以上，或减少当年应纳税所得、增加亏损10%以上，下同），应有专业技术鉴定意见或法定资质中介机构出具的专项报告等。

第二十八条　存货被盗损失，为其计税成本扣除保险理赔以及责任人赔

偿后的余额,应依据以下证据材料确认:

(一)存货计税成本的确定依据;

(二)向公安机关的报案记录;

(三)涉及责任人和保险公司赔偿的,应有赔偿情况说明等。

第二十九条 固定资产盘亏、丢失损失,为其账面净值扣除责任人赔偿后的余额,应依据以下证据材料确认:

(一)企业内部有关责任认定和核销资料;

(二)固定资产盘点表;

(三)固定资产的计税基础相关资料;

(四)固定资产盘亏、丢失情况说明;

(五)损失金额较大的,应有专业技术鉴定报告或法定资质中介机构出具的专项报告等。

第三十条 固定资产报废、毁损损失,为其账面净值扣除残值和责任人赔偿后的余额,应依据以下证据材料确认:

(一)固定资产的计税基础相关资料;

(二)企业内部有关责任认定和核销资料;

(三)企业内部有关部门出具的鉴定材料;

(四)涉及责任赔偿的,应当有赔偿情况的说明;

(五)损失金额较大的或自然灾害等不可抗力原因造成固定资产毁损、报废的,应有专业技术鉴定意见或法定资质中介机构出具的专项报告等。

第三十一条 固定资产被盗损失,为其账面净值扣除责任人赔偿后的余额,应依据以下证据材料确认:

(一)固定资产计税基础相关资料;

(二)公安机关的报案记录,公安机关立案、破案和结案的证明材料;

(三)涉及责任赔偿的,应有赔偿责任的认定及赔偿情况的说明等。

第三十二条 在建工程停建、报废损失,为其工程项目投资账面价值扣除残值后的余额,应依据以下证据材料确认:

(一)工程项目投资账面价值确定依据;

(二)工程项目停建原因说明及相关材料;

(三)因质量原因停建、报废的工程项目和因自然灾害和意外事故停建、报废的工程项目，应出具专业技术鉴定意见和责任认定、赔偿情况的说明等。

第三十三条 工程物资发生损失，可比照本办法存货损失的规定确认。

第三十四条 生产性生物资产盘亏损失，为其账面净值扣除责任人赔偿后的余额，应依据以下证据材料确认：

（一）生产性生物资产盘点表；

（二）生产性生物资产盘亏情况说明；

（三）生产性生物资产损失金额较大的，企业应有专业技术鉴定意见和责任认定、赔偿情况的说明等。

第三十五条 因森林病虫害、疫情、死亡而产生的生产性生物资产损失，为其账面净值扣除残值、保险赔偿和责任人赔偿后的余额，应依据以下证据材料确认：

（一）损失情况说明；

（二）责任认定及其赔偿情况的说明；

（三）损失金额较大的，应有专业技术鉴定意见。

第三十六条 对被盗伐、被盗、丢失而产生的生产性生物资产损失，为其账面净值扣除保险赔偿以及责任人赔偿后的余额，应依据以下证据材料确认：

（一）生产性生物资产被盗后，向公安机关的报案记录或公安机关立案、破案和结案的证明材料；

（二）责任认定及其赔偿情况的说明。

第三十七条 企业由于未能按期赎回抵押资产，使抵押资产被拍卖或变卖，其账面净值大于变卖价值的差额，可认定为资产损失，按以下证据材料确认：

（一）抵押合同或协议书；

（二）拍卖或变卖证明、清单；

（三）会计核算资料等其他相关证据材料。

第三十八条 被其他新技术所代替或已经超过法律保护期限，已经丧失使用价值和转让价值，尚未摊销的无形资产损失，应提交以下证据备案：

（一）会计核算资料；

（二）企业内部核批文件及有关情况说明；

（三）技术鉴定意见和企业法定代表人、主要负责人和财务负责人签章证实无形资产已无使用价值或转让价值的书面申明；

（四）无形资产的法律保护期限文件。

第六章　投资损失的确认

第三十九条　企业投资损失包括债权性投资损失和股权（权益）性投资损失。

第四十条　企业债权投资损失应依据投资的原始凭证、合同或协议、会计核算资料等相关证据材料确认。下列情况债权投资损失的，还应出具相关证据材料：

（一）债务人或担保人依法被宣告破产、关闭、被解散或撤销、被吊销营业执照、失踪或者死亡等，应出具资产清偿证明或者遗产清偿证明。无法出具资产清偿证明或者遗产清偿证明，且上述事项超过三年以上的，或债权投资（包括信用卡透支和助学贷款）余额在三百万元以下的，应出具对应的债务人和担保人破产、关闭、解散证明、撤销文件、工商行政管理部门注销证明或查询证明以及追索记录等（包括司法追索、电话追索、信件追索和上门追索等原始记录）；

（二）债务人遭受重大自然灾害或意外事故，企业对其资产进行清偿和对担保人进行追偿后，未能收回的债权，应出具债务人遭受重大自然灾害或意外事故证明、保险赔偿证明、资产清偿证明等；

（三）债务人因承担法律责任，其资产不足归还所借债务，又无其他债务承担者的，应出具法院裁定证明和资产清偿证明；

（四）债务人和担保人不能偿还到期债务，企业提出诉讼或仲裁的，经人民法院对债务人和担保人强制执行，债务人和担保人均无资产可执行，人民法院裁定终结或终止（中止）执行的，应出具人民法院裁定文书；

（五）债务人和担保人不能偿还到期债务，企业提出诉讼后被驳回起诉的、人民法院不予受理或不予支持的，或经仲裁机构裁决免除（或部分免除）债务人责任，经追偿后无法收回的债权，应提交法院驳回起诉的证明，或法院不予受理或不予支持证明，或仲裁机构裁决免除债务人责任的文书；

（六）经国务院专案批准核销的债权，应提供国务院批准文件或经国务院同意后由国务院有关部门批准的文件。

第四十一条 企业股权投资损失应依据以下相关证据材料确认：

（一）股权投资计税基础证明材料；

（二）被投资企业破产公告、破产清偿文件；

（三）工商行政管理部门注销、吊销被投资单位营业执照文件；

（四）政府有关部门对被投资单位的行政处理决定文件；

（五）被投资企业终止经营、停止交易的法律或其他证明文件；

（六）被投资企业资产处置方案、成交及入账材料；

（七）企业法定代表人、主要负责人和财务负责人签章证实有关投资（权益）性损失的书面申明；

（八）会计核算资料等其他相关证据材料。

第四十二条 被投资企业依法宣告破产、关闭、解散或撤销、吊销营业执照、停止生产经营活动、失踪等，应出具资产清偿证明或者遗产清偿证明。

上述事项超过三年以上且未能完成清算的，应出具被投资企业破产、关闭、解散或撤销、吊销等的证明以及不能清算的原因说明。

第四十三条 企业委托金融机构向其他单位贷款，或委托其他经营机构进行理财，到期不能收回贷款或理财款项，按照本办法第六章有关规定进行处理。

第四十四条 企业对外提供与本企业生产经营活动有关的担保，因被担保人不能按期偿还债务而承担连带责任，经追索，被担保人无偿还能力，对无法追回的金额，比照本办法规定的应收款项损失进行处理。

与本企业生产经营活动有关的担保是指企业对外提供的与本企业应税收入、投资、融资、材料采购、产品销售等生产经营活动相关的担保。

第四十五条 企业按独立交易原则向关联企业转让资产而发生的损失，或向关联企业提供借款、担保而形成的债权损失，准予扣除，但企业应作专项说明，同时出具中介机构出具的专项报告及其相关的证明材料。

第四十六条 下列股权和债权不得作为损失在税前扣除：

（一）债务人或者担保人有经济偿还能力，未按期偿还的企业债权；

（二）违反法律、法规的规定，以各种形式、借口逃废或悬空的企业债权；

（三）行政干预逃废或悬空的企业债权；

（四）企业未向债务人和担保人追偿的债权；

（五）企业发生非经营活动的债权；

（六）其他不应当核销的企业债权和股权。

第七章　其他资产损失的确认

第四十七条　企业将不同类别的资产捆绑（打包），以拍卖、询价、竞争性谈判、招标等市场方式出售，其出售价格低于计税成本的差额，可以作为资产损失并准予在税前申报扣除，但应出具资产处置方案、各类资产作价依据、出售过程的情况说明、出售合同或协议、成交及入账证明、资产计税基础等确定依据。

第四十八条　企业正常经营业务因内部控制制度不健全而出现操作不当、不规范或因业务创新但政策不明确、不配套等原因形成的资产损失，应由企业承担的金额，可以作为资产损失并准予在税前申报扣除，但应出具损失原因证明材料或业务监管部门定性证明、损失专项说明。

第四十九条　企业因刑事案件原因形成的损失，应由企业承担的金额，或经公安机关立案侦查两年以上仍未追回的金额，可以作为资产损失并准予在税前申报扣除，但应出具公安机关、人民检察院的立案侦查情况或人民法院的判决书等损失原因证明材料。

第八章　附　　则

第五十条　本办法没有涉及的资产损失事项，只要符合企业所得税法及其实施条例等法律、法规规定的，也可以向税务机关申报扣除。

第五十一条　省、自治区、直辖市和计划单列市税务局可以根据本办法制定具体实施办法。

第五十二条　本办法自2011年1月1日起施行，《国家税务总局关于印发〈企业资产损失税前扣除管理办法〉的通知》（国税发〔2009〕88号）、《国家税务总局关于企业以前年度未扣除资产损失企业所得税处理问题的通知》（国税函〔2009〕772号）、《国家税务总局关于电信企业坏账损失税前扣除问题的通知》（国税函〔2010〕196号）同时废止。本办法生效之日前尚未进行税务处理的资产损失事项，也应按本办法执行。

3.《国家税务总局关于企业所得税资产损失资料留存备查有关事项的公告》(国家税务总局公告 2018 年第 15 号)

为了进一步深化税务系统"放管服"改革,简化企业纳税申报资料报送,减轻企业办税负担,现就企业所得税资产损失资料留存备查有关事项公告如下:

一、企业向税务机关申报扣除资产损失,仅需填报企业所得税年度纳税申报表《资产损失税前扣除及纳税调整明细表》,不再报送资产损失相关资料。相关资料由企业留存备查。

二、企业应当完整保存资产损失相关资料,保证资料的真实性、合法性。

三、本公告规定适用于 2017 年度及以后年度企业所得税汇算清缴。《国家税务总局关于发布〈企业资产损失所得税税前扣除管理办法〉的公告》(国家税务总局公告 2011 年第 25 号)第四条、第七条、第八条、第十三条有关资产损失证据资料、会计核算资料、纳税资料等相关资料报送的内容同时废止。

特此公告。

三、公司转让股权之前先分配股息

【筹划案例 083】 甲公司于 2016 年以银行存款 1 000 万元投资于乙公司,占乙公司(非上市公司)股本总额的 70%。甲公司计划于 2024 年 9 月将其拥有的乙公司 70% 的股权全部转让给丙公司,转让价为人民币 1 210 万元,已知乙公司未分配利润为 500 万元。转让过程中发生的税费为 0.70 万元。甲公司应当如何进行纳税筹划?

如果甲公司直接转让该股权,可以获得的股权转让所得税税额为 209.30 万元(1 210 − 1 000 − 0.70),应当缴纳的企业所得税税额约为 52.33 万元(209.30 × 25%),税后纯所得约为 156.97 万元(209.30 − 52.33)。

如果甲公司先获得分配的利润,然后再转让股权,则可以减轻税收负担。方案如下:2024 年 8 月,董事会决定将税后利润的 30% 用于分配,甲公司分得利润 105 万元。2024 年 9 月,甲公司将其拥有的乙公司 70% 的股权全部转让给丙公司,转让价为 99.40 万元(1 100 − 1 000 − 0.60),应当缴纳企业所得税税额为 24.85 万元(99.40 × 25%),税后纯所得为 179.55 万元(105 +

第五章 企业所得税筹划实用技巧

99.40 - 24.85）。通过纳税筹划，多获得净利润22.58万元（179.55 - 156.97）。

【主要法律依据】

1.《企业所得税法》第十四条

第十四条 企业对外投资期间，投资资产的成本在计算应纳税所得额时不得扣除。

2.《国家税务总局关于贯彻落实企业所得税法若干税收问题的通知》（国税函〔2010〕79号）**第三条**

三、关于股权转让所得确认和计算问题

企业转让股权收入，应于转让协议生效且完成股权变更手续时，确认收入的实现。转让股权收入扣除为取得该股权所发生的成本后，为股权转让所得。企业在计算股权转让所得时，不得扣除被投资企业未分配利润等股东留存收益中按该项股权所可能分配的金额。

四、合理选择企业清算日期

【筹划案例084】 某公司董事会计划于2024年8月20日向股东会提交公司解散申请书，股东会8月22日通过决议，决定公司于8月31日宣布解散，并于9月1日开始正常清算。该公司在成立清算组前进行的内部清算中发现，2024年1～8月公司预计盈利600万元（企业所得税税率为25%），预计9月份该公司将发生费用180万元，清算所得预计为 -80万元。请计算在这种情况下，该公司应当缴纳的所得税，并提出纳税筹划方案。

以9月1日为清算日期，2024年1～8月盈利600万元，该公司应纳所得税税额为150万元（600×25%）。清算所得为 -80万元，不需要纳税。该公司可以考虑使部分费用在清算之前产生，这样可以将清算期间的亏损提前实现并在企业所得税税前扣除。该公司可以在公告和进行纳税申报之前，由股东会再次通过决议将公司解散日期推迟至10月1日，并于10月2日开始清算。公司在9月1～30日共发生费用180万元。假设其他费用不变，清算所得将变成100万元。此时，该公司2024年1～9月的应纳税所得额为420万元（600 - 180），应当缴纳企业所得税105万元（420×25%）。清算所得为100万元，该公司应当缴纳的企业所得税税额为2.50万元（100×

12.50%×20%），减轻税收负担42.50万元（150－105－2.50）。

【主要法律依据】

《财政部　国家税务总局关于企业清算业务企业所得税处理若干问题的通知》（财税〔2009〕60号）

各省、自治区、直辖市、计划单列市财政厅（局）、国家税务局、地方税务局，新疆生产建设兵团财务局：

根据《中华人民共和国企业所得税法》第五十三条、第五十五条和《中华人民共和国企业所得税法实施条例》（国务院令第512号）第十一条规定，现就企业清算有关所得税处理问题通知如下：

一、企业清算的所得税处理，是指企业在不再持续经营，发生结束自身业务、处置资产、偿还债务以及向所有者分配剩余财产等经济行为时，对清算所得、清算所得税、股息分配等事项的处理。

二、下列企业应进行清算的所得税处理：

（一）按《公司法》《企业破产法》等规定需要进行清算的企业；

（二）企业重组中需要按清算处理的企业。

三、企业清算的所得税处理包括以下内容：

（一）全部资产均应按可变现价值或交易价格，确认资产转让所得或损失；

（二）确认债权清理、债务清偿的所得或损失；

（三）改变持续经营核算原则，对预提或待摊性质的费用进行处理；

（四）依法弥补亏损，确定清算所得；

（五）计算并缴纳清算所得税；

（六）确定可向股东分配的剩余财产、应付股息等。

四、企业的全部资产可变现价值或交易价格，减除资产的计税基础、清算费用、相关税费，加上债务清偿损益等后的余额，为清算所得。

企业应将整个清算期作为一个独立的纳税年度计算清算所得。

五、企业全部资产的可变现价值或交易价格减除清算费用，职工的工资、社会保险费用和法定补偿金，结清清算所得税、以前年度欠税等税款，清偿企业债务，按规定计算可以向所有者分配的剩余资产。

被清算企业的股东分得的剩余资产的金额，其中相当于被清算企业累计未分配利润和累计盈余公积中按该股东所占股份比例计算的部分,应确认为股息所得;剩余资产减除股息所得后的余额,超过或低于股东投资成本的部分,应确认为股东的投资转让所得或损失。

被清算企业的股东从被清算企业分得的资产应按可变现价值或实际交易价格确定计税基础。

六、本通知自 2008 年 1 月 1 日起执行。

五、企业债务重组的筹划

【**筹划案例 085**】 甲公司欠乙公司 8 000 万元债务,甲公司和乙公司准备签署一项债务重组协议:甲公司用 2015 年之前购入的、购买价格为 7 000 万元、账面净值为 6 000 万元、公允价值为 8 000 万元的不动产抵偿乙公司的债务。在该交易中,甲公司和乙公司应当分别缴纳多少税款?应当如何纳税筹划?(因印花税、附加税数额较小,对于筹划方案不产生影响,本方案不予考虑。)

在该交易中,甲公司需要缴纳的增值税税额为 50 万元[(8 000 – 7 000)× 5%];需要缴纳的土地增值税税额为(暂按 3%核定)240 万元(8 000 × 3%);需要缴纳的企业所得税税额为 440 万元[(8 000 – 6 000 – 240)× 25%]。乙公司需要缴纳的契税税额为 240 万元(8 000 × 3%)。两家公司合计纳税 970 万元(50 + 240 + 440 + 240)。

如果乙公司将其债权转化为股权并且遵守特殊债务重组的其他条件,则甲公司和乙公司不需要缴纳任何税款,即使将来乙公司再将该股权转让给甲公司或者其他企业,也只需要缴纳企业所得税,不需要缴纳增值税、土地增值税和契税。

【**主要法律依据**】

1.《财政部 国家税务总局关于企业重组业务企业所得税处理若干问题的通知》(财税〔2009〕59 号)

各省、自治区、直辖市、计划单列市财政厅(局)、国家税务局、地方税务局,新疆生产建设兵团财务局:

根据《中华人民共和国企业所得税法》第二十条和《中华人民共和国企业所得税法实施条例》(国务院令第 512 号)第七十五条规定,现就企业重组所涉及的企业所得税具体处理问题通知如下:

一、本通知所称企业重组，是指企业在日常经营活动以外发生的法律结构或经济结构重大改变的交易，包括企业法律形式改变、债务重组、股权收购、资产收购、合并、分立等。

（一）企业法律形式改变，是指企业注册名称、住所以及企业组织形式等的简单改变，但符合本通知规定其他重组的类型除外。

（二）债务重组，是指在债务人发生财务困难的情况下，债权人按照其与债务人达成的书面协议或者法院裁定书，就其债务人的债务作出让步的事项。

（三）股权收购，是指一家企业（以下称为收购企业）购买另一家企业（以下称为被收购企业）的股权，以实现对被收购企业控制的交易。收购企业支付对价的形式包括股权支付、非股权支付或两者的组合。

（四）资产收购，是指一家企业（以下称为受让企业）购买另一家企业（以下称为转让企业）实质经营性资产的交易。受让企业支付对价的形式包括股权支付、非股权支付或两者的组合。

（五）合并，是指一家或多家企业（以下称为被合并企业）将其全部资产和负债转让给另一家现存或新设企业（以下称为合并企业），被合并企业股东换取合并企业的股权或非股权支付，实现两个或两个以上企业的依法合并。

（六）分立，是指一家企业（以下称为被分立企业）将部分或全部资产分离转让给现存或新设的企业（以下称为分立企业），被分立企业股东换取分立企业的股权或非股权支付，实现企业的依法分立。

二、本通知所称股权支付，是指企业重组中购买、换取资产的一方支付的对价中，以本企业或其控股企业的股权、股份作为支付的形式；所称非股权支付，是指以本企业的现金、银行存款、应收款项、本企业或其控股企业股权和股份以外的有价证券、存货、固定资产、其他资产以及承担债务等作为支付的形式。

三、企业重组的税务处理区分不同条件分别适用一般性税务处理规定和特殊性税务处理规定。

四、企业重组，除符合本通知规定适用特殊性税务处理规定的外，按以下规定进行税务处理：

（一）企业由法人转变为个人独资企业、合伙企业等非法人组织，或将登记注册地转移至中华人民共和国境外（包括港澳台地区），应视同企业进行清算、分配，股东重新投资成立新企业。企业的全部资产以及股东投资的计税基础均应以公允价值为基础确定。

企业发生其他法律形式简单改变的,可直接变更税务登记,除另有规定外,有关企业所得税纳税事项(包括亏损结转、税收优惠等权益和义务)由变更后企业承继,但因住所发生变化而不符合税收优惠条件的除外。

(二)企业债务重组,相关交易应按以下规定处理:

1.以非货币资产清偿债务,应当分解为转让相关非货币性资产、按非货币性资产公允价值清偿债务两项业务,确认相关资产的所得或损失。

2.发生债权转股权的,应当分解为债务清偿和股权投资两项业务,确认有关债务清偿所得或损失。

3.债务人应当按照支付的债务清偿额低于债务计税基础的差额,确认债务重组所得;债权人应当按照收到的债务清偿额低于债权计税基础的差额,确认债务重组损失。

4.债务人的相关所得税纳税事项原则上保持不变。

(三)企业股权收购、资产收购重组交易,相关交易应按以下规定处理:

1.被收购方应确认股权、资产转让所得或损失。

2.收购方取得股权或资产的计税基础应以公允价值为基础确定。

3.被收购企业的相关所得税事项原则上保持不变。

(四)企业合并,当事各方应按下列规定处理:

1.合并企业应按公允价值确定接受被合并企业各项资产和负债的计税基础。

2.被合并企业及其股东都应按清算进行所得税处理。

3.被合并企业的亏损不得在合并企业结转弥补。

(五)企业分立,当事各方应按下列规定处理:

1.被分立企业对分立出去资产应按公允价值确认资产转让所得或损失。

2.分立企业应按公允价值确认接受资产的计税基础。

3.被分立企业继续存在时,其股东取得的对价应视同被分立企业分配进行处理。

4.被分立企业不再继续存在时,被分立企业及其股东都应按清算进行所得税处理。

5.企业分立相关企业的亏损不得相互结转弥补。

五、企业重组同时符合下列条件的,适用特殊性税务处理规定:

（一）具有合理的商业目的，且不以减少、免除或者推迟缴纳税款为主要目的。

（二）被收购、合并或分立部分的资产或股权比例符合本通知规定的比例。

（三）企业重组后的连续12个月内不改变重组资产原来的实质性经营活动。

（四）重组交易对价中涉及股权支付金额符合本通知规定比例。

（五）企业重组中取得股权支付的原主要股东，在重组后连续12个月内，不得转让所取得的股权。

六、企业重组符合本通知第五条规定条件的，交易各方对其交易中的股权支付部分，可以按以下规定进行特殊性税务处理：

（一）企业债务重组确认的应纳税所得额占该企业当年应纳税所得额50%以上，可以在5个纳税年度的期间内，均匀计入各年度的应纳税所得额。

企业发生债权转股权业务，对债务清偿和股权投资两项业务暂不确认有关债务清偿所得或损失，股权投资的计税基础以原债权的计税基础确定。企业的其他相关所得税事项保持不变。

（二）股权收购，收购企业购买的股权不低于被收购企业全部股权的75%，且收购企业在该股权收购发生时的股权支付金额不低于其交易支付总额的85%，可以选择按以下规定处理：

1. 被收购企业的股东取得收购企业股权的计税基础，以被收购股权的原有计税基础确定。

2. 收购企业取得被收购企业股权的计税基础，以被收购股权的原有计税基础确定。

3. 收购企业、被收购企业的原有各项资产和负债的计税基础和其他相关所得税事项保持不变。

（三）资产收购，受让企业收购的资产不低于转让企业全部资产的75%，且受让企业在该资产收购发生时的股权支付金额不低于其交易支付总额的85%，可以选择按以下规定处理：

1. 转让企业取得受让企业股权的计税基础，以被转让资产的原有计税基础确定。

2.受让企业取得转让企业资产的计税基础,以被转让资产的原有计税基础确定。

(四)企业合并,企业股东在该企业合并发生时取得的股权支付金额不低于其交易支付总额的85%,以及同一控制下且不需要支付对价的企业合并,可以选择按以下规定处理:

1.合并企业接受被合并企业资产和负债的计税基础,以被合并企业的原有计税基础确定。

2.被合并企业合并前的相关所得税事项由合并企业承继。

3.可由合并企业弥补的被合并企业亏损的限额=被合并企业净资产公允价值×截至合并业务发生当年年末国家发行的最长期限的国债利率。

4.被合并企业股东取得合并企业股权的计税基础,以其原持有的被合并企业股权的计税基础确定。

(五)企业分立,被分立企业所有股东按原持股比例取得分立企业的股权,分立企业和被分立企业均不改变原来的实质经营活动,且被分立企业股东在该企业分立发生时取得的股权支付金额不低于其交易支付总额的85%,可以选择按以下规定处理:

1.分立企业接受被分立企业资产和负债的计税基础,以被分立企业的原有计税基础确定。

2.被分立企业已分立出去资产相应的所得税事项由分立企业承继。

3.被分立企业未超过法定弥补期限的亏损额可按分立资产占全部资产的比例进行分配,由分立企业继续弥补。

4.被分立企业的股东取得分立企业的股权(以下简称"新股"),如需部分或全部放弃原持有的被分立企业的股权(以下简称"旧股"),"新股"的计税基础应以放弃"旧股"的计税基础确定。如不需放弃"旧股",则其取得"新股"的计税基础可从以下两种方法中选择确定:直接将"新股"的计税基础确定为零;或者以被分立企业分立出去的净资产占被分立企业全部净资产的比例先调减原持有的"旧股"的计税基础,再将调减的计税基础平均分配到"新股"上。

(六)重组交易各方按本条(一)至(五)项规定对交易中股权支付暂不确认有关资产的转让所得或损失的,其非股权支付仍应在交易当期确认相应的资产转让所得或损失,并调整相应资产的计税基础。

非股权支付对应的资产转让所得或损失=（被转让资产的公允价值－被转让资产的计税基础）×（非股权支付金额÷被转让资产的公允价值）

七、企业发生涉及中国境内与境外之间（包括港澳台地区）的股权和资产收购交易，除应符合本通知第五条规定的条件外，还应同时符合下列条件，才可选择适用特殊性税务处理规定：

（一）非居民企业向其100%直接控股的另一非居民企业转让其拥有的居民企业股权，没有因此造成以后该项股权转让所得预提税负担变化，且转让方非居民企业向主管税务机关书面承诺在3年（含3年）内不转让其拥有受让方非居民企业的股权；

（二）非居民企业向与其具有100%直接控股关系的居民企业转让其拥有的另一居民企业股权；

（三）居民企业以其拥有的资产或股权向其100%直接控股的非居民企业进行投资；

（四）财政部、国家税务总局核准的其他情形。

八、本通知第七条第（三）项所指的居民企业以其拥有的资产或股权向其100%直接控股关系的非居民企业进行投资，其资产或股权转让收益如选择特殊性税务处理，可以在10个纳税年度内均匀计入各年度应纳税所得额。

九、在企业吸收合并中，合并后的存续企业性质及适用税收优惠的条件未发生改变的，可以继续享受合并前该企业剩余期限的税收优惠，其优惠金额按存续企业合并前一年的应纳税所得额（亏损计为零）计算。

在企业存续分立中，分立后的存续企业性质及适用税收优惠的条件未发生改变的，可以继续享受分立前该企业剩余期限的税收优惠，其优惠金额按该企业分立前一年的应纳税所得额（亏损计为零）乘以分立后存续企业资产占分立前该企业全部资产的比例计算。

十、企业在重组发生前后连续12个月内分步对其资产、股权进行交易，应根据实质重于形式原则将上述交易作为一项企业重组交易进行处理。

十一、企业发生符合本通知规定的特殊性重组条件并选择特殊性税务处理的，当事各方应在该重组业务完成当年企业所得税年度申报时，向主管税务机关提交书面备案资料，证明其符合各类特殊性重组规定的条件。企业未按规定书面备案的，一律不得按特殊重组业务进行税务处理。

第五章 企业所得税筹划实用技巧

十二、对企业在重组过程中涉及的需要特别处理的企业所得税事项，由国务院财政、税务主管部门另行规定。

十三、本通知自2008年1月1日起执行。

2.《财政部　国家税务总局关于促进企业重组有关企业所得税处理问题的通知》（财税〔2014〕109号）**第一条、第二条和第四条**

一、关于股权收购

将《财政部　国家税务总局关于企业重组业务企业所得税处理若干问题的通知》（财税〔2009〕59号）第六条第（二）项中有关"股权收购，收购企业购买的股权不低于被收购企业全部股权的75%"规定调整为"股权收购，收购企业购买的股权不低于被收购企业全部股权的50%"。

二、关于资产收购

将财税〔2009〕59号文件第六条第（三）项中有关"资产收购，受让企业收购的资产不低于转让企业全部资产的75%"规定调整为"资产收购，受让企业收购的资产不低于转让企业全部资产的50%"。

四、本通知自2014年1月1日起执行。本通知发布前尚未处理的企业重组，符合本通知规定的可按本通知执行。

六、利用资产收购进行筹划

【筹划案例086】 甲公司准备用8 000万元现金收购乙公司80%的资产。这些资产包括2015年之前购入的、购进价格为2 000万元、账面净值为1 000万元、公允价值为3 000万元的不动产及账面净值为6 000万元、公允价值为5 000万元的无形资产。在该交易中，甲公司和乙公司应当如何纳税？该交易如何进行纳税筹划？（因印花税、附加税数额较小，对于筹划方案不产生影响，本方案不予考虑。）

在上述交易中，乙公司应当缴纳的增值税税额为350万元〔（3 000 - 2 000）×5% + 5 000×6%〕；应当缴纳的土地增值税税额为（暂按3%核定）90万元（3 000×3%）；应当缴纳企业所得税税额为227.50万元〔（3 000 - 1 000 + 5 000 - 6 000 - 90）×25%〕。甲公司应当缴纳契税税额为90万元（3 000×3%）。两公司合计纳税757.50万元（350 + 90 + 227.50 + 90）。

如果甲公司用自己的股权来收购乙公司的资产，则乙公司不需要缴纳任何税款。即使将来乙公司再将该股权转让给甲公司或者其他企业,也只需要缴纳企业所得税,不需要缴纳增值税、土地增值税和契税。

【主要法律依据】

1.《财政部 国家税务总局关于企业重组业务企业所得税处理若干问题的通知》(财税〔2009〕59号)

参见本书第311~317页。

2.《国家税务总局关于企业重组业务企业所得税征收管理若干问题的公告》(国家税务总局公告2015年第48号)**第五条**

五、企业重组业务适用特殊性税务处理的,申报时,应从以下方面逐条说明企业重组具有合理的商业目的:

(一)重组交易的方式;

(二)重组交易的实质结果;

(三)重组各方涉及的税务状况变化;

(四)重组各方涉及的财务状况变化;

(五)非居民企业参与重组活动的情况。

七、利用股权收购进行筹划

【筹划案例087】 甲公司准备用8 000万元现金收购乙公司80%的股权。乙公司80%股权的计税基础为4 000万元。在该交易中,甲公司和乙公司应当如何纳税?该交易如何进行纳税筹划?(因印花税数额较小,对于节税方案不产生影响,本方案不予考虑。)

在上述交易中,如果乙公司的股东是企业,应当缴纳企业所得税税额为1 000万元[(8 000-4 000)×25%]。如果甲公司采取免税股权收购的方式取得乙公司的股权,可以向乙公司的股东支付本公司10%的股权(公允价值为8 000万元)。由于股权支付额占交易总额的比例为100%,该收购属于免税股权收购,在当期避免缴纳企业所得税税额为1 000万元。乙公司可以在未来再将该股权转让给甲公司或者其他企业,这样可以取得延期纳税的收益。

第五章 企业所得税筹划实用技巧

【筹划案例088】 2009年6月5日,江西上市公司诚志股份向石家庄永生华清与清华控股定向增发股票2 704万股,以购买两家企业100%控股的石家庄永生华清液晶有限公司以及石家庄开发区永生华清液晶有限公司100%股权,两家控股企业初始投资成本为6 100万元(即标的公司的实收资本),定向增发价格按照诚志股份首次董事会审议前20个交易日的平均价格确定,其公允价值为34 671.58万元。

该项重组业务是标准的股权收购,即上市公司诚志股份用自己的股份作为对价,购买两家控股企业持有的100%股权。如果选用特殊性税务处理:①石家庄永生华清和清华控股,暂不确认转让股权所得。②收购企业诚志股份取得的标的公司股权的计税基础按照其原计税基础6 100万元确定。③转让企业取得诚志股份股票的计税基础,也按照被收购股权的原有计税基础确定。④标的企业承诺自重组完成日起,12个月内不改变实质性经营业务。⑤取得诚志股份的原主要股东石家庄永生华清和清华控股承诺在12个月内不转让其取得的股票,这也是证监会对新增限售股的要求。

【筹划案例089】 2009年12月,东航发布《中国东方航空股份有限公司换股吸收合并上海航空股份有限公司报告书》,按照5.28元每股股票的股价定向增发A股,以购买上海航空公司的全部净资产,按照1∶1.3的换股比例向上海航空公司的股东换股吸收合并,该业务符合特殊性税务处理条件。

(1)该交易具有合理的商业目的。

(2)该交易属于依法合并。

(3)东航按照1∶1.3的换股比例换股吸收合并上海航空,同时按照5.50元/股的价格提供异议股东现金选择权,取得现金支付的股东属于东航非股权支付额,股权支付额超过85%。

(4)吸收合并后,上海航空公司的资产继续从事民航运输,因此具有经营的连续性。

(5)吸收合并后,占股份20%以上的原主要股东,在12个月内不能转让股份,以保持权益的连续性。上海航空公司的原股东有两个超过20%的持股比例,分别为上海联合投资有限公司和锦江酒店(集团)有限公司。

东方航空收购上海航空股权,溢价高达几十亿元,如果选择一般税务处理,需要在当期纳税超过10亿元。

【主要法律依据】

1.《**财政部　国家税务总局关于企业重组业务企业所得税处理若干问题的通知**》(财税〔2009〕59号)

参见本书第311~317页。

2.《**财政部　国家税务总局关于促进企业重组有关企业所得税处理问题的通知**》(财税〔2014〕109号)**第三条和第四条**

三、关于股权、资产划转

对100%直接控制的居民企业之间，以及受同一或相同多家居民企业100%直接控制的居民企业之间按账面净值划转股权或资产，凡具有合理商业目的、不以减少、免除或者推迟缴纳税款为主要目的，股权或资产划转后连续12个月内不改变被划转股权或资产原来实质性经营活动，且划出方企业和划入方企业均未在会计上确认损益的，可以选择按以下规定进行特殊性税务处理：

1.划出方企业和划入方企业均不确认所得。

2.划入方企业取得被划转股权或资产的计税基础，以被划转股权或资产的原账面净值确定。

3.划入方企业取得的被划转资产，应按其原账面净值计算折旧扣除。

四、本通知自2014年1月1日起执行。本通知发布前尚未处理的企业重组，符合本通知规定的可按本通知执行。

3.《**国家税务总局关于企业重组业务企业所得税征收管理若干问题的公告**》(国家税务总局公告2015年第48号)**第一条**

一、按照重组类型，企业重组的当事各方是指：

（一）债务重组中当事各方，指债务人、债权人。

（二）股权收购中当事各方，指收购方、转让方及被收购企业。

（三）资产收购中当事各方，指收购方、转让方。

（四）合并中当事各方，指合并企业、被合并企业及被合并企业股东。

（五）分立中当事各方，指分立企业、被分立企业及被分立企业股东。

上述重组交易中，股权收购中转让方、合并中被合并企业股东和分立中被分立企业股东，可以是自然人。

当事各方中的自然人应按个人所得税的相关规定进行税务处理。

八、利用企业合并进行筹划

【筹划案例090】 甲公司与乙公司合并为新的甲公司,乙公司注销。甲公司向乙公司的股东——丙公司支付8 000万元现金,乙公司所有资产的账面净值为6 000万元,公允价值为8 000万元。该交易如何进行纳税筹划?

在上述交易中,乙公司需要进行清算,应当缴纳企业所得税税额为500万元[(8 000 - 6 000)×25%]。丙公司从乙公司剩余资产中取得的股息部分可以免税,取得的投资所得部分需要缴纳25%的企业所得税。假设丙公司取得投资所得部分为1 000万元,则丙公司需要缴纳企业所得税税额为250万元(1 000×25%)。整个交易的税收负担750万元(500 + 250)。

如果甲公司用自己的股权来收购乙公司的资产,即丙公司成为新甲公司的股东,则乙公司和丙公司不需要缴纳任何税款,即使将来丙公司再将该股权转让给甲公司或者其他企业,也能取得延期纳税的利益。

【筹划案例091】 甲公司与乙公司合并为新的甲公司。乙公司净资产公允价值为2 000万元,乙公司有税法允许弥补的亏损1 000万元。假设截至合并业务发生当年年末国家发行的最长期限的国债利率为4.5%。如甲、乙两公司选择特殊税务处理,可由甲公司弥补的乙公司亏损的限额90万元(2 000×4.50%)。请对此提出纳税筹划方案。

甲公司与乙公司的交易模式应从企业合并变更为股权收购,即甲公司从乙公司的股东手中收购乙公司100%的股权,使得乙公司变为甲公司的全资子公司。该项股权收购仍然采取特殊税务处理。在未来的经营中,甲公司通过转移定价以及业务转移的方式,将甲公司的1 000万元利润转移至乙公司,相当于弥补了乙公司1 000万元的亏损。该纳税筹划可以实现节税227.50万元[(1 000 - 90)×25%]。待乙公司的亏损弥补完毕,甲、乙公司可以继续保持目前的母子公司关系,也可以按照特殊税务处理进行合并,组建新的公司。

【筹划案例092】 甲公司计划将其一处土地使用权及地上建筑物转让给乙公司,经初步测算,需要缴纳增值税及其附加、土地增值税、契税税额约为 2 000 万元，企业所得税约为 500 万元。

方案一：甲公司与乙公司合并为新的乙公司，甲公司的资产均转移至乙公司，相当于将该土地使用权及地上建筑物转让给乙公司。公司合并，目前可以实现免纳增值税及其附加、土地增值税、契税以及暂时免纳企业所得税的目的。

方案二：甲公司分立为新的甲公司和丙公司，其中该处土地使用权及其地上建筑物归属于丙公司。随后，丙公司再与乙公司合并，成立新的乙公司。这一方案同样可以免纳增值税及其附加、土地增值税、契税以及暂时免纳企业所得税的目的。

【主要法律依据】

1.《财政部 国家税务总局关于企业重组业务企业所得税处理若干问题的通知》（财税〔2009〕59 号）

参见本书第 311～317 页。

2.《国家税务总局关于企业重组业务企业所得税征收管理若干问题的公告》（国家税务总局公告 2015 年第 48 号）第二条

二、重组当事各方企业适用特殊性税务处理的（指重组业务符合财税〔2009〕59 号文件和财税〔2014〕109 号文件第一条、第二条规定条件并选择特殊性税务处理的，下同），应按如下规定确定重组主导方：

（一）债务重组，主导方为债务人。

（二）股权收购，主导方为股权转让方，涉及两个或两个以上股权转让方，由转让被收购企业股权比例最大的一方作为主导方（转让股权比例相同的可协商确定主导方）。

（三）资产收购，主导方为资产转让方。

（四）合并，主导方为被合并企业，涉及同一控制下多家被合并企业的，以净资产最大的一方为主导方。

（五）分立，主导方为被分立企业。

九、利用企业分立进行筹划

【筹划案例 093】 甲公司将其一家分公司（其计税基础为 5 000 万元，公

第五章 企业所得税筹划实用技巧

允价值为 8 000 万元）变更为独立的乙公司，甲公司的股东取得乙公司 100% 的股权，同时取得 2 000 万元现金。在该交易中，甲公司和乙公司应当如何纳税，该交易如何进行纳税筹划？（不考虑印花税）

在该交易中，非股权支付额占整个交易的比例 25%（2 000÷8 000×100%），不符合免税企业分立的条件。如果甲公司的股东是公司，取得 2 000 万元现金，视同分配股息，免税。甲公司应缴纳企业所得税税额为 750 万元[（8 000 – 5 000）×25%]。

如果甲公司的股东取得乙公司的全部股权，同时不再取得现金，这样就符合企业分立适用特殊税务处理的条件。甲公司将避免缴纳 750 万元的企业所得税。此时，甲公司取得乙公司股权的计税基础相对变小，但甲公司的股东因此取得了延迟纳税的利益。

【主要法律依据】

《财政部　国家税务总局关于企业重组业务企业所得税处理若干问题的通知》（财税〔2009〕59 号）

参见本书第 311 ~ 317 页。

十、分立企业增加销售收入

【筹划案例 094】　甲服装厂年销售收入为 1 000 万元，年业务招待费支出为 20 万元，但仅允许在税前扣除 5 万元，由于市场竞争比较激烈，甲服装厂大幅提高销售收入的可能性比较小。请为甲服装厂提出纳税筹划的方案。

将甲服装厂的三个部门分立为三家公司，甲公司为服装设计公司，乙公司为服装加工厂，丙公司为服装销售公司。丙公司对外销售收入仍为 1 000 万元，但需支付甲公司设计费 100 万元，支付乙公司加工费 700 万元，原甲服装厂的业务招待费由甲乙丙三家公司合理分担，允许税前扣除的业务招待费总额 9 万元[（1 000 + 100 + 700）×5‰]。

【主要法律依据】

《企业所得税法实施条例》第四十三条和第四十四条

第四十三条　企业发生的与生产经营活动有关的业务招待费支出，按照发生额的 60% 扣除，但最高不得超过当年销售（营业）收入的 5‰。

第四十四条 企业发生的符合条件的广告费和业务宣传费支出,除国务院财政、税务主管部门另有规定外,不超过当年销售(营业)收入15%的部分,准予扣除;超过部分,准予在以后纳税年度结转扣除。

第五节　企业海外投资所得税的筹划

一、外国企业是否设立机构场所的筹划

【筹划案例095】　甲公司为在美国成立的跨国公司,其计划在中国设立一个分支机构,该分支机构主要负责甲公司的专利、商标等特许权在中国的许可运营。预计每年取得各类特许权使用费1 000万元,设立分支机构的各项可以税前扣除的支出约200万元。如果甲公司不在中国设立分支机构,该200万元的费用可以由总公司负担。请比较甲公司设立分支机构与不设立分支机构的企业所得税负担。

如果甲公司设立分支机构,则每年缴纳企业所得税税额为200万元[(1 000 - 200)×25%]。如果甲公司不设立分支机构,则每年缴纳企业所得税税额为100万元(1 000×10%)。假设设立分支机构与不设立分支机构的其他开支基本相当,甲公司就不应该在中国设立分支机构。

【主要法律依据】

1.《企业所得税法》第二条至第四条、第十九条

第二条　企业分为居民企业和非居民企业。

本法所称居民企业,是指依法在中国境内成立,或者依照外国(地区)法律成立但实际管理机构在中国境内的企业。

本法所称非居民企业,是指依照外国(地区)法律成立且实际管理机构不在中国境内,但在中国境内设立机构、场所的,或者在中国境内未设立机构、场所,但有来源于中国境内所得的企业。

第三条　居民企业应当就其来源于中国境内、境外的所得缴纳企业所得税。

非居民企业在中国境内设立机构、场所的,应当就其所设机构、场所取

第五章 企业所得税筹划实用技巧

得的来源于中国境内的所得,以及发生在中国境外但与其所设机构、场所有实际联系的所得,缴纳企业所得税。

非居民企业在中国境内未设立机构、场所的,或者虽设立机构、场所但取得的所得与其所设机构、场所没有实际联系的,应当就其来源于中国境内的所得缴纳企业所得税。

第四条 企业所得税的税率为25%。

非居民企业取得本法第三条第三款规定的所得,适用税率为20%。

第十九条 非居民企业取得本法第三条第三款规定的所得,按照下列方法计算其应纳税所得额:

(一)股息、红利等权益性投资收益和利息、租金、特许权使用费所得,以收入全额为应纳税所得额;

(二)转让财产所得,以收入全额减除财产净值后的余额为应纳税所得额;

(三)其他所得,参照前两项规定的方法计算应纳税所得额。

2.《企业所得税法实施条例》第五条和第九十一条第一款

第五条 企业所得税法第二条第三款所称机构、场所,是指在中国境内从事生产经营活动的机构、场所,包括:

(一)管理机构、营业机构、办事机构;

(二)工厂、农场、开采自然资源的场所;

(三)提供劳务的场所;

(四)从事建筑、安装、装配、修理、勘探等工程作业的场所;

(五)其他从事生产经营活动的机构、场所。

非居民企业委托营业代理人在中国境内从事生产经营活动的,包括委托单位或者个人经常代其签订合同,或者储存、交付货物等,该营业代理人视为非居民企业在中国境内设立的机构、场所。

第九十一条第一款 非居民企业取得企业所得税法第二十七条第(五)项规定的所得,减按10%的税率征收企业所得税。

二、境外投资者直接投资的筹划

【**筹划案例096**】 法国的甲公司计划与中国的乙公司合资成立A公司,

预计每年可以从 A 公司取得股息 1 000 万元，该笔股息未来仍主要投资于中国。该投资有两个方案：方案一是由甲公司直接持有 A 公司的股权；方案二是甲公司先在中国设立全资子公司 B 公司，由 B 公司持有 A 公司的股权。请比较两者的所得税负担。

方案一，甲公司需要缴纳预提所得税税额为 100 万元（1 000×10%）。

方案二，B 公司取得股息不需要缴纳企业所得税，可以用 1 000 万元的股息直接投资于 A 公司或者其他公司，每年可以节约预提所得税税额为 100 万元。

自 2018 年 1 月 1 日起，由甲公司直接持有 A 公司的股权也可以享受再投资递延纳税的优惠政策。

【主要法律依据】

《财政部　税务总局　国家发展改革委　商务部关于扩大境外投资者以分配利润直接投资暂不征收预提所得税政策适用范围的通知》（财税〔2018〕102 号）

各省、自治区、直辖市、计划单列市财政厅（局）、发展改革委、商务主管部门，国家税务总局各省、自治区、直辖市、计划单列市税务局，新疆生产建设兵团财政局、发展改革委、商务局：

为贯彻落实党中央、国务院决策部署，进一步鼓励境外投资者在华投资，现就境外投资者以分配利润直接投资暂不征收预提所得税政策问题通知如下：

一、对境外投资者从中国境内居民企业分配的利润，用于境内直接投资暂不征收预提所得税政策的适用范围，由外商投资鼓励类项目扩大至所有非禁止外商投资的项目和领域。

二、境外投资者暂不征收预提所得税须同时满足以下条件：

（一）境外投资者以分得利润进行的直接投资，包括境外投资者以分得利润进行的增资、新建、股权收购等权益性投资行为，但不包括新增、转增、收购上市公司股份（符合条件的战略投资除外）。具体是指：

1. 新增或转增中国境内居民企业实收资本或者资本公积；

2. 在中国境内投资新建居民企业；

3. 从非关联方收购中国境内居民企业股权；

4. 财政部、税务总局规定的其他方式。

境外投资者采取上述投资行为所投资的企业统称为被投资企业。

（二）境外投资者分得的利润属于中国境内居民企业向投资者实际分配已经实现的留存收益而形成的股息、红利等权益性投资收益。

（三）境外投资者用于直接投资的利润以现金形式支付的，相关款项从利润分配企业的账户直接转入被投资企业或股权转让方账户，在直接投资前不得在境内外其他账户周转；境外投资者用于直接投资的利润以实物、有价证券等非现金形式支付的，相关资产所有权直接从利润分配企业转入被投资企业或股权转让方，在直接投资前不得由其他企业、个人代为持有或临时持有。

三、境外投资者符合本通知第二条规定条件的，应按照税收管理要求进行申报并如实向利润分配企业提供其符合政策条件的资料。利润分配企业经适当审核后认为境外投资者符合本通知规定的，可暂不按照企业所得税法第三十七条规定扣缴预提所得税，并向其主管税务机关履行备案手续。

四、税务部门依法加强后续管理。境外投资者已享受本通知规定的暂不征收预提所得税政策，经税务部门后续管理核实不符合规定条件的，除属于利润分配企业责任外，视为境外投资者未按照规定申报缴纳企业所得税，依法追究延迟纳税责任，税款延迟缴纳期限自相关利润支付之日起计算。

五、境外投资者按照本通知规定可以享受暂不征收预提所得税政策但未实际享受的，可在实际缴纳相关税款之日起三年内申请追补享受该政策，退还已缴纳的税款。

六、境外投资者通过股权转让、回购、清算等方式实际收回享受暂不征收预提所得税政策待遇的直接投资，在实际收取相应款项后7日内，按规定程序向税务部门申报补缴递延的税款。

七、境外投资者享受本通知规定的暂不征收预提所得税政策待遇后，被投资企业发生重组符合特殊性重组条件，并实际按照特殊性重组进行税务处理的，可继续享受暂不征收预提所得税政策待遇，不按本通知第六条规定补缴递延的税款。

八、本通知所称"境外投资者"，是指适用《中华人民共和国企业所得税法》第三条第三款规定的非居民企业；本通知所称"中国境内居民企业"，是指依法在中国境内成立的居民企业。

九、本通知自2018年1月1日起执行。《财政部　税务总局　国家发展改革委　商务部关于境外投资者以分配利润直接投资暂不征收预提所得税政策问题的通知》（财税〔2017〕88号）同时废止。境外投资者在2018年1月

1日（含当日）以后取得的股息、红利等权益性投资收益可适用本通知，已缴税款按本通知第五条规定执行。

三、通过避税港进行筹划

避税港（tax haven）是跨国公司无不热衷的地方。形形色色的避税港由于地理位置、经济发展水平、商业环境以及税收协议缔结的情况各不相同，跨国公司也会有所选择。目前，世界上实行低税率的避税港有百慕大群岛、开曼群岛、巴哈马、马恩岛、英属维尔京群岛、美属萨摩亚群岛、中国香港地区等。

判断是否属于避税港的一般标准：①不征税或税率很低，特别是所得税和资本利得税。②实行僵硬的银行或商务保密法，为当事人保密，不得通融。③外汇开放，毫无限制，资金来去自由。④拒绝与外国税务当局进行任何合作。⑤一般不定税收协定或只有很少的税收协定。⑥该地是非常便利的金融、交通和信息中心。

避税港的种类：①无税避税港，不征个人所得税、公司所得税、资本利得税和财产税，如百慕大群岛、巴哈马、瓦努阿图、开曼群岛等。②低税避税港，以低于一般国际水平的税率征收个人所得税、公司所得税、资本利得税和财产税等税种，如列支敦士登、英属维尔京群岛、荷属安的列斯群岛、中国香港地区、中国澳门地区等。③特惠避税港，在国内税法的基础上采取特别的税收优惠措施，如爱尔兰的香农、菲律宾的巴丹、新加坡的裕廊等地区。

对华投资就大量利用了避税港。例如，2008年对华投资前十位的国家/地区（以实际投入外资金额计，下同）依次为：中国香港地区（410.36亿美元）、英属维尔京群岛（159.54亿美元）、新加坡（44.35亿美元）、日本（36.52亿美元）、开曼群岛（31.45亿美元）、韩国（31.35亿美元）、美国（29.44亿美元）、萨摩亚（25.50亿美元）、中国台湾地区（18.99亿美元）和毛里求斯（14.94亿美元）。2008年前十位国家/地区实际投入外资金额占全部实际使用外资金额的86.85%。2009年对华投资前十位的国家/地区依次为：中国香港地区（539.93亿美元）、中国台湾地区（65.63亿美元）、日本（41.17亿美元）、新加坡（38.86亿美元）、美国（35.76亿美元）、韩国（27.03亿美元）、英国（14.69亿美元）、德国（12.27亿美元）、中国澳门地区（10亿美元）和加拿大（9.59亿美元）。2009年前十位国家/地

第五章 企业所得税筹划实用技巧

区实际投入外资金额占全部实际使用外资金额的88.3%。2010年对华投资前十位的国家/地区依次为：中国香港地区（674.74亿美元）、中国台湾地区（67.01亿美元）、新加坡（56.57亿美元）、日本（42.42亿美元）、美国（40.52亿美元）、韩国（26.93亿美元）、英国（16.42亿美元）、法国（12.39亿美元）、荷兰（9.52亿美元）和德国（9.33亿美元）。2010年前十位国家/地区实际投入外资金额占全部实际使用外资金额的90.10%。

百慕大群岛地处北美洲，位于北大西洋西部，是一个典型的避税港，在百慕大注册一家公司，2天内就可以完成全部的手续。并且，政府不征公司所得税和个人所得税，不征普通销售税，只对遗产课征2%～5%的印花税，按雇主支付的薪金课征5%的就业税、4%的医疗税和一定的社会保障税，对进口货物一般课征20%的关税。另外，百慕大群岛针对旅游业兴盛的特点，征收税负较轻的饭店使用税和空海运乘客税。

百慕大群岛的政治及经济一直都非常稳定，因而受到跨国公司的普遍青睐。百慕大的银行、会计、工商、秘书等服务的品质，在所有的纳税筹划天堂中，都是居于领先地位。再加上百慕大是OECD的成员国之一，在百慕大群岛当地有许多国际化、专业化的律师、会计师，使得百慕大群岛成为国际主要金融中心之一，其境外公司也广为各国政府及大企业所接受。

国美电器是中国最大的家电零售连锁企业，也是在百慕大群岛注册、在香港上市的公司。

开曼群岛位于加勒比海西北部，毗邻美国。开曼群岛的两大经济支柱：一是金融；二是旅游。金融收入约占政府总收入的40%、国内生产总值的70%、外汇收入的75%。开曼群岛课征的税种只有进口税、印花税、工商登记税、旅游者税等简单的几种，三十多年来没有开征过个人所得税、企业所得税、资本利得税、不动产税、遗产税等直接税。各国货币在此自由流通、外汇进出自由，资金的投入与抽出自由，外国人的资产所有权得到法律保护，交通运输设施健全，现已成为西半球离岸融资业的最大中心。

至20世纪90年代初，全世界最大的25家跨国银行几乎都在开曼群岛设立了子公司或分支机构，在岛内设立的金融、信托类企业的总资产已超过2 500亿美元，占欧洲美元交易总额的7%，涉及56个国家。开曼群岛的商业设施非常健全，银行、律师事务所、会计师事务所遍布，拥有大量的保险管理人才。

在开曼群岛注册的银行和信托公司有278家,对冲基金9 000多家,各类公司100 000家。阿格兰屋是位于开曼群岛南教堂街上的一幢5层办公大楼,为18 857家公司提供办公地址,包括百度、希捷、汇源果汁、可口可乐、甲骨文、新浪、联通、联想等。阿里巴巴、新东方、小米等均在开曼群岛设立了公司。

英属维尔京群岛位于波多黎各以东,是一个自治管理、通过独立立法会议立法的、政治稳定的英属殖民地,它已经成为发展海外商务活动的重要中心。该岛的两项支柱产业是旅游业及海外离岸公司注册。世界众多大银行的进驻及先进的通信交通设施使英属维尔京群岛成为理想的离岸金融中心。目前,已有超过25万个跨国公司在英属维尔京群岛注册,这使英属维尔京群岛成为世界上发展快速的海外离岸投资中心之一。

英属维尔京群岛的公司注册处设备先进而且工作相当高效。岛上有完善的通信系统,交通和邮政服务也是一流。在英属维尔京群岛注册的公司,在全球所赚取的利润均无须向当地政府缴税,印花税也被免除;岛上没有任何外汇管制,对于任何货币的流通都没有限制。跨国公司除了每年向政府缴纳一笔营业执照续牌费外,无须缴纳任何其他费用。公司不须每年提交公司账册或做周年申报,也不须每年召开董事大会。股票公司可以发行有票面价值和无票面价值的股票、记名股票或不记名股票、可回购以及有表决权和无表决权股票。政府对注册公司给予了最大限度的财产保护,允许自由的资金转移。

百度是全球最大的中文搜索引擎,注册地在北京市中关村。百度在开曼群岛和英属维尔京群岛均有公司,2005年在美国纳斯达克上市(包括海外公司)。

百慕大群岛、开曼群岛、英属维尔京群岛都是以对各类所得实行低税率为主要特点的避税港。另外,也有一些国家/地区则是因税收协议网络发达和对外资有较为优惠的政策而成为"准避税港",成为国际控股、投资公司、中介性金融公司和信托公司建立的热点地区。这些国家/地区有荷兰、瑞士、荷属安第列斯、塞浦路斯等。跨国公司在这些地区设立控股公司、投资公司和中介性金融公司,利用这些国家税收协议的发达网络,获得较多的税收协议带来的好处。

例如,荷兰已同德、法、日、英、美、俄等四十多个国家缔结了全面税

第五章 企业所得税筹划实用技巧

收协议，对以上协议国均实施低税率的预提税。该国的股息是25%，但对协议国则降为5%、7.5%、10%或15%；利息和特许权使用费则不征税。其中对丹麦、芬兰、爱尔兰、意大利、挪威、瑞典、英国、美国等国家的股息预提税限定为零。此外，对汇出境外的公司利润，也可以比照股息享受低税或免税的优惠。荷兰税法规定，居民公司所取得的股息和资本利得按35%的公司所得税课征，但对符合一定条件的公司中的外资部分所取得的股息和资本利得按所占比例全额免征公司税。

中国移动集团公司是国资委所属央企，总部位于北京，它100%持股中国移动（香港）集团公司，该集团100%持股中国移动香港公司，中国移动香港公司控股中国移动有限公司，中国移动有限公司是中国香港和美国上市公司，其100%持有中国内地31省的移动子公司。

苹果公司是注册在美国的企业，但其在爱尔兰、荷兰和加勒比群岛设立若干子公司，其收入的三分之二归属于这些海外公司，2012财年，苹果以557.6亿美元的全年税前收入，仅缴纳了140亿美元税款。综合计算，总税率仅为22%，远低于美国联邦税率。

【筹划案例097】 A企业的业务模式主要是通过制造子公司B进行产品生产，再由销售子公司C通过购买B公司的制造产品向海外出售来实现利润。由于两个子公司要分别缴纳25%的所得税，A企业税收负担比较重。2024年度，预计B公司实现利润1 000万元，C公司实现利润800万元。请计算B、C两家公司每年需要缴纳的企业所得税并提出纳税筹划方案。

B公司需要缴纳企业所得税税额为250万元（1 000×25%），C公司需要缴纳企业所得税税额为200万元（800×25%），合计缴纳企业所得税税额为450万元（250+200）。由于A企业的主要销售对象均位于海外，A企业可以考虑将C公司设置在所得税税率比较低的避税港，假设为D公司。D公司的企业所得税税率为10%。B公司的产品以比较低的价格销售给D公司，D公司再将其销售给海外客户。假设2024年度，B公司实现利润500万元，将500万元的利润转移至D公司，D公司实现利润1 300万元。这样，B公司需要缴纳企业所得税税额为125万元（500×25%），D公司需要缴纳企业所得税税额为130万元（1 300×10%），合计缴纳的企业所得税税额为255万元（125+130）。减轻税收负担195万元（450-255）。当然，商品从中国转移至 D 公司所在国需要花费一些费用和缴纳一些税收，如果这些税费的总额低于 195 万元，则该纳税筹划仍然可以为该企业带来利益。

需要注意的是，利润转移需要有合理商业目的，国际纳税筹划常用的手段是知识产权策略，即将相关知识产权放在 D 公司名下，由于拥有知识产权就可以取得相应的利润，而且利润率比较高，本案中的 D 公司取得相关利润就具有合理依据。

【主要法律依据】

1.《企业所得税法》第四十一条第一款

参见本书第 287 页。

2.《企业所得税法实施条例》第一百一十一条

参见本书第 293 页。

四、利用境外分公司与子公司进行筹划

【筹划案例 098】 我国一家跨国公司 A 欲在甲国投资兴建一家花草种植加工企业，A 公司于 2023 年年底派遣一名顾问去甲国进行投资情况考察，该顾问在选择分公司还是子公司时，专门向有关部门进行了投资与涉外税收政策方面的咨询。根据预测分析，该跨国公司的总公司 2024 年预计应纳税所得税税额为 5 000 万美元，按我国企业所得税法的规定应缴纳 25% 的企业所得税；2024 年若在甲国投资设立 B 公司，预计发生亏损额 300 万美元；A 公司在乙国有一家子公司 C，2024 年 C 公司的应纳税所得税税额为 1 000 万美元，乙国的企业所得税税率为 40%。请提出若干投资方案，并提出纳税筹划方案。

从投资活动和纳税筹划角度分析，对于 A 公司在甲国投资所设立的从属机构，其设立的形式不同，投资对象不同，税负都是不一样的。具体有三种方案可供选择。

方案一：由 A 公司或者 C 公司在甲国投资设立子公司 B，此时 B 公司的亏损由该公司在以后年度弥补，A 公司和 C 公司纳税总额为 1 650 万美元（5 000 × 25% + 1 000 × 40%）。

方案二：由 A 公司在甲国投资设立分公司 B，B 公司的亏损同样不能在 A 公司内弥补，B 公司的亏损由该公司在以后年度弥补，A 公司和 C 公司纳

税总额为1 650万美元（5 000×25%＋1 000×40%）。

方案三：由C公司在甲国投资设立分公司B，B公司的亏损可以在C公司内弥补，A公司和C公司纳税总额为1 530万美元［5 000×25%＋（1 000－300）×40%］。

综上所述，方案三的应纳税额最低，故优于其他方案。

【主要法律依据】

1.《企业所得税法》第五十条至第五十二条

第五十条　除税收法律、行政法规另有规定外，居民企业以企业登记注册地为纳税地点；但登记注册地在境外的，以实际管理机构所在地为纳税地点。

居民企业在中国境内设立不具有法人资格的营业机构的，应当汇总计算并缴纳企业所得税。

第五十一条　非居民企业取得本法第三条第二款规定的所得，以机构、场所所在地为纳税地点。非居民企业在中国境内设立两个或者两个以上机构、场所，符合国务院税务主管部门规定条件的，可以选择由其主要机构、场所汇总缴纳企业所得税。

非居民企业取得本法第三条第三款规定的所得，以扣缴义务人所在地为纳税地点。

第五十二条　除国务院另有规定外，企业之间不得合并缴纳企业所得税。

2.《企业所得税法实施条例》第一百二十五条和第一百二十六条

第一百二十五条　企业汇总计算并缴纳企业所得税时，应当统一核算应纳税所得额，具体办法由国务院财政、税务主管部门另行制定。

第一百二十六条　企业所得税法第五十一条所称主要机构、场所，应当同时符合下列条件：

（一）对其他各机构、场所的生产经营活动负有监督管理责任；

（二）设有完整的账簿、凭证，能够准确反映各机构、场所的收入、成本、费用和盈亏情况。

五、避免成为常设机构

【筹划案例099】　中国某建筑公司到A国从事安装工程，工程所需时间约为 10 个月，根据中国和 A 国的双边税收协定，建筑工程达到 6 个月以上的即构成常设机构。该公司进行该安装工程的总成本为 1 000 万元，工程总收入为 1 500 万元。A 国对来源于本国的所得要征收企业所得税，税率为 40%。请计算该公司从事该建筑工程的税后利润，并提出纳税筹划方案。

该建筑公司在 A 国从事安装工程，该工程时间约为 10 个月，超过了中国与 A 国税收协定规定的 6 个月，构成 A 国的常设机构，应当和 A 国的企业一样缴纳 A 国的所得税税额为 200 万元 [(1 500 - 1 000) × 40%]，税后利润为 300 万元 (1 500 - 1 000 - 200)。该笔所得汇回中国以后，由于该笔所得已经在国外纳过税了，而且缴纳的税率超过我国的 25% 的税率，不需要向中国税务机关补缴企业所得税。该公司的这一安装工程的纯利润为 300 万元。

由于安装工程构成常设机构必须以"连续"为标准，该公司完全可以将该安装工程分成两个阶段进行：第一个阶段先进行 5 个月，然后休息 1 个月；第二阶段再进行 5 个月。这样，该安装工程就不构成 A 国的常设机构，不需要在 A 国缴纳所得税。利润总额为 500 万元 (1 500 - 1 000)。该笔所得汇回中国以后，需要按照我国税法规定缴纳企业所得税税额为 125 万元 (500 × 25%)。该公司的这一安装工程的税后利润为 375 万元 (500 - 125)。通过纳税筹划，多实现净利润 75 万元 (375 - 300)。

【主要法律依据】

1.《企业所得税法》第三条

参见本书第 324～325 页。

2.《企业所得税法实施条例》第五条、第七条和第八条

第五条 企业所得税法第二条第三款所称机构、场所，是指在中国境内从事生产经营活动的机构、场所，包括：

（一）管理机构、营业机构、办事机构；

（二）工厂、农场、开采自然资源的场所；

（三）提供劳务的场所；

（四）从事建筑、安装、装配、修理、勘探等工程作业的场所；

（五）其他从事生产经营活动的机构、场所。

非居民企业委托营业代理人在中国境内从事生产经营活动的，包括委托单位或者个人经常代其签订合同，或者储存、交付货物等，该营业代理人视为非居民企业在中国境内设立的机构、场所。

第七条 企业所得税法第三条所称来源于中国境内、境外的所得,按照以下原则确定:

(一)销售货物所得,按照交易活动发生地确定;

(二)提供劳务所得,按照劳务发生地确定;

(三)转让财产所得,不动产转让所得按照不动产所在地确定,动产转让所得按照转让动产的企业或者机构、场所所在地确定,权益性投资资产转让所得按照被投资企业所在地确定;

(四)股息、红利等权益性投资所得,按照分配所得的企业所在地确定;

(五)利息所得、租金所得、特许权使用费所得,按照负担、支付所得的企业或者机构、场所所在地确定,或者按照负担、支付所得的个人的住所地确定;

(六)其他所得,由国务院财政、税务主管部门确定。

第八条 企业所得税法第三条所称实际联系,是指非居民企业在中国境内设立的机构、场所拥有据以取得所得的股权、债权,以及拥有、管理、控制据以取得所得的财产等。

3.《OECD 税收协定范本》第五条

第五条 常设机构

一、在本协定中"常设机构"一语是指一家企业进行全部或部分营业的固定营业场所。

二、"常设机构"一语特别包括:

(一)管理场所;

(二)分支机构;

(三)办事处;

(四)工厂;

(五)作业场所;

(六)矿场、油井或气井、采石场或者任何其他开采自然资源的场所。

三、"常设机构"一语包括建筑工地或者建筑,但安装工程仅以连续 12 个月以上的为限。(与 UN 区别)

四、虽有本条以上各项规定,"常设机构"一语应认为不包括:

（一）专为储存、陈列或交付本企业货物或商品的目的而使用的场所（与UN区别）；

（二）专为储存、陈列或交付的目的而保存本企业货物或商品的库存（与UN区别）；

（三）专为通过另一企业加工的目的而保存本企业货物或商品的库存；

（四）专为本企业采购货物或商品或者收集情报的目的而设有固定的营业场所；

（五）专为本企业进行任何其他准备性质或辅助性质活动的目的而设有的营业固定场所；

（六）专为本款第（一）项至第（五）项各项活动的结合而设有的营业固定场所，如果由于这种结合使营业固定场所全部活动属于准备性质或辅助性质。

五、虽有第一款和第二款的规定，如一个人（适用第六款的独立地位代理人除外）代表缔约国另一方的企业在缔约国一方活动，有权并经常行使这种权力以企业的名义签订合同，对于这个人为企业进行的任何活动，应认为该企业在该国设有常设机构，但这个人的活动仅限于第四款的规定，即使是通过营业固定场所进行活动，按照该款规定，并不得使这一营业固定场所成为常设机构。

六、一家企业仅由于通过经纪人、一般佣金代理人或其他独立地位代理人在缔约国一方进行营业，而这些代理人又按常规进行其本身业务的，应不认为在该国设有常设机构。

七、缔约国一方居民公司，控制或被控制于缔约国另一方居民公司或者在缔约国另一方进行营业的公司（不论是否通过常设机构），此项事实不能据以使任何一公司成为另一公司的常设机构。

六、将利润保留境外

【筹划案例100】　中国的甲公司在A国设立了一家子公司乙。2022年度，乙公司获得利润总额3 000万元，2023年度，乙公司获得利润总额4 000万元。

第五章 企业所得税筹划实用技巧

A国企业所得税税率为30%。中国和A国税收协定规定的预提所得税税率为10%。乙公司将税后利润全部分配给甲公司。甲公司计划在2024年度投资3 000万元在B国设立了另外一家子公司丙。请计算乙公司2年利润的所得税负担并提出纳税筹划方案。

乙公司2022年度需要向A国缴纳企业所得税税额为900万元（3 000×30%）。乙公司将全部税后利润分配给甲公司，需要缴纳预提所得税税额为210万元［（3 000－900）×10%］。甲公司获得该笔利润需要向中国缴纳企业所得税税额为750万元（3 000×25%）。由于该笔所得已经在国外缴纳了1 110万元（900＋210）的所得税，乙公司不需要向中国缴纳任何税款。

乙公司2023年度需要向A国缴纳企业所得税税额为1 200万元（4 000×30%）。将全部税后利润分配给甲公司，需要缴纳预提所得税税额为280万元［（4 000－1 200）×10%］。甲公司获得该笔利润需要向中国缴纳企业所得税税额为1 000万元（4 000×25%）。由于该笔所得已经在国外缴纳了1 480万元（1200＋280）的所得税，乙公司不需要向中国缴纳任何税款。

甲公司2年一共获得净利润4 410万元（3 000＋4 000－1 110－1 480）。

如果甲公司将净利润一直留在乙公司，则2022年度和2023年度乙公司一共需要缴纳的企业所得税税额为2 100万元［（3 000＋4 000）×30%］，净利润为4 900万元（7 000－2 100）。2024年度，乙公司可以用该笔利润直接投资设立丙公司，设立过程中不需要缴纳任何税款。通过纳税筹划，甲公司减轻了所得税负担490万元（4 900－4 410）。

【主要法律依据】

1.《企业所得税法》第四十五条

第四十五条　由居民企业，或者由居民企业和中国居民控制的设立在实际税负明显低于本法第四条第一款规定税率水平的国家（地区）的企业，并非由于合理的经营需要而对利润不作分配或者减少分配的，上述利润中应归属于该居民企业的部分，应当计入该居民企业的当期收入。

2.《企业所得税法实施条例》第一百一十六条至第一百一十八条

第一百一十六条　企业所得税法第四十五条所称中国居民，是指根据

《中华人民共和国个人所得税法》的规定，就其从中国境内、境外取得的所得在中国缴纳个人所得税的个人。

第一百一十七条　企业所得税法第四十五条所称控制，包括：

（一）居民企业或者中国居民直接或者间接单一持有外国企业10%以上有表决权股份，且由其共同持有该外国企业50%以上股份；

（二）居民企业，或者居民企业和中国居民持股比例没有达到第（一）项规定的标准，但在股份、资金、经营、购销等方面对该外国企业构成实质控制。

第一百一十八条　企业所得税法第四十五条所称实际税负明显低于企业所得税法第四条第一款规定税率水平，是指低于企业所得税法第四条第一款规定税率的50%。

3.《特别纳税调整实施办法（试行）》（国税发〔2009〕2号发布）第七十六条至第八十四条

第七十六条　受控外国企业是指根据所得税法第四十五条的规定，由居民企业，或者由居民企业和居民个人（以下统称中国居民股东，包括中国居民企业股东和中国居民个人股东）控制的设立在实际税负低于所得税法第四条第一款规定税率水平50%的国家（地区），并非出于合理经营需要对利润不作分配或减少分配的外国企业。

第七十七条　本办法第七十六条所称控制，是指在股份、资金、经营、购销等方面构成实质控制。其中，股份控制是指由中国居民股东在纳税年度任何一天单层直接或多层间接单一持有外国企业10%以上有表决权股份，且共同持有该外国企业50%以上股份。

中国居民股东多层间接持有股份按各层持股比例相乘计算，中间层持有股份超过50%的，按100%计算。

第七十八条　中国居民企业股东应在年度企业所得税纳税申报时提供对外投资信息，附送《对外投资情况表》。

第七十九条　税务机关应汇总、审核中国居民企业股东申报的对外投资信息，向受控外国企业的中国居民企业股东送达《受控外国企业中国居民股东确认通知书》。中国居民企业股东符合所得税法第四十五条征税条件的，按照有关规定征税。

第八十条 计入中国居民企业股东当期的视同受控外国企业股息分配的所得，应按以下公式计算：

中国居民企业股东当期所得 = 视同股息分配额 × 实际持股天数 ÷ 受控外国企业纳税年度天数 × 股东持股比例

中国居民股东多层间接持有股份的，股东持股比例按各层持股比例相乘计算。

第八十一条 受控外国企业与中国居民企业股东纳税年度存在差异的，应将视同股息分配所得计入受控外国企业纳税年度终止日所属的中国居民企业股东的纳税年度。

第八十二条 计入中国居民企业股东当期所得已在境外缴纳的企业所得税税款，可按照所得税法或税收协定的有关规定抵免。

第八十三条 受控外国企业实际分配的利润已根据所得税法第四十五条规定征税的，不再计入中国居民企业股东的当期所得。

第八十四条 中国居民企业股东能够提供资料证明其控制的外国企业满足以下条件之一的，可免于将外国企业不作分配或减少分配的利润视同股息分配额，计入中国居民企业股东的当期所得：

（一）设立在国家税务总局指定的非低税率国家（地区）；

（二）主要取得积极经营活动所得；

（三）年度利润总额低于500万元人民币。

4.《国家税务总局关于简化判定中国居民股东控制外国企业所在国实际税负的通知》（国税函〔2009〕37号）

各省、自治区、直辖市和计划单列市国家税务局、地方税务局：

根据《中华人民共和国企业所得税法》第四十五条的规定，为了简化判定由中国居民企业，或者由中国居民企业和居民个人控制的外国企业的实际税负，现明确如下：

中国居民企业或居民个人能够提供资料证明其控制的外国企业设立在美

国、英国、法国、德国、日本、意大利、加拿大、澳大利亚、印度、南非、新西兰和挪威的，可免于将该外国企业不作分配或者减少分配的利润视同股息分配额，计入中国居民企业的当期所得。

七、巧用不同国家间的税收优惠政策

【筹划案例101】 A国和B国签订了双边税收协定，其中规定A国居民从B国取得的投资所得可以免征预提所得税，B国居民从A国取得的投资所得也可以免征预提所得税。中国和A国签订了双边税收协定，规定中国居民与A国居民从对方国家取得的投资所得同样可以免征预提所得税。但中国和B国之间没有税收协定，中国和B国规定的预提所得税税率都是20%。中国某公司甲在B国投资设立一子公司乙，该子公司2024年度税后利润为1 000万元，其中60%分配给母公司。请计算该笔利润应当缴纳的相关税款，并提出纳税筹划方案。

该笔利润汇回中国需要缴纳预提所得税税额为120万元（1 000×60%×20%）。为了避免缴纳该笔税款，甲公司可以考虑首先在A国设立一家全资子公司丙，将甲公司在B国乙公司中的股权转移到A国的丙公司，由A国的丙公司控制B国的乙公司。这样，B国的乙公司将利润分配给A国的丙公司时，根据A国和B国的双边税收协定，该笔利润不需要缴纳预提所得税；同样，当A国的丙公司将该笔利润全部分配给甲公司时，根据中国和A国的双边税收协定，也不需要缴纳预提所得税。这样，该笔利润就减轻了120万元的税收负担，如果设立丙公司以及进行相关资金转移的费用小于120万元，该纳税筹划方案就是有利的。

【主要法律依据】

1.中国与109个国家、3个地区签署的对所得和财产消除双重征税和防止逃避税的协定（安排、协议）

2.《企业所得税法》第五十八条

第五十八条 中华人民共和国政府同外国政府订立的有关税收的协定与

第五章 企业所得税筹划实用技巧

本法有不同规定的，依照协定的规定办理。

八、利用税收饶让制度进行筹划

【**筹划案例102**】 纳税人来源于境外的所得先要在来源地国纳税，回到居民国以后还要再向居民国纳税，这就产生了重复征税。为了避免重复征税，居民国的税法一般都允许纳税人来源于境外的所得已经缴纳的税款可以在应当向本国缴纳的税款中予以扣除，但一般都有一个上限，即不能超过该笔所得根据本国税法规定应当缴纳的税款。有时，国家为了吸引外资而给予外资一定的税收优惠，外资回到本国时对于该税收优惠有两种处理方式：一种是将税收优惠视为来源地国给予外资的优惠，虽然本国纳税人没有实际缴纳该税款，仍然视为已经缴纳予以扣除，这种方式就是税收饶让抵免；另一种是对该税收优惠不予考虑，仅对纳税人在来源地国实际缴纳的税款予以扣除，这样，来源地国给予外资的税收优惠就无法被外资所享受了。目前，我国与绝大多数国家的税收协定都规定了税收饶让抵免制度，只有美国等少数国家没有该项制度。在没有税收饶让抵免制度的情况下，可以通过在具有税收饶让抵免的国家设立居民公司来享受该项优惠政策。

中国和A国签订的双边税收协定有税收饶让抵免制度，并且对缔约国居民来源于本国的投资所得免征预提所得税，A国企业所得税税率为30%，中国和B国的双边税收协定没有税收饶让抵免制度，预提所得税税率为10%，但A国和B国的双边税收协定具有税收饶让抵免制度，并且对缔约国居民来源于本国的投资所得免征预提所得税。中国某公司甲在B国有一家子公司——乙公司，2024年度获得利润总额2 000万元，根据B国税法规定，企业所得税税率为30%，但是对外资可以给予10%的低税率。请计算该笔所得应当承担的税收负担，并提出纳税筹划方案。

乙公司在B国应当缴纳企业所得税税额为200万元（2 000×10%），净利润为1 800万元（2 000－200）。汇出B国时应当缴纳预提所得税税额为180万元（1 800×10%），该笔所得按照我国税法规定应当缴纳企业所得税税额为500万元（2 000×25%）。由于该笔所得已经在国外缴纳了所得税税额为380万元（200＋180），在本国只需要缴纳所得税税额为120万元（500－380），净利润为1 500万元（2 000－200－180－120）。如果该甲公司先在A国设立一家丙公司，将其持有的乙公司的股权转移给丙公司，乙公司的利润先分配给丙公司；然后再由丙公司将利润分配给甲公司，这样就可以享受税收饶让抵免的优惠政策。乙公司在B国应当缴纳企业所得税税额为200万元（2 000×10%），净利润为1 800万元（2 000－200）。乙公司将利润全部分配给丙公司，不需要缴纳预提所得税。该笔利润在A国需要缴纳企业所得税税额为600万元（2 000×30%）。由于该笔所得按照B国税法本来应当缴纳600万元（2 000×30%）的税款，该笔税款不需要向A国缴纳任何税款。丙公司再将该笔利润全部分配给甲公司，中间不需要缴纳预提所得税。该笔所得需要向中国缴纳企业所得税500万元（2 000×25%）。由于乙公司在A国已经缴纳了600万元的税款，因此，不需要向中国缴纳所得税。乙公司净利润为1 800万元（2 000－200）。通过纳税筹划，乙公司增加了净利润300万元（1 800－1 500）。

【主要法律依据】

1. 中国与109个国家、3个地区签署的对所得和财产消除双重征税和防止逃避税的协定（安排、协议）

2.《企业所得税法》第五十八条

第五十八条　中华人民共和国政府同外国政府订立的有关税收的协定与本法有不同规定的，依照协定的规定办理。

九、利用境外公司转移所得来源地

【筹划案例103】　甲公司准备投资1亿元购买一幢写字楼，持有3年以后转让，预计转让价款为1.3亿元。请计算甲公司此项投资的税收负担并提出纳税筹划方案。

甲公司转让不动产需要缴纳增值税及其附加税额为160万元[（13 000－10 000）÷（1＋5%）×5%×（1＋7%＋3%＋2%）]；需要缴纳印花税税额

第五章 企业所得税筹划实用技巧

为6.5万元（13 000×0.05%）；需要缴纳土地增值税税额为（假设按3%核定）390（万元）（13 000×3%）。购买该不动产的公司需要缴纳契税税额为371.43万元［13 000÷（1+5%）×3%］。不考虑其他成本，甲公司取得转让所得税税额为2 443.50万元（13 000－10 000－160－6.50－390），应当缴纳企业所得税税额为610.88万元（2 443.50×25%），净利润为1 832.62万元（2 443.50－610.88）。

如果甲公司先在某避税港投资1.1亿元设立乙公司，由乙公司以1亿元的价格购置该不动产并持有，3年后，甲公司以1.4亿元的价格转让乙公司。假设该避税港企业所得税税率为10%，印花税税率为0.05%，股权转让在该避税港不涉及其他税收。甲公司需在该避税港缴纳印花税税额为7万元（14 000×0.05%），需要缴纳所得税税额为299.30万元［（14 000－11 000－7）×10%］，净利润为2 693.70万元（14 000－11 000－7－299.30）。

通过纳税筹划，甲公司增加净利润为861.08万元（2 693.70－1 832.62）。购买乙公司并间接购买该不动产的公司也节约了371.43万元的契税。同时，该不动产一直由乙公司持有并持续经营，也避免了不动产转让对该不动产的生产经营可能带来的不良影响。

【主要法律依据】

1.《企业所得税法实施条例》第七条

参见本书第335页。

2.《个人所得税法实施条例》第三条

第三条 除国务院财政、税务主管部门另有规定外，下列所得，不论支付地点是否在中国境内，均为来源于中国境内的所得：

（一）因任职、受雇、履约等在中国境内提供劳务取得的所得；

（二）将财产出租给承租人在中国境内使用而取得的所得；

（三）许可各种特许权在中国境内使用而取得的所得；

（四）转让中国境内的不动产等财产或者在中国境内转让其他财产取得的所得；

（五）从中国境内企业、事业单位、其他组织以及居民个人取得的利息、股息、红利所得。

3.《财政部　税务总局关于境外所得有关个人所得税政策的公告》（财政部　税务总局公告2020年第3号）

为贯彻落实《中华人民共和国个人所得税法》和《中华人民共和国个人所得税法实施条例》（以下简称"个人所得税法及其实施条例"），现将境外所得有关个人所得税政策公告如下：

一、下列所得，为来源于中国境外的所得：

（一）因任职、受雇、履约等在中国境外提供劳务取得的所得；

（二）中国境外企业以及其他组织支付且负担的稿酬所得；

（三）许可各种特许权在中国境外使用而取得的所得；

（四）在中国境外从事生产、经营活动而取得的与生产、经营活动相关的所得；

（五）从中国境外企业、其他组织以及非居民个人取得的利息、股息、红利所得；

（六）将财产出租给承租人在中国境外使用而取得的所得；

（七）转让中国境外的不动产、转让对中国境外企业以及其他组织投资形成的股票、股权以及其他权益性资产（以下简称"权益性资产"）或者在中国境外转让其他财产取得的所得。但转让对中国境外企业以及其他组织投资形成的权益性资产，该权益性资产被转让前三年（连续36个公历月份）内的任一时间，被投资企业或其他组织的资产公允价值50%以上直接或间接来自位于中国境内的不动产的，取得的所得为来源于中国境内的所得；

（八）中国境外企业、其他组织以及非居民个人支付且负担的偶然所得；

（九）财政部、税务总局另有规定的，按照相关规定执行。

二、居民个人应当依照个人所得税法及其实施条例规定，按照以下方法计算当期境内和境外所得应纳税额：

（二）居民个人来源于中国境外的综合所得，应当与境内综合所得合并计算应纳税额；

（二）居民个人来源于中国境外的经营所得，应当与境内经营所得合并计算应纳税额。居民个人来源于境外的经营所得，按照个人所得税法及其实施条例的有关规定计算的亏损，不得抵减其境内或他国（地区）的应纳税所得额，但可以用来源于同一国家（地区）以后年度的经营所得按中国税法规定弥补；

（三）居民个人来源于中国境外的利息、股息、红利所得，财产租赁所得，财产转让所得和偶然所得（以下简称"其他分类所得"），不与境内所得合并，应当分别单独计算应纳税额。

三、居民个人在一个纳税年度内来源于中国境外的所得，依照所得来源国家（地区）税收法律规定在中国境外已缴纳的所得税税额允许在抵免限额内从其该纳税年度应纳税额中抵免。

居民个人来源于一国（地区）的综合所得、经营所得以及其他分类所得项目的应纳税额为其抵免限额，按照下列公式计算：

（一）来源于一国（地区）综合所得的抵免限额＝中国境内和境外综合所得依照本公告第二条规定计算的综合所得应纳税额 × 来源于该国（地区）的综合所得收入额 ÷ 中国境内和境外综合所得收入额合计

（二）来源于一国（地区）经营所得的抵免限额＝中国境内和境外经营所得依照本公告第二条规定计算的经营所得应纳税额 × 来源于该国（地区）的经营所得应纳税所得额 ÷ 中国境内和境外经营所得应纳税所得额合计

（三）来源于一国（地区）其他分类所得的抵免限额＝该国（地区）的其他分类所得依照本公告第二条规定计算的应纳税额

（四）来源于一国（地区）所得的抵免限额＝来源于该国（地区）综合所得抵免限额＋来源于该国（地区）经营所得抵免限额＋来源于该国（地区）其他分类所得抵免限额

四、可抵免的境外所得税税额，是指居民个人取得境外所得，依照该所得来源国（地区）税收法律应当缴纳且实际已经缴纳的所得税性质的税额。可抵免的境外所得税税额不包括以下情形：

（一）按照境外所得税法律属于错缴或错征的境外所得税税额；

（二）按照我国政府签订的避免双重征税协定以及内地与香港、澳门签订的避免双重征税安排（以下统称税收协定）规定不应征收的境外所得税税额；

（三）因少缴或迟缴境外所得税而追加的利息、滞纳金或罚款；

（四）境外所得税纳税人或者其利害关系人从境外征税主体得到实际返还或补偿的境外所得税税款；

（五）按照我国个人所得税法及其实施条例规定，已经免税的境外所得负担的境外所得税税款。

五、居民个人从与我国签订税收协定的国家（地区）取得的所得，按照该国（地区）税收法律享受免税或减税待遇，且该免税或减税的数额按照税收协定饶让条款规定应视同已缴税额在中国的应纳税额中抵免的，该免税或减税数额可作为居民个人实际缴纳的境外所得税税额按规定申报税收抵免。

六、居民个人一个纳税年度内来源于一国（地区）的所得实际已经缴纳的所得税税额，低于依照本公告第三条规定计算出的来源于该国（地区）该纳税年度所得的抵免限额的，应以实际缴纳税额作为抵免额进行抵免；超过来源于该国（地区）该纳税年度所得的抵免限额的，应在限额内进行抵免，超过部分可以在以后五个纳税年度内结转抵免。

七、居民个人从中国境外取得所得的，应当在取得所得的次年3月1日至6月30日内申报纳税。

八、居民个人取得境外所得，应当向中国境内任职、受雇单位所在地主管税务机关办理纳税申报；在中国境内没有任职、受雇单位的，向户籍所在地或中国境内经常居住地主管税务机关办理纳税申报；户籍所在地与中国境内经常居住地不一致的，选择其中一地主管税务机关办理纳税申报；在中国境内没有户籍的，向中国境内经常居住地主管税务机关办理纳税申报。

九、居民个人取得境外所得的境外纳税年度与公历年度不一致的，取得境外所得的境外纳税年度最后一日所在的公历年度，为境外所得对应的我国纳税年度。

十、居民个人申报境外所得税收抵免时，除另有规定外，应当提供境外征税主体出具的税款所属年度的完税证明、税收缴款书或者纳税记录等纳税凭证，未提供符合要求的纳税凭证，不予抵免。

居民个人已申报境外所得、未进行税收抵免，在以后纳税年度取得纳税凭证并申报境外所得税收抵免的，可以追溯至该境外所得所属纳税年度进行抵免，但追溯年度不得超过五年。自取得该项境外所得的五个年度内，境外征税主体出具的税款所属纳税年度纳税凭证载明的实际缴纳税额发生变化的，按实际缴纳税额重新计算并办理补退税，不加收税收滞纳金，不退还利息。

纳税人确实无法提供纳税凭证的，可同时凭境外所得纳税申报表（或者境外征税主体确认的缴税通知书）以及对应的银行缴款凭证办理境外所得抵免事宜。

十一、居民个人被境内企业、单位、其他组织（以下简称"派出单位"）派往境外工作，取得的工资薪金所得或者劳务报酬所得，由派出单位或者其他境内单位支付或负担的，派出单位或者其他境内单位应按照个人所得税法及其实施条例规定预扣预缴税款。

居民个人被派出单位派往境外工作，取得的工资薪金所得或者劳务报酬所得，由境外单位支付或负担的，如果境外单位为境外任职、受雇的中方机构（以下简称"中方机构"）的，可以由境外任职、受雇的中方机构预扣税款，并委托派出单位向主管税务机关申报纳税。中方机构未预扣税款的或者境外单位不是中方机构的，派出单位应当于次年2月28日前向其主管税务机关报送外派人员情况，包括：外派人员的姓名、身份证件类型及身份证件号码、职务、派往国家和地区、境外工作单位名称和地址、派遣期限、境内外收入及缴税情况等。

中方机构包括中国境内企业、事业单位、其他经济组织以及国家机关所属的境外分支机构、子公司、使（领）馆、代表处等。

十二、居民个人取得来源于境外的所得或者实际已经在境外缴纳的所得税税额为人民币以外货币，应当按照《中华人民共和国个人所得税法实施条例》第三十二条折合计算。

十三、纳税人和扣缴义务人未按本公告规定申报缴纳、扣缴境外所得个人所得税以及报送资料的，按照《中华人民共和国税收征收管理法》和个人所得税法及其实施条例等有关规定处理,并按规定纳入个人纳税信用管理。

十四、本公告适用于2019年度及以后年度税收处理事宜。以前年度尚未抵免完毕的税额,可按本公告第六条规定处理。下列文件或文件条款同时废止:

1.《财政部 国家税务总局关于个人股票期权所得征收个人所得税问题的通知》(财税〔2005〕35号)第三条。

2.《国家税务总局关于境外所得征收个人所得税若干问题的通知》(国税发〔1994〕44号)。

3.《国家税务总局关于企业和个人的外币收入如何折合成人民币计算缴纳税款问题的通知》(国税发〔1995〕173号)。

特此公告。

十、境外投资的模式选择

【筹划案例104】 中资企业在卢森堡、新加坡、巴巴多斯和塞浦路斯投资较多,另有爱尔兰、荷兰、瑞士、希腊。卢森堡不仅是进入欧洲的门户,更是进行全球投资的最佳控股工具之一,超五星的声誉,完善的金融体系,丰富而有弹性的双边税务协定让注册卢森堡公司成为高端客户海外投资运作的首选。中国工商银行欧洲总部和中国华为的欧洲总部均位于卢森堡。

卢森堡有卓越的地理环境,位于邻近法兰克福和巴黎的欧洲心脏地带,方便往来于德国、法国、比利时与荷兰;有相对安全和稳定的政治环境,是欧洲重要的经济和政治机构主管部门的成员,多种语言并行的一级市场;有欧洲最出名的银行业,是全球金融中心,可为外国公司和投资者提供匿名、安全的银行服务;可为外国公司提供免税优惠,为跨国公司提供最优惠税制;欧洲最低增值税,基本税率15%,低税率12%、6%、3%,银行、保险等行业一般免税;鼓励利用卢森堡—中国的相关税务协议,承认在中国可能波动的税率;中国产品在卢森堡享受海关优惠政策。

包括开曼群岛、英属维尔京群岛在内的大多数离岸地都被欧盟国家、美

第五章 企业所得税筹划实用技巧

国和 OECD 成员国列入了黑名单,在这些国家,离岸公司很可能被征税,卢森堡有良好信誉,不曾被其他国家列入黑名单。离岸公司不能享受双边税收协定优惠,因此,向股东支付股息时会产生 5%～10% 的预提所得税。而卢森堡控股公司,作为在岸公司,可享受卢森堡与近 50 个国家签订的双边税收协定优惠,因此,在支付股息时不需要缴纳预提所得税。

煤炭、新能源、航空航天等很多领域的私营企业和国有企业在欧洲投资时,都注册卢森堡公司,采用了"中国香港地区—卢森堡—欧洲"间接投资模式。2008 年 9 月,中国长沙中联重工并购意大利 CIFA 公司所使用的正是"中国香港地区—卢森堡"投资模式。

中国香港地区与卢森堡之间版税(特许权使用费)及利润税税率为 0。股息及资本利得的税率为 0(视情况而定)。卢森堡与欧洲公司之间股息税率 0。卢森堡与非欧洲公司之间适用双边税收协定,具有广泛的税务网络。表 5-11 展示了"中国香港地区—卢森堡"投资模式的税收优势。

表 5-11 "中国香港地区—卢森堡"投资模式的税收优势

项目	投资英国		投资法国	
	经中国香港投资	经"中国香港地区—卢森堡"投资	经中国香港投资	经"中国香港地区—卢森堡"投资
股息税率	0	0	25%	0
利润税率	20%	0	16%	0
版税税率	22%	5%	33.3%	0
资本利得税率	0	0	0	0

美国某电动汽车生产企业甲公司来上海设立全资子公司乙公司。如甲公司直接设立乙公司,甲公司每年从乙公司取得的股息均需要缴纳 10% 的预提所得税(利用股息直接再投资的除外)。如果甲公司先在中国香港地区设立丙公司,由丙公司投资设立乙公司。则乙公司每年向丙公司分配股息,缴纳 5% 的预提所得税。中国香港地区实行来源地管辖权,对于丙公司从乙公司取得的股息不征收所得税。中国香港地区没有股息汇出的预提所得税,因此,丙公司将股息再分配给甲公司时,不需要在中国香港地区缴纳预提所得税。甲公司从乙公司取得股息的税收成本仅为 5%,节税 50%。

【主要法律依据】

《国家税务总局关于下发协定股息税率情况一览表的通知》（国税函〔2008〕112号）

各省、自治区、直辖市和计划单列市国家税务局、地方税务局：

根据《中华人民共和国企业所得税法》及其实施条例的规定，2008年1月1日起，非居民企业从我国居民企业获得的股息将按照10%的税率征收预提所得税，但是，我国政府同外国政府订立的关于对所得避免双重征税和防止偷漏税的协定以及内地与香港、澳门间的税收安排（以下统称协定），与国内税法有不同规定的，依照协定的规定办理。为方便协定的执行，现将《协定股息税率情况一览表》（表5-11）印发给你们并就有关问题通知如下：

一、表中协定税率高于我国法律法规规定税率的，可以按国内法律法规规定的税率执行。

二、纳税人申请执行协定税率时必须提交享受协定待遇申请表。

三、各地税务机关应严格审批协定待遇申请，防范协定适用不当。

表5-11 协定股息税率情况一览表

税率	与下列国家（地区）协定
0	格鲁吉亚（直接拥有支付股息公司至少50%股份并在该公司投资达到200万欧元情况下）
5%	科威特、蒙古国、毛里求斯、斯洛文尼亚、牙买加、南斯拉夫、苏丹、老挝、南非、克罗地亚、马其顿、塞舌尔、巴巴多斯、阿曼、巴林、沙特、文莱、墨西哥
5%（直接拥有支付股息公司至少10%股份情况下）	委内瑞拉、格鲁吉亚（并在该公司投资达到10万欧元）〔与上述国家协定规定直接拥有支付股息公司股份低于10%情况下税率为10%〕
5%（直接拥有支付股息公司至少25%股份情况下）	卢森堡、韩国、乌克兰、亚美尼亚、冰岛、立陶宛、拉脱维亚、爱沙尼亚、爱尔兰、摩尔多瓦、古巴、特多、中国香港地区、新加坡〔与上述国家（地区）协定规定直接拥有支付股息公司股份低于25%情况下税率为10%〕
7%	阿联酋
7%（直接拥有支付股息公司至少25%股份情况下）	奥地利（直接拥有支付股息公司股份低于25%情况下税率为10%）
8%	埃及、突尼斯、墨西哥

第五章 企业所得税筹划实用技巧

（续表）

税率	与下列国家（地区）协定
10%	日本、美国、法国、英国、比利时、德国、马来西亚、丹麦、芬兰、瑞典、意大利、荷兰、捷克、波兰、保加利亚、巴基斯坦、瑞士、塞浦路斯、西班牙、罗马尼亚、奥地利、匈牙利、马耳他、俄罗斯、印度、白俄罗斯、以色列、越南、土耳其、乌兹别克斯坦、葡萄牙、孟加拉国、哈萨克斯坦、印尼、伊朗、吉尔吉斯斯坦、斯里兰卡、阿尔巴尼亚、阿塞拜疆、摩洛哥、中国澳门地区
10%（直接拥有支付股息公司至少10%股份情况下）	加拿大、菲律宾（与上述国家协定规定直接拥有支付股息公司股份低于10%情况下税率为15%）
15%	挪威、新西兰、巴西、巴布亚新几内亚
15%（直接拥有支付股息公司至少25%股份情况下）	泰国（直接拥有支付股息公司股份低于25%情况下税率为20%）

第六章 增值税筹划实用技巧

第一节 增值税纳税主体的筹划

一、合并企业变为一般纳税人

【筹划案例105】 某企业增值率很低,假设仅为5%,即进项抵扣额占95%。有两家批发企业,各自年销售额为300万元,符合小规模纳税人条件,适用3%的增值税征收率。因此,两家企业各自需缴纳增值税税额为9万元(300×3%),共计18万元。上述企业如何进行纳税筹划?(暂不考虑小规模纳税人降低征收率优惠政策)

在增值率比较低的情况下,企业缴纳3%的增值税就会产生比较高的税收负担。为此,可以考虑将两家企业合并成一家企业,这样,该企业的年销售额为600万元,经过企业申请就可以被登记为一般纳税人。此时,该企业应该缴纳增值税税额为3.90万元(600×13%-600×95%×13%),减轻税收负担14.10万元(18-3.90)。

【主要法律依据】

《增值税暂行条例》第四条至第六条、第十一条和第十二条

第四条 除本条例第十一条规定外,纳税人销售货物、劳务、服务、无形资产、不动产(以下统称应税销售行为),应纳税额为当期销项税额抵扣当期进项税额后的余额。应纳税额计算公式:

应纳税额＝当期销项税额－当期进项税额

当期销项税额小于当期进项税额不足抵扣时,其不足部分可以结转下期继续抵扣。

第六章 增值税筹划实用技巧

第五条 纳税人发生应税销售行为,按照销售额和本条例第二条规定的税率计算收取的增值税额,为销项税额。销项税额计算公式:

$$销项税额 = 销售额 \times 税率$$

第六条 销售额为纳税人发生应税销售行为收取的全部价款和价外费用,但是不包括收取的销项税额。

销售额以人民币计算。纳税人以人民币以外的货币结算销售额的,应当折合成人民币计算。

第十一条 小规模纳税人发生应税销售行为,实行按照销售额和征收率计算应纳税额的简易办法,并不得抵扣进项税额。应纳税额计算公式:

$$应纳税额 = 销售额 \times 征收率$$

小规模纳税人的标准由国务院财政、税务主管部门规定。

第十二条 小规模纳税人增值税征收率为3%,国务院另有规定的除外。

二、分立企业变为小规模纳税人

【**筹划案例106**】 某企业是从事商品批发的商业企业,年销售额为1 000万元,属于增值税一般纳税人,适用13%的税率。该企业每年所能获得的进项税额比较少,仅为销项税额的50%。请计算该企业每年需要承担的增值税,并提出纳税筹划方案。(小规模纳税人征收率按3%计算)

在一般情况下,企业购进货物均能取得增值税专用发票,此时一般纳税人的增值税负担比较轻,但如果企业有很多情况下无法取得增值税专用发票(当然,在不能取得增值税专用发票的情况下,进货价格也会相应低一些),此时纳税人的增值税负担就比较重,按照小规模纳税人缴纳增值税反而有利。因此,该企业可以考虑分立为两家企业,年销售额分别为500万元,符合小规模纳税人的标准,可以按照3%的征收率征税。分立之前,该企业需要缴纳增值税税额为65万元(1 000×13% – 1 000×13%×50%)。分立之后,两家企业需要缴纳增值税税额为30万元(500×3%×2)。由此每年降低增值税税收负担35万元(65 – 30)。

【**筹划案例107**】 某生产型企业年应纳增值税销售额为900万元,会计核算制度也比较健全，符合一般纳税人的条件，属于增值税一般纳税人，适用13%的增值税税率。但是，该企业准予从销项税额中抵扣的进项税额较少，只占销项税额的20%。因此，该企业作为一般纳税人的增值税税负要远大于小规模纳税人。请提出纳税筹划方案（征收率按3%计算）。

由于增值税小规模纳税人可以转化为一般纳税人，而增值税一般纳税人不能转化为小规模纳税人，我们可以将该企业分设为两家企业，各自作为独立核算的单位。两家企业年应税销售额分别为450万元和450万元，并且符合小规模纳税人的其他条件，按照小规模纳税人的征收率征税，在这种情况下，两家企业总共缴纳增值税税额为27万元［（450+450）×3%］。作为一般纳税人，两家企业则需要缴纳增值税税额为93.60万元（900×80%×13%）。通过纳税筹划，该企业可以少纳增值税税额为66.60万元（93.60－27）。

【筹划案例108】 甲商贸公司为增值税一般纳税人，年销售额为600万元，由于可抵扣的进项税额较少，年实际缴纳增值税税额为60万元，增值税税负较重。请为甲商贸公司设计合理减轻增值税负担的纳税筹划（征收率按3%计算）。

筹划方案一：由于一般情况下一般纳税人不允许直接变更为小规模纳税人，投资者可以将甲商贸公司注销，同时成立乙公司和丙公司来承接甲商贸公司的业务。乙公司和丙公司的年销售额均为300万元，符合小规模纳税人的标准。年应纳增值税税额为18万元［（300+300）×3%］。

筹划方案二：投资者将甲商贸公司注销，同时成立5家公司来承接甲商贸公司的业务。5家公司的年销售额均为120万元，符合小规模纳税人的标准。同时将5家公司的季度销售额控制在30万元以内，则根据现行小规模纳税人月销售额不超过10万元免征增值税的优惠政策，四家公司年应纳增值税为0。

【筹划案例109】 甲公司为一家餐饮连锁企业，下设100家分公司，各家分公司的年销售额约500万元。甲公司属于营改增一般纳税人，适用6%的税率，由于允许抵扣的进项税额比较少，增值税税收负担率（即增值税应纳税额除以销售额）约为5%，请提出纳税筹划方案。

甲公司将各家分公司改制为独立的子公司，同时确保各家子公司年销售额不超过500万元，这样，甲公司集团中的每一个子公司都可以保持小规模纳税人的身份，按照3%的征收率缴纳增值税，增值税税收负担率从5%降低为3%。

【主要法律依据】

1.《增值税一般纳税人登记管理办法》（国家税务总局令第43号发布）

第一条　为了做好增值税一般纳税人（以下简称"一般纳税人"）登记管理，根据《中华人民共和国增值税暂行条例》及其实施细则有关规定，制定本办法。

第二条　增值税纳税人（以下简称"纳税人"），年应税销售额超过财政部、国家税务总局规定的小规模纳税人标准（以下简称"规定标准"）的，除本办法第四条规定外，应当向主管税务机关办理一般纳税人登记。

本办法所称年应税销售额，是指纳税人在连续不超过12个月或四个季度的经营期内累计应征增值税销售额，包括纳税申报销售额、稽查查补销售额、纳税评估调整销售额。

销售服务、无形资产或者不动产（以下简称"应税行为"）有扣除项目的纳税人，其应税行为年应税销售额按未扣除之前的销售额计算。纳税人偶然发生的销售无形资产、转让不动产的销售额，不计入应税行为年应税销售额。

第三条　年应税销售额未超过规定标准的纳税人，会计核算健全，能够提供准确税务资料的，可以向主管税务机关办理一般纳税人登记。

本办法所称会计核算健全，是指能够按国家统一的会计制度规定设置账簿，根据合法、有效凭证进行核算。

第四条　下列纳税人不办理一般纳税人登记：

（一）按照政策规定，选择按照小规模纳税人纳税的；

（二）年应税销售额超过规定标准的其他个人。

第五条　纳税人应当向其机构所在地主管税务机关办理一般纳税人登记手续。

第六条　纳税人办理一般纳税人登记的程序如下：

（一）纳税人向主管税务机关填报《增值税一般纳税人登记表》，如实填写固定生产经营场所等信息，并提供税务登记证件；

（二）纳税人填报内容与税务登记信息一致的，主管税务机关当场登记；

（三）纳税人填报内容与税务登记信息不一致，或者不符合填列要求的，税务机关应当场告知纳税人需要补正的内容。

第七条 年应税销售额超过规定标准的纳税人符合本办法第四条第一项规定的，应当向主管税务机关提交书面说明。

第八条 纳税人在年应税销售额超过规定标准的月份（或季度）的所属申报期结束后15日内按照本办法第六条或者第七条的规定办理相关手续；未按规定时限办理的，主管税务机关应当在规定时限结束后5日内制作《税务事项通知书》，告知纳税人应当在5日内向主管税务机关办理相关手续；逾期仍不办理的，次月起按销售额依照增值税税率计算应纳税额，不得抵扣进项税额，直至纳税人办理相关手续为止。

第九条 纳税人自一般纳税人生效之日起，按照增值税一般计税方法计算应纳税额，并可以按照规定领用增值税专用发票，财政部、国家税务总局另有规定的除外。

本办法所称的生效之日，是指纳税人办理登记的当月1日或者次月1日，由纳税人在办理登记手续时自行选择。

第十条 纳税人登记为一般纳税人后，不得转为小规模纳税人，国家税务总局另有规定的除外。

第十一条 主管税务机关应当加强对税收风险的管理。对税收遵从度低的一般纳税人，主管税务机关可以实行纳税辅导期管理，具体办法由国家税务总局另行制定。

第十二条 本办法自2018年2月1日起施行，《增值税一般纳税人资格认定管理办法》（国家税务总局令第22号公布）同时废止。

2.《财政部 税务总局关于统一增值税小规模纳税人标准的通知》（财税〔2018〕33号）

各省、自治区、直辖市、计划单列市财政厅（局）、国家税务局、地方税务局，新疆生产建设兵团财政局：

为完善增值税制度，进一步支持中小微企业发展，现将统一增值税小规模纳税人标准有关事项通知如下：

一、增值税小规模纳税人标准为年应征增值税销售额500万元及以下。

二、按照《中华人民共和国增值税暂行条例实施细则》第二十八条规定已登记为增值税一般纳税人的单位和个人，在2018年12月31日前，可转

第六章 增值税筹划实用技巧

登记为小规模纳税人,其未抵扣的进项税额作转出处理。

三、本通知自2018年5月1日起执行。

3.《财政部　税务总局关于明确增值税小规模纳税人免征增值税政策的公告》(财政部　税务总局公告2021年第11号)

为进一步支持小微企业发展,现将增值税小规模纳税人免征增值税政策公告如下:

自2021年4月1日至2022年12月31日,对月销售额15万元以下(含本数)的增值税小规模纳税人,免征增值税。

《财政部　税务总局关于实施小微企业普惠性税收减免政策的通知》(财税〔2019〕13号)第一条同时废止。

特此公告。

4.《财政部　税务总局关于增值税小规模纳税人减免增值税政策的公告》(财政部　税务总局公告2023年第19号)**第一条、第三条**

参见本书第151～152页。

三、营改增行业选择小规模纳税人身份

【筹划案例110】　甲公司提供交通运输服务,年含税销售额为515万元,在营改增之后选择了一般纳税人身份,由于在营改增之前按照3%的税率缴纳营业税,而营改增之后按照9%的税率缴纳增值税,虽然可以抵扣一些进项税额,但甲公司的整体税负仍然超过了营改增之前。请提出纳税筹划方案。(小规模纳税人征收率按3%计算)

甲公司的销售额为500万元[515÷(1+3%)],由于并未超过500万元的标准,可以选择小规模纳税人的身份。在营改增之前,甲公司需要缴纳营业税税额为15.45万元(515×3%),税后营业收入为499.55万元(515-15.45)。营改增之后,如果选择小规模纳税人身份,甲公司需要缴纳增值税税额为15万元[515÷(1+3%)×3%],销售收入为500万元(515-15)。通过纳税筹划,增加销售收入0.45万元(500-499.55)。

【筹划案例 111】 李先生经营一家餐馆和一家装修公司。营改增之前,该餐馆年营业额为 300 万元,适用 5% 的税率,缴纳营业税税额为 15 万元,该装修公司年营业额为 400 万元,适用 3% 的税率,缴纳营业税税额为 12 万元,合计缴纳营业税税额为 27 万元。营改增之后,请为该餐馆和装修公司提出纳税筹划方案。(小规模纳税人征收率按 3% 计算)

营改增之后,如果两家企业选择一般纳税人,则餐馆适用 6% 的税率缴纳增值税,装修公司适用 9% 的税率缴纳增值税。由于可抵扣进项税额较少,其增值税负担会高于营业税负担。如果两家企业选择小规模纳税人,则需要缴纳增值税税额为 20.39 万元 [(300+400)÷(1+3%)×3%]。

【主要法律依据】
《营业税改征增值税试点实施办法》(财税〔2016〕36号附件1)**第三条、第四条、第十六条、第十七条、第十九条、第三十四条至第三十六条**

第三条 纳税人分为一般纳税人和小规模纳税人。

应税行为的年应征增值税销售额(以下简称"应税销售额")超过财政部和国家税务总局规定标准的纳税人为一般纳税人,未超过规定标准的纳税人为小规模纳税人。

年应税销售额超过规定标准的其他个人不属于一般纳税人。年应税销售额超过规定标准但不经常发生应税行为的单位和个体工商户可选择按照小规模纳税人纳税。

第四条 年应税销售额未超过规定标准的纳税人,会计核算健全,能够提供准确税务资料的,可以向主管税务机关办理一般纳税人资格登记,成为一般纳税人。

会计核算健全,是指能够按照国家统一的会计制度规定设置账簿,根据合法、有效凭证核算。

第十六条 增值税征收率为 3%,财政部和国家税务总局另有规定的除外。

第十七条 增值税的计税方法,包括一般计税方法和简易计税方法。

第十九条 小规模纳税人发生应税行为适用简易计税方法计税。

第三十四条 简易计税方法的应纳税额,是指按照销售额和增值税征收率计算的增值税额，不得抵扣进项税额。应纳税额计算公式：

$$应纳税额 = 销售额 \times 征收率$$

第三十五条 简易计税方法的销售额不包括其应纳税额，纳税人采用销售额和应纳税额合并定价方法的，按照下列公式计算销售额：

$$销售额 = 含税销售额 \div (1 + 征收率)$$

第三十六条 纳税人适用简易计税方法计税的，因销售折让、中止或者退回而退还给购买方的销售额，应当从当期销售额中扣减。扣减当期销售额后仍有余额造成多缴的税款，可以从以后的应纳税额中扣减。

四、选择供货商的身份

【**筹划案例 112**】 某企业属于增值税一般纳税人，其所使用的原材料有两种进货渠道：一种是从一般纳税人那里进货，含税价格为 116 元/件，可以开具 13% 的增值税专用发票；另一种是从小规模纳税人那里进货，含税价格为 100 元/件，不能开具增值税专用发票。该企业一直从一般纳税人那里进货，一共进货 10 万件。请提出该企业的纳税筹划方案。（小规模纳税人征收率按 3% 计算）

增值税一般纳税人和小规模纳税人不仅会影响自身的增值税负担，而且会影响采购它们产品的企业的增值税负担，因为，增值税一般纳税人可以开具增值税专用发票，从一般纳税人处采购货物的纳税人可以抵扣其中所包含的增值税，增值税小规模纳税人通常只能开具普通发票（部分可以开具增值税专用发票的试点行业除外，自 2020 年 2 月 1 日起，小规模纳税人均可以自行开具增值税专用发票），从小规模纳税人处采购货物的纳税人无法抵扣其中所包含的增值税，但是，增值税一般纳税人的产品相对价格较高，这就有一个选择和比较的问题。很多企业都会遇到这样的问题：本企业需要的某材料一直由某一家企业供货，该企业属于增值税一般纳税人。同时，另外一家企业（属于工业小规模纳税人）也能够供货，而且愿意给予价格优惠，但不能提供增值税专用发票，因此该企业就想知道价格降到多少合适。与此相反的情况也会存在。问题的实质是，增值税一般纳税人产品的价格与增值税小规模纳税人产品的价格之比达到什么程度就会导致采购某种类型企业的产品比较合算。取得13%增值税税率专用发票与取得普通发票税收成本如何换算呢？

假定取得普通发票的购货单价为X，取得13%增值税税率专用发票的购货单价为Y，因为专用发票可以抵扣$Y \div 1.13 \times 13\%$的进项税，以及进项税12%的城市维护建设税、教育费附加和地方教育附加。令两者相等，得到下面的等式：

$$Y - Y \div 1.13 \times 13\% \times (1 + 12\%) = X$$
$$Y = 1.15 \times X$$

也就是说，如果从增值税一般纳税人处的进价为Y，从小规模纳税人处的进价等于$Y \div 1.15$，两者所导致的增值税负担就是相等的；如果小于$Y \div 1.15$，则从小规模纳税人采购货物所导致的增值税负担较轻。

实务中比较简单的方法就是将取得增值税专用发票上的不含税价格与增值税普通发票上的含税价格直接比较，价格低者即是应当选择的供货方。

根据上述标准来判断，如果开具增值税普通发票的价格为100元，与之相对应的增值税专用发票价格应为115元。本案例中，一般纳税人的含税价格为116元，因此，从一般纳税人那里购进货物的价格较高。该企业应当选择小规模纳税人为供货商。当然，选择购货伙伴除了考虑这里的增值税负担，还需要考虑其他因素，如信用关系、运输成本、洽谈成本等，因此，应当将这里的增值税负担标准与其他的标准综合考虑。

【主要法律依据】

1.《增值税暂行条例》第八条和第九条

参见本书第111页。

2.《国家税务总局关于增值税一般纳税人登记管理若干事项的公告》（国家税务总局公告2018年第6号）

为了贯彻实施《增值税一般纳税人登记管理办法》（国家税务总局令第43号，以下简称《办法》），现将有关事项公告如下：

一、《办法》第二条所称"经营期"是指在纳税人存续期内的连续经营期间，含未取得销售收入的月份或季度。

二、《办法》第二条所称"纳税申报销售额"是指纳税人自行申报的全部应征增值税销售额，其中包括免税销售额和税务机关代开发票销售额。"稽查查补销售额"和"纳税评估调整销售额"计入查补税款申报当月（或当季）的销售额，不计入税款所属期销售额。

三、《办法》第四条第二项所称的"其他个人"是指自然人。

四、《办法》第六条第一项所称的"固定生产经营场所"信息是指填写在《增值税一般纳税人登记表》"生产经营地址"栏次中的内容。

五、《办法》第六条第一项所称的"税务登记证件"，包括纳税人领取的由工商行政管理部门或者其他主管部门核发的加载法人和其他组织统一社会信用代码的相关证件。

六、《办法》第八条规定主管税务机关制作的《税务事项通知书》中，需告知纳税人的内容应当包括：纳税人年应税销售额已超过规定标准，应在收到《税务事项通知书》后5日内向税务机关办理增值税一般纳税人登记手续或者选择按照小规模纳税人纳税的手续；逾期未办理的，自通知时限期满的次月起按销售额依照增值税税率计算应纳税额，不得抵扣进项税额，直至纳税人办理相关手续为止。

七、经税务机关核对后退还纳税人留存的《增值税一般纳税人登记表》，可以作为证明纳税人成为增值税一般纳税人的凭据。

八、《办法》中所规定期限的最后一日是法定休假日的，以休假日期满的次日为期限的最后一日；在期限内有连续3日以上（含3日）法定休假日的，按休假日天数顺延。

九、本公告自2018年2月1日起施行。《国家税务总局关于明确〈增值税一般纳税人资格认定管理办法〉若干条款处理意见的通知》（国税函〔2010〕139号）、《国家税务总局关于调整增值税一般纳税人管理有关事项的公告》（国家税务总局公告2015年第18号）、《国家税务总局关于"三证合一"登记制度改革涉及增值税一般纳税人管理有关事项的公告》（国家税务总局公告2015年第74号）、《国家税务总局关于全面推开营业税改征增值税试点有关税收征收管理事项的公告》（国家税务总局公告2016年第23号）第二条同时废止。

特此公告。

3.《国家税务总局关于统一小规模纳税人标准等若干增值税问题的公告》（国家税务总局公告2018年第18号）

现将统一小规模纳税人标准等若干增值税问题公告如下：

一、同时符合以下条件的一般纳税人，可选择按照《财政部 税务总局关于统一增值税小规模纳税人标准的通知》（财税〔2018〕33号）第二条的规定，转登记为小规模纳税人，或选择继续作为一般纳税人：

（一）根据《中华人民共和国增值税暂行条例》第十三条和《中华人民共和国增值税暂行条例实施细则》第二十八条的有关规定，登记为一般纳税人。

（二）转登记日前连续12个月（以1个月为1个纳税期，下同）或者连续4个季度（以1个季度为1个纳税期，下同）累计应征增值税销售额（以下简称"应税销售额"）未超过500万元。

转登记日前经营期不满12个月或者4个季度的，按照月（季度）平均应税销售额估算上款规定的累计应税销售额。

应税销售额的具体范围，按照《增值税一般纳税人登记管理办法》（国家税务总局令第43号）和《国家税务总局关于增值税一般纳税人登记管理若干事项的公告》（国家税务总局公告2018年第6号）的有关规定执行。

二、符合本公告第一条规定的纳税人，向主管税务机关填报《一般纳税人转为小规模纳税人登记表》，并提供税务登记证件；已实行实名办税的纳税人，无须提供税务登记证件。主管税务机关根据下列情况分别作出处理：

（一）纳税人填报内容与税务登记、纳税申报信息一致的，主管税务机关当场办理。

（二）纳税人填报内容与税务登记、纳税申报信息不一致，或者不符合填列要求的，主管税务机关应当场告知纳税人需要补正的内容。

三、一般纳税人转登记为小规模纳税人（以下简称"转登记纳税人"）后，自转登记日的下期起，按照简易计税方法计算缴纳增值税；转登记日当期仍按照一般纳税人的有关规定计算缴纳增值税。

四、转登记纳税人尚未申报抵扣的进项税额以及转登记日当期的期末留抵税额，计入"应交税费——待抵扣进项税额"核算。

尚未申报抵扣的进项税额计入"应交税费——待抵扣进项税额"时：

（一）转登记日当期已经取得的增值税专用发票、机动车销售统一发票、收费公路通行费增值税电子普通发票，应当已经通过增值税发票选择确认平台进行选择确认或认证后稽核比对相符；经稽核比对异常的，应当按照现行规定进行核查处理。已经取得的海关进口增值税专用缴款书，经稽核比对相

第六章 增值税筹划实用技巧

符的,应当自行下载《海关进口增值税专用缴款书稽核结果通知书》;经稽核比对异常的,应当按照现行规定进行核查处理。

(二)转登记日当期尚未取得的增值税专用发票、机动车销售统一发票、收费公路通行费增值税电子普通发票,转登记纳税人在取得上述发票以后,应当持税控设备,由主管税务机关通过增值税发票选择确认平台(税务局端)为其办理选择确认。尚未取得的海关进口增值税专用缴款书,转登记纳税人在取得以后,经稽核比对相符的,应当由主管税务机关通过稽核系统为其下载《海关进口增值税专用缴款书稽核结果通知书》;经稽核比对异常的,应当按照现行规定进行核查处理。

五、转登记纳税人在一般纳税人期间销售或者购进的货物、劳务、服务、无形资产、不动产,自转登记日的下期起发生销售折让、中止或者退回的,调整转登记日当期的销项税额、进项税额和应纳税额。

(一)调整后的应纳税额小于转登记日当期申报的应纳税额形成的多缴税款,从发生销售折让、中止或者退回当期的应纳税额中抵减;不足抵减的,结转下期继续抵减。

(二)调整后的应纳税额大于转登记日当期申报的应纳税额形成的少缴税款,从"应交税费——待抵扣进项税额"中抵减;抵减后仍有余额的,计入发生销售折让、中止或者退回当期的应纳税额一并申报缴纳。

转登记纳税人因税务稽查、补充申报等原因,需要对一般纳税人期间的销项税额、进项税额和应纳税额进行调整的,按照上述规定处理。

转登记纳税人应准确核算"应交税费——待抵扣进项税额"的变动情况。

六、转登记纳税人可以继续使用现有税控设备开具增值税发票,不需要缴销税控设备和增值税发票。

转登记纳税人自转登记日的下期起,发生增值税应税销售行为,应当按照征收率开具增值税发票;转登记日前已作增值税专用发票票种核定的,继续通过增值税发票管理系统自行开具增值税专用发票;销售其取得的不动产,需要开具增值税专用发票的,应当按照有关规定向税务机关申请代开。

七、转登记纳税人在一般纳税人期间发生的增值税应税销售行为,未开具增值税发票需要补开的,应当按照原适用税率或者征收率补开增值税发票;发生销售折让、中止或者退回等情形,需要开具红字发票的,按照原蓝字发票记载的内容开具红字发票；开票有误需要重新开具的，先按照原蓝字发票记载的内容开具红字发票后，再重新开具正确的蓝字发票。

转登记纳税人发生上述行为，需要按照原适用税率开具增值税发票的，应当在互联网连接状态下开具。按照有关规定不使用网络办税的特定纳税人，可以通过离线方式开具增值税发票。

八、自转登记日的下期起连续不超过12个月或者连续不超过4个季度的经营期内，转登记纳税人应税销售额超过财政部、国家税务总局规定的小规模纳税人标准的，应当按照《增值税一般纳税人登记管理办法》（国家税务总局令第43号）的有关规定，向主管税务机关办理一般纳税人登记。

转登记纳税人按规定再次登记为一般纳税人后，不得再转登记为小规模纳税人。

九、一般纳税人在增值税税率调整前已按原适用税率开具的增值税发票，发生销售折让、中止或者退回等情形需要开具红字发票的，按照原适用税率开具红字发票；开票有误需要重新开具的，先按照原适用税率开具红字发票后，再重新开具正确的蓝字发票。

一般纳税人在增值税税率调整前未开具增值税发票的增值税应税销售行为，需要补开增值税发票的，应当按照原适用税率补开。

增值税发票税控开票软件税率栏次默认显示调整后税率，一般纳税人发生上述行为可以手工选择原适用税率开具增值税发票。

十、国家税务总局在增值税发票管理系统中更新了《商品和服务税收分类编码表》，纳税人应当按照更新后的《商品和服务税收分类编码表》开具增值税发票。

转登记纳税人和一般纳税人应当及时完成增值税发票税控开票软件升级、税控设备变更发行和自身业务系统调整。

十一、本公告自2018年5月1日起施行。《国家税务总局关于增值税一般纳税人登记管理若干事项的公告》（国家税务总局公告2018年第6号）第七条同时废止。

特此公告。

第二节　增值税计税依据的筹划

一、兼营销售分开核算

【**筹划案例113**】　某钢材厂属于增值税一般纳税人。某月，该钢材厂销售钢材，取得含税销售额1 800万元，同时又经营农机，取得含税销售额200万元。前项经营的增值税税率为13%，后项经营的增值税税率为9%。该厂对两种经营统一进行核算。请计算该厂应纳增值税税款，并提出纳税筹划方案。

在未分别核算的情况下，该厂应纳增值税税额为230.09万元［(1 800＋200)÷(1＋13%)×13%］。由于两种经营的税率不同，分别核算对企业有利，建议该企业对两种经营活动分别核算。这样，该厂应纳增值税税额为223.59万元［1 800÷(1＋13%)×13%＋200÷(1＋9%)×9%］。分别核算和未分别核算之差为6.50万元（230.09－223.59）。由此可见，分别核算可以为该钢材厂减轻增值税税负6.50万元。

【**主要法律依据**】
1.《增值税暂行条例》第二条和第三条

第二条　增值税税率：

（一）纳税人销售货物、劳务、有形动产租赁服务或者进口货物，除本条第二项、第四项、第五项另有规定外，税率为17%。

（二）纳税人销售交通运输、邮政、基础电信、建筑、不动产租赁服务，销售不动产，转让土地使用权，销售或者进口下列货物，税率为11%：

1.粮食等农产品、食用植物油、食用盐；

2.自来水、暖气、冷气、热水、煤气、石油液化气、天然气、二甲醚、沼气、居民用煤炭制品；

3.图书、报纸、杂志、音像制品、电子出版物；

4.饲料、化肥、农药、农机、农膜；

5.国务院规定的其他货物。

（三）纳税人销售服务、无形资产，除本条第一项、第二项、第五项另有规定外，税率为6%。

（四）纳税人出口货物，税率为零；但是，国务院另有规定的除外。

（五）境内单位和个人跨境销售国务院规定范围内的服务、无形资产，税率为零。

税率的调整，由国务院决定。

第三条 纳税人兼营不同税率的项目，应当分别核算不同税率项目的销售额；未分别核算销售额的，从高适用税率。

2.《财政部　国家税务总局关于简并增值税税率有关政策的通知》（财税〔2017〕37号）

各省、自治区、直辖市、计划单列市财政厅（局）、国家税务局、地方税务局，新疆生产建设兵团财务局：

自2017年7月1日起，简并增值税税率结构，取消13%的增值税税率。现将有关政策通知如下：

一、纳税人销售或者进口下列货物，税率为11%：

农产品（含粮食）、自来水、暖气、石油液化气、天然气、食用植物油、冷气、热水、煤气、居民用煤炭制品、食用盐、农机、饲料、农药、农膜、化肥、沼气、二甲醚、图书、报纸、杂志、音像制品、电子出版物。

二、纳税人购进农产品，按下列规定抵扣进项税额：

（一）除本条第（二）项规定外，纳税人购进农产品，取得一般纳税人开具的增值税专用发票或海关进口增值税专用缴款书的，以增值税专用发票或海关进口增值税专用缴款书上注明的增值税额为进项税额；从按照简易计税方法依照3%征收率计算缴纳增值税的小规模纳税人取得增值税专用发票的，以增值税专用发票上注明的金额和11%的扣除率计算进项税额；取得（开具）农产品销售发票或收购发票的，以农产品销售发票或收购发票上注明的农产品买价和11%的扣除率计算进项税额。

（二）营业税改征增值税试点期间，纳税人购进用于生产销售或委托受托加工17%税率货物的农产品维持原扣除力度不变。

（三）继续推进农产品增值税进项税额核定扣除试点，纳税人购进农产品进项税额已实行核定扣除的，仍按照《财政部 国家税务总局关于在部分行业试行农产品增值税进项税额核定扣除办法的通知》（财税〔2012〕38号）、《财政部 国家税务总局关于扩大农产品增值税进项税额核定扣除试点行业范围的通知》（财税〔2013〕57号）执行。其中，《农产品增值税进项税额核定扣除试点实施办法》（财税〔2012〕38号印发）第四条第（二）项规定的扣除率调整为11%；第（三）项规定的扣除率调整为按本条第（1）项、第（2）项规定执行。

（四）纳税人从批发、零售环节购进适用免征增值税政策的蔬菜、部分鲜活肉蛋而取得的普通发票，不得作为计算抵扣进项税额的凭证。

（五）纳税人购进农产品既用于生产销售或委托受托加工17%税率货物又用于生产销售其他货物服务的，应当分别核算用于生产销售或委托受托加工17%税率货物和其他货物服务的农产品进项税额。未分别核算的，统一以增值税专用发票或海关进口增值税专用缴款书上注明的增值税额为进项税额，或以农产品收购发票或销售发票上注明的农产品买价和11%的扣除率计算进项税额。

（六）《中华人民共和国增值税暂行条例》第八条第二款第（三）项和本通知所称销售发票，是指农业生产者销售自产农产品适用免征增值税政策而开具的普通发票。

三、本通知附件2所列货物的出口退税率调整为11%。出口货物适用的出口退税率，以出口货物报关单上注明的出口日期界定。

四、本通知自2017年7月1日起执行。此前有关规定与本通知规定的增值税税率、扣除率、相关货物具体范围不一致的，以本通知为准。《财政部 国家税务总局关于免征部分鲜活肉蛋产品流通环节增值税政策的通知》（财税〔2012〕75号）第三条同时废止。

五、各地要高度重视简并增值税税率工作，切实加强组织领导，周密安排，明确责任。做好实施前的各项准备以及实施过程中的监测分析、宣传解释等工作，确保简并增值税税率平稳、有序推进。遇到问题请及时向财政部和税务总局反映。

3.《财政部　税务总局关于调整增值税税率的通知》(财税〔2018〕32号)

各省、自治区、直辖市、计划单列市财政厅(局)、国家税务局、地方税务局，新疆生产建设兵团财政局：

为完善增值税制度，现将调整增值税税率有关政策通知如下：

一、纳税人发生增值税应税销售行为或者进口货物，原适用17%和11%税率的，税率分别调整为16%、10%。

二、纳税人购进农产品，原适用11%扣除率的，扣除率调整为10%。

三、纳税人购进用于生产销售或委托加工16%税率货物的农产品，按照12%的扣除率计算进项税额。

四、原适用17%税率且出口退税率为17%的出口货物，出口退税率调整至16%。原适用11%税率且出口退税率为11%的出口货物、跨境应税行为，出口退税率调整至10%。

五、外贸企业2018年7月31日前出口的第四条所涉货物、销售的第四条所涉跨境应税行为，购进时已按调整前税率征收增值税的，执行调整前的出口退税率；购进时已按调整后税率征收增值税的，执行调整后的出口退税率。生产企业2018年7月31日前出口的第四条所涉货物、销售的第四条所涉跨境应税行为，执行调整前的出口退税率。

调整出口货物退税率的执行时间及出口货物的时间，以出口货物报关单上注明的出口日期为准，调整跨境应税行为退税率的执行时间及销售跨境应税行为的时间，以出口发票的开具日期为准。

六、本通知自2018年5月1日起执行。此前有关规定与本通知规定的增值税税率、扣除率、出口退税率不一致的，以本通知为准。

七、各地要高度重视增值税税率调整工作，做好实施前的各项准备以及实施过程中的监测分析、宣传解释等工作，确保增值税税率调整工作平稳、有序推进。如遇问题，请及时上报财政部和税务总局。

4.《财政部　税务总局　海关总署关于深化增值税改革有关政策的公告》(财政部　税务总局　海关总署公告2019年第39号)

为贯彻落实党中央、国务院决策部署，推进增值税实质性减税，现将

第六章 增值税筹划实用技巧

2019年增值税改革有关事项公告如下：

一、增值税一般纳税人（以下简称"纳税人"）发生增值税应税销售行为或者进口货物，原适用16%税率的，税率调整为13%；原适用10%税率的，税率调整为9%。

二、纳税人购进农产品，原适用10%扣除率的，扣除率调整为9%。纳税人购进用于生产或者委托加工13%税率货物的农产品，按照10%的扣除率计算进项税额。

三、原适用16%税率且出口退税率为16%的出口货物劳务，出口退税率调整为13%；原适用10%税率且出口退税率为10%的出口货物、跨境应税行为，出口退税率调整为9%。

2019年6月30日前（含2019年4月1日前），纳税人出口前款所涉货物劳务、发生前款所涉跨境应税行为，适用增值税免退税办法的，购进时已按调整前税率征收增值税的，执行调整前的出口退税率，购进时已按调整后税率征收增值税的，执行调整后的出口退税率；适用增值税免抵退税办法的，执行调整前的出口退税率，在计算免抵退税时，适用税率低于出口退税率的，适用税率与出口退税率之差视为零参与免抵退税计算。

出口退税率的执行时间及出口货物劳务、发生跨境应税行为的时间，按照以下规定执行：报关出口的货物劳务（保税区及经保税区出口除外），以海关出口报关单上注明的出口日期为准；非报关出口的货物劳务、跨境应税行为，以出口发票或普通发票的开具时间为准；保税区及经保税区出口的货物，以货物离境时海关出具的出境货物备案清单上注明的出口日期为准。

四、适用13%税率的境外旅客购物离境退税物品，退税率为11%；适用9%税率的境外旅客购物离境退税物品，退税率为8%。

2019年6月30日前，按调整前税率征收增值税的，执行调整前的退税率；按调整后税率征收增值税的，执行调整后的退税率。

退税率的执行时间，以退税物品增值税普通发票的开具日期为准。

五、自2019年4月1日起，《营业税改征增值税试点有关事项的规定》（财税〔2016〕36号印发）第一条第（四）项第1点、第二条第（一）项第1点停止执行，纳税人取得不动产或者不动产在建工程的进项税额不再分

2年抵扣。此前按照上述规定尚未抵扣完毕的待抵扣进项税额,可自2019年4月税款所属期起从销项税额中抵扣。

六、纳税人购进国内旅客运输服务,其进项税额允许从销项税额中抵扣。

(一)纳税人未取得增值税专用发票的,暂按照以下规定确定进项税额:

1. 取得增值税电子普通发票的,为发票上注明的税额;

2. 取得注明旅客身份信息的航空运输电子客票行程单的,为按照下列公式计算进项税额:

航空旅客运输进项税额 =(票价 + 燃油附加费)÷(1+9%)×9%

3. 取得注明旅客身份信息的铁路车票的,为按照下列公式计算的进项税额:

铁路旅客运输进项税额 = 票面金额 ÷(1+9%)×9%

4. 取得注明旅客身份信息的公路、水路等其他客票的,按照下列公式计算进项税额:

公路、水路等其他旅客运输进项税额 = 票面金额 ÷(1+3%)×3%

(二)《营业税改征增值税试点实施办法》(财税〔2016〕36号印发)第二十七条第(六)项和《营业税改征增值税试点有关事项的规定》(财税〔2016〕36号印发)第二条第(一)项第5点中"购进的旅客运输服务、贷款服务、餐饮服务、居民日常服务和娱乐服务"修改为"购进的贷款服务、餐饮服务、居民日常服务和娱乐服务"。

七、自2019年4月1日至2021年12月31日,允许生产、生活性服务业纳税人按照当期可抵扣进项税额加计10%,抵减应纳税额(以下称加计抵减政策)。

(一)本公告所称生产、生活性服务业纳税人,是指提供邮政服务、电信服务、现代服务、生活服务(以下称四项服务)取得的销售额占全部销售额的比重超过50%的纳税人。四项服务的具体范围按照《销售服务、无形资产、不动产注释》(财税〔2016〕36号印发)执行。

2019年3月31日前设立的纳税人,自2018年4月至2019年3月期间的销售额(经营期不满12个月的,按照实际经营期的销售额)符合上述规定条件的,自2019年4月1日起适用加计抵减政策。

2019年4月1日后设立的纳税人,自设立之日起3个月的销售额符合上

第六章 增值税筹划实用技巧

述规定条件的,自登记为一般纳税人之日起适用加计抵减政策。

纳税人确定适用加计抵减政策后,当年内不再调整,以后年度是否适用,根据上年度销售额计算确定。

纳税人可计提但未计提的加计抵减额,可在确定适用加计抵减政策当期一并计提。

(二)纳税人应按照当期可抵扣进项税额的 10% 计提当期加计抵减额。按照现行规定不得从销项税额中抵扣的进项税额,不得计提加计抵减额;已计提加计抵减额的进项税额,按规定作进项税额转出的,应在进项税额转出当期,相应调减加计抵减额。计算公式如下:

当期计提加计抵减额 = 当期可抵扣进项税额 × 10%

当期可抵减加计抵减额 = 上期末加计抵减额余额 + 当期计提加计抵减额 − 当期调减加计抵减额

(三)纳税人应按照现行规定计算一般计税方法下的应纳税额(以下称抵减前的应纳税额)后,区分以下情形加计抵减:

1. 抵减前的应纳税额等于零的,当期可抵减加计抵减额全部结转下期抵减;

2. 抵减前的应纳税额大于零,且大于当期可抵减加计抵减额的,当期可抵减加计抵减额全额从抵减前的应纳税额中抵减;

3. 抵减前的应纳税额大于零,且小于或等于当期可抵减加计抵减额的,以当期可抵减加计抵减额抵减应纳税额至零。未抵减完的当期可抵减加计抵减额,结转下期继续抵减。

(四)纳税人出口货物劳务、发生跨境应税行为不适用加计抵减政策,其对应的进项税额不得计提加计抵减额。

纳税人兼营出口货物劳务、发生跨境应税行为且无法划分不得计提加计抵减额的进项税额,按照以下公式计算:

不得计提加计抵减额的进项税额 = 当期无法划分的全部进项税额 × 当期出口货物劳务和发生跨境应税行为的销售额 ÷ 当期全部销售额

(五)纳税人应单独核算加计抵减额的计提、抵减、调减、结余等变动情况。骗取适用加计抵减政策或虚增加计抵减额的,按照《中华人民共和国税收征收管理法》等有关规定处理。

（六）加计抵减政策执行到期后，纳税人不再计提加计抵减额，结余的加计抵减额停止抵减。

八、自2019年4月1日起，试行增值税期末留抵税额退税制度。

（一）同时符合以下条件的纳税人，可以向主管税务机关申请退还增量留抵税额：

1. 自2019年4月税款所属期起，连续六个月（按季纳税的，连续两个季度）增量留抵税额均大于零，且第六个月增量留抵税额不低于50万元；

2. 纳税信用等级为A级或者B级；

3. 申请退税前36个月未发生骗取留抵退税、出口退税或虚开增值税专用发票情形的；

4. 申请退税前36个月未因偷税被税务机关处罚两次及以上的；

5. 自2019年4月1日起未享受即征即退、先征后返（退）政策的。

（二）本公告所称增量留抵税额，是指与2019年3月底相比新增加的期末留抵税额。

（三）纳税人当期允许退还的增量留抵税额，按照以下公式计算：

允许退还的增量留抵税额＝增量留抵税额×进项构成比例×60%

进项构成比例，为2019年4月至申请退税前一税款所属期内已抵扣的增值税专用发票（含税控机动车销售统一发票）、海关进口增值税专用缴款书、解缴税款完税凭证注明的增值税额占同期全部已抵扣进项税额的比重。

（四）纳税人应在增值税纳税申报期内，向主管税务机关申请退还留抵税额。

（五）纳税人出口货物劳务、发生跨境应税行为，适用免抵退税办法的，办理免抵退税后，仍符合本公告规定条件的，可以申请退还留抵税额；适用免退税办法的，相关进项税额不得用于退还留抵税额。

（六）纳税人取得退还的留抵税额后，应相应调减当期留抵税额。按照本条规定再次满足退税条件的，可以继续向主管税务机关申请退还留抵税额，但本条第（一）项第1点规定的连续期间，不得重复计算。

（七）以虚增进项、虚假申报或其他欺骗手段，骗取留抵退税款的，由税务机关追缴其骗取的退税款，并按照《中华人民共和国税收征收管理法》等

第六章 增值税筹划实用技巧

（八）退还的增量留抵税额中央、地方分担机制另行通知。

九、本公告自2019年4月1日起执行。

特此公告。

二、折扣销售在同一张发票上注明

【**筹划案例114**】 某企业为了促销，规定凡购买其产品在6 000件以上的，给予折扣10%。该产品不含税单价200元，折扣后的不含税价格为180元，适用的增值税税率为13%。该企业未将销售额和折扣额在同一张发票上分别注明。请计算该企业应当缴纳的增值税，并提出纳税筹划方案。

由于该企业没有将折扣额写在同一张发票上，该企业缴纳增值税应当以销售额的全额计缴156 000元（200×6 000×13%）。如果企业熟悉税法的规定，将销售额和折扣额在同一张发票上分别注明，那么企业应纳增值税应当以折扣后的余额计缴140 400元（180×6 000×13%），节约的增值税税额为15 600元（156 000－140 400）。

【**主要法律依据**】

1.《增值税若干具体问题的规定》（国税发〔1993〕154号公布）第二条第（二）项

纳税人采取折扣方式销售货物，如果销售额和折扣额在同一张发票上分别注明的，可按折扣后的销售额征收增值税；如果将折扣额另开发票，不论其在财务上如何处理，均不得从销售额中减除折扣额。

2.《国家税务总局关于折扣额抵减增值税应税销售额问题通知》（国税函〔2010〕56号）

各省、自治区、直辖市和计划单列市国家税务局：

近有部分地区反映，纳税人采取折扣方式销售货物，虽在同一发票上注明了销售额和折扣额，却将折扣额填写在发票的备注栏，是否允许抵减销售额的问题。经研究，现将有关问题进一步明确如下：

《国家税务总局关于印发〈增值税若干具体问题的规定〉的通知》（国税发〔1993〕154号）第二条第（二）项规定："纳税人采取折扣方式销售

货物，如果销售额和折扣额在同一张发票上分别注明的，可按折扣后的销售额征收增值税"。

纳税人采取折扣方式销售货物，销售额和折扣额在同一张发票上分别注明是指销售额和折扣额在同一张发票上的"金额"栏分别注明的，可按折扣后的销售额征收增值税。

未在同一张发票"金额"栏注明折扣额，而仅在发票的"备注"栏注明折扣额的，折扣额不得从销售额中减除。

3.《国家税务总局关于纳税人折扣折让行为开具红字增值税专用发票问题的通知》（国税函〔2006〕1279号）

各省、自治区、直辖市和计划单列市国家税务局：

近接部分地区询问，因市场价格下降等原因，纳税人发生的销售折扣或折让行为应如何开具红字增值税专用发票。经研究，明确如下：

纳税人销售货物并向购买方开具增值税专用发票后，由于购货方在一定时期内累计购买货物达到一定数量，或者由于市场价格下降等原因，销货方给予购货方相应的价格优惠或补偿等折扣、折让行为，销货方可按现行《增值税专用发票使用规定》的有关规定开具红字增值税专用发票。

三、将实物折扣改为价格折扣

【筹划案例115】 某企业销售一批商品，共1万件，每件商品的不含税价格为100元，根据需要采取实物折扣的方式，即在100件商品的基础上赠送10件商品，实际赠送1 000件商品。该商品适用的增值税税率为13%。请计算该企业应当缴纳的增值税并提出纳税筹划方案。

按照实物折扣的方式销售后，该企业收取价款100万元（1×100），收取增值税销项税额13万元（1×100×13%），需要自己承担销项税额1.3万元（0.10×100×13%）。如果该企业进行纳税筹划，将这种实物折扣在开发票时变成价格折扣，即按照出售1.1万件商品计算，商品价格总额为110万元，打折以后的价格为100万元。这样，该企业就可以收取100万元的价款，同时收取增值税税额13万元（100×13%），不用自己负担增值税。通过纳税筹划，该企业减轻税收负担1.3万元。

【主要法律依据】

《中华人民共和国增值税暂行条例实施细则》（2008年12月18日财政部　国家税务总局令第50号公布，根据2011年10月28日《关于修改〈中华人民共和国增值税暂行条例实施细则〉和〈中华人民共和国营业税暂行条例实施细则〉的决定》修订，以下简称《增值税暂行条例实施细则》）**第四条**

第四条　单位或者个体工商户的下列行为，视同销售货物：

（一）将货物交付其他单位或者个人代销；

（二）销售代销货物；

（三）设有两个以上机构并实行统一核算的纳税人，将货物从一个机构移送其他机构用于销售，但相关机构设在同一县（市）的除外；

（四）将自产或者委托加工的货物用于非增值税应税项目；

（五）将自产、委托加工的货物用于集体福利或者个人消费；

（六）将自产、委托加工或者购进的货物作为投资，提供给其他单位或者个体工商户；

（七）将自产、委托加工或者购进的货物分配给股东或者投资者；

（八）将自产、委托加工或者购进的货物无偿赠送其他单位或者个人。

四、将销售折扣变为折扣销售

【筹划案例116】　销售折扣是指企业在销售货物或提供应税劳务的行为发生后，为了尽快收回资金而给予债务方价格上的优惠。销售折扣通常采用"3/10、1/20、N/30"的符号。该符号的含义是：如果债务方在10天内付清款项，则折扣额为3%；如果在20天内付清款项，则折扣额为1%；如果在30天内付清款项，则应全额支付。由于销售折扣发生在销售货物之后，本身并不属于销售行为，而为一种融资性的理财行为，销售折扣不得从销售额中减除，企业应当按照全部销售额计缴增值税。销售折扣在实际发生时计入财务费用。

某企业与客户签订的合同约定不含税销售额为10万元，合同中约定的付款期为40天。如果对方可以在20天内付款，将给予对方3%的销售折扣，即3 000元。由于企业采取的是销售折扣方式，折扣额不能从销售额中扣除，企业应按照10万元的销售额计算增值税销项税额。假设适用的增值税税率为13%，这样，增值税销项税额为1.30万元（10×13%）。请提出该企业的纳税筹划方案。

该企业可以采用以下两个方案实现纳税筹划。

方案一：企业在承诺给予对方3%的折扣的同时，将合同中约定的付款期缩短为20天，这样就可以在给对方开具增值税专用发票时，将以上折扣额与销售额开在同一张发票上，使企业按照折扣后的销售额计算销项增值税，增值税销项税额为1.261万元［10×（1－3%）×13%］。这样，企业收入没有降低，但节省了390元的增值税。当然，这种方法也有缺点，如果对方企业没有在20天之内付款，企业会遭受损失。

方案二：企业主动压低该批货物的价格，将合同金额降低为9.7万元，相当于给予对方3%折扣之后的金额。同时在合同中约定，对方企业超过20天付款加收3 390元滞纳金（相当于3 000元销售额和390元增值税）。这样，企业的收入并没有受到实质影响。如果对方在20天之内付款，企业可以按照9.70万元的价款给对方开具增值税专用发票，并计算1.261万元的增值税销项税额。如果对方没有在20天之内付款，企业可向对方收取3 000元滞纳金及390元增值税，并以"全部价款和价外费用"10万元计算销项增值税，也符合税法的要求。

【主要法律依据】

《增值税若干具体问题的规定》（国税发〔1993〕154号公布）**第二条第（二）项**

参见本书第373页。

五、将实物促销变为价格折扣

【筹划案例117】 甲公司计划在年底开展一次"买一赠一"的促销活动。原计划提供促销商品正常销售额2 000万元，实际收取销售额1 000万元。已知甲公司销售该商品适用增值税税率为13%。请为甲公司设计合理减轻增值税负担的筹划方案。

由于甲公司无偿赠与价值1 000万元的商品,需要视同销售,为此增加增值税销项税额130万元(1 000×13%)。如果甲公司能将此次促销活动改为五折促销,或者采取"加量不加价"的方式组合销售,即花一件商品的钱买两件商品,就可以少负担增值税税额为130万元。

【主要法律依据】

《增值税暂行条例实施细则》第四条第(八)项

参见本书第375页。

六、巧用增值税起征点

【筹划案例118】 某个体工商户销售水果、杂货,每月含税销售额为20 600元,当地财政厅和税务局规定的增值税起征点为20 000元。请计算该个体工商户全年应纳增值税税额,并提出纳税筹划方案。(不考虑月销售额10万元以下免税优惠政策,征收率按3%计算。)

该个体工商户每月不含税销售额为20 000元[20 600÷(1+3%)],达到了增值税的起征点,应当缴纳增值税。其全年应纳增值税税额为7 200元[20 600÷(1+3%)×3%×12]。

如果该个体工商户通过打折让利将每月含税销售额降低至20 500元,由于其不含税销售额尚未达到20 000元起征点,可以免纳增值税。该个体工商户全年让利1 200元,节税7 200元,增加利润6 000元。

【筹划案例119】 甲餐馆为个体工商户,每月含税销售额为40 000元,其中有不少大客户的月结订单,每月需要缴纳增值税税额为1 165.05元[40 000÷(1+3%)×3%],全年需要缴纳增值税税额为13 980.60元(1 165.05×12)。已知当地增值税起征点为20 000元,请提出纳税筹划方案。(暂不考虑月销售额10万元以下免税的临时性增值税优惠,征收率按3%计算。)

由于甲餐馆的大客户订单比较多,甲餐馆可以考虑将某些订单改为赊销方式,即1月份的餐费放在2月份结算,这样可以实现在一个纳税年度中,有若干个月的含税销售额不达到20 600元,也就是不含税销售额不达到20 000元,这样该月就可以免纳增值税。假设有6个月的含税销售额控制为不达到20 600元,则剩余月份的含税销售额为356 400元(40 000×12 −

20 600×6）。甲餐馆全年需要缴纳增值税税额为10 380.58元［356 400÷（1＋3%）×3%］，少缴纳的增值税税额为3 600.02元（13 980.6－10 380.58）。

【主要法律依据】

1.《增值税暂行条例》第十七条

第十七条　纳税人销售额未达到国务院财政、税务主管部门规定的增值税起征点的，免征增值税；达到起征点的，依照本条例规定全额计算缴纳增值税。

2.《增值税暂行条例实施细则》第三十七条

第三十七条　增值税起征点的适用范围限于个人。

增值税起征点的幅度规定如下：

（一）销售货物的，为月销售额5 000～20 000元；

（二）销售应税劳务的，为月销售额5 000～20 000元；

（三）按次纳税的，为每次（日）销售额300～500元。

前款所称销售额，是指本细则第三十条第一款所称小规模纳税人的销售额。

省、自治区、直辖市财政厅（局）和国家税务局应在规定的幅度内，根据实际情况确定本地区适用的起征点，并报财政部、国家税务总局备案。

3.《营业税改征增值税试点实施办法》（财税〔2016〕36号附件1）第五十条

第五十条　增值税起征点幅度如下：

（一）按期纳税的，为月销售额5 000～20 000元（含本数）。

（二）按次纳税的，为每次（日）销售额300～500元（含本数）。

起征点的调整由财政部和国家税务总局规定。省、自治区、直辖市财政厅（局）和国家税务局应当在规定的幅度内，根据实际情况确定本地区适用的起征点，并报财政部和国家税务总局备案。

对增值税小规模纳税人中月销售额未达到2万元的企业或非企业性单位，免征增值税。2017年12月31日前，对月销售额2万元（含本数）至3万元的增值税小规模纳税人，免征增值税。

七、巧用小微企业免征增值税政策

【**筹划案例 120**】 甲公司为增值税小规模纳税人，2024 年度预计每季度不含税销售额平均为 30.1 万元，全年需缴纳增值税税额为 1.204 万元（30.1×4×1%）。若甲公司合理调剂每季销售额，将前三季度的销售额控制在 30 万元以内，由此可以享受免征增值税的优惠。最后一个季度的销售额为 30.4 万元（30.1×4-30×3）。需要缴纳增值税税额为 0.304 万元（30.4×1%）。通过纳税筹划，甲公司可减轻增值税负担 0.9 万元（1.204-0.304）。

【**筹划案例 121**】 甲公司为营改增小规模纳税人，提供交通运输业劳务，2024 年度预计每季度含税销售额为 32 万元，请提出纳税筹划方案。

如果不进行纳税筹划，假设甲公司每季度含税销售额为 32 万元，则其季度不含税销售额为 31.68 万元［32÷（1+1%）］，由于超过了 30 万元的优惠标准，甲公司每季度应当依法缴纳增值税税额约为 0.32 万元［32÷（1+1%）×1%］，全年需要缴纳增值税税额为 1.27 万元［32÷（1+1%）×1%×4］。

甲公司通过合理控制每季度销售额以及发票开具等方式，将 3 个季度含税销售额控制在 30.3 万元，其中 1 个季度的含税销售额为 37.1 万元，全年含税销售额为 128 万元（30.3×3+37.1），与筹划前的全年含税销售额保持一致。由于其 3 个季度的含税销售额均为 30.3 万元，即不含税销售额为 30 万元［30.3÷（1+1%）］，没有超过 30 万元，甲公司可以享受免征增值税的优惠。其中 1 个季度应当缴纳增值税 0.37 万元［37.1÷（1+1%）×1%］。通过纳税筹划，甲公司可以减轻增值税负担 0.9 万元（1.27-0.37）。

【**筹划案例 122**】 甲咨询公司为营改增小规模纳税人，2024 年度预计每季度销售额为 60 万元，每季度需要缴纳增值税税额为 0.6 万元（60×1%），全年缴纳增值税税额为 2.4 万元（0.6×4）。已知甲咨询公司的主要客户为一些固定的老客户，请提出纳税筹划方案。

甲咨询公司的客户是固定的老客户，企业分立不会导致客户资源流失。甲咨询公司分立为两家咨询公司，相关老客户也分别划归两家咨询公司。如企业分立比较烦琐，也可以由甲咨询公司的股东再成立一家咨询公司，或者由甲咨询公司成立一家全资子公司，将甲咨询公司的一半业务转移至新成立的公司。每家咨询公司季度销售额为30万元，可以免征增值税。通过纳税筹划，甲咨询公司每年可减轻增值税负担2.4万元。

【主要法律依据】

1.《财政部 税务总局关于明确增值税小规模纳税人免征增值税政策的公告》（财政部 税务总局公告2021年第11号）

参见本书第357页。

2.《财政部 税务总局关于增值税小规模纳税人减免增值税政策的公告》（财政部 税务总局公告2023年第19号）**第一条、第三条**

参见本书第151～152页。

八、巧妙转化服务性质

【**筹划案例123**】 甲公司因会议与培训需要，租用乙培训学校的礼堂1周，租金为10.90万元，原计划签订教室租赁合同，按照不动产租赁服务开具增值税普通发票。请为乙培训学校提出纳税筹划方案。

按照原计划，乙培训学校需要计算增值税销项税额为0.90万元［10.90÷（1＋9%）×9%］。如果双方签订培训合同或者会议服务，仅需计算增值税销项税额为0.62万元［10.90÷（1＋6%）×6%］。通过纳税筹划，甲公司减轻增值税负担0.28万元（0.90－0.62）。

【主要法律依据】

1.《营业税改征增值税试点实施办法》（财税〔2016〕36号附件1）**第十五条**

第十五条 增值税税率：

（一）纳税人发生应税行为，除本条第（二）项、第（三）项、第（四）项规定外，税率为6%。

（二）提供交通运输、邮政、基础电信、建筑、不动产租赁服务，销售不动产，转让土地使用权，税率为11%。

（三）提供有形动产租赁服务，税率为17%。

（四）境内单位和个人发生的跨境应税行为，税率为零。具体范围由财政部和国家税务总局另行规定。

第六章 增值税筹划实用技巧

2.《财政部　税务总局　海关总署关于深化增值税改革有关政策的公告》（财政部　税务总局　海关总署公告2019年第39号）**第一条**

参见本书第369页。

九、用机器取代人的劳动

【**筹划案例124**】　甲建筑公司人的劳动所占比重较高，增值税负担也较重。由于该公司大量的建筑劳动可以由机器来代替人工，经测算，该部分每年需负担机器购置租赁等支出约5 000万元（含税），该部分支付的工资与之大体相当。请为甲公司设计纳税筹划方案。

如能将该部分劳动由人的劳动全部转为机器工作，则可以增加增值税进项税额575.22万元［5 000÷（1＋13%）×13%］。

【**主要法律依据**】

《**营业税改征增值税试点实施办法**》（财税〔2016〕36号附件1）**第二十一条至第二十六条**

第二十一条　一般计税方法的应纳税额，是指当期销项税额抵扣当期进项税额后的余额。应纳税额计算公式：

应纳税额 ＝ 当期销项税额 － 当期进项税额

当期销项税额小于当期进项税额不足抵扣时，其不足部分可以结转下期继续抵扣。

第二十二条　销项税额，是指纳税人发生应税行为按照销售额和增值税税率计算并收取的增值税额。销项税额计算公式：

销项税额 ＝ 销售额 × 税率

第二十三条　一般计税方法的销售额不包括销项税额，纳税人采用销售额和销项税额合并定价方法的，按照下列公式计算销售额：

销售额 ＝ 含税销售额 ÷ （1＋税率）

第二十四条　进项税额，是指纳税人购进货物、加工修理修配劳务、服务、无形资产或者不动产，支付或者负担的增值税额。

第二十五条　下列进项税额准予从销项税额中抵扣：

（一）从销售方取得的增值税专用发票（含税控机动车销售统一发票，下同）上注明的增值税额。

（二）从海关取得的海关进口增值税专用缴款书上注明的增值税额。

（三）购进农产品，除取得增值税专用发票或者海关进口增值税专用缴款书外，按照农产品收购发票或者销售发票上注明的农产品买价和13%的扣除率计算的进项税额。计算公式为：

进项税额＝买价×扣除率

买价，是指纳税人购进农产品在农产品收购发票或者销售发票上注明的价款和按照规定缴纳的烟叶税。

购进农产品，按照《农产品增值税进项税额核定扣除试点实施办法》抵扣进项税额的除外。

（四）从境外单位或者个人购进服务、无形资产或者不动产，自税务机关或者扣缴义务人取得的解缴税款的完税凭证上注明的增值税额。

第二十六条 纳税人取得的增值税扣税凭证不符合法律、行政法规或者国家税务总局有关规定的，其进项税额不得从销项税额中抵扣。

增值税扣税凭证，是指增值税专用发票、海关进口增值税专用缴款书、农产品收购发票、农产品销售发票和完税凭证。

纳税人凭完税凭证抵扣进项税额的，应当具备书面合同、付款证明和境外单位的对账单或者发票。资料不全的，其进项税额不得从销项税额中抵扣。

第三节　增值税计税方法的筹划

一、公共交通运输企业选用简易计税方法

【筹划案例125】 甲公交公司年销售额约为5 000万元，营改增之后作为一般纳税人适用9%的税率缴纳增值税，其税负有明显上升，请提出纳税筹划方案。

甲公交公司由于提供的是公共交通运输服务，可以选择简易计税方法计

第六章 增值税筹划实用技巧

税。在营改增之前，甲公交公司需要缴纳的营业税税额为150万元（5 000×3%），税后营业收入为4 850万元（5 000－150）。在营改增之后，甲公交公司需要缴纳的增值税税额为145.63万元［5 000÷（1＋3%）×3%］，销售收入为4 854.37万元（5 000－145.63）。通过纳税筹划，增加销售收入4.37万元（4 854.37－4 850）。

【主要法律依据】

1.《营业税改征增值税试点实施办法》（财税〔2016〕36号附件1）第三十四条

参见本书第358～359页。

2.《营业税改征增值税试点有关事项的规定》（财税〔2016〕36号附件2）第一条第（六）项

该项规定，一般纳税人发生公共交通运输服务应税行为，可以选择适用简易计税方法计税。其增值税征收率为3%。

注：根据2022年2月14日国务院常务会议的决定，2022年免征公交和长途客运、轮客渡、出租车等公共交通运输服务增值税。

3.《财政部　税务总局　住房城乡建设部关于完善住房租赁有关税收政策的公告》（财政部　税务总局　住房城乡建设部公告2021年第24号）

为进一步支持住房租赁市场发展，现将有关税收政策公告如下：

一、住房租赁企业中的增值税一般纳税人向个人出租住房取得的全部出租收入，可以选择适用简易计税方法，按照5%的征收率减按1.5%计算缴纳增值税，或适用一般计税方法计算缴纳增值税。住房租赁企业中的增值税小规模纳税人向个人出租住房，按照5%的征收率减按1.5%计算缴纳增值税。

住房租赁企业向个人出租住房适用上述简易计税方法并进行预缴的，减按1.5%预征率预缴增值税。

二、对企事业单位、社会团体以及其他组织向个人、专业化规模化住房租赁企业出租住房的，减按4%的税率征收房产税。

三、对利用非居住存量土地和非居住存量房屋（含商业办公用房、工业厂房改造后出租用于居住的房屋）建设的保障性租赁住房，取得保障性租赁住房项目认定书后，比照适用第一条、第二条规定的税收政策，具体为：住房租赁企业向个人出租上述保障性租赁住房,比照适用第一条规定的增值税政策;企事业单位、社会团体以及其他组织向个人、专业化规模化住房租赁企业出租上述保障性租赁住房,比照适用第二条规定的房产税政策。

保障性租赁住房项目认定书由市、县人民政府组织有关部门联合审查建设方案后出具。

四、本公告所称住房租赁企业,是指按规定向住房城乡建设部门进行开业报告或者备案的从事住房租赁经营业务的企业。

本公告所称专业化规模化住房租赁企业的标准为:企业在开业报告或者备案城市内持有或者经营租赁住房1 000套(间)及以上或者建筑面积3万平方米及以上。各省、自治区、直辖市住房城乡建设部门会同同级财政、税务部门,可根据租赁市场发展情况,对本地区全部或者部分城市在50%的幅度内下调标准。

五、各地住房城乡建设、税务部门应加强信息共享。市、县住房城乡建设部门应将本地区住房租赁企业、专业化规模化住房租赁企业名单以及保障性租赁住房项目认定书传递给同级税务部门,并将住房租赁企业、专业化规模化住房租赁企业名单予以公布并动态更新,共享信息具体内容和共享实现方式由各省、自治区、直辖市住房城乡建设部门会同税务部门共同研究确定。

六、纳税人享受本公告规定的优惠政策,应按规定进行减免税申报,并将不动产权属、房屋租赁合同、保障性租赁住房项目认定书等相关资料留存备查。

七、本公告自2021年10月1日起执行。《财政部 国家税务总局关于廉租住房经济适用住房和住房租赁有关税收政策的通知》(财税〔2008〕24号)第二条第(四)项规定同时废止。

4.《住房城乡建设部等8部门关于持续整治规范房地产市场秩序的通知》(建房〔2021〕55号)

各省、自治区、直辖市及新疆生产建设兵团住房和城乡建设厅(委、管委、局)、发展改革委、公安厅(局)、自然资源主管部门、市场监管局(厅、委)、银保监局、网信办,国家税务总局各省、自治区、直辖市和计划单列市

第六章 增值税筹划实用技巧

税务局,国家税务总局驻各地特派员办事处:

整治规范房地产市场秩序是促进房地产市场平稳健康发展的重要举措,事关人民群众切身利益,事关经济社会发展大局。2019年,住房和城乡建设部等6部门联合开展住房租赁中介机构乱象专项整治工作,取得了明显成效。但房地产领域违法违规行为仍时有发生,整治规范房地产市场秩序还存在不少薄弱环节。为深入贯彻落实党中央、国务院关于促进房地产市场平稳健康发展的决策部署,聚焦人民群众反映强烈的难点和痛点问题,加大房地产市场秩序整治力度,切实维护人民群众合法权益,住房和城乡建设部、国家发展改革委、公安部、自然资源部、税务总局、市场监管总局、银保监会、国家网信办决定,持续开展整治规范房地产市场秩序工作(以下简称"整治工作")。现就有关事项通知如下。

一、总体要求

(一)指导思想。以习近平新时代中国特色社会主义思想为指导,始终坚持以人民为中心的发展思想,坚持房子是用来住的、不是用来炒的定位,进一步提高政治站位,增强"四个意识"、坚定"四个自信"、做到"两个维护",紧紧围绕稳地价、稳房价、稳预期目标,充分运用法治思维和法治方式,科学谋划、精心组织,加强市场监管、净化市场环境、改进政务服务、增进民生福祉,确保整治工作取得实效,促进房地产市场平稳健康发展,增强人民群众的获得感、幸福感、安全感。

(二)基本原则。

——坚持聚焦问题、重点整治。以问题为导向,重点整治房地产开发、房屋买卖、住房租赁、物业服务等领域人民群众反映强烈、社会关注度高的突出问题。

——坚持群众参与、开门整治。以维护人民群众切身利益为出发点和落脚点,充分调动群众广泛参与的积极性,定期公布整治工作阶段性成果,不断提升群众满意度。

——坚持齐抓共管、综合整治。充分发挥部门职能作用,加强协同配合,整合资源力量,建立部门联动机制,提高房地产市场秩序综合整治能力。

——坚持标本兼治、长效整治。综合运用法律、经济、行政和信息化等多种手段,既解决当前房地产市场突出问题,又注重完善体制机制,从源头上规范房地产市场秩序。

（三）主要目标。力争用3年左右时间，实现房地产市场秩序明显好转。违法违规行为得到有效遏制，监管制度不断健全，监管信息系统基本建立，部门齐抓共管工作格局逐步形成，群众信访投诉量显著下降。

二、因城施策突出整治重点

（一）房地产开发。房地产开发企业违法违规开工建设；未按施工图设计文件开发建设；未按房屋买卖合同约定如期交付；房屋渗漏、开裂、空鼓等质量问题突出；未按完整居住社区建设标准建设配套设施。

（二）房屋买卖。发布虚假违法房地产广告，发布虚假房源信息；捂盘惜售，囤积房源；挪用交易监管资金；套取或协助套取"经营贷""消费贷"等非个人住房贷款用于购房；协助购房人非法规避房屋交易税费；违规收取预付款、"茶水费"等费用，变相涨价；利用不公平格式条款侵害消费者权益；捆绑销售车位、储藏室；捏造、散布不实信息，扰乱市场秩序。

（三）住房租赁。未提交开业报告即开展经营；未按规定如实完整报送相关租赁信息；网络信息平台未履行信息发布主体资格核验责任；克扣租金押金；采取暴力、威胁等手段强制驱赶租户；违规开展住房租赁消费贷款业务；存在"高进低出""长收短付"等高风险经营行为；未按规定办理租金监管。

（四）物业服务。未按照物业服务合同约定内容和标准提供服务；未按规定公示物业服务收费项目标准、业主共有部分的经营与收益情况、维修资金使用情况等相关信息；超出合同约定或公示收费项目标准收取费用；擅自利用业主共有部分开展经营活动，侵占、挪用业主共有部分经营收益；物业服务合同依法解除或者终止后，无正当理由拒不退出物业服务项目。

三、依法有效开展整治工作

（一）全面排查问题线索。各城市要对房地产开发、房屋买卖、住房租赁、物业服务等领域进行全面排查，充分利用媒体、12345热线、电子信箱、门户网站，结合"双随机、一公开"抽查与专项检查，多渠道收集问题线索，逐条分析研判，形成整治问题清单。

（二）建立整治工作台账。各城市要将整治问题清单分类建档，建立工作台账，明确责任部门，制定整治措施，确定整改时限。建立转办和督办机制，实施销号管理。对实名举报的案件，要认真核实、逐件处理、及时反馈。

（三）发挥部门协同作用。住房和城乡建设部门负责牵头组织实施整治工作，制订实施方案，开展摸底调查，移交问题线索，汇总处理结果，总结通报情况，会同有关部门依职责对房地产领域违法违规行为进行查处。发展改革部门负责协调汇总房地产领域违法违规信息，并纳入全国信用信息共享平台，推动各部门依法依规对相关企业及从业人员实施失信联合惩戒。公安部门负责查处房地产领域合同诈骗、非法集资等涉嫌犯罪行为。自然资源部门负责查处未依法依规取得土地即开工等问题。税务部门负责查处非法规避房屋交易税费行为。市场监管部门负责查处虚假违法房地产广告、价格违法、利用不公平格式条款侵害消费者权益等问题。金融监管部门负责查处信贷资金违规流入房地产市场等问题。网信部门负责查处通过网络发布虚假房地产信息等问题。

（四）持续加大惩处力度。各地要根据实际情况，创新思路，多措并举，依法依规开展整治。对本行政区域内违法违规的房地产开发企业、中介机构、住房租赁企业、物业服务企业、金融机构、网络媒体及从业人员，依法依规采取警示约谈、停业整顿、吊销营业执照和资质资格证书等措施，并予以公开曝光；涉嫌犯罪的，移交公安司法部门依法查处。对逾期不能偿还债务、大规模延期交房、负面舆情较多等存在重大经营风险的企业，实施重点监管，提升风险防范化解能力。

四、建立制度化常态化整治机制

（一）切实加强组织领导。充分发挥部省市纵向联动和部门横向协同作用。住房和城乡建设部会同国家发展改革委、公安部、自然资源部、税务总局、市场监管总局、银保监会、国家网信办，通过加强信息共享、联动查处、齐抓共管等方式，共同推动整治工作。省级住房和城乡建设部门要会同相关部门指导监督各城市整治工作。各城市要认真制定整治方案，可针对本地突出问题增加整治项目，及时动员部署，依法依规查处违法违规行为，督促整改落实，完善相关制度，建立长效管理机制。

（二）强化监督评价考核。省级住房和城乡建设部门每季度向住房和城乡建设部报送工作进展情况、典型案例和经验做法。住房和城乡建设部每半年对各地工作进展情况进行通报，同时抄送省、自治区、直辖市人民政府及新疆生产建设兵团。落实房地产市场调控评价考核措施，对整治工作得力、成效明显的城市，予以表扬；对房地产市场秩序问题突出，未履行监管责任及时妥善处置的城市，进行约谈问责。

（三）正确引导社会舆情。各地要综合运用报纸、电视、广播、网络等新闻媒体，加强正面宣传，正确引导舆论，及时总结推广整治工作做法、经验和成效，公开曝光典型违法违规违纪案例，发挥警示震慑作用。中国建设报、中国建设新闻网要开辟专栏进行宣传报道，形成浓厚整治氛围，为整治工作创造良好舆论环境。

5.《财政部　税务总局关于促进服务业领域困难行业纾困发展有关增值税政策的公告》（财政部　税务总局公告 2022 年第 11 号）

为促进服务业领域困难行业纾困发展，现将有关增值税政策公告如下：

一、《财政部　税务总局　海关总署关于深化增值税改革有关政策的公告》（财政部　税务总局　海关总署公告 2019 年第 39 号）第七条和《财政部　税务总局关于明确生活性服务业增值税加计抵减政策的公告》（财政部　税务总局公告 2019 年第 87 号）规定的生产、生活性服务业增值税加计抵减政策，执行期限延长至 2022 年 12 月 31 日。

二、自 2022 年 1 月 1 日至 2022 年 12 月 31 日，航空和铁路运输企业分支机构暂停预缴增值税。2022 年 2 月纳税申报期至文件发布之日已预缴的增值税予以退还。

三、自 2022 年 1 月 1 日至 2022 年 12 月 31 日，对纳税人提供公共交通运输服务取得的收入，免征增值税。公共交通运输服务的具体范围，按照《营业税改征增值税试点有关事项的规定》（财税〔2016〕36 号印发）执行。在本公告发布之前已征收入库的按上述规定应予免征的增值税税款，可抵减纳税人以后月份应缴纳的增值税税款或者办理税款退库。已向购买方开具增值税专用发票的，应将专用发票追回后方可办理免税。

特此公告。

二、动漫企业选用简易计税方法

【筹划案例 126】 甲公司为经过认定的动漫企业，除开发动漫产品以

第六章 增值税筹划实用技巧

外,还为其他企业的动漫产品提供形象设计、动画设计等服务,偶尔也会转让动漫版权,甲公司为营改增增值税一般纳税人,适用税率为6%,由于进项税额较少,增值税税收负担率为4.8%,请提出纳税筹划方案。

甲公司销售动漫产品可以享受实际税负超过3%的部分实行即征即退的优惠政策,实际税负为3%。动漫服务和转让动漫版权实际税负较高,可以就该部分进行单独核算并选择适用简易计税方法计税,这样,动漫服务和转让动漫版权部分的实际税负也为3%。甲公司的整体增值税负担率可以降低至3%。

【主要法律依据】

1.《营业税改征增值税试点有关事项的规定》(财税〔2016〕36号附件2)第一条第(六)项第2点

一般纳税人发生下列应税行为可以选择适用简易计税方法计税:

2.经认定的动漫企业为开发动漫产品提供的动漫脚本编撰、形象设计、背景设计、动画设计、分镜、动画制作、摄制、描线、上色、画面合成、配音、配乐、音效合成、剪辑、字幕制作、压缩转码(面向网络动漫、手机动漫格式适配)服务,以及在境内转让动漫版权(包括动漫品牌、形象或者内容的授权及再授权)。

动漫企业和自主开发、生产动漫产品的认定标准和认定程序,按照《文化部 财政部 国家税务总局关于印发〈动漫企业认定管理办法(试行)〉的通知》(文市发〔2008〕51号)的规定执行。

2.《财政部 税务总局关于延续动漫产业增值税政策的通知》(财税〔2018〕38号)

各省、自治区、直辖市、计划单列市财政厅(局)、国家税务局、地方税务局,新疆生产建设兵团财政局:

为促进我国动漫产业发展,继续实施动漫产业增值税政策。现将有关事项通知如下:

一、自2018年1月1日至2018年4月30日,对动漫企业增值税一般纳税人销售其自主开发生产的动漫软件,按照17%的税率征收增值税后,对其增值税实际税负超过3%的部分,实行即征即退政策。

二、自2018年5月1日至2020年12月31日，对动漫企业增值税一般纳税人销售其自主开发生产的动漫软件，按照16%的税率征收增值税后，对其增值税实际税负超过3%的部分，实行即征即退政策。

三、动漫软件出口免征增值税。

四、动漫软件，按照《财政部 国家税务总局关于软件产品增值税政策的通知》（财税〔2011〕100号）中软件产品相关规定执行。

动漫企业和自主开发、生产动漫产品的认定标准和认定程序，按照《文化部 财政部 国家税务总局关于印发〈动漫企业认定管理办法（试行）〉的通知》（文市发〔2008〕51号）的规定执行。

五、《财政部 国家税务总局关于动漫产业增值税和营业税政策的通知》（财税〔2013〕98号）到期停止执行。

3.《财政部 税务总局关于延长部分税收优惠政策执行期限的公告》（财政部 税务总局公告2021年第6号）

为进一步支持小微企业、科技创新和相关社会事业发展，现将有关税收政策公告如下：

一、《财政部 税务总局关于设备器具扣除有关企业所得税政策的通知》（财税〔2018〕54号）等16个文件规定的税收优惠政策凡已经到期的，执行期限延长至2023年12月31日，详见附件1。

二、《财政部 税务总局关于延续供热企业增值税房产税城镇土地使用税优惠政策的通知》（财税〔2019〕38号）规定的税收优惠政策，执行期限延长至2023年供暖期结束。

三、《财政部 税务总局关于易地扶贫搬迁税收优惠政策的通知》（财税〔2018〕135号）、《财政部 税务总局关于福建平潭综合实验区个人所得税优惠政策的通知》（财税〔2014〕24号）规定的税收优惠政策，执行期限延长至2025年12月31日。

四、《财政部 国家税务总局关于保险公司准备金支出企业所得税税前扣除有关政策问题的通知》（财税〔2016〕114号）等6个文件规定的准备金企业所得税税前扣除政策到期后继续执行，详见附件2。

五、本公告发布之日前，已征的相关税款，可抵减纳税人以后月份应缴纳税款或予以退还。

第六章 增值税筹划实用技巧

特此公告。

附件：

1. 财税〔2018〕54号等16个文件（略）
2. 财税〔2016〕114号等6个文件（略）

三、其他企业选用简易计税方法

【筹划案例127】 甲公司以在营改增试点之日前取得的挖掘机为标的物签订了长达5年的挖掘机租赁合同，适用13%的税率，由于进项税额较少，增值税税收负担率达到了6%，请提出纳税筹划方案。

甲公司可以单独核算上述有形动产租赁合同，对该类合同取得的销售额选择适用简易计税方法计税，这样，该部分的增值税税收负担率可以降低至3%。

【筹划案例128】 甲电影公司营改增之前年营业额为8 000万元，适用3%的税率，缴纳营业税税额为240万元。营改增之后，该电影公司适用6%的税率，由于其进项税额较少，税负较营改增之前有所提高，请为该电影公司提出纳税筹划方案。

该电影公司虽然已经达到一般纳税人的标准，但仍可以选择适用简易计税方法，按照3%的征收率计算的增值税应纳税额为233.01万元〔8 000÷（1+3%）×3%〕。与营改增之前相比，其税收负担有所降低。

【筹划案例129】 甲装修公司主要以清包工方式提供装修服务，年含税销售额为3 000万元，属于营改增一般纳税人，适用9%的税率，全年进项税税额约为50万元，需要缴纳增值税税额为197.71万元〔3 000÷（1+9%）×9%－50〕，请提出纳税筹划方案。

甲装修公司独立核算以清包工方式提供的建筑服务，并选择适用简易计税方法计税。全年需要缴纳增值税税额为87.38万元〔3 000÷（1+3%）×3%〕。通过纳税筹划，甲装修公司减轻增值税负担110.33万元（197.71－87.38）。

【筹划案例130】 甲安装公司主要通过甲供工程的方式提供建筑服务，年销售额约为2 000万元，属于营改增一般纳税人，适用9%的税率，全年进项税税额约为40万元,需要缴纳增值税税额为125.14万元[2 000÷(1+9%)×9%-40],请提出纳税筹划方案。

甲安装公司独立核算以甲供工程的方式提供的建筑服务,并选择适用简易计税方法计税。全年需要缴纳增值税税额为58.25万元[2 000÷(1+3%)×3%]。通过纳税筹划,甲安装公司减轻增值税负担66.89万元(125.14-58.25)。

【筹划案例131】 甲农村信用社为营改增一般纳税人,适用的增值税税率为6%,由于进项税额较少,实际增值税税负为5%,请提出纳税筹划方案。

甲农村信用社提供金融服务收入可以选择适用简易计税方法按照3%的征收率计算缴纳增值税,这样就可以将其增值税实际税负从5%降低为3%。

【主要法律依据】

1.《营业税改征增值税试点有关事项的规定》(财税〔2016〕36号附件2)第一条第(六)项、第(七)项

一、营改增试点期间,试点纳税人[指按照《营业税改征增值税试点实施办法》(以下称《试点实施办法》)缴纳增值税的纳税人]有关政策

(六)计税方法。

一般纳税人发生下列应税行为可以选择适用简易计税方法计税:

1.公共交通运输服务。

公共交通运输服务,包括轮客渡、公交客运、地铁、城市轻轨、出租车、长途客运、班车。

班车,是指按固定路线、固定时间运营并在固定站点停靠的运送旅客的陆路运输服务。

2.经认定的动漫企业为开发动漫产品提供的动漫脚本编撰、形象设计、背景设计、动画设计、分镜、动画制作、摄制、描线、上色、画面合成、配音、配乐、音效合成、剪辑、字幕制作、压缩转码(面向网络动漫、手机动漫格式适配)服务,以及在境内转让动漫版权(包括动漫品牌、形象或者内容的授权及再授权)。

动漫企业和自主开发、生产动漫产品的认定标准和认定程序,按照《文化部 财政部 国家税务总局关于印发〈动漫企业认定管理办法(试行)〉的通知》(文市发〔2008〕51号)的规定执行。

3.电影放映服务、仓储服务、装卸搬运服务、收派服务和文化体育服务;

第六章 增值税筹划实用技巧

4.以纳入营改增试点之日前取得的有形动产为标的物提供的经营租赁服务；

5.在纳入营改增试点之日前签订的尚未执行完毕的有形动产租赁合同。

（七）建筑服务。

1.一般纳税人以清包工方式提供的建筑服务，可以选择适用简易计税方法计税。

以清包工方式提供建筑服务，是指施工方不采购建筑工程所需的材料或只采购辅助材料，并收取人工费、管理费或者其他费用的建筑服务。

2.一般纳税人为甲供工程提供的建筑服务，可以选择适用简易计税方法计税。

甲供工程，是指全部或部分设备、材料、动力由工程发包方自行采购的建筑工程。

3.一般纳税人为建筑工程老项目提供的建筑服务，可以选择适用简易计税方法计税。

建筑工程老项目，是指：

（1）《建筑工程施工许可证》注明的合同开工日期在2016年4月30日前的建筑工程项目；

（2）未取得《建筑工程施工许可证》的，建筑工程承包合同注明的开工日期在2016年4月30日前的建筑工程项目。

4.一般纳税人跨县（市）提供建筑服务，适用一般计税方法计税的，应以取得的全部价款和价外费用为销售额计算应纳税额。纳税人应以取得的全部价款和价外费用扣除支付的分包款后的余额，按照2%的预征率在建筑服务发生地预缴税款后，向机构所在地主管税务机关进行纳税申报。

5.一般纳税人跨县（市）提供建筑服务，选择适用简易计税方法计税的，应以取得的全部价款和价外费用扣除支付的分包款后的余额为销售额，按照3%的征收率计算应纳税额。纳税人应按照上述计税方法在建筑服务发生地预缴税款后，向机构所在地主管税务机关进行纳税申报。

6.试点纳税人中的小规模纳税人（以下称小规模纳税人）跨县（市）提供建筑服务，应以取得的全部价款和价外费用扣除支付的分包款后的余额为销售额，按照3%的征收率计算应纳税额。纳税人应按照上述计税方法在建筑服务发生地预缴税款后,向机构所在地主管税务机关进行纳税申报。

2.《财政部　国家税务总局关于进一步明确全面推开营改增试点金融业有关政策的通知》(财税〔2016〕46号)第三条

三、农村信用社、村镇银行、农村资金互助社、由银行业机构全资发起设立的贷款公司、法人机构在县(县级市、区、旗)及县以下地区的农村合作银行和农村商业银行提供金融服务收入,可以选择适用简易计税方法按照3%的征收率计算缴纳增值税。

村镇银行,是指经中国银行业监督管理委员会依据有关法律、法规批准,由境内外金融机构、境内非金融机构企业法人、境内自然人出资,在农村地区设立的主要为当地农民、农业和农村经济发展提供金融服务的银行业金融机构。

农村资金互助社,是指经银行业监督管理机构批准,由乡(镇)、行政村农民和农村小企业自愿入股组成,为社员提供存款、贷款、结算等业务的社区互助性银行业金融机构。

由银行业机构全资发起设立的贷款公司,是指经中国银行业监督管理委员会依据有关法律、法规批准,由境内商业银行或农村合作银行在农村地区设立的专门为县域农民、农业和农村经济发展提供贷款服务的非银行业金融机构。

县(县级市、区、旗),不包括直辖市和地级市所辖城区。

四、委托代销中控制纳税义务发生时间

【筹划案例132】 甲公司委托乙公司代销一批货物。甲公司于2023年1月1日发出货物,2023年12月1日收到乙公司的代销清单和全部货款113万元。甲公司是按月缴纳增值税的企业,适用增值税税率为13%。甲公司应当在何时缴纳增值税,并提出纳税筹划方案。

甲公司应当在发出代销货物满180天的当天计算增值税的纳税义务,即2023年6月29日计算增值税,应纳增值税税额为13万元[113÷(1+13%)×13%]。甲公司应当在7月15日之前缴纳13万元的增值税(如有进项税额,可以抵扣进项税额后再缴纳)。

经过纳税筹划,甲公司为了避免在发出货物满180天时产生增值税的纳

第六章 增值税筹划实用技巧

税义务,可以在发出货物179天之时,即2023年6月28日,要求乙公司退还代销的货物,然后在2023年6月29日与乙公司重新办理代销货物手续。这样,甲公司就可以在实际收到代销清单及113万元的货款时计算13万元的增值税销项税额,并于2024年1月15日之前缴纳13万元的增值税。

【主要法律依据】

1.《增值税暂行条例》第十九条

第十九条 增值税纳税义务发生时间:

(一)发生应税销售行为,为收讫销售款项或者取得索取销售款项凭据的当天;先开具发票的,为开具发票的当天。

(二)进口货物,为报关进口的当天。

增值税扣缴义务发生时间为纳税人增值税纳税义务发生的当天。

2.《增值税暂行条例实施细则》第三十八条

第三十八条 条例第十九条第一款第(一)项规定的收讫销售款项或者取得索取销售款项凭据的当天,按销售结算方式的不同,具体为:

(一)采取直接收款方式销售货物,不论货物是否发出,均为收到销售款或者取得索取销售款凭据的当天;

(二)采取托收承付和委托银行收款方式销售货物,为发出货物并办妥托收手续的当天;

(三)采取赊销和分期收款方式销售货物,为书面合同约定的收款日期的当天,无书面合同的或者书面合同没有约定收款日期的,为货物发出的当天;

(四)采取预收货款方式销售货物,为货物发出的当天,但生产销售生产工期超过12个月的大型机械设备、船舶、飞机等货物,为收到预收款或者书面合同约定的收款日期的当天;

(五)委托其他纳税人代销货物,为收到代销单位的代销清单或者收到全部或者部分货款的当天。未收到代销清单及货款的,为发出代销货物满180天的当天;

(六)销售应税劳务,为提供劳务同时收讫销售款或者取得索取销售款的凭据的当天;

(七)纳税人发生视同销售货物行为,为货物移送的当天。

3.《财政部　税务总局关于延续实施支持文化企业发展增值税政策的公告》(财政部　税务总局公告2023年第61号)

为支持文化企业发展,现就延续实施有关增值税政策公告如下:

一、对电影主管部门(包括中央、省、地市及县级)按照职能权限批准从事电影制片、发行、放映的电影集团公司(含成员企业)、电影制片厂及其他电影企业取得的销售电影拷贝(含数字拷贝)收入、转让电影版权(包括转让和许可使用)收入、电影发行收入以及在农村取得的电影放映收入,免征增值税。一般纳税人提供的城市电影放映服务,可以按现行政策规定,选择按照简易计税办法计算缴纳增值税。

二、对广播电视运营服务企业收取的有线数字电视基本收视维护费和农村有线电视基本收视费,免征增值税。

三、本公告执行至2027年12月31日。

特此公告。

第四节　利用增值税免税政策的筹划

一、分立企业享受免税优惠

【**筹划案例133**】 甲企业是一家图书公司(适用9%的增值税税率),兼营古旧图书等免征增值税的产品。该企业2023年共获得销售收入600万元,其中免征增值税产品所取得的销售收入为160万元,进项税税额为40万元,其中属于免税产品的进项税税额为10万元,该企业并未对古旧图书经营独立核算。请计算该公司应当缴纳的增值税并提出纳税筹划方案。

该企业由于没有独立核算免税产品,应当一并缴纳增值税,应缴纳的增值税税额为14万元(600×9%－40)。为了更好地进行独立核算,该企业可以考虑将经营古旧图书的部分独立出去,成为全资子公司,这样就可以享受免征增值税的优惠政策了。分立以后,该企业需要缴纳增值税税额为9.60万元[(600－160)×9%－(40－10)]。通过纳税筹划,甲企业减轻

第六章 增值税筹划实用技巧

企业税收负担 4.40 万元（14 – 9.60）。

【主要法律依据】

1.《增值税暂行条例》第二条和第三条

参见本书第 365～366 页。

2.《财政部　税务总局关于调整增值税税率的通知》（财税〔2018〕32 号）第一条至第六条

参见本书第 368 页。

3.《财政部　税务总局　海关总署关于深化增值税改革有关政策的公告》（财政部　税务总局　海关总署公告 2019 年第 39 号）第一条至第四条

参见本书第 369 页。

4.《财政部　税务总局关于延续实施医疗服务免征增值税等政策的公告》（财政部　税务总局公告 2023 年第 68 号）

为进一步支持医疗服务机构发展，现将医疗服务免征增值税等政策公告如下：

一、医疗机构接受其他医疗机构委托，按照不高于地（市）级以上价格主管部门会同同级卫生主管部门及其他相关部门制定的医疗服务指导价格（包括政府指导价和按照规定由供需双方协商确定的价格等），提供《全国医疗服务价格项目规范》所列的各项服务，可适用《营业税改征增值税试点过渡政策的规定》（财税〔2016〕36 号）第一条第（七）项规定的免征增值税政策。

二、对企业集团内单位（含企业集团）之间的资金无偿借贷行为，免征增值税。

三、本公告执行至 2027 年 12 月 31 日。

特此公告。

二、分立农产品公司增加进项税额

【筹划案例 134】　某市牛奶公司主要生产流程如下：饲养奶牛生产牛奶，将产出的新鲜牛奶进行加工制成奶制品，再将奶制品销售给各大商业公司,或直接通过销售网络转销给该市及其他地区的居民。奶制品适用13%的增值税税率。其进项税额主要由两部分组成:一是向农民个人收购的草料部分可以抵扣10%的进项税额;二是公司水费、电费和修理用配件等按规定可以抵扣进项税额。与销项税额相比,这两部分进项税额数额较小,致使公司的增值税税负较高。假设该牛奶公司2024年度预计从农民生产者手中购入的草料不含税金额为1 000万元,允许抵扣的进项税额为100万元,其他水电费、修理用配件等进项税税额为80万元,全年奶制品不含税销售收入为5 000万元。根据这种情况,请提出纳税筹划方案。

纳税筹划之前,该公司应纳增值税税额为470万元[5 000×13% -(100 + 80)]。该公司可以将整个生产流程分成饲养和牛奶制品加工两部分,饲养场由独立的子公司来经营,该公司仅负责奶制品加工厂。纳税筹划之后,假定饲养场销售给奶制品厂的鲜奶售价为4 000万元,其他条件不变,该公司应纳增值税税额为170万元(5 000×13% - 4000×10% - 80)。由于农业生产者销售的自产农产品免征增值税,饲养场销售鲜奶并不需要缴纳增值税,该公司减轻增值税负担300万元(470 - 170)。

【主要法律依据】

1.《增值税暂行条例》第八条

参见本书第111页。

2.《财政部 税务总局 海关总署关于深化增值税改革有关政策的公告》(财政部 税务总局 海关总署公告2019年第39号)**第一条和第九条**

参见本书第369页和第373页。

三、充分利用农产品免税政策

【**筹划案例135**】 在某乡镇农村,一些农户在田头、地角栽种了大量速生材,目前,已进入砍伐期。一些农户直接出售原木,价格每立方米价格为200元,另一些农户则不满足廉价出售原木,自己对原木进行深加工,如将原木加工成薄板、包装箱等再出售。假设加工1立方米原木需要耗用电费6元、人工费4元,因此,其出售价最低为210元。但是这个价格没有人愿意收购,深加工以后的原木反而要以比没有加工的原木更低的价格出售。请分析其中的原因并提出纳税筹划方案。

农户出售原木属免税农业产品，增值税一般纳税人收购后，可以抵扣9%的税款。因此，增值税一般纳税人收购200元的原木可抵扣18元税金，原材料成本只有182元。而农户深加工的产品出售给工厂，工厂不能计提进项税。增值税一般纳税人根据这种情况，只愿意以192元的价格收购深加工的产品（182元的原木成本加上加工所耗用的电费和人工费10元）。另外，深加工后的农产品已不属免税产品，农户还要纳增值税和所得税（如果达不到增值税起征点或每季度30万元，可以免征增值税）。这样，深加工的农户最后收入反而达不到200元。在这种情况下，农户深加工农业产品是失败的，这既有不能享受税收优惠的原因，也有增值率太低的因素。

经过纳税筹划，我们可以采取另一种方式来避免出现以上情况，即农户将原木直接出售给工厂，工厂收购原木后雇佣农户加工。通过改变加工方式，农户出售200元的原木可得收入200元，工厂雇佣农户加工，6元的电费由工厂支付，还可以抵扣进项税额，工厂另外向农户支付人工费4元。这样，农户可得收入204元，比农户自行深加工增收12元（204-192），企业也可抵扣农产品的18元税款以及电费所含进项税额，使成本得以降低。

【主要法律依据】

《增值税暂行条例》第十五条

第十五条　下列项目免征增值税：

（一）农业生产者销售的自产农产品；

（二）避孕药品和用具；

（三）古旧图书；

（四）直接用于科学研究、科学试验和教学的进口仪器、设备；

（五）外国政府、国际组织无偿援助的进口物资和设备；

（六）由残疾人的组织直接进口供残疾人专用的物品；

（七）销售的自己使用过的物品。

除前款规定外，增值税的免税、减税项目由国务院规定。任何地区、部门均不得规定免税、减税项目。

四、充分利用促进重点群体创业就业优惠政策

【**筹划案例136**】 甲公司为当地有名的福利企业。2024年度，甲公司计划再招收100名持《就业创业证》或《就业失业登记证》的人员。已知当地支持重点群体就业优惠的定额标准为每人每年0.7万元。甲公司2024年度招用100名上述职工可以享受抵扣增值税、城市维护建设税、教育费附加、地方教育附加和企业所得税税额为70万元（0.7×100）。

【**筹划案例137**】 赵先生是自主就业退役士兵，原计划创办一家运输公司，预计年销售额为200万元，按照小规模纳税人纳税，需要缴纳增值税税额约为6万元，请提出纳税筹划方案。

赵先生可以创办个体工商户从事运输服务，这样每年可以扣减增值税税额为2万元，3年可以扣减增值税税额为6万元。

【**主要法律依据**】

1.《财政部　税务总局　人力资源和社会保障部　国务院扶贫办关于进一步支持和促进重点群体创业就业有关税收政策的通知》（财税〔2019〕22号）

各省、自治区、直辖市、计划单列市财政厅（局）、人力资源社会保障厅（局）、扶贫办，国家税务总局各省、自治区、直辖市、计划单列市税务局，新疆生产建设兵团财政局、人力资源社会保障局、扶贫办：

为进一步支持和促进重点群体创业就业，现将有关税收政策通知如下：

一、建档立卡贫困人口、持《就业创业证》（注明"自主创业税收政策"或"毕业年度内自主创业税收政策"）或《就业失业登记证》（注明"自主创业税收政策"）的人员，从事个体经营的，自办理个体工商户登记当月起，在3年（36个月，下同）内按每户每年12 000元为限额依次扣减其当年实际应缴纳的增值税、城市维护建设税、教育费附加、地方教育附加和个人所得税。限额标准最高可上浮20%，各省、自治区、直辖市人民政府可根据本地区实际情况在此幅度内确定具体限额标准。

纳税人年度应缴纳税款小于上述扣减限额的，减免税额以其实际缴纳的税款为限；大于上述扣减限额的，以上述扣减限额为限。

上述人员具体包括：1.纳入全国扶贫开发信息系统的建档立卡贫困人

口；2.在人力资源社会保障部门公共就业服务机构登记失业半年以上的人员；3.零就业家庭、享受城市居民最低生活保障家庭劳动年龄内的登记失业人员；4.毕业年度内高校毕业生。高校毕业生是指实施高等学历教育的普通高等学校、成人高等学校应届毕业的学生；毕业年度是指毕业所在自然年，即1月1日至12月31日。

二、企业招用建档立卡贫困人口，以及在人力资源社会保障部门公共就业服务机构登记失业半年以上且持《就业创业证》或《就业失业登记证》(注明"企业吸纳税收政策")的人员，与其签订1年以上期限劳动合同并依法缴纳社会保险费的，自签订劳动合同并缴纳社会保险当月起，在3年内按实际招用人数予以定额依次扣减增值税、城市维护建设税、教育费附加、地方教育附加和企业所得税优惠。定额标准为每人每年6 000元，最高可上浮30%，各省、自治区、直辖市人民政府可根据本地区实际情况在此幅度内确定具体定额标准。城市维护建设税、教育费附加、地方教育附加的计税依据是享受本项税收优惠政策前的增值税应纳税额。

按上述标准计算的税收扣减额应在企业当年实际应缴纳的增值税、城市维护建设税、教育费附加、地方教育附加和企业所得税税额中扣减，当年扣减不完的，不得结转下年使用。

本通知所称企业是指属于增值税纳税人或企业所得税纳税人的企业等单位。

三、国务院扶贫办在每年1月15日前将建档立卡贫困人口名单及相关信息提供给人力资源社会保障部、税务总局，税务总局将相关信息转发给各省、自治区、直辖市税务部门。人力资源社会保障部门依托全国扶贫开发信息系统核实建档立卡贫困人口身份信息。

四、企业招用就业人员既可以适用本通知规定的税收优惠政策，又可以适用其他扶持就业专项税收优惠政策的，企业可以选择适用最优惠的政策，但不得重复享受。

五、本通知规定的税收政策执行期限为2019年1月1日至2021年12月31日。纳税人在2021年12月31日享受本通知规定税收优惠政策未满3年的，可继续享受至3年期满为止。《财政部 税务总局 人力资源社会保障部关于继续实施支持和促进重点群体创业就业有关税收政策的通知》（财税〔2017〕49号）自2019年1月1日起停止执行。

本通知所述人员，以前年度已享受重点群体创业就业税收优惠政策满3年的，不得再享受本通知规定的税收优惠政策；以前年度享受重点群体创业就业税收优惠政策未满3年且符合本通知规定条件的，可按本通知规定享受优惠至3年期满。

各地财政、税务、人力资源社会保障部门、扶贫办要加强领导、周密部署，把大力支持和促进重点群体创业就业工作作为一项重要任务，主动做好政策宣传和解释工作，加强部门间的协调配合，确保政策落实到位。同时，要密切关注税收政策的执行情况，对发现的问题及时逐级向财政部、税务总局、人力资源社会保障部、国务院扶贫办反映。

2.《财政部 税务总局 人力资源和社会保障部 国家乡村振兴局关于延长部分扶贫税收优惠政策执行期限的公告》（财政部 税务总局 人力资源和社会保障部 国家乡村振兴局公告2021年第18号）

参见本书第258～259页。

3.《财政部 税务总局 人力资源社会保障部 农业农村部关于进一步支持重点群体创业就业有关税收政策的公告》（财政部 税务总局 人力资源社会保障部 农业农村部公告2023年第15号）

为进一步支持重点群体创业就业，现将有关税收政策公告如下：

一、自2023年1月1日至2027年12月31日，脱贫人口（含防止返贫监测对象，下同）、持《就业创业证》（注明"自主创业税收政策"或"毕业年度内自主创业税收政策"）或《就业失业登记证》（注明"自主创业税收政策"）的人员，从事个体经营的，自办理个体工商户登记当月起，在3年（36个月，下同）内按每户每年20 000元为限额依次扣减其当年实际应缴纳的增值税、城市维护建设税、教育费附加、地方教育附加和个人所得税。限额标准最高可上浮20%，各省、自治区、直辖市人民政府可根据本地区实际情况在此幅度内确定具体限额标准。

纳税人年度应缴纳税款小于上述扣减限额的，减免税额以其实际缴纳的税款为限；大于上述扣减限额的，以上述扣减限额为限。

上述人员具体包括：1.纳入全国防止返贫监测和衔接推进乡村振兴信息

第六章 增值税筹划实用技巧

系统的脱贫人口；2.在人力资源社会保障部门公共就业服务机构登记失业半年以上的人员；3.零就业家庭、享受城市居民最低生活保障家庭劳动年龄内的登记失业人员；4.毕业年度内高校毕业生。高校毕业生是指实施高等学历教育的普通高等学校、成人高等学校应届毕业的学生；毕业年度是指毕业所在自然年，即1月1日至12月31日。

二、自2023年1月1日至2027年12月31日，企业招用脱贫人口，以及在人力资源社会保障部门公共就业服务机构登记失业半年以上且持《就业创业证》或《就业失业登记证》（注明"企业吸纳税收政策"）的人员，与其签订1年以上期限劳动合同并依法缴纳社会保险费的，自签订劳动合同并缴纳社会保险当月起，在3年内按实际招用人数予以定额依次扣减增值税、城市维护建设税、教育费附加、地方教育附加和企业所得税优惠。定额标准为每人每年6 000元，最高可上浮30%，各省、自治区、直辖市人民政府可根据本地区实际情况在此幅度内确定具体定额标准。城市维护建设税、教育费附加、地方教育附加的计税依据是享受本项税收优惠政策前的增值税应纳税额。

按上述标准计算的税收扣减额应在企业当年实际应缴纳的增值税、城市维护建设税、教育费附加、地方教育附加和企业所得税税额中扣减，当年扣减不完的，不得结转下年使用。

本公告所称企业是指属于增值税纳税人或企业所得税纳税人的企业等单位。

三、农业农村部（国家乡村振兴局）、人力资源社会保障部、税务总局要实现脱贫人口身份信息数据共享，推动数据下沉。

四、企业招用就业人员既可以适用本公告规定的税收优惠政策，又可以适用其他扶持就业专项税收优惠政策的，企业可以选择适用最优惠的政策，但不得重复享受。

五、纳税人在2027年12月31日享受本公告规定的税收优惠政策未满3年的，可继续享受至3年期满为止。本公告所述人员，以前年度已享受重点群体创业就业税收优惠政策满3年的，不得再享受本公告规定的税收优惠政策；以前年度享受重点群体创业就业税收优惠政策未满3年且符合本公告规定条件的，可按本公告规定享受优惠至3年期满。

六、按本公告规定应予减征的税费，在本公告发布前已征收的，可抵减纳税人以后纳税期应缴纳税费或予以退还。发布之日前已办理注销的，不再追溯享受。

特此公告。

4.《财政部　税务总局　退役军人部关于进一步扶持自主就业退役士兵创业就业有关税收政策的通知》（财税〔2019〕21号）

各省、自治区、直辖市、计划单列市财政厅（局）、退役军人事务厅（局），国家税务总局各省、自治区、直辖市、计划单列市税务局，新疆生产建设兵团财政局：

为进一步扶持自主就业退役士兵创业就业，现将有关税收政策通知如下：

一、自主就业退役士兵从事个体经营的，自办理个体工商户登记当月起，在3年（36个月，下同）内按每户每年12 000元为限额依次扣减其当年实际应缴纳的增值税、城市维护建设税、教育费附加、地方教育附加和个人所得税。限额标准最高可上浮20%，各省、自治区、直辖市人民政府可根据本地区实际情况在此幅度内确定具体限额标准。

纳税人年度应缴纳税款小于上述扣减限额的，减免税额以其实际缴纳的税款为限；大于上述扣减限额的，以上述扣减限额为限。纳税人的实际经营期不足1年的，应当按月换算其减免税限额。换算公式为：减免税限额＝年度减免税限额÷12×实际经营月数。城市维护建设税、教育费附加、地方教育附加的计税依据是享受本项税收优惠政策前的增值税应纳税额。

二、企业招用自主就业退役士兵，与其签订1年以上期限劳动合同并依法缴纳社会保险费的，自签订劳动合同并缴纳社会保险当月起，在3年内按实际招用人数予以定额依次扣减增值税、城市维护建设税、教育费附加、地方教育附加和企业所得税优惠。定额标准为每人每年6 000元，最高可上浮50%，各省、自治区、直辖市人民政府可根据本地区实际情况在此幅度内确定具体定额标准。

企业按招用人数和签订的劳动合同时间核算企业减免税总额，在核算减免税总额内每月依次扣减增值税、城市维护建设税、教育费附加和地方教育附加。企业实际应缴纳的增值税、城市维护建设税、教育费附加和地方教育附加小于核算减免税总额的，以实际应缴纳的增值税、城市维护建设税、教育费附加和地方教育附加为限；实际应缴纳的增值税、城市维护建设税、教育费附加和地方教育附加大于核算减免税总额的，以核算减免税总额为限。

纳税年度终了，如果企业实际减免的增值税、城市维护建设税、教育费附加和地方教育附加小于核算减免税总额，企业在企业所得税汇算清缴时以差额部分扣减企业所得税。当年扣减不完的，不再结转以后年度扣减。

自主就业退役士兵在企业工作不满1年的，应当按月换算减免税限额。计算公式为：企业核算减免税总额=∑每名自主就业退役士兵本年度在本单位工作月份÷12×具体定额标准。

城市维护建设税、教育费附加、地方教育附加的计税依据是享受本项税收优惠政策前的增值税应纳税额。

三、本通知所称自主就业退役士兵是指依照《退役士兵安置条例》（国务院　中央军委令第608号）的规定退出现役并按自主就业方式安置的退役士兵。

本通知所称企业是指属于增值税纳税人或企业所得税纳税人的企业等单位。

四、自主就业退役士兵从事个体经营的，在享受税收优惠政策进行纳税申报时，注明其退役军人身份，并将《中国人民解放军义务兵退出现役证》《中国人民解放军士官退出现役证》或《中国人民武装警察部队义务兵退出现役证》《中国人民武装警察部队士官退出现役证》留存备查。

企业招用自主就业退役士兵享受税收优惠政策的，将以下资料留存备查：1.招用自主就业退役士兵的《中国人民解放军义务兵退出现役证》《中国人民解放军士官退出现役证》或《中国人民武装警察部队义务兵退出现役证》《中国人民武装警察部队士官退出现役证》；2.企业与招用自主就业退役士兵签订的劳动合同（副本），为职工缴纳的社会保险费记录；3.自主就业退役士兵本年度在企业工作时间表（见附件）。

五、企业招用自主就业退役士兵既可以适用本通知规定的税收优惠政策，又可以适用其他扶持就业专项税收优惠政策的，企业可以选择适用最优惠的政策，但不得重复享受。

六、本通知规定的税收政策执行期限为2019年1月1日至2021年12月31日。纳税人在2021年12月31日享受本通知规定税收优惠政策未满3年的，可继续享受至3年期满为止。《财政部 税务总局 民政部关于继续实施扶持自主就业退役士兵创业就业有关税收政策的通知》(财税〔2017〕46号)自2019年1月1日起停止执行。

退役士兵以前年度已享受退役士兵创业就业税收优惠政策满3年的,不得再享受本通知规定的税收优惠政策;以前年度享受退役士兵创业就业税收优惠政策未满3年且符合本通知规定条件的,可按本通知规定享受优惠至3年期满。

各地财政、税务、退役军人事务部门要加强领导、周密部署,把扶持自主就业退役士兵创业就业工作作为一项重要任务,主动做好政策宣传和解释工作,加强部门间的协调配合,确保政策落实到位。同时,要密切关注税收政策的执行情况,对发现的问题及时逐级向财政部、税务总局、退役军人部反映。

5.《财政部 税务总局关于延长部分税收优惠政策执行期限的公告》(财政部 税务总局公告2022年第4号)

为帮助企业纾困解难,促进创业创新,现将有关税收政策公告如下:

一、《财政部 税务总局 科技部 教育部关于科技企业孵化器 大学科技园和众创空间税收政策的通知》(财税〔2018〕120号)、《财政部 税务总局关于继续对城市公交站场 道路客运站场 城市轨道交通系统减免城镇土地使用税优惠政策的通知》(财税〔2019〕11号)、《财政部 税务总局关于继续实行农产品批发市场 农贸市场房产税 城镇土地使用税优惠政策的通知》(财税〔2019〕12号)、《财政部 税务总局关于高校学生公寓房产税 印花税政策的通知》(财税〔2019〕14号)、《财政部 税务总局 退役军人部关于进一步扶持自主就业退役士兵创业就业有关税收政策的通知》(财税〔2019〕21号)、《财政部 税务总局 国家发展改革委 生态环境部关于从事污染防治的第三方企业所得税政策问题的公告》(财政部 税务总局 国家发展改革委 生态环境部公告2019年第60号)、《财政部 税务总局关于支持新型冠状病毒感染的肺炎疫情防控有关个人所得税政策的公告》(财政部 税务总局公告2020年第10号)中规定的税收优惠政策,执行期限延长至2023年12月31日。

二、本公告发布之日前,已征的相关税款,可抵减纳税人以后月份应缴纳税款或予以退还。

特此公告。

6.《退役军人事务部等16部门关于促进退役军人投身乡村振兴的指导意见》(退役军人部发〔2021〕48号)

民族要复兴,乡村必振兴。习近平总书记和党中央高度重视乡村振兴,强调要"举全党全社会之力推动乡村振兴",指出"乡村振兴,人才是关键"。退役军人是重要的人力人才资源,是社会主义现代化建设的重要力量。促进退役军人投身乡村振兴,既是响应国家号召、投身国家战略的具体体现,也是引导他们返乡干事创业、实现人生价值的重要途径,有助于推动农村基层社会治理现代化能力提升,有助于推动农业农村经济社会更快更好发展,有助于推动乡村国防动员能力进一步强化。现就促进退役军人投身乡村振兴提出以下指导意见:

一、拓宽就业渠道

(一)鼓励退役军人到乡村重点产业创业就业。引导有资金、有技术、懂市场、能创新的退役军人,在农业内外、生产两端和城乡两头创业,发展特色种植业、规模养殖业、加工流通业、乡村服务业、乡村旅游和休闲农业等特色产业。重点支持返乡退役军人创办农产品储藏保鲜、分等分级、清洗包装等农产品初加工主体,发展蔬菜、水果、食用菌、茶叶等产业,利用新技术改造提升传统食品加工。引导农业产业化龙头企业、民营企业积极招用退役军人。支持退役军人从事乡村保洁员、水管员、护路员、生态护林员等工作,进一步增加就业收入。

(二)支持退役军人领办新型农业经营主体。鼓励退役军人创办领办家庭农场、农民合作社、农业社会化服务组织等新型农业经营主体和服务主体,并积极吸纳农村退役军人就业。支持退役军人中的乡村工匠、文化能人、手工艺人发挥自身特长,创办家庭工场、手工作坊、乡村车间等,开发剪纸、蜡染、刺绣、石雕、砖雕等乡土产业,领办兴办智慧农业、视频农业、直播直销等数字农业经营主体,创新产品营销模式,扩大销售市场,带动农民增收。

（三）持续引导退役军人参与乡村建设和基层治理。注重从退役军人党员中培养选拔村党组织书记，推动村党组织带头人队伍整体优化提升。落实艰苦边远地区乡镇公务员考录政策，适当降低门槛、放宽开考比例，鼓励县乡两级拿出一定数量的职位面向具有本地户籍或在本地长期生活工作的退役军人招考。鼓励复学的退役大学生士兵参加"一村一名大学生""三支一扶"等计划，反哺农业农村。引导退役军人从事乡村教师、农业经理人、乡镇人民调解员等职业，在同等条件下优先聘用，充实乡村建设人才队伍。鼓励各地通过适当方式引导退役军人参与农村环境整治提升、乡村公共基础设施建设及基本公共服务活动。

二、强化培育赋能

（一）引导参加学历教育。鼓励退役军人报考农业类高职院校，按规定享受优待政策。支持返乡入乡退役军人依托弹性学制、农学交替、送教下乡等教学培养方式，就地就近接受职业高等教育。

（二）加强涉农类职业技能培训。支持返乡入乡退役军人参加农业类相关职业技能培训。鼓励职业院校围绕本地农产特色，瞄准本地新农村建设要求，推出一批实用性强、见效快的中短期培训项目，符合条件的按规定纳入职业培训补贴范围，不断提高返乡入乡退役军人农技致富能力。

（三）做好农业创业培训。依托高素质农民培育计划，支持符合条件的退役军人参与新型农业经营和服务主体能力提升、种养加能手技能培训、农村创业创新带头人培育、乡村治理及社会事业发展带头人培育等行动，提升退役军人创业就业能力。按规定将符合条件的退役军人纳入农村实用人才带头人示范培训、地方农业执法骨干培训、农村创业创新培训、农机合作社运营管理等培训范围，针对性提升退役军人参与乡村振兴能力。有序推动农村创业创新导师队伍建设，加快培训平台共建共享，探索"平台＋导师＋创客"服务模式。

三、加强政策支持

（一）落实财税优惠政策。对符合条件的返乡创业退役军人，按规定纳入创业扶持政策范围。对符合条件的返乡入乡创业企业提供创业担保贷款贴息支持。充分发挥农产品产地冷藏保鲜设施建设、农业产业融合发展等项目的示范引领作用，引导、鼓励退役军人参与。返乡入乡退役军人从事个体经营或在乡企业招用退役军人，可按规定享受税收优惠政策。退役军人在乡村创办中小微企业，吸纳就业困难人员并为其缴纳社会保险费的，按规定给予企业社会保险补贴。

（二）加大金融政策支持。鼓励和支持金融机构创新金融产品和服务方式，引导银行机构提供专属信贷产品，推广"互联网＋返乡创业＋信贷"等模式，满足退役军人返乡创业融资需求。发挥政府性融资担保机构作用，为符合条件的返乡入乡退役军人提供融资担保，鼓励保险机构为退役军人农业创业企业提供综合保险服务，支持退役军人创办的乡村企业。引导各类产业发展基金、创业投资基金投入返乡入乡退役军人创办的项目，鼓励社会资本设立退役军人返乡入乡创业基金，拓宽资金保障渠道。

（三）加大用地政策支持。严格落实相关法律法规，在农村土地承包经营权、宅基地使用权、房屋财产权、集体收益分配权保障过程中，对回到农村、符合条件的退役军人，加强信息对接，维护合法权益。鼓励各地制定细则，在新编县乡级国土空间规划、省级制定土地利用年度计划中做好各类用地安排，支持退役军人等返乡入乡创业就业人员发展农村产业融合发展项目用地需求。农村整治用地指标，优先用于符合条件的返乡入乡退役军人。允许在符合国土空间规划和用途管制要求、不占用永久基本农田和生态保护红线的前提下探索创新用地方式，支持退役军人创办乡村休闲旅游等新产业新业态。

（四）加大保障政策支持。符合住房保障条件的退役军人家庭纳入城镇住房保障范围。推动地方政府建立社保关系转移接续机制，将返乡创业退役军人的权益纳入法治保障。

四、优化服务保障

（一）做好公共服务。鼓励公共人力资源服务机构免费为退役军人提供职业介绍、创业指导等服务。建立完善退役军人就业台账，动态跟踪退役军人返乡入乡就业创业情况。鼓励各地打通部门间信息查询互认通道，提高服务精准度。积极培育市场化中介服务机构，引导行业协会商会发挥作用，鼓励为退役军人提供专业服务。积极邀请、支持、组织退役军人涉农企业参加各类招聘活动，有条件的可以设置退役军人涉农专区或专场招聘。

（二）发挥聚集功能。依托农村产业融合发展示范园、农产品加工园、高新技术园区等，按规定设立一批乡情浓厚、特色突出、设施齐全的退役军人就业创业园区。建设一批集"生产＋加工＋科技＋营销＋品牌＋体验"于一体、"预孵化＋孵化器＋加速器＋稳定器"全产业链的孵化实训基地、众创空间和星创天地等，帮助退役军人开展上下游配套创业。

（三）强化宣传激励。通过优秀人才评选、创新创业比赛、职业技能大赛等途径，每年选树一批乡村人才中的退役军人先进典型，按照国家有关规定给予表彰，引导退役军人增强力争上游、务农光荣的思想观念。掀起退役军人"返乡创业光荣、自主创业光荣、服务创业光荣"的社会新风尚，用身边人身边事教育引导身边人，让退役军人学有榜样、干有方向。对招用退役军人较多的乡村企业典型予以宣传，在退役军人事务、农业农村、工商联等相关评选表彰活动中，同等条件下予以优先考虑。

各地各部门要高度重视、相互配合，形成齐抓共管的工作合力，结合实际情况，拿出管用措施，积极促进退役军人投身乡村振兴，让退役军人就业创业有成就感、有获得感、有归属感，为全面推进乡村振兴和加快农业农村现代化做出新的更大贡献。

7.《财政部　税务总局　退役军人事务部关于进一步扶持自主就业退役士兵创业就业有关税收政策的公告》（财政部　税务总局　退役军人事务部公告2023年第14号）

为进一步扶持自主就业退役士兵创业就业，现将有关税收政策公告如下：

一、自2023年1月1日至2027年12月31日，自主就业退役士兵从事个体经营的，自办理个体工商户登记当月起，在3年（36个月，下同）内按每户每年20 000元为限额依次扣减其当年实际应缴纳的增值税、城市维护建设税、教育费附加、地方教育附加和个人所得税。限额标准最高可上浮20%，各省、自治区、直辖市人民政府可根据本地区实际情况在此幅度内确定具体限额标准。

纳税人年度应缴纳税款小于上述扣减限额的，减免税额以其实际缴纳的税款为限；大于上述扣减限额的，以上述扣减限额为限。纳税人的实际经营期不足1年的，应当按月换算其减免税限额。换算公式为：减免税限额＝年度减免税限额÷12×实际经营月数。城市维护建设税、教育费附加、地方教

第六章 增值税筹划实用技巧

育附加的计税依据是享受本项税收优惠政策前的增值税应纳税额。

二、自2023年1月1日至2027年12月31日，企业招用自主就业退役士兵，与其签订1年以上期限劳动合同并依法缴纳社会保险费的，自签订劳动合同并缴纳社会保险当月起，在3年内按实际招用人数予以定额依次扣减增值税、城市维护建设税、教育费附加、地方教育附加和企业所得税优惠。定额标准为每人每年6 000元，最高可上浮50%，各省、自治区、直辖市人民政府可根据本地区实际情况在此幅度内确定具体定额标准。

企业按招用人数和签订的劳动合同时间核算企业减免税总额，在核算减免税总额内每月依次扣减增值税、城市维护建设税、教育费附加和地方教育附加。企业实际应缴纳的增值税、城市维护建设税、教育费附加和地方教育附加小于核算减免税总额的，以实际应缴纳的增值税、城市维护建设税、教育费附加和地方教育附加为限；实际应缴纳的增值税、城市维护建设税、教育费附加和地方教育附加大于核算减免税总额的，以核算减免税总额为限。

纳税年度终了，如果企业实际减免的增值税、城市维护建设税、教育费附加和地方教育附加小于核算减免税总额，企业在企业所得税汇算清缴时以差额部分扣减企业所得税。当年扣减不完的，不再结转以后年度扣减。

自主就业退役士兵在企业工作不满1年的，应当按月换算减免税限额。计算公式为：企业核算减免税总额＝Σ每名自主就业退役士兵本年度在本单位工作月份÷12× 具体定额标准。

城市维护建设税、教育费附加、地方教育附加的计税依据是享受本项税收优惠政策前的增值税应纳税额。

三、本公告所称自主就业退役士兵是指依照《退役士兵安置条例》（国务院 中央军委令第608号）的规定退出现役并按自主就业方式安置的退役士兵。

本公告所称企业是指属于增值税纳税人或企业所得税纳税人的企业等单位。

四、自主就业退役士兵从事个体经营的，在享受税收优惠政策进行纳税申报时，注明其退役军人身份，并将《中国人民解放军退出现役证书》《中国人民解放军义务兵退出现役证》《中国人民解放军士官退出现役证》或《中国人民武装警察部队退出现役证书》《中国人民武装警察部队义务兵退出现役证》《中国人民武装警察部队士官退出现役证》留存备查。

企业招用自主就业退役士兵享受税收优惠政策的,将以下资料留存备查:1.招用自主就业退役士兵的《中国人民解放军退出现役证书》《中国人民解放军义务兵退出现役证》《中国人民解放军士官退出现役证》或《中国人民武装警察部队退出现役证书》《中国人民武装警察部队义务兵退出现役证》《中国人民武装警察部队士官退出现役证》;2.企业与招用自主就业退役士兵签订的劳动合同(副本),为职工缴纳的社会保险费记录;3.自主就业退役士兵本年度在企业工作时间表。

五、企业招用自主就业退役士兵既可以适用本公告规定的税收优惠政策,又可以适用其他扶持就业专项税收优惠政策的,企业可以选择适用最优惠的政策,但不得重复享受。

六、纳税人在2027年12月31日享受本公告规定的税收优惠政策未满3年的,可继续享受至3年期满为止。退役士兵以前年度已享受退役士兵创业就业税收优惠政策满3年的,不得再享受本公告规定的税收优惠政策;以前年度享受退役士兵创业就业税收优惠政策未满3年且符合本公告规定条件的,可按本公告规定享受优惠至3年期满。

七、按本公告规定应予减征的税费,在本公告发布前已征收的,可抵减纳税人以后纳税期应缴纳税费或予以退还。发布之日前已办理注销的,不再追溯享受。

特此公告。

五、利用资产重组不征增值税政策

【筹划案例138】 2009年8月25日,大连市国家税务局《关于大连金牛股份有限公司资产重组过程中相关业务适用增值税政策问题的请示》(大国税函〔2009〕193号)提供了大连金牛股份有限公司(以下简称"大连金牛")案例:大连金牛是东北特钢集团有限责任公司(以下简称"东特集团")的控股子公司,于1998年7月28日成立,股本为3亿元,主要经营钢冶炼、钢压延加工。

第六章 增值税筹划实用技巧

(一)大连金牛股份有限公司重组原因

东特集团由大连金牛股份、抚顺特钢股份和北满特钢集团三大部分组成,集团除持有大连金牛40.67%的股权外,还持有上市公司抚顺特钢44.88%股权、北满特钢59%的股权。大连金牛、抚顺特钢和北满特钢经营范围都是特殊钢冶炼、特殊钢材产品压延加工业务,集团内部存在同业竞争问题。大连金牛和抚顺特钢又同为上市公司,集团内部存在多个上市公司,互相之间存在关联交易,与上市公司监管的有关规定相悖。东特集团为消除集团内部同业竞争、减少关联交易、整合内部上市公司资源,向辽宁省国有资产监督管理委员会申请进行资产重组,获国务院国有资产监督管理委员会批准,2009年5月经中国证监会批准对大连金牛实施重组。

(二)重组步骤

第一步:转让股权至中南房地产。

东特集团以协议方式将持有的大连金牛9 000万股股份转让给中南房地产,股份转让价格为9.49元/股,股份转让总金额为8.54亿元,东特集团应收中南房地产8.54亿元。转让完成后,东特集团仍持有大连金牛3 223万股股份。

第二步:转让资产至东特集团。

大连金牛将原生产必需的全部实物资产及负债、业务及附属于上述资产、业务或与上述资产、业务有关的一切权利和义务全部转让给东特集团。经双方协商确定的本次出售资产作价为11.60亿元,东特集团以现金形式支付3.06亿元,其余部分形成大连金牛应收东特集团8.54亿元。

第三步:向中南房地产发行股份及购买资产。

大连金牛以"定向增发"的形式向中南房地产发行4.78亿股股票,每股价格为7.82元,增发股票金额37.38亿元,中南房地产以资产作价45.92亿元注入大连金牛,注入的资产作价超过增发股份金额8.54亿元。

至此,东特集团出让股份给中南房地产形成的应收款8.54亿元,大连金牛整体出让全部资产及负债给东特集团形成的应收款8.54亿元,大连金牛购买中南房地产注入资产形成的应付款8.54亿元,上述往来款项通过抹账互相抵销。

第四步：东特集团成立新公司并注入资产。

东特集团于2008年成立新公司——东北特钢集团大连特殊钢有限责任公司（以下简称"大连特钢"），承接大连金牛原有的全部生产经营业务。大连金牛与东特集团、大连特钢已于交割日2009年5月31日签署了《资产、负债、业务及人员移交协议》，并已向大连特钢移交全部资产、负债、业务及人员。

（三）资产转移中的会计处理

1. 大连金牛将全部资产转到东特集团

（1）借：其他应收款——东特集团　　　　　　3 695 000 000

　　　贷：各项资产（包括货币资金3.06亿元）　3 695 000 000

（2）借：各项负债　　　　　　　　　　　　　2 504 000 000

　　　贷：其他应收款——东特集团　　　　　　2 504 000 000

调整后，大连金牛报表列示三个项目：货币资金3.06亿元、其他应收款8.84亿元（合同额为8.50亿元，差额0.34亿元，主要为近期新增利润数）、净资产1.90亿元。

2. 东特集团将收回的大连金牛资产投入大连特钢

借：长期投资——大连特钢

　　贷：长期投资——大连金牛

　　　　投资收益

　　　　应交税费——应交增值税（销项税额）

3. 大连特钢收到东特集团投资

借：各项资产

　　贷：应交税费——应交增值税（进项税额）

　　　　各项负债

注：因案例未给出相关数据，部分会计分录省略金额。

（四）重组过程中所涉及的资产转移如何征收增值税问题

经过上述步骤最终实现了中南房地产"买壳上市"，东特集团将大连金牛的上市公司资格转让给中南房地产。东特集团收回大连金牛原有的资产和

第六章 增值税筹划实用技巧

生产经营业务后再全部转移至大连特钢继续经营。根据协议和审计报告，大连金牛2009年5月31日财务报表数据显示，本次资产重组涉及大连金牛资产总额36.95亿元，上述资产发生了两次转移：

一是大连金牛将原生产必需的全部实物资产及负债、业务及附着于上述资产、业务或与上述资产、业务有关的一切权利和义务全部转让给东特集团。

二是东特集团将大连金牛转让的全部资产及负债、业务及附着于上述资产、业务或与上述资产、业务有关的一切权利和义务再投资到大连特钢。在此期间东特集团对大连金牛转来资产中的部分设备进行了评估并产生增值。

大连金牛认为，第一次资产转移是大连金牛整体转让全部资产及债权、负债、业务及附着于上述资产、业务或与上述资产、业务有关的一切权利和义务给东特集团，属于企业整体转让，不属于增值税范围，不征收增值税。

大连市国家税务局认为，大连金牛资产重组过程中的各项业务应适用如下税收政策：

一是对大连金牛将资产转让给东特集团的行为征收增值税。大连金牛将资产转移给东特集团的行为不属于《国家税务总局关于转让企业全部产权不征收增值税问题的批复》（国税函〔2002〕420号）所述的转让企业全部产权的行为，应当对其征收增值税。

二是对东特集团将资产注入大连特钢的行为视同销售征收增值税。东特集团将资产注入大连特钢的行为属于投资行为，按照《增值税暂行条例实施细则》的规定应当视同销售征收增值税。

三是对其转让资产中的固定资产按照不同时段适用税收政策。对企业资产转移过程中涉及的2004年7月1日以前购进的固定资产按照4%减半征收增值税，对其他固定资产和流动资产按照适用税率征收增值税。

《国家税务总局关于纳税人资产重组有关增值税政策问题的批复》（国税函〔2009〕585号）规定，纳税人在资产重组过程中将所属资产、负债及相关权利和义务转让给控股公司，但保留上市公司资格的行为，不属于《国家税务总局关于转让企业全部产权不征收增值税问题的批复》（国税函〔2002〕420号）规定的整体转让企业产权行为。对其资产重组过程中涉及的应税货物转让等行为，应照章征收增值税。上述控股公司将受让获得的实物资产再投资给其他公司的行为，应照章征收增值税。纳税人在资产重组过程中所涉及的固定资产征收增值税问题，应按照《财政部 国家税务总局关于全国实施增值税转型改革若干问题的通知》(财税〔2008〕170号)、《财政部 国家税务总局关于部分货物适用增值税低税率和简易办法征收增值税政策的通知》(财税〔2009〕9号)及相关规定执行。

如果上述资产重组是2011年3月1日以后进行的，就不需要缴纳增值税了。

【筹划案例139】 甲上市公司准备与乙公司进行资产互换，甲上市公司名下的所有资产和负债均转移给乙公司，乙公司名下的全部资产和负债转移给甲上市公司，双方互不支付差价。已知，甲上市公司名下的货物正常销售额为5 000万元，乙公司名下的货物正常销售额为4 000万元，适用增值税税率为13%。甲上市公司与乙公司原计划各自按照资产销售的方式来进行税务处理，请对甲上市公司与乙公司的交易提出纳税筹划方案。

如果按普通资产销售来进行税务处理，不考虑其他税费，仅销售货物部分就需要计算增值税销项税税额1 170万元〔(5 000 + 4 000)×13%〕。

如果甲上市公司和乙公司在资产重组的框架下开展资产置换，置换的范围增加债权债务和劳动力，并按照相关规定将资产重组方案等文件资料报其主管税务机关，则可以享受货物转让不征收增值税的优惠政策，免于计算增值税销项税税额1 170万元。

【筹划案例140】 甲公司准备与乙公司进行资产互换，其中涉及的不动产、土地使用权转让以及机器设备等转让的销售额约1亿元，大约需要缴纳增值税税额为400万元，请提出纳税筹划方案。

甲公司和乙公司将简单的资产互换设计为资产置换，不仅将全部实物资产互换，其中所涉及的债权、负债和劳动力也一并互换，这样，其中所涉及的货物转让、不动产转让和土地使用权转让均不征收增值税。通过纳税筹划，减轻的增值税负担约为400万元。

【筹划案例141】 甲公司计划使用部分不动产、土地使用权、货物等实物出资，成立一家全资子公司，其中所涉及的不动产销售额为2 000万元，土地使用权销售额为1 000万元，请为甲公司提出纳税筹划方案。

如果采取实物出资的方式设立子公司，则应计算增值税销项税税额为270万元〔(2 000 + 1 000)×9%〕。如果在资产重组的框架中，采取公司

第六章 增值税筹划实用技巧

分立的方式设立一家新公司,将相关资产及债权、债务和人员转移至新设立的公司,可以免纳增值税。

【主要法律依据】

1.《国家税务总局关于转让企业全部产权不征收增值税问题的批复》(国税函〔2002〕420号)

江西省国家税务局:

你局《关于江西省电力公司转让上犹江水电厂全部产权是否征收增值税问题的请示》(赣国税发〔2002〕88号)收悉。经研究,现批复如下:

根据《中华人民共和国增值税暂行条例》及其实施细则的规定,增值税的征收范围为销售货物或者提供加工、修理修配劳务以及进口货物。转让企业全部产权是整体转让企业资产、债权、债务及劳动力的行为,因此,转让企业全部产权涉及的应税货物的转让,不属于增值税的征税范围,不征收增值税。

2.《国家税务总局关于纳税人资产重组有关增值税政策问题的批复》(国税函〔2009〕585号)**第一条、第二条**

一、纳税人在资产重组过程中将所属资产、负债及相关权利和义务转让给控股公司,但保留上市公司资格的行为,不属于《国家税务总局关于转让企业全部产权不征收增值税问题的批复》(国税函〔2002〕420号)规定的整体转让企业产权行为。对其资产重组过程中涉及的应税货物转让等行为,应照章征收增值税。

二、上述控股公司将受让获得的实物资产再投资给其他公司的行为,应照章征收增值税。

3.《国家税务总局关于纳税人资产重组有关增值税问题的公告》(国家税务总局公告2011年第13号)

根据《中华人民共和国增值税暂行条例》及其实施细则的有关规定,现将纳税人资产重组有关增值税问题公告如下:

纳税人在资产重组过程中,通过合并、分立、出售、置换等方式,将全部或者部分实物资产以及与其相关联的债权、负债和劳动力一并转让给其他单位和个人,不属于增值税的征税范围,其中涉及的货物转让,不征收增值税。

本公告自 2011 年 3 月 1 日起执行。《国家税务总局关于转让企业全部产权不征收增值税问题的批复》(国税函〔2002〕420 号)、《国家税务总局关于纳税人资产重组有关增值税政策问题的批复》(国税函〔2009〕585 号)、《国家税务总局关于中国直播卫星有限公司转让全部产权有关增值税问题的通知》(国税函〔2010〕350 号)同时废止。

特此公告。

4.《国家税务总局关于纳税人资产重组增值税留抵税额处理有关问题的公告》(国家税务总局公告 2012 年第 55 号)

现将纳税人资产重组中增值税留抵税额处理有关问题公告如下：

一、增值税一般纳税人(以下称"原纳税人")在资产重组过程中，将全部资产、负债和劳动力一并转让给其他增值税一般纳税人(以下称"新纳税人")，并按程序办理注销税务登记的，其在办理注销登记前尚未抵扣的进项税额可结转至新纳税人处继续抵扣。

二、原纳税人主管税务机关应认真核查纳税人资产重组相关资料，核实原纳税人在办理注销税务登记前尚未抵扣的进项税额，填写《增值税一般纳税人资产重组进项留抵税额转移单》。

《增值税一般纳税人资产重组进项留抵税额转移单》一式三份，原纳税人主管税务机关留存一份，交纳税人一份，传递新纳税人主管税务机关一份。

三、新纳税人主管税务机关应将原纳税人主管税务机关传递来的《增值税一般纳税人资产重组进项留抵税额转移单》与纳税人报送资料进行认真核对，对原纳税人尚未抵扣的进项税额，在确认无误后，允许新纳税人继续申报抵扣。

本公告自 2013 年 1 月 1 日起施行。

特此公告。

5.《国家税务总局关于纳税人资产重组有关增值税问题的公告》(国家税务总局公告 2013 年第 66 号)

现将纳税人资产重组有关增值税问题公告如下：

纳税人在资产重组过程中，通过合并、分立、出售、置换等方式，将全

第六章 增值税筹划实用技巧

部或者部分实物资产以及与其相关联的债权、负债经多次转让后，最终的受让方与劳动力接收方为同一单位和个人的，仍适用《国家税务总局关于纳税人资产重组有关增值税问题的公告》（国家税务总局公告2011年第13号）的相关规定，其中货物的多次转让行为均不征收增值税。资产的出让方需将资产重组方案等文件资料报其主管税务机关。

本公告自2013年12月1日起施行。纳税人此前已发生并处理的事项，不再做调整；未处理的，按本公告规定执行。

特此公告。

6.《营业税改征增值税试点有关事项的规定》（财税〔2016〕36号附件2）第一条第（二）项第5目

在资产重组过程中，通过合并、分立、出售、置换等方式，将全部或者部分实物资产以及与其相关联的债权、负债和劳动力一并转让给其他单位和个人，其中涉及的不动产、土地使用权转让行为不征收增值税。

六、利用免税亲属转赠住房

【筹划案例142】 王女士想为自己的儿子在北京购买一套住房，由于他们均无北京户籍，而在北京缴纳社保和个人所得税的时间刚满4年，不具备在北京购买住房的资格。王女士便以其哥哥（具有北京户籍）的名义在北京购房，1年之后，等自己与儿子具备在北京买房资格后再过户到儿子名下。假设所涉住房购买时的价款为300万元，过户到王女士儿子名下时的市场价格为500万元，该套住房过户时，王女士的哥哥需要缴纳的增值税税额为23.81万元［500÷（1＋5%）×5%］，需要缴纳的城市维护建设税、教育费附加和地方教育附加税额为2.86万元［23.81×（7%＋3%＋2%）］；王女士的儿子需要缴纳的契税税额为14.29万元［500÷（1＋5%）×3%］，需要缴纳的个人所得税税额为92.38万元［（500－23.80－14.29）×20%］，合计税收负担133.34万元（23.81＋2.86＋14.29＋92.38）。

王女士的哥哥可以将房产先赠与王女士，由于两者是兄妹关系，根据现行税收政策，可以免征增值税和个人所得税，在过户时，王女士需要缴纳的契税税额为14.29万元［500÷（1＋5%）×3%］。随后，王女士可以再将住房赠与自己的儿子，由于两者是母子关系，根据现行税收政策，可以免征增值税和个人所得税，在过户时，王女士的儿子需要缴纳契税税额为14.29万元［500÷（1＋5%）×3%］，合计税收负担28.58万元（14.29＋14.29）。通过纳税筹划，减轻的税收负担为104.76万元（133.34－28.58）。

【主要法律依据】

《营业税改征增值税试点过渡政策的规定》（财税〔2016〕36号附件3）第一条第（三十六）项

根据该项规定，个人将住房无偿赠与配偶、父母、子女、祖父母、外祖父母、孙子女、外孙子女、兄弟姐妹的，属于家庭财产分割，免征增值税。

七、利用赡养关系赠与住房免税政策

【筹划案例143】 李先生准备将一套市场价格为200万元的住房赠与侄子，原本希望通过自己的弟弟转赠，但自己的弟弟已经在一场车祸中去世，无法转赠。如果直接赠与，由于李先生持有该房产的时间不足2年，李先生需要缴纳的增值税税额为9.52万元［200÷（1＋5%）×5%］，需要缴纳的城市维护建设税、教育费附加和地方教育附加税额为1.14万元［9.52×（7%＋3%＋2%）］；李先生的侄子需要缴纳的契税税额为5.71万元［200÷（1＋5%）×3%］，需要缴纳的个人所得税税额为36.95万元［（200－9.52－5.71）×20%］，合计税收负担53.32万元（9.52＋1.14＋5.71＋36.95）。

李先生可以到当地乡镇政府或者街道办开具自己与侄子具有抚养或者赡养关系的证明，持该证明到税务机关办理免征增值税和个人所得税手续。在赠与过户时，李先生的侄子需要缴纳的契税税额为5.71万元［200÷（1＋5%）×3%］。通过纳税筹划，减轻的税收负担为47.61万元（53.32－5.71）。

【主要法律依据】

《营业税改征增值税试点过渡政策的规定》（财税〔2016〕36号附件3）第一条第（三十六）项

根据该项规定，个人将住房无偿赠与对其承担直接抚养或者赡养义务的抚养人或者赡养人的，属于家庭财产分割，免征增值税。

八、利用遗赠住房免税政策

【筹划案例144】 赵先生夫妻感情不和,事实上已经分居多年,由于各种原因,赵先生暂时无法办理离婚手续。在分居期间,赵先生与李女士共同生活在一起,李女士在赵先生生病期间悉心照料赵先生,赵先生准备将属于自己个人的一套住房赠与李女士,如果直接赠与,赵先生需要缴纳增值税、城市维护建设税、教育费附加和地方教育附加,李女士需要缴纳契税和个人所得税。请提出纳税筹划方案。

赵先生可以先将该套住房的永久居住权赠与李女士,并办理赠与公证,同时立下遗嘱,在自己去世以后将该套房产遗赠给李女士,也办理遗嘱公证。这样,在赵先生生前,李女士可以一直使用该套住房,在赵先生去世之后,可以持公证遗嘱办理过户手续,在过户时,李女士只需要缴纳契税。

【主要法律依据】

《营业税改征增值税试点过渡政策的规定》(财税〔2016〕36号附件3)第一条第(三十六)项

根据该项规定,房屋产权所有人死亡,法定继承人、遗嘱继承人或者受遗赠人依法取得房屋产权的,属于家庭财产分割,免征增值税。

九、持有满2年后再转让住房

【筹划案例145】 吴先生2022年1月10日在南京市区购买了一套普通住房,总价款为400万元。2023年7月1日,吴先生准备将该套住房以500万元的价格转让给他人。如果此时转让,吴先生需要缴纳的增值税税额为23.81万元[500÷(1+5%)×5%],需要缴纳的城市维护建设税、教育费附加和地方教育附加税额为2.86万元[23.81×(7%+3%+2%)],合计税收负担26.67万元(23.81+2.86)。

如果吴先生能够再持有房产一段时间,在2024年1月10日以后进行房产过户,此时,吴先生已经持有该套房产满2年,可以免征增值税。减轻的税收负担为26.67万元(暂时不考虑个人所得税负担)。

【主要法律依据】

《营业税改征增值税试点过渡政策的规定》(财税〔2016〕36号附件3)第五条

五、个人将购买不足2年的住房对外销售的,按照5%的征收率全额缴纳增值税;个人将购买2年以上(含2年)的住房对外销售的,免征增值税。上述政策适用于北京市、上海市、广州市和深圳市之外的地区。

个人将购买不足2年的住房对外销售的,按照5%的征收率全额缴纳增值税;个人将购买2年以上(含2年)的非普通住房对外销售的,以销售收入减去购买住房价款后的差额按照5%的征收率缴纳增值税;个人将购买2年以上(含2年)的普通住房对外销售的,免征增值税。上述政策仅适用于北京市、上海市、广州市和深圳市。(注:2021年,上海、广州九区和深圳已经将上述政策中的"2年"延长为"5年"。)

办理免税的具体程序、购买房屋的时间、开具发票、非购买形式取得住房行为及其他相关税收管理规定,按照《国务院办公厅转发建设部等部门关于做好稳定住房价格工作意见的通知》(国办发〔2005〕26号)、《国家税务总局 财政部 建设部关于加强房地产税收管理的通知》(国税发〔2005〕89号)和《国家税务总局关于房地产税收政策执行中几个具体问题的通知》(国税发〔2005〕172号)的有关规定执行。

十、通过抵押贷款延迟办理房产过户

【筹划案例146】 刘先生2022年1月10日在北京市区购买了一套普通住房,总价款为480万元。2023年7月1日,刘先生因急需用钱,准备将该套住房以500万元的价格转让给他人。如果此时转让,需要缴纳的增值税税额为23.81万元[500÷(1+5%)×5%],需要缴纳的城市维护建设税、教育费附加和地方教育附加税额为2.86万元[23.81×(7%+3%+2%)],合计税收负担为26.67万元(23.81+2.86)。

由于刘先生急需用钱,此时已经无法等到持有满2年再销售住房了,为了享受满2年免增值税的政策,刘先生可以先实际销售住房,等待满2年后再办理房产过户手续。首先,为保证购房者的利益并预防刘先生未来再将住房销售给他人或者不办理房产过户手续，双方可以签订一个抵押借款协议。刘先生向购房者借款500万元，以该套住房作为抵押，并办理抵押登记。这样，不经过购房者同意，刘先生是不可能再将住房销售给他人的。其次，刘先生与购房者签订一个购买该套住房的协议，协议约定住房办理过户的日期为2024年1月10日，如果刘先生拖延办理住房过户手续，可以约定每拖延1日支付一定数额的违约金，如果刘先生拒绝办理住房过户手续，可以约定一个比较高的违约金，这样就可以预防刘先生再以高价将住房出售给他人。通过上述筹划，刘先生可以减轻税收负担26.67万元（暂时不考虑个人所得税负担）。

【主要法律依据】

1.《国家税务总局　财政部　建设部关于加强房地产税收管理的通知》（国税发〔2005〕89号）**第三条**

三、各级税务、财政部门要严格执行调整后的个人住房营业税税收政策。

（一）2005年6月1日后，个人将购买不足2年的住房对外销售的，应全额征收营业税。

（二）2005年6月1日后，个人将购买超过2年（含2年）的符合当地公布的普通住房标准的住房对外销售，应持该住房的坐落、容积率、房屋面积、成交价格等证明材料及税务部门要求的其他材料，向税务部门申请办理免征营业税手续。税务部门应根据当地公布的普通住房标准，利用房地产管理部门和规划管理部门提供的相关信息，对纳税人申请免税的有关材料进行审核，凡符合规定条件的，给予免征营业税。

（三）2005年6月1日后，个人将购买超过2年（含2年）的住房对外销售不能提供属于普通住房的证明材料或经审核不符合规定条件的，一律按非普通住房的有关营业税政策征收营业税。

（四）个人购买住房以取得的房屋产权证或契税完税证明上注明的时间作为其购买房屋的时间。

（五）个人对外销售住房，应持依法取得的房屋权属证书，并到税务部门申请开具发票。

（六）对个人购买的非普通住房超过2年（含2年）对外销售的，在向税务部门申请按其售房收入减去购买房屋价款后的差额缴纳营业税时，需提供购买房屋时取得的税务部门监制的发票作为差额征税的扣除凭证。

（七）各级税务、财政部门要严格执行税收政策，对不符合规定条件的个人对外销售住房，不得减免营业税，确保调整后的营业税政策落实到位；对个人承受不享受优惠政策的住房，不得减免契税。对擅自变通政策、违反规定，不符合规定条件的个人住房给予税收优惠，影响调整后的税收政策落实的，要追究当事人的责任。对政策执行中出现的问题和有关情况，应及时上报国家税务总局。

2.《国家税务总局关于修改部分税收规范性文件的公告》（国家税务总局公告 2018 年第 31 号）

根据《第十三届全国人民代表大会第一次会议关于国务院机构改革方案的决定》《全国人民代表大会常务委员会关于国务院机构改革涉及法律规定的行政机关职责调整问题的决定》《国务院关于国务院机构改革涉及行政法规规定的行政机关职责调整问题的决定》（国发〔2018〕17 号）有关规定，税收规范性文件规定的国税地税机关的职责和工作，调整适用相关规定，由新的税务机关承担。

国家税务总局依据《税收规范性文件制定管理办法》（国家税务总局令第 41 号公布），对税收规范性文件进行了清理。清理结果已经 2018 年 6 月 5 日国家税务总局局务会议审议通过，现将《修改的税收规范性文件目录》予以公布。

本公告自发布之日起施行。国税机构和地税机构合并前，需要适用本公告公布的税收规范性文件的，按照修改前的规定执行。

特此公告。

附件：修改的税收规范性文件目录（略）

十一、将资产转让转变为股权转让

【筹划案例 147】 甲公司准备将一些无形资产、不动产和货物转让给乙公司，但该行为并不符合资产重组的定义，经初步核算，上述资产转让的应税销售额约 2 000 万元，需要缴纳增值税税额约为 100 万元。请提出纳税筹划方案。

股权转让不征收增值税。甲公司可以先分立出一家公司——A公司,将这些准备转让的无形资产、不动产和货物划入A公司,然后由A公司的股东将A公司的股权转让给乙公司,可以免纳增值税税额约为100万元,未来,如果乙公司不想保留A公司,可以通过资产重组与A公司合并,此时发生的资产转让行为也不征收增值税。

【主要法律依据】

《销售服务、无形资产、不动产注释》(财税〔2016〕36号附件1附)**第一条第(五)项**

(五)金融服务

金融服务,是指经营金融保险的业务活动,包括贷款服务、直接收费金融服务、保险服务和金融商品转让。

1.贷款服务。

贷款,是指将资金贷与他人使用而取得利息收入的业务活动。

各种占用、拆借资金取得的收入,包括金融商品持有期间(含到期)利息(保本收益、报酬、资金占用费、补偿金等)收入、信用卡透支利息收入、买入返售金融商品利息收入、融资融券收取的利息收入,以及融资性售后回租、押汇、罚息、票据贴现、转贷等业务取得的利息及利息性质的收入,按照贷款服务缴纳增值税。

融资性售后回租,是指承租方以融资为目的,将资产出售给从事融资性售后回租业务的企业后,从事融资性售后回租业务的企业将该资产出租给承租方的业务活动。

以货币资金投资收取的固定利润或者保底利润,按照贷款服务缴纳增值税。

2.直接收费金融服务。

直接收费金融服务,是指为货币资金融通及其他金融业务提供相关服务并且收取费用的业务活动。包括提供货币兑换、账户管理、电子银行、信用卡、信用证、财务担保、资产管理、信托管理、基金管理、金融交易场所(平台)管理、资金结算、资金清算、金融支付等服务。

3.保险服务。

保险服务,是指投保人根据合同约定,向保险人支付保险费,保险人对于合同约定的可能发生的事故因其发生所造成的财产损失承担赔偿保险金责任,或者当被保险人死亡、伤残、疾病或者达到合同约定的年龄、期限等条件时承担给付保险金责任的商业保险行为。包括人身保险服务和财产保险服务。

人身保险服务,是指以人的寿命和身体为保险标的的保险业务活动。

财产保险服务,是指以财产及其有关利益为保险标的的保险业务活动。

4. 金融商品转让。

金融商品转让,是指转让外汇、有价证券、非货物期货和其他金融商品所有权的业务活动。

其他金融商品转让包括基金、信托、理财产品等各类资产管理产品和各种金融衍生品的转让。

十二、利用学生勤工俭学免税优惠

【筹划案例148】 甲教育公司从各高校聘请了大量本科生和研究生提供教育服务,原经营模式:由甲教育公司与客户签订合同,甲教育公司收取费用后向其聘请的学生发放劳务报酬。由于甲教育公司为营改增一般纳税人,适用税率为6%。甲教育公司年含税销售额为1 000万元,可以抵扣的进项税额为2万元,实际缴纳的增值税税额为54.60万元[1 000÷(1+6%)×6%-2],已知发放给学生的劳务费为700万元,请提出纳税筹划方案(征收率按3%计算)。

甲教育公司将上述由本公司提供教育服务的经营模式改为中介服务模式,即由其聘请的学生以勤工俭学的形式直接与客户签订合同,提供教育劳务,原由甲教育公司向学生发放的劳务报酬由客户直接支付给学生,甲教育公司以中介服务的身份收取一定的服务费。假设经营效益不发生变化,则甲教育公司可以取得含税服务费300万元(1 000-700),实际缴纳的增值税税额为14.98万元[300÷(1+6%)×6%-2]。通过纳税筹划,少纳的增值税为39.62万元(54.60-14.98)。

如果甲教育公司年销售额一直保持在500万元以下,也可以考虑以小规模纳税人的身份缴纳增值税,这样实际缴纳增值税税额为8.74万元[300÷

第六章 增值税筹划实用技巧

(1+3%)×3%],税负更轻。如果甲教育公司的股东设立更多公司来承接该项业务,每家公司每季度销售额保持在30万元以下,则可以免征增值税。

【主要法律依据】

《营业税改征增值税试点过渡政策的规定》(财税〔2016〕36号附件3)第一条第(九)项

根据该项规定,学生勤工俭学提供的服务,免征增值税。

十三、利用残疾人提供服务免税优惠

【筹划案例149】 王先生为残疾人员,由于掌握了一门特殊手艺,其提供的服务很受社会欢迎。王先生计划创办一家公司提供生活服务,预计年含税销售额为600万元,可以抵扣的进项税税额为2万元,实际缴纳的增值税税额为31.96万元[600÷(1+6%)×6%-2],请提出纳税筹划方案。

王先生虽然是残疾人,但其创办的公司不能享受免征增值税的优惠,因此,王先生应当注销公司,或者将该公司专业从事其他经营,由王先生本人为社会提供服务,假设其年销售额不发生变化,则每年可以少纳增值税31.96万元。

【主要法律依据】

《营业税改征增值税试点过渡政策的规定》(财税〔2016〕36号附件3)第一条第(六)项

根据该项规定,残疾人员本人为社会提供的服务,免征增值税。

十四、利用家政服务优惠进行纳税筹划

【筹划案例150】 甲家政服务公司为营改增一般纳税人,年销售额为1 060万元,适用税率为6%,可以抵扣的进项税税额为10万元,实际缴纳的增值税税额为50万元[1 060÷(1+6%)×6%-10],请提出纳税筹划方案。

甲家政服务公司转型为由员工制家政服务员提供家政服务，由此取得的收入可以享受免征增值税的优惠，每年可以少纳增值税 50 万元。

【主要法律依据】

《营业税改征增值税试点过渡政策的规定》（财税〔2016〕36 号附件 3）第一条第（三十一）项

（三十一）家政服务企业由员工制家政服务员提供家政服务取得的收入。

家政服务企业，是指在企业营业执照的规定经营范围中包括家政服务内容的企业。

员工制家政服务员，是指同时符合下列 3 个条件的家政服务员：

1. 依法与家政服务企业签订半年及半年以上的劳动合同或者服务协议，且在该企业实际上岗工作；

2. 家政服务企业为其按月足额缴纳了企业所在地人民政府根据国家政策规定的基本养老保险、基本医疗保险、工伤保险、失业保险等社会保险。对已享受新型农村养老保险和新型农村合作医疗等社会保险或者下岗职工原单位继续为其缴纳社会保险的家政服务员，如果本人书面提出不再缴纳企业所在地人民政府根据国家政策规定的相应的社会保险，并出具其所在乡镇或者原单位开具的已缴纳相关保险的证明，可视同家政服务企业已为其按月足额缴纳了相应的社会保险。

3. 家政服务企业通过金融机构向其实际支付不低于企业所在地适用的经省级人民政府批准的最低工资标准的工资。

十五、利用应收未收利息税收优惠

【筹划案例 151】 某农村信用社每年产生的自结息日超过 90 天后发生的应收未收利息有 5 000 万元，其中有相当一部分是无法收回的，按照之前的营业税政策，需要缴纳营业税及其附加 280 万元 [5 000 × 5% × （1 + 7% + 3% + 2%）]。

按照 2016 年 5 月 1 日以后的政策，上述 5 000 万元应收未收利息可以暂时不缴纳增值税，待实际收到利息时再缴纳增值税。这样就可以为其节省一大笔税款支出，同时也取得了延期纳税的利益。

第六章 增值税筹划实用技巧

【主要法律依据】

1.《营业税改征增值税试点过渡政策的规定》（财税〔2016〕36号附件3）**第四条**

四、金融企业发放贷款后，自结息日起90天内发生的应收未收利息按现行规定缴纳增值税，自结息日起90天后发生的应收未收利息暂不缴纳增值税，待实际收到利息时按规定缴纳增值税。

上述所称金融企业，是指银行（包括国有、集体、股份制、合资、外资银行以及其他所有制形式的银行）、城市信用社、农村信用社、信托投资公司、财务公司。

2.《财政部　税务总局关于延续实施小额贷款公司有关税收优惠政策的公告》（财政部　税务总局公告2023年第54号）

为引导小额贷款公司发挥积极作用，现将延续实施小额贷款公司有关税收优惠政策公告如下：

一、对经省级地方金融监督管理部门批准成立的小额贷款公司取得的农户小额贷款利息收入，免征增值税。

二、对经省级地方金融监督管理部门批准成立的小额贷款公司取得的农户小额贷款利息收入，在计算应纳税所得额时，按90%计入收入总额。

三、对经省级地方金融监督管理部门批准成立的小额贷款公司按年末贷款余额的1%计提的贷款损失准备金准予在企业所得税税前扣除。具体政策口径按照《财政部　税务总局关于延长部分税收优惠政策执行期限的公告》（财政部 税务总局公告2021年第6号）附件2中"6.《财政部 税务总局关于金融企业贷款损失准备金企业所得税税前扣除有关政策的公告》（财政部　税务总局公告2019年第86号）"执行。

四、本公告所称农户，是指长期（一年以上）居住在乡镇（不包括城关镇）行政管理区域内的住户，还包括长期居住在城关镇所辖行政村范围内的住户和户口不在本地而在本地居住一年以上的住户，国有农场的职工和农村个体工商户。位于乡镇（不包括城关镇）行政管理区域内和在城关镇所辖行政村范围内的国有经济的机关、团体、学校、企事业单位的集体户；有本地户口，但举家外出谋生一年以上的住户，无论是否保留承包耕地均不属于农户。农户以户为统计单位,既可以从事农业生产经营,也可以从事非农业生产经营。农户贷款的判定应以贷款发放时的承贷主体是否属于农户为准。

本公告所称小额贷款,是指单笔且该农户贷款余额总额在10万元(含本数)以下的贷款。

五、本公告执行至2027年12月31日。

特此公告。

3.《财政部 税务总局关于延续实施中国邮政储蓄银行三农金融事业部涉农贷款增值税政策的公告》(财政部 税务总局公告2023年第66号)

现将中国邮政储蓄银行"三农金融事业部"涉农贷款有关增值税政策公告如下:

一、中国邮政储蓄银行纳入"三农金融事业部"改革的各省、自治区、直辖市、计划单列市分行下辖的县域支行,提供农户贷款、农村企业和农村各类组织贷款取得的利息收入,可以选择适用简易计税方法按照3%的征收率计算缴纳增值税。

二、本公告所称农户,是指长期(一年以上)居住在乡镇(不包括城关镇)行政管理区域内的住户,还包括长期居住在城关镇所辖行政村范围内的住户和户口不在本地而在本地居住一年以上的住户,国有农场的职工和农村个体工商户。位于乡镇(不包括城关镇)行政管理区域内和在城关镇所辖行政村范围内的国有经济的机关、团体、学校、企事业单位的集体户;有本地户口,但举家外出谋生一年以上的住户,无论是否保留承包耕地均不属于农户。农户以户为统计单位,既可以从事农业生产经营,也可以从事非农业生产经营。农户贷款的判定应以贷款发放时的借款人是否属于农户为准。

三、本公告所称农村企业和农村各类组织贷款,是指金融机构发放给注册在农村地区的企业及各类组织的贷款。

四、本公告执行至2027年12月31日。

特此公告。

4.《财政部 税务总局关于延续实施金融机构农户贷款利息收入免征增值税政策的公告》(财政部 税务总局公告2023年第67号)

为支持金融机构发放农户贷款,现将有关增值税政策公告如下:

第六章 增值税筹划实用技巧

一、对金融机构向农户发放小额贷款取得的利息收入,免征增值税。金融机构应将相关免税证明材料留存备查,单独核算符合免税条件的小额贷款利息收入,按现行规定向主管税务机关办理纳税申报;未单独核算的,不得免征增值税。

二、本公告所称农户,是指长期(一年以上)居住在乡镇(不包括城关镇)行政管理区域内的住户,还包括长期居住在城关镇所辖行政村范围内的住户和户口不在本地而在本地居住一年以上的住户,国有农场的职工。位于乡镇(不包括城关镇)行政管理区域内和在城关镇所辖行政村范围内的国有经济的机关、团体、学校、企事业单位的集体户;有本地户口,但举家外出谋生一年以上的住户,无论是否保留承包耕地均不属于农户。农户以户为统计单位,既可以从事农业生产经营,也可以从事非农业生产经营。农户贷款的判定应以贷款发放时的借款人是否属于农户为准。

三、本公告所称小额贷款,是指单户授信小于100万元(含本数)的农户贷款;没有授信额度的,是指单户贷款合同金额且贷款余额在100万元(含本数)以下的贷款。

四、本公告执行至2027年12月31日。

特此公告。

十六、利用个人买卖金融商品免税优惠

【筹划案例152】 张先生计划成立一家公司从事外汇、有价证券、非货物期货和其他金融商品买卖业务,预计年应税销售额约1 000万元,需要缴纳的增值税税额约为50万元。请提出纳税筹划方案。

张先生可以成立一家个体工商户从事上述金融商品买卖业务,这样就可以免纳增值税,每年可以减轻增值税负担约50万元。

【主要法律依据】

《营业税改征增值税试点过渡政策的规定》(财税〔2016〕36号附件3)第一条第(二十二)项第5目

根据该项规定,个人从事金融商品转让业务,其转让收入免征增值税。上述个人包括个体工商户及其他个人,即自然人。

十七、利用国际货物运输代理服务免税优惠

【筹划案例 153】 甲公司主要提供国际货物运输代理服务,年销售额约 2 000 万元,由于其部分费用未通过金融机构进行结算,无法享受免征增值税的优惠,需要缴纳增值税约 60 万元。请提出纳税筹划方案。

甲公司提供国际货物运输代理服务,本来可以享受免征增值税优惠,只是由于其部分收入并未通过金融机构进行结算而无法享受,因此,其可以通过加强财务管理,严格要求所有免税收入均通过金融机构进行结算,这样就可以享受免征增值税的优惠,每年减轻增值税负担约 60 万元。

【主要法律依据】

1.《营业税改征增值税试点过渡政策的规定》(财税〔2016〕36 号附件 3)第一条第(十八)项

一、下列项目免征增值税

(十八)纳税人提供的直接或者间接国际货物运输代理服务。

1.纳税人提供直接或者间接国际货物运输代理服务,向委托方收取的全部国际货物运输代理服务收入,以及向国际运输承运人支付的国际运输费用,必须通过金融机构进行结算。

2.纳税人为中国内地与中国香港、中国澳门、中国台湾地区之间的货物运输提供的货物运输代理服务参照国际货物运输代理服务有关规定执行。

3.委托方索取发票的,纳税人应当就国际货物运输代理服务收入向委托方全额开具增值税普通发票。

2.《财政部 税务总局关于延续实施边销茶增值税政策的公告》(财政部 税务总局公告 2023 年第 59 号)

现将延续实施边销茶增值税政策有关事项公告如下:

一、对边销茶生产企业销售自产的边销茶及经销企业销售的边销茶免征增值税。

本公告所称边销茶,是指以黑毛茶、老青茶、红茶末、绿茶为主要原料,经过发酵、蒸制、加压或者压碎、炒制,专门销往边疆少数民族地区的紧压茶。

二、本公告自发文之日起执行至 2027 年 12 月 31 日。

特此公告。

十八、利用管道运输税收优惠

【筹划案例 154】 甲公司主要提供管道运输服务,由于适用 9% 的增值税税率,且进项税额相对较少,导致其增值税实际税负达到了 6%,请提出纳税筹划方案。

甲公司对管道运输服务单独核算,可以享受增值税实际税负超过 3% 的部分实行增值税即征即退政策,这样,其增值税税负就可以从 6% 降低为 3%。

【主要法律依据】

1.《营业税改征增值税试点过渡政策的规定》(财税〔2016〕36 号附件 3)第二条

二、增值税即征即退

(一)一般纳税人提供管道运输服务,对其增值税实际税负超过 3% 的部分实行增值税即征即退政策。

(二)经人民银行、银监会或者商务部批准从事融资租赁业务的试点纳税人中的一般纳税人,提供有形动产融资租赁服务和有形动产融资性售后回租服务,对其增值税实际税负超过 3% 的部分实行增值税即征即退政策。商务部授权的省级商务主管部门和国家经济技术开发区批准的从事融资租赁业务和融资性售后回租业务的试点纳税人中的一般纳税人,2016 年 5 月 1 日后实收资本达到 1.70 亿元的,从达到标准的当月起按照上述规定执行;2016 年 5 月 1 日后实收资本未达到 1.70 亿元但注册资本达到 1.7 亿元的,在 2016 年 7 月 31 日前仍可按照上述规定执行,2016 年 8 月 1 日后开展的有形动产融资租赁业务和有形动产融资性售后回租业务不得按照上述规定执行。

(三)本规定所称增值税实际税负,是指纳税人当期提供应税服务实际缴纳的增值税额占纳税人当期提供应税服务取得的全部价款和价外费用的比例。

2.《国家税务总局关于进一步优化增值税优惠政策办理程序及服务有关事项的公告》（国家税务总局公告2021年第4号）

为贯彻落实中共中央办公厅、国务院办公厅印发的《关于进一步深化税收征管改革的意见》，深化税务系统"放管服"改革，进一步优化税收营商环境，更好地为纳税人缴费人办实事，开展好便民办税春风行动，进一步精简享受优惠政策办理流程和手续，现将有关事项公告如下：

一、单位和个体工商户（以下统称纳税人）适用增值税减征、免征政策的，在增值税纳税申报时按规定填写申报表相应减免税栏次即可享受，相关政策规定的证明材料留存备查。

二、纳税人适用增值税即征即退政策的，应当在首次申请增值税退税时，按规定向主管税务机关提供退税申请材料和相关政策规定的证明材料。

纳税人后续申请增值税退税时，相关证明材料未发生变化的，无须重复提供，仅需提供退税申请材料并在退税申请中说明有关情况。纳税人享受增值税即征即退条件发生变化的，应当在发生变化后首次纳税申报时向主管税务机关书面报告。

三、除另有规定外，纳税人不再符合增值税优惠条件的，应当自不符合增值税优惠条件的当月起，停止享受增值税优惠。

本公告自2021年4月1日起施行。

特此公告。

第七章 消费税筹划实用技巧

第一节 消费税征收范围与计税依据的筹划

一、巧用消费税征税范围

【筹划案例155】 我国目前对消费税的征收范围仅局限于15类商品,分别是烟、酒、高档化妆品、贵重首饰及珠宝玉石、鞭炮及烟火、成品油、摩托车、小汽车、高尔夫球及球具、高档手表、游艇、木制一次性筷子、实木地板税目、电池和涂料。即使在上述15类消费品的范围内,也有一些免税的消费品。如无汞原电池、金属氢化物镍蓄电池(又称"氢镍蓄电池"或"镍氢蓄电池")、锂原电池、锂离子蓄电池、太阳能电池、燃料电池和全钒液流电池免征消费税,电动汽车不征收消费税等。

如果企业希望从源头上节税,不妨在投资决策的时候就避开上述消费品,而选择其他符合国家产业政策、在流转税及所得税方面有优惠措施的产品进行投资,如高档摄像机、高档组合音响、裘皮制品、移动电话、装饰材料、电子香烟、实木家具等。在市场前景看好的情况下,企业选择这类项目投资,也可以达到减轻消费税税收负担的目的。

【主要法律依据】

1.《中华人民共和国消费税暂行条例》(1993年12月13日国务院颁布,2008年11月5日国务院修订,以下简称《消费税暂行条例》)**第一条、第二条**

第一条 在中华人民共和国境内生产、委托加工和进口本条例规定的消费品的单位和个人,以及国务院确定的销售本条例规定的消费品的其他单位和个人,为消费税的纳税人,应当依照本条例缴纳消费税。

第二条 消费税的税目、税率,依照本条例所附的《消费税税目税率表》(表7-1)执行。

消费税税目、税率的调整,由国务院决定。

表7-1 消费税税目税率表

税目	税率
一、烟	
1.卷烟	
(1)甲类卷烟	56%加0.003元/支(生产环节)
(2)乙类卷烟	36%加0.003元/支(生产环节)
(3)批发环节	11%加0.005元/支
2.雪茄烟	36%
3.烟丝	30%
4.电子烟	
(1)生产(进口)环节	36%
(2)批发环节	11%
二、酒	
1.白酒	20%加0.5元/500克(或500毫升)
2.黄酒	240元/吨
3.啤酒	
(1)甲类啤酒	250元/吨
(2)乙类啤酒	220元/吨
4.其他酒	10%
三、高档化妆品	15%
四、贵重首饰及珠宝玉石	
1.金银首饰、铂金首饰和钻石及钻石饰品	5%
2.其他贵重首饰和珠宝玉石	10%
五、鞭炮、焰火	15%
六、成品油	
1.汽油	1.52元/升
2.柴油	1.20元/升
3.航空煤油	1.20元/升
4.石脑油	1.52元/升
5.溶剂油	1.52元/升
6.润滑油	1.52元/升
7.燃料油	1.20元/升

（续表）

税目	税率
七、摩托车	
1. 气缸容量（排气量，下同）250毫升的	3%
2. 气缸容量在250毫升（不含）以上的	10%
八、小汽车	
1. 乘用车	
（1）气缸容量（排气量，下同）在1.0升（含1.0升）以下的	1%
（2）气缸容量在1.0升至1.5升（含1.5升）的	3%
（3）气缸容量在1.5升至2.0升（含2.0升）的	5%
（4）气缸容量在2.0升至2.5升（含2.5升）的	9%
（5）气缸容量在2.5升至3.0升（含3.0升）的	12%
（6）气缸容量在3.0升至4.0升（含4.0升）的	25%
（7）气缸容量在4.0升以上的	40%
2. 中轻型商用客车	5%
3. 超豪华小汽车	10%（零售环节）
九、高尔夫球及球具	10%
十、高档手表	20%
十一、游艇	10%
十二、木制一次性筷子	5%
十三、实木地板	5%
十四、电池	4%
十五、涂料	4%

2.《财政部　税务总局关于继续对废矿物油再生油品免征消费税的公告》（财政部　税务总局公告2023年第69号）

为继续支持促进资源综合利用和环境保护，现对以回收的废矿物油为原料生产的润滑油基础油、汽油、柴油等工业油料免征消费税政策公告如下：

一、废矿物油，是指工业生产领域机械设备及汽车、船舶等交通运输设备使用后失去或降低功效更换下来的废润滑油。

二、纳税人利用废矿物油生产的润滑油基础油、汽油、柴油等工业油料免征消费税，应同时符合下列条件：

（一）纳税人必须取得生态环境部门颁发的《危险废物（综合）经营许可证》，且该证件上核准生产经营范围应包括"利用"或"综合经营"字样。

生产经营范围为"综合经营"的纳税人，还应同时提供颁发《危险废物（综合）经营许可证》的生态环境部门出具的能证明其生产经营范围包括"利用"的材料。

纳税人在申请办理免征消费税备案时，应同时提交污染物排放地生态环境部门确定的该纳税人应予执行的污染物排放标准，以及污染物排放地生态环境部门在此前6个月以内出具的该纳税人的污染物排放符合上述标准的证明材料。

纳税人回收的废矿物油应具备能显示其名称、特性、数量、接受日期等项目的《危险废物转移联单》。

（二）生产原料中废矿物油重量必须占到90%以上。产成品中必须包括润滑油基础油，且每吨废矿物油生产的润滑油基础油应不少于0.65吨。

（三）利用废矿物油生产的产品与利用其他原料生产的产品应分别核算。

三、符合本公告第二条规定的纳税人销售免税油品时，应在增值税专用发票上注明产品名称，并在产品名称后加注"（废矿物油）"。

四、符合本公告第二条规定的纳税人利用废矿物油生产的润滑油基础油连续加工生产润滑油，或纳税人（包括符合本公告第二条规定的纳税人及其他纳税人）外购利用废矿物油生产的润滑油基础油加工生产润滑油，在申报润滑油消费税额时按当期销售的润滑油数量扣减其耗用的符合本公告规定的润滑油基础油数量的余额计算缴纳消费税。

五、对未达到相应的污染物排放标准或被取消《危险废物（综合）经营许可证》的纳税人，自发生违规排放行为之日或《危险废物（综合）经营许可证》被取消之日起，取消其享受本公告规定的免征消费税政策的资格，且三年内不得再次申请。纳税人自发生违规排放行为之日起已申请并办理免税的，应予追缴。

六、各级税务机关应采取严密措施，对享受本公告规定的免征消费税政策的纳税人加强动态监管。凡经核实纳税人弄虚作假骗取享受本公告规定的免征消费税政策的，税务机关追缴其此前骗取的免税税款，并自纳税人发生上述违法违规行为年度起，取消其享受本公告规定的免征消费税政策的资格，且纳税人三年内不得再次申请。

发生违规排放行为之日，是指已由污染物排放地生态环境部门查证确认的、纳税人发生未达到应予执行的污染物排放标准行为的当日。

第七章 消费税筹划实用技巧

七、本公告执行至 2027 年 12 月 31 日。

二、准确计算消费税的计税依据

【**筹划案例 156**】 增值税属于价外税，增值税税款不应作为消费税的计税依据，因此，在现实经济生活中，我们应该深刻理解增值税价外税的属性，如果直接将含增值税的销售额作为消费税的计税依据，显然增大了消费税的计税依据，增加了纳税人的税收负担。

这种情况属于正确计算消费税税额的问题，在西方发达国家，纳税人计算出现错误，税务机关会给予指出，多缴纳的税款也可以退回或者抵扣以后月份的消费税税额。我国虽然也有这种规定，但是在具体实践中并不如此，纳税人因计算错误而多缴纳的税款并不总是能够退回的，即使能够退回，其中所涉及的资金占用成本、与税务机关交涉成本、举证成本等都是巨大的，因此，在计算阶段就按照税法规定合理计算，不多缴纳税款也是一种纳税筹划的方法。

【**主要法律依据**】

1.《消费税暂行条例》第五条和第六条

第五条 消费税实行从价定率、从量定额，或者从价定率和从量定额复合计税（以下简称"复合计税"）的办法计算应纳税额。应纳税额计算公式：

实行从价定率办法计算的应纳税额 ＝ 销售额 × 比例税率

实行从量定额办法计算的应纳税额 ＝ 销售数量 × 定额税率

实行复合计税办法计算的应纳税额 ＝ 销售额 × 比例税率 + 销售数量 × 定额税率

纳税人销售的应税消费品，以人民币计算销售额。纳税人以人民币以外的货币结算销售额的，应当折合成人民币计算。

第六条 销售额为纳税人销售应税消费品向购买方收取的全部价款和价外费用。

2.《中华人民共和国消费税暂行条例实施细则》（财政部 国家税务总局 2008 年第 51 号令，以下简称《消费税暂行条例实施细则》）**第十二条**

第十二条 条例第六条所称销售额，不包括应向购货方收取的增值税税款。如果纳税人应税消费品的销售额中未扣除增值税税款或者因不得开具增值税专用发票而发生价款和增值税税款合并收取的，在计算消费税时，应当换算为不含增值税税款的销售额。其换算公式为：

应税消费品的销售额＝含增值税的销售额÷（1＋增值税税率或者征收率）

三、消费品包装物的核算技巧

【筹划案例157】 某焰火厂生产一批焰火，共计1万箱，每箱不含税价格为200元（其中包含包装物价值15元），该月销售额为200万元（200×1），焰火的消费税税率为15%。请计算该焰火厂该月应当缴纳的消费税，并提出纳税筹划方案。

根据《消费税暂行条例实施细则》第十三条的规定，该焰火厂该月应纳消费税税额为30万元（200×15%）。

根据《消费税暂行条例实施细则》第十三条的规定，如果包装物不作价随同产品销售，而是收取押金，此项押金则不应并入应税消费品的销售额中征税。但对因逾期未收回的包装物不再退还的和已收取1年以上的押金，应并入应税消费品的销售额，按照应税消费品的适用税率征收消费税。

通过纳税筹划，该焰火厂以每箱185元的价格销售，并收取15元押金，并规定，包装物如有损坏则从押金中扣除相应修理费用直至全部扣除押金（这种规定与直接销售包装物大体相当），这样，该焰火厂应纳消费税降低27.75万元（1×185×15%）。1年后，如果该批包装物的押金没有退回，则该焰火厂应当补缴消费税税额为2.25万元（1×15×15%）。对于该焰火厂来讲，相当于获得了2.25万元的1年期无息贷款。

【主要法律依据】

1.《消费税暂行条例实施细则》第十三条和第十四条

第十三条 应税消费品连同包装物销售的，无论包装物是否单独计价以及在会计上如何核算，均应并入应税消费品的销售额中缴纳消费税。如果包装物不作价随同产品销售，而是收取押金，此项押金则不应并入应税消费品的销售额中征税。但对因逾期未收回的包装物不再退还的或者已收取的时间超过12个月的押金，应并入应税消费品的销售额，按照应税消费品的适用税

第七章 消费税筹划实用技巧

率缴纳消费税。

对既作价随同应税消费品销售，又另外收取押金的包装物的押金，凡纳税人在规定的期限内没有退还的，均应并入应税消费品的销售额，按照应税消费品的适用税率缴纳消费税。

第十四条 条例第六条所称价外费用，是指价外向购买方收取的手续费、补贴、基金、集资费、返还利润、奖励费、违约金、滞纳金、延期付款利息、赔偿金、代收款项、代垫款项、包装费、包装物租金、储备费、优质费、运输装卸费以及其他各种性质的价外收费。但下列项目不包括在内：

（一）同时符合以下条件的代垫运输费用：

1.承运部门的运输费用发票开具给购买方的；

2.纳税人将该项发票转交给购买方的。

（二）同时符合以下条件代为收取的政府性基金或者行政事业性收费：

1.由国务院或者财政部批准设立的政府性基金，由国务院或者省级人民政府及其财政、价格主管部门批准设立的行政事业性收费；

2.收取时开具省级以上财政部门印制的财政票据；

3.所收款项全额上缴财政。

2.《财政部　国家税务总局关于酒类产品包装物押金征税问题的通知》（财税〔1995〕53号）、**《国家税务总局关于印发〈消费税问题解答〉的通知》**（国税函发〔1997〕306号）

根据上述通知规定，从1995年6月1日起，对销售除啤酒、黄酒外的其他酒类产品而收取的包装物押金，无论押金是否返还以及会计上如何核算，均应并入当期销售额征税。

3.《财政部　国家税务总局关于调整金银首饰消费税纳税环节有关问题的通知》（财税〔1994〕95号）第七条第（二）项

（二）金银首饰连同包装物销售的，无论包装是否单独计价，也无论会计上如何核算，均应并入金银首饰的销售额，计征消费税。

四、自产自用消费品的筹划

【筹划案例158】 某摩托车生产企业只生产一种品牌的摩托车，某月将

100辆摩托车作为职工年终奖发放给职工，当月生产的摩托车的销售价格为5 000元，当月，该企业按照5 000元的价格销售了400辆，按照5 500元的价格销售了400辆，已知该摩托车消费税税率为10%。请计算100辆摩托车应当缴纳多少消费税，并给出纳税筹划方案。

如果该企业能够准确提供该批摩托车的销售价格，则按照销售价格确定消费税的税基，应缴纳的消费税税额为50 000元（5 000×100×10%）。如果不能准确提供该批摩托车的销售价格，即该批摩托车有两种销售价格，则应按销售数量加权平均计算，应缴纳的消费税税额为52 500元［（400×5 000+400×5 500）÷800×100×10%］。如果没有"同类消费品的销售价格"，则应当按照组成计税价格计算纳税，应缴纳的消费税税额为53 000元［4 500×（1+6%）÷（1-10%）×100×10%］。由此可以看出，按照同类商品的销售价格计算税负最轻，这就要求该企业健全会计核算制度，可以准确计算该批摩托车的销售价格。

【主要法律依据】

1.《消费税暂行条例》第七条

第七条　纳税人自产自用的应税消费品，按照纳税人生产的同类消费品的销售价格计算纳税；没有同类消费品销售价格的，按照组成计税价格计算纳税。

实行从价定率办法计算纳税的组成计税价格计算公式：

$$组成计税价格 = （成本＋利润）÷（1-比例税率）$$

实行复合计税办法计算纳税的组成计税价格计算公式：

$$组成计税价格 = \frac{成本＋利润＋自产自用数量×定额税率}{1-比例税率}$$

2.《消费税暂行条例实施细则》第十五条至第十七条

第十五条　条例第七条第一款所称纳税人自产自用的应税消费品，是指依照条例第四条第一款规定于移送使用时纳税的应税消费品。

条例第七条第一款、第八条第一款所称同类消费品的销售价格，是指纳税人或者代收代缴义务人当月销售的同类消费品的销售价格，如果当月同类消费品各期销售价格高低不同，应按销售数量加权平均计算。但销售的应税消费品有下列情况之一的，不得列入加权平均计算：

（一）销售价格明显偏低并无正当理由的；

（二）无销售价格的。

如果当月无销售或者当月未完结，应按照同类消费品上月或者最近月份的销售价格计算纳税。

第十六条 条例第七条所称成本，是指应税消费品的产品生产成本。

第十七条 条例第七条所称利润，是指根据应税消费品的全国平均成本利润率计算的利润。应税消费品全国平均成本利润率由国家税务总局确定。

第二节 消费税税率的筹划

一、兼营行为应分别核算

【筹划案例159】 某公司既生产经营普通化妆品，又生产经营高档化妆品，高档化妆品的消费税税率为15%，普通化妆品不征收消费税。2023年度，该公司高档化妆品的不含税销售额为2 000万元，普通化妆品的不含税销售额为1 000万元，如果该公司没有分别核算或者将高档化妆品与普通化妆品组成成套商品销售。请计算该公司应当缴纳的消费税，并提出纳税筹划方案。

由于该公司不分别核算销售额，该公司应当一律按高档化妆品的税率15%征收消费税。如果该公司将高档化妆品与普通化妆品组成成套消费品销售，全部销售额也要适用15%的税率，这两种做法显然都会加重普通化妆品的税收负担。2023年度该公司应纳消费税税额为450万元［（2 000 + 1 000）×15%］。如果该公司事先进行纳税筹划，分别核算两种经营项目，则该公司2023年度应纳消费税税额为300万元（2 000×15%），减轻税收负担150万元（450 - 300）。同时，纳税人在进行纳税申报的时候，必须注意消费品的组合问题，没有必要成套销售的，就不宜采用这种销售方式。

【主要法律依据】

《消费税暂行条例》第三条

第三条 纳税人兼营不同税率的应当缴纳消费税的消费品（以下简称

"应税消费品"),应当分别核算不同税率应税消费品的销售额、销售数量;未分别核算销售额、销售数量,或者将不同税率的应税消费品组成成套消费品销售的,从高适用税率。

二、包装礼盒的纳税筹划

【筹划案例160】 某酒厂生产各种类型的酒,以适应不同消费者需求。春节来临,大部分消费者都以酒作为馈赠亲朋好友的礼品,针对这种市场情况,该酒厂于1月初推出"组合装礼品酒"的促销活动,将白酒、白兰地酒和葡萄酒各一瓶组成价值230元的成套礼品酒进行销售,三种酒的出厂价分别为50元/瓶、100元/瓶、80元/瓶,白酒消费税税率是0.5元/500克+出厂价的20%、白兰地酒和葡萄酒消费税税率是销售额的10%。假设这三种酒每瓶均为500克装,该酒厂该月共销售1万套礼品酒。该酒厂采取先包装后销售的方式促销。请计算该酒厂应当缴纳的消费税,并提出纳税筹划方案。

由于该酒厂采取先包装后销售的方式促销,属于混合销售行为,应当按照较高的税率计算消费税额,应缴纳的消费税税额为47.50万元[1×(3×0.50+230×20%)]。三种酒的税率不同,该酒厂采取混合销售的方式增加了企业的税收负担。该酒厂可以采取先销售后包装的方式进行促销,应缴纳的消费税税额为28.50万元[1×(1×0.50+50×20%)+100×1×10%+80×1×10%],减轻企业税收负担19万元(47.50-28.50)。

【主要法律依据】
《消费税暂行条例实施细则》第四条
第四条 条例第三条所称纳税人兼营不同税率的应当缴纳消费税的消费品,是指纳税人生产销售两种税率以上的应税消费品。

三、巧用啤酒消费税税率临界点

【筹划案例161】 某啤酒厂2023年生产销售某品牌啤酒,每吨出厂价格为2 990元(不包括增值税)。2024年年初,该啤酒厂对该品牌啤酒的生产工艺进行了改进,使该种啤酒的质量得到了较大提高。该啤酒厂准备将每吨出厂价格提到 3 010 元。根据以上信息,请提出该啤酒厂的纳税筹划方案。

如果将啤酒的价格提高到 3 010 元,每吨啤酒需要缴纳消费税税额为 250 元,每吨啤酒扣除消费税后的利润为 2 760 元(3 010 - 250)。

该啤酒厂经过纳税筹划,认为适当降低产品的价格不仅能够获得更大的税后利润,而且可以增加产品在市场上的竞争力,于是该啤酒厂将 2024 年啤酒的每吨出厂价格仍然定为 2 990 元,这样,每吨啤酒需要缴纳消费税 220 元,每吨啤酒扣除消费税后的利润为 2 770 元(2 990 - 220)。

由此可见,这种纳税筹划方法实现了"一箭双雕",既增加了企业的利润,又增强了本厂产品在价格上的竞争力。

【主要法律依据】

《财政部 国家税务总局关于调整酒类产品消费税政策的通知》(财税〔2001〕84 号)**第四条**

四、调整啤酒消费税单位税额。

(一)每吨啤酒出厂价格(含包装物及包装物押金)在 3 000 元(含 3 000 元,不含增值税)以上的,单位税额 250 元/吨;

(二)每吨啤酒出厂价格在 3 000 元(不含 3 000 元,不含增值税)以下的,单位税额 220 元/吨。

(三)娱乐业、饮食业自制啤酒,单位税额 250 元/吨。

(四)每吨啤酒出厂价格以 2000 年全年销售的每一牌号、规格啤酒产品平均出厂价格为准。2000 年每一牌号、规格啤酒的平均出厂价格确定之后即作为确定各牌号、规格啤酒 2001 年适用单位税额的依据,无论 2001 年啤酒的出厂价格是否变动,当年适用单位税额原则上不再进行调整。

啤酒计税价格管理办法另行制定。

第三节 消费税纳税环节的筹划

一、巧用生产制作环节纳税的规定

【筹划案例162】 某化妆品生产厂生产的高档化妆品,假设正常生产环节的不含税售价为每件400元,适用消费税税率为15%,则该厂应纳消费税税额为60元(400×15%)。请提出该厂的纳税筹划方案。

倘若该厂经过纳税筹划,设立一个独立核算的子公司负责对外销售,向该子公司供货时不含税价格定为每套200元,则该厂在转移产品时须缴纳消费税税额为30元(200×15%)。该子公司对外零售商品时不需要缴纳消费税,没有消费税负担。通过这种纳税筹划,该企业每套商品可少纳消费税30元。

可见,以较低的销售价格将应税消费品销售给其独立核算的销售子公司,由于处在销售环节,该厂只缴纳增值税不缴纳消费税,可使纳税人的整体消费税税负下降,但这种方法并不影响纳税人的增值税税负。

【主要法律依据】

《消费税暂行条例》第一条、第四条和第十条

第一条 在中华人民共和国境内生产、委托加工和进口本条例规定的消费品的单位和个人,以及国务院确定的销售本条例规定的消费品的其他单位和个人,为消费税的纳税人,应当依照本条例缴纳消费税。

第四条 纳税人生产的应税消费品,于纳税人销售时纳税。纳税人自产自用的应税消费品,用于连续生产应税消费品的,不纳税;用于其他方面的,于移送使用时纳税。

委托加工的应税消费品,除受托方为个人外,由受托方在向委托方交货时代收代缴税款。委托加工的应税消费品,委托方用于连续生产应税消费品的,所纳税款准予按规定抵扣。

进口的应税消费品,于报关进口时纳税。

第十条 纳税人应税消费品的计税价格明显偏低并无正当理由的,由主管税务机关核定其计税价格。

二、分立企业减轻计税依据

【**筹划案例163**】 某企业为一家高档化妆品生产企业(消费税税率为15%),每年生产化妆品20万套,每套成本为360元,每套批发价为420元,每套零售价为500元。该企业采取直接对外销售的方式,假定其中有一半产品通过批发方式,另一半通过零售方式。请计算该企业应当缴纳的消费税,并提出纳税筹划方案。

该企业应缴纳的消费税税额为1 380万元[(10×420+10×500)×15%]。如果该企业将其一个经营部门分立出去成立一家批发公司,该企业的化妆品先以较低的批发价400元销售给该批发公司,然后再由该批发公司销售给消费者,则该企业应该缴纳的消费税税额为1 200万元(20×400×15%)。通过纳税筹划,该企业可减轻消费税负担180万元(1 380−1 200)。

【**主要法律依据**】

《消费税暂行条例》第一条、第四条和第六条

第一条 在中华人民共和国境内生产、委托加工和进口本条例规定的消费品的单位和个人,以及国务院确定的销售本条例规定的消费品的其他单位和个人,为消费税的纳税人,应当依照本条例缴纳消费税。

第四条 纳税人生产的应税消费品,于纳税人销售时纳税。纳税人自产自用的应税消费品,用于连续生产应税消费品的,不纳税;用于其他方面的,于移送使用时纳税。

委托加工的应税消费品,除受托方为个人外,由受托方在向委托方交货时代收代缴税款。委托加工的应税消费品,委托方用于连续生产应税消费品的,所纳税款准予按规定抵扣。

进口的应税消费品,于报关进口时纳税。

第六条 销售额为纳税人销售应税消费品向购买方收取的全部价款和价外费用。

三、巧用白酒消费税最低计税价格

【筹划案例164】 某白酒生产企业所生产的 A 类白酒经过税务机关核定的最低计税价格为 50 元/500 克,该企业批发给自己设立的销售公司的价格为 49 元/500 克,批发给其他商贸公司的价格为 55 元/500 克。2023 年度,该企业向其他商贸公司销售白酒 5 000 千克。请针对该情况提出纳税筹划方案。

根据上述情况,5 000 千克 A 类白酒应当缴纳消费税 11.50 万元(1×0.50 +55×1×20%)。如果该企业先将 A 类白酒统一批发给其设立的销售公司,再由销售公司统一对外批发和零售,则应当缴纳消费税税额为 10.50 万元(1×0.50 + 50×1×20%)。经过纳税筹划,该企业可降低消费税负担 1 万元(11.50 – 10.50)。

【主要法律依据】
《白酒消费税最低计税价格核定管理办法(试行)》(国税函〔2009〕380 号附件)第二条至第十条

第二条 白酒生产企业销售给销售单位的白酒,生产企业消费税计税价格低于销售单位对外销售价格(不含增值税,下同)70% 以下的,税务机关应核定消费税最低计税价格。

第三条 办法第二条销售单位是指销售公司、购销公司及委托境内其他单位或个人包销本企业生产白酒的商业机构。销售公司、购销公司是指专门购进并销售白酒生产企业生产的白酒,并与该白酒生产企业存在关联性质。包销是指销售单位依据协定价格从白酒生产企业购进白酒,同时承担大部分包装材料等成本费用,并负责销售白酒。

第四条 白酒生产企业应将各种白酒的消费税计税价格和销售单位销售价格,在主管税务机关规定的时限内填报。

第五条 白酒消费税最低计税价格由白酒生产企业自行申报,税务机关核定。

第六条 主管税务机关应将白酒生产企业申报的销售给销售单位的消费税计税价格低于销售单位对外销售价格 70% 以下、年销售额 1 000 万元以上的各种白酒，按照本办法附件2（略）的式样及要求，在规定的时限内逐级上报至国家税务总局。税务总局选择其中部分白酒核定消费税最低计税价格。

第七条 除税务总局已核定消费税最低计税价格的白酒外，其他符合本办法第二条需要核定消费税最低计税价格的白酒，消费税最低计税价格由各省、自治区、直辖市和计划单列市税务局核定。

第八条 白酒消费税最低计税价格核定标准如下：

（一）白酒生产企业销售给销售单位的白酒，生产企业消费税计税价格高于销售单位对外销售价格70%（含70%）以上的，税务机关暂不核定消费税最低计税价格。

（二）白酒生产企业销售给销售单位的白酒，生产企业消费税计税价格低于销售单位对外销售价格70%以下的，消费税最低计税价格由税务机关根据生产规模、白酒品牌、利润水平等情况在销售单位对外销售价格50%～70%范围内自行核定。其中生产规模较大，利润水平较高的企业生产的需要核定消费税最低计税价格的白酒，税务机关核价幅度原则上应选择在销售单位对外销售价格60%～70%范围内。

第九条 已核定最低计税价格的白酒，生产企业实际销售价格高于消费税最低计税价格的，按实际销售价格申报纳税；实际销售价格低于消费税最低计税价格的，按最低计税价格申报纳税。

第十条 已核定最低计税价格的白酒，销售单位对外销售价格持续上涨或下降时间达到3个月以上、累计上涨或下降幅度在20%（含）以上的白酒，税务机关重新核定最低计税价格。

第八章　土地增值税筹划实用技巧

第一节　利用土地增值税免税优惠的筹划

一、巧用土地增值税临界点

【**筹划案例165**】　某房地产开发企业建造一批普通标准住宅，取得销售收入2 500万元，根据税法规定允许扣除的项目金额为2 070万元。该项目的增值额为430万元（2 500 - 2 070×100%）；该项目增值额占扣除项目的比例为20.77%（430÷2 070×100%）。根据税法规定，应当按照30%的税率缴纳土地增值税税额为129万元（430×30%）。请提出纳税筹划方案。

如果该企业能够将销售收入降低为2 480万元，则该项目的增值额为410万元（2 480-2 070）；该项目增值额占扣除项目的比例为19.81%（410÷2 070×100%）。增值率没有超过20%，该企业可以免征土地增值税。该企业降低销售收入20万元，减轻土地增值税负担129万元。

【**筹划案例166**】　甲公司建造一栋普通标准住宅，经核算，税法规定的扣除项目金额为5 000万元，甲公司原定不含增值税销售价格为6 100万元，请为甲公司提出纳税筹划方案。

如果甲公司将该住宅按6 100万元销售，增值额为1 100万元（6 100 - 5 000），增值率为22%（1 100÷5 000×100%）。应纳土地增值税税额为330万元（1 100×30%）。如甲公司能将销售价格降低为6 000万元，此时增值额为1 000万元，增值率为20%，可以免征土地增值税。虽然甲公司销售收入减少了100万元，但其节省了330万元的土地增值税，实际上增加利润230万元。

第八章 土地增值税筹划实用技巧

【主要法律依据】

1.《中华人民共和国土地增值税暂行条例》（1993年12月13日国务院发布，2011年1月8日国务院修订，以下简称《土地增值税暂行条例》）**第七条和第八条**

第七条 土地增值税实行四级超额累进税率：

增值额未超过扣除项目金额50%的部分，税率为30%；

增值额超过扣除项目金额50%、未超过扣除项目金额100%的部分，税率为40%；

增值额超过扣除项目金额100%、未超过扣除项目金额200%的部分，税率为50%；

增值额超过扣除项目金额200%的部分，税率为60%。

第八条 有下列情形之一的，免征土地增值税：

（一）纳税人建造普通标准住宅出售，增值额未超过扣除项目金额20%的；

（二）因国家建设需要依法征用、收回的房地产。

土地增值税税率表见表8-1。

表8-1 土地增值税税率表

级数	增值额与扣除项目金额的比率	税率	速算扣除系数
1	不超过50%的部分	30%	0
2	超过50%至100%的部分	40%	5%
3	超过100%至200%的部分	50%	15%
4	超过200%的部分	60%	35%

土地增值税的计算公式为：

土地增值税应纳税额＝增值税×适用税率－扣除项目金额×速算扣除系数

2.《国务院办公厅转发建设部等部门关于做好稳定住房价格工作意见的通知》（国办发〔2005〕26号）**第五条**

五、明确享受优惠政策普通住房标准，合理引导住房建设与消费

为了合理引导住房建设与消费，大力发展省地型住房，在规划审批、土地供应以及信贷、税收等方面，对中小套型、中低价位普通住房给予优惠政

策支持。享受优惠政策的住房原则上应同时满足以下条件：住宅小区建筑容积率在 1.0 以上、单套建筑面积在 120 平方米以下、实际成交价格低于同级别土地上住房平均交易价格 1.2 倍以下。各省、自治区、直辖市要根据实际情况，制定本地区享受优惠政策普通住房的具体标准。允许单套建筑面积和价格标准适当浮动，但向上浮动的比例不得超过上述标准的 20%。各直辖市和省会城市的具体标准要报建设部、财政部、税务总局备案后，在 2005 年 5 月 31 日前公布。

二、增加土地增值税扣除项目

【筹划案例 167】 某房地产公司开发一栋普通标准住宅，房屋售价为 1 000 万元（不含增值税，下同），按照税法规定可扣除费用为 800 万元，增值额为 200 万元，增值率为 25%（200÷800×100%）。该房地产公司需要缴纳土地增值税 60 万元（200×30%）。请提出该房地产公司的纳税筹划方案。

如果该房地产公司进行纳税筹划，将该房屋进行简单装修，费用为 200 万元，房屋售价增加至 1 200 万元，则按照税法规定可扣除项目增加为 1 000 万元，增值额为 200 万元，增值率为 20%（200÷1 000×100%），不需要缴纳土地增值税。该纳税筹划降低企业土地增值税负担 60 万元。

【筹划案例 168】 甲公司建造一栋普通标准住宅，经核算，税法规定的扣除项目金额为 5 000 万元，甲公司原定不含增值税销售价格为 6 500 万元，请为甲公司提出纳税筹划方案。

如果甲公司将该住宅按 6 500 万元销售，增值额为 1 500 万元（6 500 - 5 000），增值率为 30%（1 500÷5 000×100%），应纳土地增值税 450 万元（1 500×30%）。如甲公司将销售价格降低为 6 000 万元，虽然免征了土地增值税，但仍得不偿失。甲公司可以加大对住宅的装修力度，使得扣除项目金额提高至 7 500 万元，但增值额仍保持 1 500 万元，此时的增值率为 20%（1 500÷7 500×100%）。甲公司可以免征土地增值税。

【主要法律依据】

1.《土地增值税暂行条例》第二条至第六条

第二条 转让国有土地使用权、地上的建筑物及其附着物（以下简称

"转让房地产")并取得收入的单位和个人,为土地增值税的纳税义务人(以下简称"纳税人"),应当依照本条例缴纳土地增值税。

第三条 土地增值税按照纳税人转让房地产所取得的增值额和本条例第七条规定的税率计算征收。

第四条 纳税人转让房地产所取得的收入减除本条例第六条规定扣除项目金额后的余额,为增值额。

第五条 纳税人转让房地产所取得的收入,包括货币收入、实物收入和其他收入。

第六条 计算增值额的扣除项目:

(一)取得土地使用权所支付的金额;

(二)开发土地的成本、费用;

(三)新建房及配套设施的成本、费用,或者旧房及建筑物的评估价格;

(四)与转让房地产有关的税金;

(五)财政部规定的其他扣除项目。

三、利用企业改制重组的税收优惠

【**筹划案例169**】 甲公司计划将一栋不动产转让给乙公司,由于该不动产增值较高,预计仅土地增值税一项税负就达5 000万元。请为甲公司提出纳税筹划方案。

甲公司可以在企业改制重组的大框架下进行该项交易,将不动产转让改为不动产投资,即将该处不动产出资至乙公司,持有乙公司一定份额的股权。此时即可免纳土地增值税。未来,甲公司可以通过取得股息以及转让乙公司股权等方式来获取该项投资的收益。从长期来看,与转让不动产的收益是相当的,但甲公司的税负将大大降低。

【**主要法律依据**】

《财政部 税务总局关于继续实施企业改制重组有关土地增值税政策的公告》(财政部 税务总局公告2023年第51号)

为支持企业改制重组,优化市场环境,现就继续执行有关土地增值税政策公告如下：

一、企业按照《中华人民共和国公司法》有关规定整体改制，包括非公司制企业改制为有限责任公司或股份有限公司，有限责任公司变更为股份有限公司，股份有限公司变更为有限责任公司，对改制前的企业将国有土地使用权、地上的建筑物及其附着物（以下称房地产）转移、变更到改制后的企业，暂不征收土地增值税。

本公告所称整体改制是指不改变原企业的投资主体，并承继原企业权利、义务的行为。

二、按照法律规定或者合同约定，两个或两个以上企业合并为一个企业，且原企业投资主体存续的，对原企业将房地产转移、变更到合并后的企业，暂不征收土地增值税。

三、按照法律规定或者合同约定，企业分设为两个或两个以上与原企业投资主体相同的企业，对原企业将房地产转移、变更到分立后的企业，暂不征收土地增值税。

四、单位、个人在改制重组时以房地产作价入股进行投资，对其将房地产转移、变更到被投资的企业，暂不征收土地增值税。

五、上述改制重组有关土地增值税政策不适用于房地产转移任意一方为房地产开发企业的情形。

六、改制重组后再转让房地产并申报缴纳土地增值税时，对"取得土地使用权所支付的金额"，按照改制重组前取得该宗国有土地使用权所支付的地价款和按国家统一规定缴纳的有关费用确定；经批准以国有土地使用权作价出资入股的，为作价入股时县级及以上自然资源部门批准的评估价格。按购房发票确定扣除项目金额的，按照改制重组前购房发票所载金额并从购买年度起至本次转让年度止每年加计5%计算扣除项目金额，购买年度是指购房发票所载日期的当年。

七、纳税人享受上述税收政策，应按相关规定办理。

八、本公告所称不改变原企业投资主体、投资主体相同，是指企业改制重组前后出资人不发生变动，出资人的出资比例可以发生变动；投资主体存

第八章 土地增值税筹划实用技巧

续，是指原企业出资人必须存在于改制重组后的企业，出资人的出资比例可以发生变动。

九、本公告执行至 2027 年 12 月 31 日。

特此公告。

第二节　土地增值税扣除项目的筹划

一、利息支付过程中的纳税筹划

【筹划案例 170】　某房地产企业开发一处房地产，为取得土地使用权支付 1 000 万元，为开发土地和新建房及配套设施花费 1 200 万元，财务费用中可以按转让房地产项目计算分摊利息的利息支出为 200 万元，不超过商业银行同类同期贷款利率。请确定该企业是否提供金融机构证明？

如果不提供金融机构证明，则该企业所能扣除费用的最高额为 220 万元 [（1 000 + 1 200）×10%]。如果提供金融机构证明，该企业所能扣除费用的最高额为 310 万元 [200 +（1 000 + 1 200）×5%]。可见，在这种情况下，提供金融机构证明是有利的选择。

【筹划案例 171】　某房地产企业开发一处房地产，为取得土地使用权支付 1 000 万元，为开发土地和新建房及配套设施花费 1 200 万元，财务费用中可以按转让房地产项目计算分摊利息的利息支出为 80 万元，不超过商业银行同类同期贷款利率。请确定该企业是否提供金融机构证明？

如果不提供金融机构证明，则该企业所能扣除费用的最高额为 220 万元 [（1 000 + 1 200）×10%]。如果提供金融机构证明，该企业所能扣除费用的最高额为 190 万元 [80 +（1 000 + 1 200）×5%]。可见，在这种情况下，不提供金融机构证明是有利的选择。

企业判断是否提供金融机构证明，关键在于看所发生的能够扣除的利息支出占税法规定的开发成本的比例，如果超过 5%，则提供证明比较有利，如果没有超过 5%，则不提供证明比较有利。

【主要法律依据】

《中华人民共和国土地增值税暂行条例实施细则》（财政部1995年1月27日发布，财法〔1995〕6号，以下简称《土地增值税暂行条例实施细则》）

第七条

第七条 条例第六条所列的计算增值额的扣除项目，具体为：

（一）取得土地使用权所支付的金额，是指纳税人为取得土地使用权所支付的地价款和按国家统一规定交纳的有关费用。

（二）开发土地和新建房及配套设施（以下简称"房增开发"）的成本，是指纳税人房地产开发项目实际发生的成本（以下简称"房增开发成本"），包括土地征用及拆迁补偿费、前期工程费、建筑安装工程费、基础设施费、公共配套设施费、开发间接费用。

土地征用及拆迁补偿费，包括土地征用费、耕地占用税、劳动力安置费及有关地上、地下附着物拆迁补偿的净支出、安置动迁用房支出等。

前期工程费，包括规划、设计、项目可行性研究和水文、地质、勘察、测绘、"三通一平"等支出。

建筑安装工程费，是指以出包方式支付给承包单位的建筑安装工程费，以自营方式发生的建筑安装工程费。

基础设施费，包括开发小区内道路、供水、供电、供气、排污、排洪、通讯、照明、环卫、绿化等工程发生的支出。

公共配套设施费，包括不能有偿转让的开发小区内公共配套设施发生的支出。

开发间接费用，是指直接组织、管理开发项目发生的费用，包括工资、职工福利费、折旧费、修理费、办公费、水电费、劳动保护费、周转房摊销等。

（三）开发土地和新建房及配套设施的费用（以下简称"房地产开发费用"），是指与房地产开发项目有关的销售费用、管理费用、财务费用。

财务费用中的利息支出，凡能够按转让房地产项目计算分摊并提供金融机构证明的，允许据实扣除，但最高不能超过按商业银行同类同期贷款利率计算的金额。其他房地产开发费用，按本条（一）（二）项规定计算的金额之和的5%以内计算扣除。

第八章 土地增值税筹划实用技巧

凡不能按转让房地产项目计算分摊利息支出或不能提供金融机构证明的，房地产开发费用按本条（一）（二）项规定计算的金额之和的10%以内计算扣除。

上述计算扣除的具体比例，由各省、自治区、直辖市人民政府规定。

（四）旧房及建筑物的评估价格，是指在转让已使用的房屋及建筑物时，由政府批准设立的房地产评估机构评定的重置成本价乘以成新度折扣率后的价格。评估价格须经当地税务机关确认。

（五）与转让房地产有关的税金，是指在转让房地产时缴纳的营业税、城市维护建设税、印花税。因转让房地产交纳的教育费附加，也可视同税金予以扣除。

（六）根据条例第六条（五）项规定，对从事房地产开发的纳税人可按本条（一）（二）项规定计算的金额之和，加计20%的扣除。

二、代收费用处理过程中的纳税筹划

【**筹划案例172**】 某房地产开发企业开发一套房地产，取得土地使用权支付费用300万元，土地和房地产开发成本为800万元，允许扣除的房地产开发费用为100万元，转让房地产税费为140万元，房地产出售价格为2 500万元。为当地县级人民政府代收各种费用为100万元。现在需要确定该企业是单独收取该项费用，还是并入房价收取该费用？

如果将该费用单独收取，该房地产可扣除费用1 560万元［300 + 800 + 100 + （300 + 800）× 20% + 140］；增值额为940万元（2 500 - 1 560）；增值率为60.25%（940 ÷ 1 560 × 100%）；应纳土地增值税税额为298万元（940 × 40% - 1 560 × 5%）。

如果将该费用计入房价，该房地产可扣除费用1 660万元［300 + 800 + 100 + （300 + 800）× 20% + 140 + 100］；增值额为940万元（2 500 + 100 - 1 660）；增值率为56.62%（940 ÷ 1 660 × 100%）；应纳土地增值税税额为293万元（940 × 40% - 1 660 × 5%）。该纳税筹划减轻土地增值税负担5万元（298 - 293）。

【主要法律依据】

1.《财政部　国家税务总局关于土地增值税一些具体问题规定的通知》（财税〔1995〕48号）**第六条**

六、关于地方政府要求房地产开发企业代收的费用如何计征土地增值税的问题

对于县级及县级以上人民政府要求房地产开发企业在售房时代收的各项费用，如果代收费用是计入房价中向购买方一并收取的，可作为转让房地产所取得的收入计税；如果代收费用未计入房价中，而是在房价之外单独收取的，可以不作为转让房地产的收入。

对于代收费用作为转让收入计税的，在计算扣除项目金额时，可予以扣除，但不允许作为加计20%扣除的基数；对于代收费用未作为转让房地产的收入计税的，在计算增值额时不允许扣除代收费用。

2.《财政部　国家税务总局关于营改增后契税　房产税　土地增值税　个人所得税计税依据问题的通知》（财税〔2016〕43号）

各省、自治区、直辖市、计划单列市财政厅（局）、地方税务局，西藏、宁夏、青海省（自治区）国家税务局，新疆生产建设兵团财务局：

经研究，现将营业税改征增值税后契税、房产税、土地增值税、个人所得税计税依据有关问题明确如下：

一、计征契税的成交价格不含增值税。

二、房产出租的，计征房产税的租金收入不含增值税。

三、土地增值税纳税人转让房地产取得的收入为不含增值税收入。

《中华人民共和国土地增值税暂行条例》等规定的土地增值税扣除项目涉及的增值税进项税额，允许在销项税额中计算抵扣的，不计入扣除项目，不允许在销项税额中计算抵扣的，可以计入扣除项目。

四、个人转让房屋的个人所得税应税收入不含增值税，其取得房屋时所支付价款中包含的增值税计入财产原值，计算转让所得时可扣除的税费不包括本次转让缴纳的增值税。

个人出租房屋的个人所得税应税收入不含增值税，计算房屋出租所得可

第八章 土地增值税筹划实用技巧

扣除的税费不包括本次出租缴纳的增值税。个人转租房屋的,其向房屋出租方支付的租金及增值税额,在计算转租所得时予以扣除。

五、免征增值税的,确定计税依据时,成交价格、租金收入、转让房地产取得的收入不扣减增值税额。

六、在计征上述税种时,税务机关核定的计税价格或收入不含增值税。

本通知自2016年5月1日起执行。

第三节 土地增值税核算与清算的筹划

一、开发多处房地产的纳税筹划

【筹划案例173】 某房地产公司同时开发两处位于城区的房地产,第一处房地产不含税销售额为1 000万元,扣除项目金额为400万元,第二处房地产不含税销售额为1 500万元,扣除项目金额为1 000万元。

如若分开核算,第一处房地产增值率为150%(600÷400×100%);应该缴纳土地增值税税额为240万元(600×50%﹣400×15%)。第二处房地产增值率为50%(500÷1 000×100%);应该缴纳土地增值税税额为150万元(500×30%)。不考虑其他税费,合计税负390万元(240+150)。

如若合并核算,两处房地产的出售价格为2 500万元,根据税法规定可扣除的费用为1 400万元,增值额为1 100万元,增值率为78.60%(1 100÷1 400×100%),应该缴纳土地增值税税额为370万元(1 100×40%﹣1 400×5%)。不考虑其他税费,该纳税筹划减轻税收负担20万元(390﹣370)。

【主要法律依据】

《国家税务总局关于房地产开发企业土地增值税清算管理有关问题的通知》(国税发〔2006〕187号)第一条

一、土地增值税的清算单位

土地增值税以国家有关部门审批的房地产开发项目为单位进行清算,对于分期开发的项目,以分期项目为单位清算。

开发项目中同时包含普通住宅和非普通住宅的，应分别计算增值额。

二、两次销售房地产

【筹划案例174】 某房地产公司出售一栋房屋，房屋不含增值税售价为1 000万元，该房屋进行了简单装修并安装了简单必备设施。根据相关税法的规定，该房地产开发业务允许扣除的费用为400万元，增值额为600万元。该房地产公司应该缴纳土地增值税、增值税、城市维护建设税、教育费附加和企业所得税。土地增值率为150%（600÷400×100%）。该房地产公司应当缴纳的土地增值税税额为240万元（600×50%－400×15%）。请提出该企业的纳税筹划方案。

如果进行纳税筹划，该房地产公司将该房屋的出售分为两份合同：第一份合同为房屋出售合同，不包括装修费用，房屋不含增值税出售价格为700万元，允许扣除的成本为300万元；第二份合同为房屋装修合同，不含增值税装修费用为300万元，允许扣除的成本为100万元。则土地增值率为133%（400÷300×100%）。该房地产公司应缴纳的土地增值税税额为155万元（400×50%－300×15%）。两份合同分别由两家独立的公司承担，经过纳税筹划，该房地产公司减轻土地增值税负担85万元（240－155）。

【主要法律依据】

《土地增值税暂行条例实施细则》第十条

第十条 条例第七条所列四级超率累进税率，每级"增值额未超过扣除项目金额"的比例，均包括本比例数。

计算土地增值税税额，可按增值额乘以适用的税率减去扣除项目金额乘以速算扣除系数的简便方法计算，具体公式如下：

（一）增值额未超过扣除项目金额50%

$$土地增值税税额 = 增值额 \times 30\%$$

（二）增值额超过扣除项目金额50%，未超过100%

$$土地增值税税额 = 增值额 \times 40\% - 扣除项目金额 \times 5\%$$

（三）增值额超过扣除项目金额100%，未超过200%

$$土地增值税税额 = 增值额 \times 50\% - 扣除项目金额 \times 15\%$$

第八章 土地增值税筹划实用技巧

（四）增值额超过扣除项目金额200%

土地增值税税额 = 增值额 × 60% − 扣除项目金额 × 35%

公式中的5%、15%、35%为速算扣除系数。

三、土地增值税清算中的纳税筹划

【筹划案例175】 某房地产开发企业2022年1月取得房产销售许可证，开始销售房产。2023年年底，该企业已经销售了86%的房产，经过内部初步核算，需要缴纳的土地增值税税额为8 000万元。目前，该企业已经预缴的土地增值税税额为2 000万元。该企业应当如何进行纳税筹划？

根据《国家税务总局关于房地产开发企业土地增值税清算管理有关问题的通知》（国税发〔2006〕187号）的规定，已竣工验收的房地产开发项目，已转让的房地产建筑面积占整个项目可售建筑面积的比例在85%以上的，主管税务机关可要求纳税人进行土地增值税清算。如果该企业进行土地增值税清算，则需要在2024年年初补缴6 000万元的税款。如果该企业有意控制房产销售的速度和规模，将销售比例控制在84%，剩余的房产可以留待以后销售或者用于出租，这样，该企业就可以避免在2024年年初进行土地增值税的清算，可以将清算时间推迟到2025年年初，这样就相当于该企业获得了6 000万元资金的1年期无息贷款。假设1年期资金成本为8%，则该纳税筹划为企业节约利息480万元（6 000 × 8%）。

【主要法律依据】

1.《国家税务总局关于房地产开发企业土地增值税清算管理有关问题的通知》（国税发〔2006〕187号）

各省、自治区、直辖市和计划单列市地方税务局，西藏、宁夏自治区国家税务局：

为进一步加强房地产开发企业土地增值税清算管理工作，根据《中华人民共和国税收征收管理法》《中华人民共和国土地增值税暂行条例》及有关规定，现就有关问题通知如下：

一、土地增值税的清算单位

土地增值税以国家有关部门审批的房地产开发项目为单位进行清算，对于分期开发的项目，以分期项目为单位清算。

开发项目中同时包含普通住宅和非普通住宅的，应分别计算增值额。

二、土地增值税的清算条件

（一）符合下列情形之一的，纳税人应进行土地增值税的清算：

1.房地产开发项目全部竣工、完成销售的；

2.整体转让未竣工决算房地产开发项目的；

3.直接转让土地使用权的。

（二）符合下列情形之一的，主管税务机关可要求纳税人进行土地增值税清算：

1.已竣工验收的房地产开发项目，已转让的房地产建筑面积占整个项目可售建筑面积的比例在85%以上，或该比例虽未超过85%，但剩余的可售建筑面积已经出租或自用的；

2.取得销售（预售）许可证满三年仍未销售完毕的；

3.纳税人申请注销税务登记但未办理土地增值税清算手续的；

4.省税务机关规定的其他情况。

三、非直接销售和自用房地产的收入确定

（一）房地产开发企业将开发产品用于职工福利、奖励、对外投资、分配给股东或投资人、抵偿债务、换取其他单位和个人的非货币性资产等，发生所有权转移时应视同销售房地产，其收入按下列方法和顺序确认：

1.按本企业在同一地区、同一年度销售的同类房地产的平均价格确定；

2.由主管税务机关参照当地当年、同类房地产的市场价格或评估价值确定。

（二）房地产开发企业将开发的部分房地产转为企业自用或用于出租等商业用途时，如果产权未发生转移，不征收土地增值税，在税款清算时不列收入，不扣除相应的成本和费用。

四、土地增值税的扣除项目

（一）房地产开发企业办理土地增值税清算时计算与清算项目有关的扣除项目金额，应根据土地增值税暂行条例第六条及其实施细则第七条的规定执行。除另有规定外，扣除取得土地使用权所支付的金额、房地产开发成本、费用及与转让房地产有关税金，须提供合法有效凭证；不能提供合法有效凭

第八章 土地增值税筹划实用技巧

证的,不予扣除。

(二)房地产开发企业办理土地增值税清算所附送的前期工程费、建筑安装工程费、基础设施费、开发间接费用的凭证或资料不符合清算要求或不实的,税务机关可参照当地建设工程造价管理部门公布的建安造价定额资料,结合房屋结构、用途、区位等因素,核定上述四项开发成本的单位面积金额标准,并据以计算扣除。具体核定方法由省税务机关确定。

(三)房地产开发企业开发建造的与清算项目配套的居委会和派出所用房、会所、停车场(库)、物业管理场所、变电站、热力站、水厂、文体场馆、学校、幼儿园、托儿所、医院、邮电通讯等公共设施,按以下原则处理:

1.建成后产权属于全体业主所有的,其成本、费用可以扣除;

2.建成后无偿移交给政府、公用事业单位用于非营利性社会公共事业的,其成本、费用可以扣除;

3.建成后有偿转让的,应计算收入,并准予扣除成本、费用。

(四)房地产开发企业销售已装修的房屋,其装修费用可以计入房地产开发成本。

房地产开发企业的预提费用,除另有规定外,不得扣除。

(五)属于多个房地产项目共同的成本费用,应按清算项目可售建筑面积占多个项目可售总建筑面积的比例或其他合理的方法,计算确定清算项目的扣除金额。

五、土地增值税清算应报送的资料

符合本通知第二条第(一)项规定的纳税人,须在满足清算条件之日起90日内到主管税务机关办理清算手续;符合本通知第二条第(二)项规定的纳税人,须在主管税务机关限定的期限内办理清算手续。

纳税人办理土地增值税清算应报送以下资料:

(一)房地产开发企业清算土地增值税书面申请、土地增值税纳税申报表;

(二)项目竣工决算报表、取得土地使用权所支付的地价款凭证、国有土地使用权出让合同、银行贷款利息结算通知单、项目工程合同结算单、商品房购销合同统计表等与转让房地产的收入、成本和费用有关的证明资料;

(三)主管税务机关要求报送的其他与土地增值税清算有关的证明资料等。

纳税人委托税务中介机构审核鉴证的清算项目，还应报送中介机构出具的《土地增值税清算税款鉴证报告》。

六、土地增值税清算项目的审核鉴证

税务中介机构受托对清算项目审核鉴证时，应按税务机关规定的格式对审核鉴证情况出具鉴证报告。对符合要求的鉴证报告，税务机关可以采信。

税务机关要对从事土地增值税清算鉴证工作的税务中介机构在准入条件、工作程序、鉴证内容、法律责任等方面提出明确要求，并做好必要的指导和管理工作。

七、土地增值税的核定征收

房地产开发企业有下列情形之一的，税务机关可以参照与其开发规模和收入水平相近的当地企业的土地增值税税负情况，按不低于预征率的征收率核定征收土地增值税：

（一）依照法律、行政法规的规定应当设置但未设置账簿的；

（二）擅自销毁账簿或者拒不提供纳税资料的；

（三）虽设置账簿，但账目混乱或者成本资料、收入凭证、费用凭证残缺不全，难以确定转让收入或扣除项目金额的；

（四）符合土地增值税清算条件，未按照规定的期限办理清算手续，经税务机关责令限期清算，逾期仍不清算的；

（五）申报的计税依据明显偏低，又无正当理由的。

八、清算后再转让房地产的处理

在土地增值税清算时未转让的房地产，清算后销售或有偿转让的，纳税人应按规定进行土地增值税的纳税申报，扣除项目金额按清算时的单位建筑面积成本费用乘以销售或转让面积计算。

单位建筑面积成本费用＝清算时的扣除项目总金额÷清算的总建筑面积

本通知自2007年2月1日起执行。各省税务机关可依据本通知的规定并结合当地实际情况制定具体清算管理办法。

2.《土地增值税清算管理规程》（国税发〔2009〕91号发布）

第一章 总 则

第一条 为了加强土地增值税征收管理，规范土地增值税清算工作，

第八章 土地增值税筹划实用技巧

根据《中华人民共和国税收征收管理法》及其实施细则、《中华人民共和国土地增值税暂行条例》及其实施细则等规定，制定本规程（以下简称"《规程》"）。

第二条 《规程》适用于房地产开发项目土地增值税清算工作。

第三条 《规程》所称土地增值税清算，是指纳税人在符合土地增值税清算条件后，依照税收法律、法规及土地增值税有关政策规定，计算房地产开发项目应缴纳的土地增值税税额，并填写《土地增值税清算申报表》，向主管税务机关提供有关资料，办理土地增值税清算手续，结清该房地产项目应缴纳土地增值税税款的行为。

第四条 纳税人应当如实申报应缴纳的土地增值税税额，保证清算申报的真实性、准确性和完整性。

第五条 税务机关应当为纳税人提供优质纳税服务，加强土地增值税政策宣传辅导。

主管税务机关应及时对纳税人清算申报的收入、扣除项目金额、增值额、增值率以及税款计算等情况进行审核，依法征收土地增值税。

第二章 前期管理

第六条 主管税务机关应加强房地产开发项目的日常税收管理，实施项目管理。主管税务机关应从纳税人取得土地使用权开始，按项目分别建立档案、设置台账，对纳税人项目立项、规划设计、施工、预售、竣工验收、工程结算、项目清盘等房地产开发全过程情况实行跟踪监控，做到税务管理与纳税人项目开发同步。

第七条 主管税务机关对纳税人项目开发期间的会计核算工作应当积极关注，对纳税人分期开发项目或者同时开发多个项目的，应督促纳税人根据清算要求按不同期间和不同项目合理归集有关收入、成本、费用。

第八条 对纳税人分期开发项目或者同时开发多个项目的，有条件的地区，主管税务机关可结合发票管理规定，对纳税人实施项目专用票据管理措施。

第三章 清算受理

第九条 纳税人符合下列条件之一的，应进行土地增值税的清算。

（一）房地产开发项目全部竣工、完成销售的；

（二）整体转让未竣工决算房地产开发项目的；

（三）直接转让土地使用权的。

第十条 对符合以下条件之一的，主管税务机关可要求纳税人进行土地增值税清算。

（一）已竣工验收的房地产开发项目，已转让的房地产建筑面积占整个项目可售建筑面积的比例在85%以上，或该比例虽未超过85%，但剩余的可售建筑面积已经出租或自用的；

（二）取得销售（预售）许可证满三年仍未销售完毕的；

（三）纳税人申请注销税务登记但未办理土地增值税清算手续的；

（四）省（自治区、直辖市、计划单列市）税务机关规定的其他情况。

对前款所列第（3）项情形，应在办理注销登记前进行土地增值税清算。

第十一条 对于符合本规程第九条规定，应进行土地增值税清算的项目，纳税人应当在满足条件之日起90日内到主管税务机关办理清算手续。对于符合本规程第十条规定税务机关可要求纳税人进行土地增值税清算的项目，由主管税务机关确定是否进行清算；对于确定需要进行清算的项目，由主管税务机关下达清算通知，纳税人应当在收到清算通知之日起90日内办理清算手续。

应进行土地增值税清算的纳税人或经主管税务机关确定需要进行清算的纳税人，在上述规定的期限内拒不清算或不提供清算资料的，主管税务机关可依据《中华人民共和国税收征收管理法》有关规定处理。

第十二条 纳税人清算土地增值税时应提供的清算资料

（一）土地增值税清算表及其附表（各地可根据本地实际情况制定）。

（二）房地产开发项目清算说明，主要内容应包括房地产开发项目立项、用地、开发、销售、关联方交易、融资、税款缴纳等基本情况及主管税务机关需要了解的其他情况。

（三）项目竣工决算报表、取得土地使用权所支付的地价款凭证、国有土地使用权出让合同、银行贷款利息结算通知单、项目工程合同结算单、商品房购销合同统计表、销售明细表、预售许可证等与转让房地产的收入、成本和费用有关的证明资料。主管税务机关需要相应项目记账凭证的，纳税人还应提供记账凭证复印件。

（四）纳税人委托税务中介机构审核鉴证的清算项目，还应报送中介机构出具的《土地增值税清算税款鉴证报告》。

第十三条 主管税务机关收到纳税人清算资料后，对符合清算条件的项目，且报送的清算资料完备的，予以受理；对纳税人符合清算条件、但报送的清算资料不全的，应要求纳税人在规定限期内补报，纳税人在规定的期限内补齐清算资料后，予以受理；对不符合清算条件的项目，不予受理。上述具体期限由各省、自治区、直辖市、计划单列市税务机关确定。主管税务机关已受理的清算申请，纳税人无正当理由不得撤销。

第十四条 主管税务机关按照本规程第六条进行项目管理时，对符合税务机关可要求纳税人进行清算情形的，应当作出评估，并经分管领导批准，确定何时要求纳税人进行清算的时间。对确定暂不通知清算的，应继续做好项目管理，每年作出评估，及时确定清算时间并通知纳税人办理清算。

第十五条 主管税务机关受理纳税人清算资料后，应在一定期限内及时组织清算审核。具体期限由各省、自治区、直辖市、计划单列市税务机关确定。

第四章 清算审核

第十六条 清算审核包括案头审核、实地审核。

案头审核是指对纳税人报送的清算资料进行数据、逻辑审核，重点审核项目归集的一致性、数据计算准确性等。

实地审核是指在案头审核的基础上，通过对房地产开发项目实地查验等方式，对纳税人申报情况的客观性、真实性、合理性进行审核。

第十七条 清算审核时，应审核房地产开发项目是否以国家有关部门审批、备案的项目为单位进行清算；对于分期开发的项目，是否以分期项目为单位清算；对不同类型房地产是否分别计算增值额、增值率，缴纳土地增值税。

第十八条 审核收入情况时，应结合销售发票、销售合同（含房管部门网上备案登记资料）、商品房销售（预售）许可证、房产销售分户明细表及其他有关资料，重点审核销售明细表、房地产销售面积与项目可售面积的数据关联性，以核实计税收入；对销售合同所载商品房面积与有关部门实际测量面积不一致，而发生补、退房款的收入调整情况进行审核；对销售价格进行评估，审核有无价格明显偏低情况。

必要时，主管税务机关可通过实地查验，确认有无少计、漏计事项，确认有无将开发产品用于职工福利、奖励、对外投资、分配给股东或投资人、抵偿债务、换取其他单位和个人的非货币性资产等情况。

第十九条　非直接销售和自用房地产的收入确定

（一）房地产开发企业将开发产品用于职工福利、奖励、对外投资、分配给股东或投资人、抵偿债务、换取其他单位和个人的非货币性资产等，发生所有权转移时应视同销售房地产，其收入按下列方法和顺序确认：按本企业在同一地区、同一年度销售的同类房地产的平均价格确定；由主管税务机关参照当地当年、同类房地产的市场价格或评估价值确定。

（二）房地产开发企业将开发的部分房地产转为企业自用或用于出租等商业用途时，如果产权未发生转移，不征收土地增值税，在税款清算时不列收入，不扣除相应的成本和费用。

第二十条　土地增值税扣除项目审核的内容包括：

（一）取得土地使用权所支付的金额。

（二）房地产开发成本，包括：土地征用及拆迁补偿费、前期工程费、建筑安装工程费、基础设施费、公共配套设施费、开发间接费用。

（三）房地产开发费用。

（四）与转让房地产有关的税金。

（五）国家规定的其他扣除项目。

第二十一条　审核扣除项目是否符合下列要求：

（一）在土地增值税清算中，计算扣除项目金额时，其实际发生的支出应当取得但未取得合法凭据的不得扣除。

（二）扣除项目金额中所归集的各项成本和费用，必须是实际发生的。

（三）扣除项目金额应当准确地在各扣除项目中分别归集，不得混淆。

（四）扣除项目金额中所归集的各项成本和费用必须是在清算项目开发中直接发生的或应当分摊的。

（五）纳税人分期开发项目或者同时开发多个项目的，或者同一项目中建

第八章 土地增值税筹划实用技巧

造不同类型房地产的,应按照受益对象,采用合理的分配方法,分摊共同的成本费用。

(六)对同一类事项,应当采取相同的会计政策或处理方法。会计核算与税务处理规定不一致的,以税务处理规定为准。

第二十二条 审核取得土地使用权支付金额和土地征用及拆迁补偿费时应当重点关注:

(一)同一宗土地有多个开发项目,是否予以分摊,分摊办法是否合理、合规,具体金额的计算是否正确。

(二)是否存在将房地产开发费用记入取得土地使用权支付金额以及土地征用及拆迁补偿费的情形。

(三)拆迁补偿费是否实际发生,尤其是支付给个人的拆迁补偿款、拆迁(回迁)合同和签收花名册或签收凭证是否一一对应。

第二十三条 审核前期工程费、基础设施费时应当重点关注:

(一)前期工程费、基础设施费是否真实发生,是否存在虚列情形。

(二)是否将房地产开发费用记入前期工程费、基础设施费。

(三)多个(或分期)项目共同发生的前期工程费、基础设施费,是否按项目合理分摊。

第二十四条 审核公共配套设施费时应当重点关注:

(一)公共配套设施的界定是否准确,公共配套设施费是否真实发生,有无预提的公共配套设施费情况。

(二)是否将房地产开发费用记入公共配套设施费。

(三)多个(或分期)项目共同发生的公共配套设施费,是否按项目合理分摊。

第二十五条 审核建筑安装工程费时应当重点关注:

(一)发生的费用是否与决算报告、审计报告、工程结算报告、工程施工合同记载的内容相符。

(二)房地产开发企业自购建筑材料时,自购建材费用是否重复计算扣除项目。

(三)参照当地当期同类开发项目单位平均建安成本或当地建设部门公布的单位定额成本,验证建筑安装工程费支出是否存在异常。

（四）房地产开发企业采用自营方式自行施工建设的，还应当关注有无虚列、多列施工人工费、材料费、机械使用费等情况。

（五）建筑安装发票是否在项目所在地税务机关开具。

第二十六条　审核开发间接费用时应当重点关注：

（一）是否存在将企业行政管理部门（总部）为组织和管理生产经营活动而发生的管理费用记入开发间接费用的情形。

（二）开发间接费用是否真实发生，有无预提开发间接费用的情况，取得的凭证是否合法有效。

第二十七条　审核利息支出时应当重点关注：

（一）是否将利息支出从房地产开发成本中调整至开发费用。

（二）分期开发项目或者同时开发多个项目的，其取得的一般性贷款的利息支出，是否按照项目合理分摊。

（三）利用闲置专项借款对外投资取得收益，其收益是否冲减利息支出。

第二十八条　代收费用的审核。

对于县级以上人民政府要求房地产开发企业在售房时代收的各项费用，审核其代收费用是否计入房价并向购买方一并收取；当代收费用计入房价时，审核有无将代收费用计入加计扣除以及房地产开发费用计算基数的情形。

第二十九条　关联方交易行为的审核。

在审核收入和扣除项目时，应重点关注关联企业交易是否按照公允价值和营业常规进行业务往来。

应当关注企业大额应付款余额，审核交易行为是否真实。

第三十条　纳税人委托中介机构审核鉴证的清算项目，主管税务机关应当采取适当方法对有关鉴证报告的合法性、真实性进行审核。

第三十一条　对纳税人委托中介机构审核鉴证的清算项目，主管税务机关未采信或部分未采信鉴证报告的，应当告知其理由。

第三十二条　土地增值税清算审核结束，主管税务机关应当将审核结果书面通知纳税人，并确定办理补、退税期限。

第五章　核定征收

第三十三条　在土地增值税清算过程中，发现纳税人符合核定征收条件的，应按核定征收方式对房地产项目进行清算。

第三十四条 在土地增值税清算中符合以下条件之一的，可实行核定征收。

（一）依照法律、行政法规的规定应当设置但未设置账簿的；

（二）擅自销毁账簿或者拒不提供纳税资料的；

（三）虽设置账簿，但账目混乱或者成本资料、收入凭证、费用凭证残缺不全，难以确定转让收入或扣除项目金额的；

（四）符合土地增值税清算条件，企业未按照规定的期限办理清算手续，经税务机关责令限期清算，逾期仍不清算的；

（五）申报的计税依据明显偏低，又无正当理由的。

第三十五条 符合上述核定征收条件的，由主管税务机关发出核定征收的税务事项告知书后，税务人员对房地产项目开展土地增值税核定征收核查，经主管税务机关审核合议，通知纳税人申报缴纳应补缴税款或办理退税。

第三十六条 对于分期开发的房地产项目，各期清算的方式应保持一致。

第六章 其 他

第三十七条 土地增值税清算资料应按照档案化管理的要求，妥善保存。

第三十八条 本规程自2009年6月1日起施行，各省（自治区、直辖市、计划单列市）税务机关可结合本地实际，对本规程进行进一步细化。

第九章 契税筹划实用技巧

第一节 契税征税范围的筹划

一、将房地产出售改为房地产出租

【筹划案例176】 甲公司准备购置一处房地产用于经营,房地产不含增值税购置价格为1 000万元,当地适用契税税率为3%。如甲公司长期租赁该处不动产,每年不含增值税租金为50万元。甲公司应购置不动产还是租赁不动产?

按照国际公认的合理售租比(1∶250),甲公司购置该处房地产与租赁该处不动产的成本基本是一致的,在不考虑房地产升值或贬值以及甲公司未来经营风险等前提下,甲公司应在比较购置房地产和租赁房地产的税收负担后作出选择。

如甲公司购置房地产,需要缴纳契税税额为30万元(1 000×3%);如甲公司租赁房地产,不需要缴纳契税。甲公司购置房地产的成本可以在企业所得税税前扣除;甲公司租赁房地产的成本同样可以在企业所得税税前扣除,两者的税收待遇基本一致。甲公司购置房地产后需要每年缴纳房产税和城镇土地使用税;甲公司租赁房地产不需要缴纳房产税和城镇土地使用税。

综合来看,甲公司租赁房地产的税负较轻。

【主要法律依据】

1.《**中华人民共和国契税法**》(2020年8月11日第十三届全国人民代表大会常务委员会第二十一次会议通过,以下简称《契税法》)**第一条和第三条**

第一条 在中华人民共和国境内转移土地、房屋权属,承受的单位和个

第九章 契税筹划实用技巧

人为契税的纳税人,应当依照本法规定缴纳契税。

第三条 契税税率为百分之三至百分之五。

契税的具体适用税率,由省、自治区、直辖市人民政府在前款规定的税率幅度内提出,报同级人民代表大会常务委员会决定,并报全国人民代表大会常务委员会和国务院备案。

省、自治区、直辖市可以依照前款规定的程序对不同主体、不同地区、不同类型的住房的权属转移确定差别税率。

2.《财政部 税务总局关于贯彻实施契税法若干事项执行口径的公告》(财政部 税务总局公告2021年第23号)**第五条**

五、关于纳税凭证、纳税信息和退税

(一)具有土地、房屋权属转移合同性质的凭证包括契约、协议、合约、单据、确认书以及其他凭证。

(二)不动产登记机构在办理土地、房屋权属登记时,应当依法查验土地、房屋的契税完税、减免税、不征税等涉税凭证或者有关信息。

(三)税务机关应当与相关部门建立契税涉税信息共享和工作配合机制。具体转移土地、房屋权属有关的信息包括:自然资源部门的土地出让、转让、征收补偿、不动产权属登记等信息,住房城乡建设部门的房屋交易等信息,民政部门的婚姻登记、社会组织登记等信息,公安部门的户籍人口基本信息。

(四)纳税人缴纳契税后发生下列情形,可依照有关法律法规申请退税:

1.因人民法院判决或者仲裁委员会裁决导致土地、房屋权属转移行为无效、被撤销或者被解除,且土地、房屋权属变更至原权利人的;

2.在出让土地使用权交付时,因容积率调整或实际交付面积小于合同约定面积需退还土地出让价款的;

3.在新建商品房交付时,因实际交付面积小于合同约定面积需返还房价款的。

二、将房地产出售转变为公司股权转让

【筹划案例177】 张先生手中有若干闲置资金,计划以个人名义在某商业圈购置两处商铺,对外出租,价格合适时再对外出售。

假设两处商铺性质完全相同,市场价合计为1 000万元。购置后出租,每年取得租金100万元。5年之后张先生以1 500万元的价格将两处商铺出售。当地契税适用税率为3%。个人转让不动产,土地增值税按3%核定征收,不动产转让适用增值税税率9%,不动产租赁适用增值税征收率5%。

以张先生的名义购置商铺,需要缴纳的契税税额为27.52万元[1 000÷(1+9%)×3%]。

张先生出租商铺取得租金,需要缴纳的增值税、城市维护建设税、教育费附加和地方教育附加税额为5.33万元[100÷(1+5%)×5%×(1+7%+3%+2%)]。

张先生出租商铺取得租金,需要缴纳的房产税税额为11.43万元[100÷(1+5%)×12%]。

张先生出租商铺取得租金,需要缴纳的个人所得税税额为13.41万元[100÷(1+5%)-11.43]×(1-20%)×20%]。

5年后张先生出售商铺,需要缴纳的增值税及其附加税额为28.62万元{[1 500÷(1+5%)-1 000÷(1+9%)]×5%×(1+7%+3%+2%)}。

5年后张先生出售商铺,需要缴纳的土地增值税税额为42.86万元[1 500÷(1+5%)×3%]。

5年后张先生出售商铺,需要缴纳的个人所得税税额为71.64万元{[1 500÷(1+5%)-1 000-27.52-42.86]×20%}。

5年后张先生出售商铺,购买方需要缴纳的契税税额为42.86万元[1 500÷(1+5%)×3%]。

以上合计纳税243.67万元(27.52+5.33+11.43+13.41+28.62+42.86+71.64+42.86)。

如果张先生设立张氏投资公司,张氏投资公司之下设立甲、乙两家公司,每家公司各购置一处商铺,以公司名义经营和转让商铺。

甲、乙公司购置商铺,需要缴纳的契税税额为27.52万元[1 000÷(1+9%)×3%]。

甲、乙公司出租商铺取得租金,需要缴纳的增值税及其附加税额为5.33万元[100÷(1+5%)×5%×(1+7%+3%+2%)]。

甲、乙公司出租商铺取得租金,需要缴纳的房产税税额为11.43万元

第九章 契税筹划实用技巧

［100÷（1+5%）×12%］。

甲、乙公司出租商铺取得租金，需要缴纳的企业所得税税额为4.19万元｛［100÷（1+5%）-11.43］×25%×20%｝。

张氏投资公司以1 500万元的价格转让甲、乙公司的股权。在转让之前，先将甲、乙公司的未分配利润全部分配给张氏投资公司。假设甲、乙公司的实收资本等于购置两处商铺的金额，即1 000万元。

张氏投资公司分2年转让甲、乙公司的股权，第1年应纳税所得额为250万元（750-500）；应纳企业所得税税额为12.5万元［250×25%×20%］；2年合计缴纳企业所得税税额为25万元（12.5×2）。

以上合计纳税73.48万元（27.52+5.33+11.43+4.19+25），节税170.19万元。

【主要法律依据】

1.《契税法》第二条

第二条 本法所称转移土地、房屋权属，是指下列行为：

（一）土地使用权出让；

（二）土地使用权转让，包括出售、赠与、互换；

（三）房屋买卖、赠与、互换。

前款第二项土地使用权转让，不包括土地承包经营权和土地经营权的转移。

以作价投资（入股）、偿还债务、划转、奖励等方式转移土地、房屋权属的，应当依照本法规定征收契税。

2.《财政部　税务总局关于贯彻实施契税法若干事项执行口径的公告》（财政部　税务总局公告2021年第23号）**第一条**

一、关于土地、房屋权属转移

（一）征收契税的土地、房屋权属，具体为土地使用权、房屋所有权。

（二）下列情形发生土地、房屋权属转移的，承受方应当依法缴纳契税：

1.因共有不动产份额变化的；

2.因共有人增加或者减少的；

3.因人民法院、仲裁委员会的生效法律文书或者监察机关出具的监察文书等因素，发生土地、房屋权属转移的。

三、利用企业改制重组的契税优惠

【筹划案例178】 赵先生准备用自己名下的一处价值1 000万元的商用房投资设立一家一人有限责任公司,已知当地契税税率为3%,请为赵先生提出契税的纳税筹划方案。

如果直接投资,该有限责任公司需要缴纳契税税额为30万元(1 000×3%)。如赵先生先成立一家一人有限责任公司,然后将自己名下的商用房划转至该一人有限责任公司,则可以免于缴纳30万元的契税。

【主要法律依据】

1.《财政部 税务总局关于继续执行企业 事业单位改制重组有关契税政策的公告》(财政部 税务总局公告2021年第17号)

为支持企业、事业单位改制重组,优化市场环境,现就继续执行有关契税政策公告如下:

一、企业改制

企业按照《中华人民共和国公司法》有关规定整体改制,包括非公司制企业改制为有限责任公司或股份有限公司,有限责任公司变更为股份有限公司,股份有限公司变更为有限责任公司,原企业投资主体存续并在改制(变更)后的公司中所持股权(股份)比例超过75%,且改制(变更)后公司承继原企业权利、义务的,对改制(变更)后公司承受原企业土地、房屋权属,免征契税。

二、事业单位改制

事业单位按照国家有关规定改制为企业,原投资主体存续并在改制后企业中出资(股权、股份)比例超过50%的,对改制后企业承受原事业单位土地、房屋权属,免征契税。

三、公司合并

两个或两个以上的公司,依照法律规定、合同约定,合并为一家公司,且原投资主体存续的,对合并后公司承受原合并各方土地、房屋权属,免征契税。

四、公司分立

公司依照法律规定、合同约定分立为两个或两个以上与原公司投资主体

第九章 契税筹划实用技巧

相同的公司，对分立后公司承受原公司土地、房屋权属，免征契税。

五、企业破产

企业依照有关法律法规规定实施破产，债权人（包括破产企业职工）承受破产企业抵偿债务的土地、房屋权属，免征契税；对非债权人承受破产企业土地、房屋权属，凡按照《中华人民共和国劳动法》等国家有关法律法规政策妥善安置原企业全部职工规定，与原企业全部职工签订服务年限不少于三年的劳动用工合同的，对其承受所购企业土地、房屋权属，免征契税；与原企业超过30%的职工签订服务年限不少于三年的劳动用工合同的，减半征收契税。

六、资产划转

对承受县级以上人民政府或国有资产管理部门按规定进行行政性调整、划转国有土地、房屋权属的单位，免征契税。

同一投资主体内部所属企业之间土地、房屋权属的划转，包括母公司与其全资子公司之间，同一公司所属全资子公司之间，同一自然人与其设立的个人独资企业、一人有限公司之间土地、房屋权属的划转，免征契税。

母公司以土地、房屋权属向其全资子公司增资，视同划转，免征契税。

七、债权转股权

经国务院批准实施债权转股权的企业，对债权转股权后新设立的公司承受原企业的土地、房屋权属，免征契税。

八、划拨用地出让或作价出资

以出让方式或国家作价出资（入股）方式承受原改制重组企业、事业单位划拨用地的，不属上述规定的免税范围，对承受方应按规定征收契税。

九、公司股权（股份）转让

在股权（股份）转让中，单位、个人承受公司股权（股份），公司土地、房屋权属不发生转移，不征收契税。

十、有关用语含义

本公告所称企业、公司，是指依照我国有关法律法规设立并在中国境内注册的企业、公司。

本公告所称投资主体存续，是指原改制重组企业、事业单位的出资人必须存在于改制重组后的企业，出资人的出资比例可以发生变动。

本公告所称投资主体相同，是指公司分立前后出资人不发生变动，出资人的出资比例可以发生变动。

十一、本公告自2021年1月1日起至2023年12月31日执行。自执行之日起，企业、事业单位在改制重组过程中，符合本公告规定但已缴纳契税的，可申请退税；涉及的契税尚未处理且符合本公告规定的，可按本公告执行。

2.《财政部 税务总局关于继续实施企业 事业单位改制重组有关契税政策的公告》（财政部 税务总局公告2023年第49号）

为支持企业、事业单位改制重组，优化市场环境，现就继续实施有关契税政策公告如下：

一、企业改制

企业按照《中华人民共和国公司法》有关规定整体改制，包括非公司制企业改制为有限责任公司或股份有限公司，有限责任公司变更为股份有限公司，股份有限公司变更为有限责任公司，原企业投资主体存续并在改制（变更）后的公司中所持股权（股份）比例超过75%，且改制（变更）后公司承继原企业权利、义务的，对改制（变更）后公司承受原企业土地、房屋权属，免征契税。

二、事业单位改制

事业单位按照国家有关规定改制为企业，原投资主体存续并在改制后企业中出资（股权、股份）比例超过50%的，对改制后企业承受原事业单位土地、房屋权属，免征契税。

三、公司合并

两个或两个以上的公司，依照法律规定、合同约定，合并为一家公司，且原投资主体存续的，对合并后公司承受原合并各方土地、房屋权属，免征契税。

四、公司分立

公司依照法律规定、合同约定分立为两个或两个以上与原公司投资主体相同的公司，对分立后公司承受原公司土地、房屋权属，免征契税。

第九章 契税筹划实用技巧

五、企业破产

企业依照有关法律法规规定实施破产，债权人（包括破产企业职工）承受破产企业抵偿债务的土地、房屋权属，免征契税；对非债权人承受破产企业土地、房屋权属，凡按照《中华人民共和国劳动法》等国家有关法律法规政策妥善安置原企业全部职工规定，与原企业全部职工签订服务年限不少于三年的劳动用工合同的，对其承受所购企业土地、房屋权属，免征契税；与原企业超过30%的职工签订服务年限不少于三年的劳动用工合同的，减半征收契税。

六、资产划转

对承受县级以上人民政府或国有资产管理部门按规定进行行政性调整、划转国有土地、房屋权属的单位，免征契税。

同一投资主体内部所属企业之间土地、房屋权属的划转，包括母公司与其全资子公司之间，同一公司所属全资子公司之间，同一自然人与其设立的个人独资企业、一人有限公司之间土地、房屋权属的划转，免征契税。

母公司以土地、房屋权属向其全资子公司增资，视同划转，免征契税。

七、债权转股权

经国务院批准实施债权转股权的企业，对债权转股权后新设立的公司承受原企业的土地、房屋权属，免征契税。

八、划拨用地出让或作价出资

以出让方式或国家作价出资（入股）方式承受原改制重组企业、事业单位划拨用地的，不属上述规定的免税范围，对承受方应按规定征收契税。

九、公司股权（股份）转让

在股权（股份）转让中，单位、个人承受公司股权（股份），公司土地、房屋权属不发生转移，不征收契税。

十、有关用语含义

本公告所称企业、公司，是指依照我国有关法律法规设立并在中国境内注册的企业、公司。

本公告所称投资主体存续，企业改制重组的，是指原改制重组企业的出资人必须存在于改制重组后的企业；事业单位改制的，是指履行国有资产出资人职责的单位必须存在于改制后的企业。出资人的出资比例可以发生变动。

本公告所称投资主体相同,是指公司分立前后出资人不发生变动,出资人的出资比例可以发生变动。

十一、本公告执行期限为2024年1月1日至2027年12月31日。

特此公告。

第二节 契税税率与计税依据的筹划

一、利用房产交换契税优惠

【筹划案例179】 李先生在甲市A区拥有一套价值500万元的房产,为子女上学方便,他准备在B区购置一套价值600万元的学区房,未来还准备将该学区房再以700万元的价格售出,在C区以800万元购置一套别墅,已知当地契税税率为4%。仅考虑契税,不考虑其他税费。

上述三次房产交易,交易当事人合计需要缴纳契税税额为84万元〔(600+700+800)×4%〕。

如李先生可以找到合适的房源,可以考虑用A区的房产换购B区的房产,支付100万元差价,未来再用B区房产换购C区别墅,支付100万元差价,合计仅需缴纳契税税额为8万元。

通过纳税筹划,减轻契税负担76万元(84-8)。

【主要法律依据】

《契税法》第四条

第四条 契税的计税依据:

(一)土地使用权出让、出售,房屋买卖,为土地、房屋权属转移合同确定的成交价格,包括应交付的货币以及实物、其他经济利益对应的价款;

(二)土地使用权互换、房屋互换,为所互换的土地使用权、房屋价格的差额;

(三)土地使用权赠与、房屋赠与以及其他没有价格的转移土地、房屋权

第九章 契税筹划实用技巧

属行为,为税务机关参照土地使用权出售、房屋买卖的市场价格依法核定的价格。

纳税人申报的成交价格、互换价格差额明显偏低且无正当理由的,由税务机关依照《中华人民共和国税收征收管理法》的规定核定。

2.《财政部 税务总局关于贯彻实施契税法若干事项执行口径的公告》(财政部 税务总局公告2021年第23号)第二条

二、关于若干计税依据的具体情形

(一)以划拨方式取得的土地使用权,经批准改为出让方式重新取得该土地使用权的,应由该土地使用权人以补缴的土地出让价款为计税依据缴纳契税。

(二)先以划拨方式取得土地使用权,后经批准转让房地产,划拨土地性质改为出让的,承受方应分别以补缴的土地出让价款和房地产权属转移合同确定的成交价格为计税依据缴纳契税。

(三)先以划拨方式取得土地使用权,后经批准转让房地产,划拨土地性质未发生改变的,承受方应以房地产权属转移合同确定的成交价格为计税依据缴纳契税。

(四)土地使用权及所附建筑物、构筑物等(包括在建的房屋、其他建筑物、构筑物和其他附着物)转让的,计税依据为承受方应交付的总价款。

(五)土地使用权出让的,计税依据包括土地出让金、土地补偿费、安置补助费、地上附着物和青苗补偿费、征收补偿费、城市基础设施配套费、实物配建房屋等应交付的货币以及实物、其他经济利益对应的价款。

(六)房屋附属设施(包括停车位、机动车库、非机动车库、顶层阁楼、储藏室及其他房屋附属设施)与房屋为同一不动产单元的,计税依据为承受方应交付的总价款,并适用与房屋相同的税率;房屋附属设施与房屋为不同不动产单元的,计税依据为转移合同确定的成交价格,并按当地确定的适用税率计税。

(七)承受已装修房屋的,应将包括装修费用在内的费用计入承受方应交付的总价款。

(八)土地使用权互换、房屋互换,互换价格相等的,互换双方计税依据为零；互换价格不相等的，以其差额为计税依据，由支付差额的一方缴纳契税。

（九）契税的计税依据不包括增值税。

二、购置享受契税优惠的房产

【**筹划案例180**】 孙先生看中两套房源：第一套房产的面积为90平方米，不含增值税价格为180万元；第二套房产的面积为91平方米，不含增值税价格为182万元。两套房源的单价是相同的，户型也基本一致。目前，孙先生及其家庭成员名下尚无房产。

如孙先生购买第一套房产，需要缴纳契税税额为1.80万元（180×1%）；如孙先生购买第二套房产，需要缴纳契税税额为2.73万元（182×1.50%）。如果考虑契税，第一套房产的单价为2.02万元[（180+1.80）÷90]；第二套房产的单价为2.03万元[（182+2.73）÷91]。第二套房产的单价较高，应选择第一套房产。

【**主要法律依据**】

1.《契税法》第五条至第八条

第五条 契税的应纳税额按照计税依据乘以具体适用税率计算。

第六条 有下列情形之一的，免征契税：

（一）国家机关、事业单位、社会团体、军事单位承受土地、房屋权属用于办公、教学、医疗、科研、军事设施；

（二）非营利性的学校、医疗机构、社会福利机构承受土地、房屋权属用于办公、教学、医疗、科研、养老、救助；

（三）承受荒山、荒地、荒滩土地使用权用于农、林、牧、渔业生产；

（四）婚姻关系存续期间夫妻之间变更土地、房屋权属；

（五）法定继承人通过继承承受土地、房屋权属；

（六）依照法律规定应当予以免税的外国驻华使馆、领事馆和国际组织驻华代表机构承受土地、房屋权属。

根据国民经济和社会发展的需要，国务院对居民住房需求保障、企业改制重组、灾后重建等情形可以规定免征或者减征契税，报全国人民代表大会常务委员会备案。

第七条 省、自治区、直辖市可以决定对下列情形免征或者减征契税：

（一）因土地、房屋被县级以上人民政府征收、征用，重新承受土地、房屋权属；

（二）因不可抗力灭失住房，重新承受住房权属。

前款规定的免征或者减征契税的具体办法，由省、自治区、直辖市人民政府提出，报同级人民代表大会常务委员会决定，并报全国人民代表大会常务委员会和国务院备案。

第八条 纳税人改变有关土地、房屋的用途，或者有其他不再属于本法第六条规定的免征、减征契税情形的，应当缴纳已经免征、减征的税款。

2.《财政部　税务总局关于贯彻实施契税法若干事项执行口径的公告》（财政部　税务总局公告2021年第23号）**第三条**

三、关于免税的具体情形

（一）享受契税免税优惠的非营利性的学校、医疗机构、社会福利机构，限于上述三类单位中依法登记为事业单位、社会团体、基金会、社会服务机构等的非营利法人和非营利组织。其中：

1.学校的具体范围为经县级以上人民政府或者其教育行政部门批准成立的大学、中学、小学、幼儿园，实施学历教育的职业教育学校、特殊教育学校、专门学校，以及经省级人民政府或者其人力资源社会保障行政部门批准成立的技工院校。

2.医疗机构的具体范围为经县级以上人民政府卫生健康行政部门批准或者备案设立的医疗机构。

3.社会福利机构的具体范围为依法登记的养老服务机构、残疾人服务机构、儿童福利机构、救助管理机构、未成年人救助保护机构。

（二）享受契税免税优惠的土地、房屋用途具体如下：

1.用于办公的，限于办公室（楼）以及其他直接用于办公的土地、房屋；

2.用于教学的，限于教室（教学楼）以及其他直接用于教学的土地、房屋；

3. 用于医疗的，限于门诊部以及其他直接用于医疗的土地、房屋；

4. 用于科研的，限于科学试验的场所以及其他直接用于科研的土地、房屋；

5. 用于军事设施的，限于直接用于《中华人民共和国军事设施保护法》规定的军事设施的土地、房屋；

6. 用于养老的，限于直接用于为老年人提供养护、康复、托管等服务的土地、房屋；

7. 用于救助的，限于直接为残疾人、未成年人、生活无着的流浪乞讨人员提供养护、康复、托管等服务的土地、房屋。

（三）纳税人符合减征或者免征契税规定的，应当按照规定进行申报。

3.《财政部　税务总局关于契税法实施后有关优惠政策衔接问题的公告》（财政部　税务总局公告2021年第29号）

为贯彻落实《中华人民共和国契税法》，现将税法实施后继续执行的契税优惠政策公告如下：

一、夫妻因离婚分割共同财产发生土地、房屋权属变更的，免征契税。

二、城镇职工按规定第一次购买公有住房的，免征契税。

公有制单位为解决职工住房而采取集资建房方式建成的普通住房或由单位购买的普通商品住房，经县级以上地方人民政府房改部门批准、按照国家房改政策出售给本单位职工的，如属职工首次购买住房，比照公有住房免征契税。

已购公有住房经补缴土地出让价款成为完全产权住房的，免征契税。

三、外国银行分行按照《中华人民共和国外资银行管理条例》等相关规定改制为外商独资银行（或其分行），改制后的外商独资银行（或其分行）承受原外国银行分行的房屋权属的，免征契税。

四、除上述政策外，其他继续执行的契税优惠政策按原文件规定执行。涉及的文件及条款见附件1（略）。

五、本公告自2021年9月1日起执行。附件2（略）中所列文件及条款规定的契税优惠政策同时废止。附件3（略）中所列文件及条款规定的契税优惠政策失效。

特此公告。

4.《财政部 国家税务总局 住房城乡建设部关于调整房地产交易环节契税 营业税优惠政策的通知》（财税〔2016〕23号）**第一条和第三条**

一、关于契税政策

（一）对个人购买家庭唯一住房（家庭成员范围包括购房人、配偶以及未成年子女，下同），面积为90平方米及以下的，减按1%的税率征收契税；面积为90平方米以上的，减按1.5%的税率征收契税。

（二）对个人购买家庭第二套改善性住房，面积为90平方米及以下的，减按1%的税率征收契税；面积为90平方米以上的，减按2%的税率征收契税。

家庭第二套改善性住房是指已拥有一套住房的家庭，购买的家庭第二套住房。（北京市、上海市、广州市、深圳市不实施该项，采用当地规定的契税税率3%）

（三）纳税人申请享受税收优惠的，根据纳税人的申请或授权，由购房所在地的房地产主管部门出具纳税人家庭住房情况书面查询结果，并将查询结果和相关住房信息及时传递给税务机关。暂不具备查询条件而不能提供家庭住房查询结果的，纳税人应向税务机关提交家庭住房实有套数书面诚信保证，诚信保证不实的，属于虚假纳税申报，按照《中华人民共和国税收征收管理法》的有关规定处理，并将不诚信记录纳入个人征信系统。

按照便民、高效原则，房地产主管部门应按规定及时出具纳税人家庭住房情况书面查询结果，税务机关应对纳税人提出的税收优惠申请限时办结。

（四）具体操作办法由各省、自治区、直辖市财政、税务、房地产主管部门共同制定。

三、关于实施范围

北京市、上海市、广州市、深圳市暂不实施本通知第一条第二项契税优惠政策及第二条营业税优惠政策，上述城市个人住房转让营业税政策仍按照《财政部 国家税务总局关于调整个人住房转让营业税政策的通知》（财税〔2015〕39号）执行。

上述城市以外的其他地区适用本通知全部规定。

本通知自2016年2月22日起执行。

三、通过房产代持减少房产过户次数

【筹划案例181】 刘先生准备收购一批房产,不含增值税收购价为5 000万元,适用契税税率为3%,未来条件合适时再转让给他人,假设不含增值税转让价格为6 000万元。

按照通常的买卖程序,刘先生在收购房产时,需要缴纳的契税税额为150万元(5 000×3%)。刘先生在转让房产时,购买方需要缴纳契税税额为180万元(6 000×3%)。

如刘先生购置房产以后,暂不过户,而是先通过房产代持以及抵押担保等法律制度来持有该批房产,等找到买家后,再由原所有人直接过户至买家,则仅需由买家缴纳180万元的契税,刘先生则避免了150万元契税的负担。

【主要法律依据】

1.《契税法》第九条至第十三条

第九条 契税的纳税义务发生时间,为纳税人签订土地、房屋权属转移合同的当日,或者纳税人取得其他具有土地、房屋权属转移合同性质凭证的当日。

第十条 纳税人应当在依法办理土地、房屋权属登记手续前申报缴纳契税。

第十一条 纳税人办理纳税事宜后,税务机关应当开具契税完税凭证。纳税人办理土地、房屋权属登记,不动产登记机构应当查验契税完税、减免税凭证或者有关信息。未按照规定缴纳契税的,不动产登记机构不予办理土地、房屋权属登记。

第十二条 在依法办理土地、房屋权属登记前,权属转移合同、权属转移合同性质凭证不生效、无效、被撤销或者被解除的,纳税人可以向税务机关申请退还已缴纳的税款,税务机关应当依法办理。

第十三条 税务机关应当与相关部门建立契税涉税信息共享和工作配合机制。自然资源、住房城乡建设、民政、公安等相关部门应当及时向税务机关提供与转移土地、房屋权属有关的信息,协助税务机关加强契税征收管理。

税务机关及其工作人员对税收征收管理过程中知悉的纳税人的个人信息，应当依法予以保密，不得泄露或者非法向他人提供。

2.《财政部　税务总局关于贯彻实施契税法若干事项执行口径的公告》（财政部　税务总局公告2021年第23号）**第四条**

四、关于纳税义务发生时间的具体情形

（一）因人民法院、仲裁委员会的生效法律文书或者监察机关出具的监察文书等发生土地、房屋权属转移的，纳税义务发生时间为法律文书等生效当日。

（二）因改变土地、房屋用途等情形应当缴纳已经减征、免征契税的，纳税义务发生时间为改变有关土地、房屋用途等情形的当日。

（三）因改变土地性质、容积率等土地使用条件需补缴土地出让价款，应当缴纳契税的，纳税义务发生时间为改变土地使用条件当日。

发生上述情形，按规定不再需要办理土地、房屋权属登记的，纳税人应自纳税义务发生之日起90日内申报缴纳契税。

第十章 房产税筹划实用技巧

第一节 房产税征税范围与计税方式的筹划

一、转换房产税计税方式

【**筹划案例 182**】 某商业企业是从计划经济时期发展过来的,在计划经济时期,商品较为短缺。该企业作为商业批发零售兼营企业,为了"发展经济,保障供给",千方百计圈地建库,尽可能多地储存商品。现在商品类目丰富了,该企业逐步向零库存发展,其库房大量闲置。近年来,部分闲置的库房用于出租,但是,租赁过程的税负过高,该企业是否有可能通过纳税筹划减轻税收负担呢?

假设该企业用于出租的库房有三栋,其房产原值为2 000万元,年不含增值税租金收入为400万元,则应纳房产税税额为48万元(400×12%)。

如果对该企业的上述经营活动进行纳税筹划。假如年底合同到期,该企业派代表与客户进行友好协商,继续利用库房为客户存放商品,但将租赁合同改为仓储保管合同,增加服务内容,配备保管人员,为客户提供24小时服务。这样,该企业需要增加费用支出,假设增加支出15万元。如果该企业在增加的服务上不盈利,即收取的仓储费为房屋租赁费加15万元,则客户会非常欢迎这种做法。这样,该企业提供仓储服务的不含增值税收入仍然约为400万元,收入不变,则应缴纳的房产税税额为16.80万元[2 000×(1−30%)×1.20%]。通过纳税筹划,该企业每年能减轻房产税负担31.20万元

(48－16.80)。需要注意的是，收入性质的转化必须具有真实性、合法性，同时能够满足客户的利益要求；否则，该项性质的转化是行不通的。

【筹划案例183】 甲公司将一处自建仓库对外出租，原签订的均为仓库租赁合同，每年取得不含增值税租金1 000万元，缴纳房产税税额为120万元，已知该处房产的计税余值为5 000万元，请为甲公司提出房产税的纳税筹划方案。

未来，甲公司可以将仓库租赁合同修改为仓储保管合同，将单纯的房产租赁改为仓储保管服务，增加相应的物业管理，这样就可以按照计税余值计算房产税税额为60万元（5 000×1.20%）。节省的房产税足够支付增加相应物业管理的支出。

【主要法律依据】

1.《中华人民共和国房产税暂行条例》（1986年9月15日国务院发布，2011年1月8日国务院修订，以下简称《房产税暂行条例》）**第一条、第三条和第四条**

第一条 房产税在城市、县城、建制镇和工矿区征收。

第三条 房产税依照房产原值一次减除10%至30%后的余值计算缴纳。具体减除幅度，由省、自治区、直辖市人民政府规定。

没有房产原值作为依据的，由房产所在地税务机关参考同类房产核定。

房产出租的，以房产租金收入为房产税的计税依据。

第四条 房产税的税率，依照房产余值计算缴纳的，税率为1.20%；依照房产租金收入计算缴纳的，税率为12%。

2.《财政部 国家税务总局关于营改增后契税 房产税 土地增值税 个人所得税计税依据问题的通知》（财税〔2016〕43号）

参见本书第458～459页。

二、将出租变为投资

【筹划案例184】 位于城区的甲公司将其拥有的一套房屋出租给某商贸

公司，租期为10年，不含增值税租金为200万元/年。此项交易将产生的增值税税额为18万元（200×9%）；城市维护建设税、教育费附加和地方教育附加税额为2.16万元（18×12%）；房产税税额为24万元（200×12%）。不考虑其他税费，甲公司的综合税收负担为44.16万元（18+2.16+24）。请提出甲公司的纳税筹划方案。

如果进行纳税筹划，将甲公司房屋出租改为企业重组改制下的投资，甲公司将该房屋出资至该商贸公司，每年从该商贸公司取得股息若干元，假设该房屋的计税余值为1 000万元，则甲公司每年需要缴纳的房产税税额为12万元（1 000×1.20%）。企业重组改制之下的投资免于缴纳增值税及其附加、土地增值税和契税。甲公司可以减轻税收负担32.16万元（44.16-12）。

需要注意的是，甲公司将房屋投资商贸公司，需要视同销售缴纳企业所得税，由于甲公司取得200万租金也需要缴纳企业所得税，而取得若干股息则不需要缴纳企业所得税，两者在企业所得税上的综合负担基本相同，可以不予考虑。

【主要法律依据】

《房产税暂行条例》第二条

第二条　房产税由产权所有人缴纳。产权属于全民所有的，由经营管理的单位缴纳。产权出典的，由承典人缴纳。产权所有人、承典人不在房产所在地的，或者产权未确定及租典纠纷未解决的，由房产代管人或者使用人缴纳。

前款列举的产权所有人、经营管理单位、承典人、房产代管人或者使用人，统称为纳税义务人（简称纳税人）。

第二节 房产税计税依据的筹划

一、减免名义租金降低房产税

【筹划案例185】 王先生有一套房屋出租,每月不含增值税租金为3 000元。承租人是三位研究生。王先生同时还为自己的孩子聘请英语家教,每月家教费为3 000元。请计算王先生应当缴纳的税款,并提出纳税筹划方案。

王先生每月需要缴纳房产税税额120元(3 000×4%),需要预扣预缴个人所得税税额440元〔(3 000-800)×20%〕。

王先生可以考虑由该三位研究生作为其孩子的英语家教,这样,每月不需要收取房租,也不需负担家教费。王先生每月不需要缴纳房产税,减轻房产税负担120元;同时,也不需要代扣代缴个人所得税。这样对于王先生和三位研究生而言都有利。

【主要法律依据】

1.《财政部 国家税务总局关于调整住房租赁市场税收政策的通知》(财税〔2000〕125号)

各省、自治区、直辖市、计划单列市财政厅(局),国家税务局,地方税务局,新疆生产建设兵团:

为了配合国家住房制度改革,支持住房租赁市场的健康发展,经国务院批准,现对住房租赁市场有关税收政策问题通知如下:

一、对按政府规定价格出租的公有住房和廉租住房,包括企业和自收自支事业单位向职工出租的单位自有住房,房管部门向居民出租的公有住房;落实私房政策中带户发还产权并以政府规定租金标准向居民出租的私有住房等,暂免征收房产税、营业税。

二、对个人按市场价格出租的居民住房,其应缴纳的营业税暂减按3%

的税率征收，房产税暂减按 4% 的税率征收。

三、对个人出租房屋取得的所得暂减按 10% 的税率征收个人所得税。

本通知自 2001 年 1 月 1 日起执行。

凡与本通知规定不符的税收政策，一律改按本通知的规定执行。

2.《财政部 国家税务总局关于廉租住房 经济适用住房和住房租赁有关税收政策的通知》（财税〔2008〕24 号）

根据该通知规定，自 2008 年 3 月 1 日起，对个人出租住房，不区分用途，按 4% 的税率征收房产税，免征城镇土地使用税；对个人出租、承租住房签订的租赁合同，免征印花税。

二、减少出租房屋的附属设施降低租金

【筹划案例 186】 甲租赁公司有一套住房出租，每年不含增值税租金为 40 000 元。出租的房屋含彩电一台、洗衣机一台、冰箱一台、煤气灶一台、油烟机一台、写字台一个、空调两台、双人床一张等家具。请计算甲租赁公司每年应当缴纳的房产税，并提出纳税筹划方案。

甲租赁公司每年需要缴纳的房产税税额为 1600 元（40 000×4%）。甲租赁公司可以和承租人签订两份合同：一份是房屋租赁合同，每年租金为 20 000 元；另一份为家具家电租赁合同，每年租金为 20 000 元。此时，甲租赁公司需要缴纳的房产税税额为 800 元（20 000×4%）。不考虑其他税费，甲租赁公司可以减轻税收负担 800 元。

【筹划案例 187】 甲公司将一栋写字楼出租给若干家公司，每年取得不含增值税租金 1 000 万元，需要缴纳房产税税额 120 万元。甲公司为该写字楼配备了充足的办公设备和家具家电，也提供物业服务。请为甲公司提出房产税的纳税筹划方案。

甲公司可以在重新核算相关经营成本的基础上，将写字楼租赁合同修改为三份合同：第一份为写字楼租赁合同，不含增值税租金为 800 万元；第二份为办公设施租赁合同，不含增值税租金为 100 万元；第三份为物业服务合同，不含增值税服务费为 100 万元。这样，甲公司每年仅需缴纳房产税税额

96万元(800×12%)。

【主要法律依据】

1.《房产税暂行条例》第五条至第七条

第五条 下列房产免纳房产税:

一、国家机关、人民团体、军队自用的房产;

二、由国家财政部门拨付事业经费的单位自用的房产;

三、宗教寺庙、公园、名胜古迹自用的房产;

四、个人所有非营业用的房产;

五、经财政部批准免税的其他房产。

第六条 除本条例第五条规定者外,纳税人纳税确有困难的,可由省、自治区、直辖市人民政府确定,定期减征或者免征房产税。

第七条 房产税按年征收、分期缴纳。纳税期限由省、自治区、直辖市人民政府规定。

2.《全国人民代表大会常务委员会关于授权国务院在部分地区开展房地产税改革试点工作的决定》(2021年10月23日第十三届全国人民代表大会常务委员会第三十一次会议通过)

为积极稳妥推进房地产税立法与改革,引导住房合理消费和土地资源节约集约利用,促进房地产市场平稳健康发展,第十三届全国人民代表大会常务委员会第三十一次会议决定:授权国务院在部分地区开展房地产税改革试点工作。

一、试点地区的房地产税征税对象为居住用和非居住用等各类房地产,不包括依法拥有的农村宅基地及其上住宅。土地使用权人、房屋所有权人为房地产税的纳税人。非居住用房地产继续按照《中华人民共和国房产税暂行条例》《中华人民共和国城镇土地使用税暂行条例》执行。

二、国务院制定房地产税试点具体办法,试点地区人民政府制定具体实施细则。国务院及其有关部门、试点地区人民政府应当构建科学可行的征收管理模式和程序。

三、国务院按照积极稳妥的原则,统筹考虑深化试点与统一立法、促进房地产市场平稳健康发展等情况确定试点地区,报全国人民代表大会常务委员会备案。

本决定授权的试点期限为五年,自国务院试点办法印发之日起算。试点过程中,国务院应当及时总结试点经验,在授权期限届满的六个月以前,向全国人民代表大会常务委员会报告试点情况,需要继续授权的,可以提出相关意见,由全国人民代表大会常务委员会决定。条件成熟时,及时制定法律。

本决定自公布之日起施行,试点实施启动时间由国务院确定。

第十一章 印花税筹划实用技巧

第一节 印花税税率与计税依据的筹划

一、合同中注明不含税价格

【筹划案例188】 甲技术有限公司与乙电器销售公司签订了一份电器购销合同，该合同注明的货物含增值税价款总计1 130万元。购销合同印花税的计税依据为：以合同所载金额（即含增值税金额）作为印花税的计税依据。应缴纳的印花税税额为0.34万元（1 130×0.03%）。

如果甲技术有限公司与乙电器销售公司在合同中注明的货物不含增值税价款为1 000万元，增值税税额为130万元，价税合计为1 130万元。购销合同印花税的计税依据为不含增值税金额。应缴纳的印花税税额为0.30万元（1 000×0.03%）。此种方式比之前的合同签订方式节省印花税税额0.04万元（0.34－0.30）。

【主要法律依据】
《中华人民共和国印花税法》（2021年6月10日第十三届全国人民代表大会常务委员会第二十九次会议通过，以下简称《印花税法》）**第一条和第五条**

第一条 在中华人民共和国境内书立应税凭证、进行证券交易的单位和个人，为印花税的纳税人，应当依照本法规定缴纳印花税。

在中华人民共和国境外书立在境内使用的应税凭证的单位和个人，应当依照本法规定缴纳印花税。

第五条 印花税的计税依据如下:

(一)应税合同的计税依据,为合同所列的金额,不包括列明的增值税税款;

(二)应税产权转移书据的计税依据,为产权转移书据所列的金额,不包括列明的增值税税款;

(三)应税营业账簿的计税依据,为账簿记载的实收资本(股本)、资本公积合计金额;

(四)证券交易的计税依据,为成交金额。

二、分别标明不同项目的金额

【筹划案例189】 甲公司与乙公司签订一份合同,合同约定甲公司购买乙公司一批货物,同时由乙公司提供仓储服务,合计费用为100万元(不含增值税)。请提出印花税筹划方案。

甲公司应当缴纳的印花税税额为0.10万元($100 \times 0.10\%$)。乙公司应当缴纳的印花税税额为0.10万元($100 \times 0.10\%$)。如果甲公司和乙公司的合同分别标明货物买卖金额为90万元,仓储金额为10万元,则甲公司应当缴纳的印花税税额为0.037万元($90 \times 0.03\% + 10 \times 0.10\%$),乙公司应当缴纳印花税税额为0.037万元($90 \times 0.03\% + 10 \times 0.10\%$)。

【主要法律依据】

《印花税法》第四条、第八条和第九条

第四条 印花税的税目、税率,依照本法所附《印花税税目税率表》(表11-1)执行。

第八条 印花税的应纳税额按照计税依据乘以适用税率计算。

第九条 同一应税凭证载有两个以上税目事项并分别列明金额的,按照各自适用的税目税率分别计算应纳税额;未分别列明金额的,从高适用税率。

第十一章 印花税筹划实用技巧

表 11-1 印花税税目税率表

税目		税率	备注
合同（指书面合同）	借款合同	借款金额的万分之零点五	指银行业金融机构、经国务院银行业监督管理机构批准设立的其他金融机构与借款人（不包括同业拆借）的借款合同
	融资租赁合同	租金的万分之零点五	
	买卖合同	价款的万分之三	指动产买卖合同（不包括个人书立的动产买卖合同）
	承揽合同	报酬的万分之三	
	建设工程合同	价款的万分之三	
	运输合同	运输费用的万分之三	指货运合同和多式联运合同（不包括管道运输合同）
	技术合同	价款、报酬或者使用费的万分之三	不包括专利权、专有技术使用权转让书据
	租赁合同	租金的千分之一	
	保管合同	保管费的千分之一	
	仓储合同	仓储费的千分之一	
	财产保险合同	保险费的千分之一	不包括再保险合同
产权转移书据	土地使用权出让书据	价款的万分之五	转让包括买卖（出售）、继承、赠与、互换、分割
	土地使用权、房屋等建筑物和构筑物所有权转让书据（不包括土地承包经营权和土地经营权转移）	价款的万分之五	
	股权转让书据（不包括应缴纳证券交易印花税的）	价款的万分之五	
	商标专用权、著作权、专利权、专有技术使用权转让书据	价款的万分之三	
营业账簿		实收资本（股本）、资本公积合计金额的万分之二点五	
证券交易		成交金额的千分之一	

第二节 利用印花税优惠政策的筹划

一、正确计算营业账簿应纳印花税

【筹划案例190】 甲公司将公司资本公积1 000万元转为实收资本,该资本公积为股东出资溢价形成,出资之时已经缴纳印花税,现甲公司为此又缴纳了印花税税额0.25万元(1 000×0.025%)。请提出印花税筹划方案。

甲公司将已经缴纳过印花税的资本公积转增实收资本,其实收资本与资本公积的合计金额并未发生变化,因此,不需要重复缴纳印花税。

【主要法律依据】
《印花税法》第十一条
第十一条 已缴纳印花税的营业账簿,以后年度记载的实收资本(股本)、资本公积合计金额比已缴纳印花税的实收资本(股本)、资本公积合计金额增加的,按照增加部分计算应纳税额。

二、利用印花税免税政策

【筹划案例191】 甲公司将其持有的乙公司的股权捐赠给某慈善组织,双方书立的产权转移书据中标明的股权公允价值为1 000万元,甲公司为此缴纳的印花税税额为0.50万元(1 000×0.05%)。请提出印花税筹划方案。

财产所有权人将财产赠与政府、学校、社会福利机构、慈善组织书立的产权转移书据免征印花税,因此,甲公司不需要申报缴纳印花税。

【主要法律依据】
1.《印花税法》第十二条
第十二条 下列凭证免征印花税:
(一)应税凭证的副本或者抄本;

（二）依照法律规定应当予以免税的外国驻华使馆、领事馆和国际组织驻华代表机构为获得馆舍书立的应税凭证；

（三）中国人民解放军、中国人民武装警察部队书立的应税凭证；

（四）农民、家庭农场、农民专业合作社、农村集体经济组织、村民委员会购买农业生产资料或者销售农产品书立的买卖合同和农业保险合同；

（五）无息或者贴息借款合同、国际金融组织向中国提供优惠贷款书立的借款合同；

（六）财产所有权人将财产赠与政府、学校、社会福利机构、慈善组织书立的产权转移书据；

（七）非营利性医疗卫生机构采购药品或者卫生材料书立的买卖合同；

（八）个人与电子商务经营者订立的电子订单。

根据国民经济和社会发展的需要，国务院对居民住房需求保障、企业改制重组、破产、支持小型微型企业发展等情形可以规定减征或者免征印花税，报全国人民代表大会常务委员会备案。

2.《财政部 税务总局关于延续执行部分国家商品储备税收优惠政策的公告》（财政部 税务总局公告2022年第8号）

为支持国家商品储备，现将延续执行部分商品储备税收优惠政策有关事项公告如下：

一、对商品储备管理公司及其直属库资金账簿免征印花税；对其承担商品储备业务过程中书立的购销合同免征印花税，对合同其他各方当事人应缴纳的印花税照章征收。

二、对商品储备管理公司及其直属库自用的承担商品储备业务的房产、土地，免征房产税、城镇土地使用税。

三、本公告所称商品储备管理公司及其直属库，是指接受县级以上人民政府有关部门委托，承担粮（含大豆）、食用油、棉、糖、肉5种商品储备任务，取得财政储备经费或者补贴的商品储备企业。

四、承担中央政府有关部门委托商品储备业务的储备管理公司及其直属库，包括中国储备粮管理集团有限公司及其分公司、直属库，华商储备商品管理中心有限公司及其管理的国家储备糖库、国家储备肉库。

承担地方政府有关部门委托商品储备业务的储备管理公司及其直属库,由省、自治区、直辖市财政、税务部门会同有关部门明确或者制定具体管理办法,并报省、自治区、直辖市人民政府批准。

五、企业享受本公告规定的免税政策,应按规定进行免税申报,并将不动产权属证明、房产原值、承担商品储备业务情况、储备库建设规划等资料留存备查。

六、本公告执行期限为2022年1月1日至2023年12月31日。2022年1月1日以后已缴上述应予免税的款项,从企业应纳的相应税款中抵扣或者予以退税。

特此公告。

3.《财政部　税务总局关于继续实施部分国家商品储备税收优惠政策的公告》(财政部　税务总局公告2023年第48号)

为继续支持国家商品储备,现将部分商品储备税收优惠政策有关事项公告如下:

一、对商品储备管理公司及其直属库营业账簿免征印花税;对其承担商品储备业务过程中书立的买卖合同免征印花税,对合同其他各方当事人应缴纳的印花税照章征收。

二、对商品储备管理公司及其直属库自用的承担商品储备业务的房产、土地,免征房产税、城镇土地使用税。

上述房产、土地,是指在承担商品储备业务过程中,用于办公、仓储、信息监控、质量检验等经营及管理的房产、土地。

三、本公告所称商品储备管理公司及其直属库,是指接受县级以上人民政府有关部门委托,承担粮(含大豆)、食用油、棉、糖、肉5种商品储备任务,取得财政储备经费或者补贴的商品储备企业。

四、承担中央政府有关部门委托商品储备业务的储备管理公司及其直属库,包括中国储备粮管理集团有限公司及其分(子)公司、直属库,华商储备商品管理中心有限公司及其管理的国家储备糖库、国家储备肉库。

承担地方政府有关部门委托商品储备业务的储备管理公司及其直属库,由省、自治区、直辖市财政、税务部门会同有关部门明确或者制定具体管理

第十一章 印花税筹划实用技巧

办法,并报省、自治区、直辖市人民政府批准。

五、企业享受本公告规定的免税政策,应按规定进行免税申报,并将不动产权属证明、房产原值、承担商品储备业务情况、储备库建设规划等资料留存备查。

六、本公告执行期限为2024年1月1日至2027年12月31日。

特此公告。

4.《财政部 税务总局 住房城乡建设部关于保障性住房有关税费政策的公告》(财政部 税务总局 住房城乡建设部公告2023年第70号)

为推进保障性住房建设,现将有关税费政策公告如下:

一、对保障性住房项目建设用地免征城镇土地使用税。对保障性住房经营管理单位与保障性住房相关的印花税,以及保障性住房购买人涉及的印花税予以免征。

在商品住房等开发项目中配套建造保障性住房的,依据政府部门出具的相关材料,可按保障性住房建筑面积占总建筑面积的比例免征城镇土地使用税、印花税。

二、企事业单位、社会团体以及其他组织转让旧房作为保障性住房房源且增值额未超过扣除项目金额20%的,免征土地增值税。

三、对保障性住房经营管理单位回购保障性住房继续作为保障性住房房源的,免征契税。

四、对个人购买保障性住房,减按1%的税率征收契税。

五、保障性住房项目免收各项行政事业性收费和政府性基金,包括防空地下室易地建设费、城市基础设施配套费、教育费附加和地方教育附加等。

六、享受税费优惠政策的保障性住房项目,按照城市人民政府认定的范围确定。城市人民政府住房城乡建设部门将本地区保障性住房项目、保障性住房经营管理单位等信息及时提供给同级财政、税务部门。

七、纳税人享受本公告规定的税费优惠政策,应按相关规定申报办理。

八、本公告自2023年10月1日起执行。

特此公告。

5.《财政部　税务总局关于进一步实施小微企业"六税两费"减免政策的公告》（财政部　税务总局公告 2022 年第 10 号）

为进一步支持小微企业发展，现将有关税费政策公告如下：

一、由省、自治区、直辖市人民政府根据本地区实际情况，以及宏观调控需要确定，对增值税小规模纳税人、小型微利企业和个体工商户可以在 50% 的税额幅度内减征资源税、城市维护建设税、房产税、城镇土地使用税、印花税（不含证券交易印花税）、耕地占用税和教育费附加、地方教育附加。

二、增值税小规模纳税人、小型微利企业和个体工商户已依法享受资源税、城市维护建设税、房产税、城镇土地使用税、印花税、耕地占用税、教育费附加、地方教育附加其他优惠政策的，可叠加享受本公告第一条规定的优惠政策。

三、本公告所称小型微利企业，是指从事国家非限制和禁止行业，且同时符合年度应纳税所得额不超过 300 万元、从业人数不超过 300 人、资产总额不超过 5 000 万元等三个条件的企业。

从业人数，包括与企业建立劳动关系的职工人数和企业接受的劳务派遣用工人数。所称从业人数和资产总额指标，应按企业全年的季度平均值确定。具体计算公式如下：

季度平均值 =（季初值 + 季末值）÷ 2

全年季度平均值 = 全年各季度平均值之和 ÷ 4

年度中间开业或者终止经营活动的，以其实际经营期作为一个纳税年度确定上述相关指标。

小型微利企业的判定以企业所得税年度汇算清缴结果为准。登记为增值税一般纳税人的新设立的企业，从事国家非限制和禁止行业，且同时符合申报期上月末从业人数不超过 300 人、资产总额不超过 5 000 万元等两个条件的，可在首次办理汇算清缴前按照小型微利企业申报享受第一条规定的优惠政策。

四、本公告执行期限为 2022 年 1 月 1 日至 2024 年 12 月 31 日。

特此公告。

第十一章 印花税筹划实用技巧

6.《国家税务总局关于进一步实施小微企业"六税两费"减免政策有关征管问题的公告》(国家税务总局公告 2022 年第 3 号)

为贯彻落实党中央、国务院关于持续推进减税降费的决策部署,进一步支持小微企业发展,根据《财政部 税务总局关于进一步实施小微企业"六税两费"减免政策的公告》(财政部 税务总局公告 2022 年第 10 号),现就资源税、城市维护建设税、房产税、城镇土地使用税、印花税(不含证券交易印花税)、耕地占用税和教育费附加、地方教育附加(以下简称"六税两费")减免政策有关征管问题公告如下:

一、关于小型微利企业"六税两费"减免政策的适用

(一)适用"六税两费"减免政策的小型微利企业的判定以企业所得税年度汇算清缴(以下简称"汇算清缴")结果为准。登记为增值税一般纳税人的企业,按规定办理汇算清缴后确定是小型微利企业的,除本条第(2)项规定外,可自办理汇算清缴当年的 7 月 1 日至次年 6 月 30 日申报享受"六税两费"减免优惠;2022 年 1 月 1 日至 6 月 30 日期间,纳税人依据 2021 年办理 2020 年度汇算清缴的结果确定是否按照小型微利企业申报享受"六税两费"减免优惠。

(二)登记为增值税一般纳税人的新设立企业,从事国家非限制和禁止行业,且同时符合申报期上月末从业人数不超过 300 人、资产总额不超过 5 000 万元两项条件的,按规定办理首次汇算清缴申报前,可按照小型微利企业申报享受"六税两费"减免优惠。

登记为增值税一般纳税人的新设立企业,从事国家非限制和禁止行业,且同时符合设立时从业人数不超过 300 人、资产总额不超过 5 000 万元两项条件的,设立当月依照有关规定按次申报有关"六税两费"时,可申报享受"六税两费"减免优惠。

按规定办理首次汇算清缴后确定不属于小型微利企业的一般纳税人,自办理汇算清缴的次月 1 日至次年 6 月 30 日,不得再申报享受"六税两费"减免优惠;按次申报的,自首次办理汇算清缴确定不属于小型微利企业之日起至次年 6 月 30 日,不得再申报享受"六税两费"减免优惠。

新设立企业按规定办理首次汇算清缴后,按规定申报当月及之前的"六税两费"的,依据首次汇算清缴结果确定是否可申报享受减免优惠。

新设立企业按规定办理首次汇算清缴申报前,已按规定申报缴纳"六税两费"的,不再根据首次汇算清缴结果进行更正。

(三)登记为增值税一般纳税人的小型微利企业、新设立企业,逾期办理或更正汇算清缴申报的,应当依据逾期办理或更正申报的结果,按照本条第(一)项、第(二)项规定的"六税两费"减免税期间申报享受减免优惠,并应当对"六税两费"申报进行相应更正。

二、关于增值税小规模纳税人转为一般纳税人时"六税两费"减免政策的适用

增值税小规模纳税人按规定登记为一般纳税人的,自一般纳税人生效之日起不再按照增值税小规模纳税人适用"六税两费"减免政策。增值税年应税销售额超过小规模纳税人标准应当登记为一般纳税人而未登记,经税务机关通知,逾期仍不办理登记的,自逾期次月起不再按照增值税小规模纳税人申报享受"六税两费"减免优惠。

上述纳税人如果符合本公告第一条规定的小型微利企业和新设立企业的情形,或登记为个体工商户,仍可申报享受"六税两费"减免优惠。

三、关于申报表的修订

修订《财产和行为税减免税明细申报附表》《〈增值税及附加税费申报表(一般纳税人适用)〉附列资料(五)》《〈增值税及附加税费预缴表〉附列资料》《〈消费税及附加税费申报表〉附表6(消费税附加税费计算表)》,增加增值税小规模纳税人、小型微利企业、个体工商户减免优惠申报有关数据项目,相应修改有关填表说明。

四、关于"六税两费"减免优惠的办理方式

纳税人自行申报享受减免优惠,不需额外提交资料。

五、关于纳税人未及时申报享受"六税两费"减免优惠的处理方式

纳税人符合条件但未及时申报享受"六税两费"减免优惠的,可依法申请抵减以后纳税期的应纳税费款或者申请退还。

六、其他

(一)本公告执行期限为2022年1月1日至2024年12月31日。《国家税务总局关于增值税小规模纳税人地方税种和相关附加减征政策有关征管问题的公告》(2019年第5号)自2022年1月1日起废止。

（二）2021年新设立企业，登记为增值税一般纳税人的，小型微利企业的判定按照本公告第一条第（2）项、第（3）项执行。

（三）2024年办理2023年度汇算清缴后确定是小型微利企业的，纳税人申报享受"六税两费"减免优惠的日期截止到2024年12月31日。

（四）本公告修订的表单自各省（自治区、直辖市）人民政府确定减征比例的规定公布当日正式启用。各地启用本公告修订的表单后，不再使用《国家税务总局关于简并税费申报有关事项的公告》(2021年第9号)中的《财产和行为税减免税明细申报附表》和《国家税务总局关于增值税 消费税与附加税费申报表整合有关事项的公告》(2021年第20号)中的《〈增值税及附加税费申报表（一般纳税人适用）〉附列资料（五）》《〈增值税及附加税费预缴表〉附列资料》《〈消费税及附加税费申报表〉附表6(消费税附加税费计算表)》。

特此公告。

第十二章 股权架构纳税筹划实用技巧

第一节 非货币性资产投资的纳税筹划

一、个人非货币性资产投资的筹划

【筹划案例192】 张先生将自己名下的一处不动产投资一人有限责任公司甲公司,该不动产的原值及合理税费为1 000万元,评估后的公允价值为5 000万元。请为张先生提出纳税筹划方案。

如不进行纳税筹划,张先生需要在不动产转让、取得甲公司股权时计算缴纳的个人所得税税额为800万元〔(5 000 - 1 000)×20%〕。

如张先生合理确定分期缴纳计划并报主管税务机关备案后,则可以在不超过5个公历年度内分期缴纳个人所得税,例如,前4年每年缴纳个人所得税1万元,第5年缴纳个人所得税796万元。

【主要法律依据】

1.《财政部 国家税务总局关于个人非货币性资产投资有关个人所得税政策的通知》(财税〔2015〕41号)第一条至第五条

一、个人以非货币性资产投资,属于个人转让非货币性资产和投资同时发生。对个人转让非货币性资产的所得,应按照"财产转让所得"项目,依法计算缴纳个人所得税。

二、个人以非货币性资产投资,应按评估后的公允价值确认非货币性资产转让收入。非货币性资产转让收入减除该资产原值及合理税费后的余额为

第十二章 股权架构纳税筹划实用技巧

应纳税所得额。

个人以非货币性资产投资，应于非货币性资产转让、取得被投资企业股权时，确认非货币性资产转让收入的实现。

三、个人应在发生上述应税行为的次月15日内向主管税务机关申报纳税。纳税人一次性缴税有困难的，可合理确定分期缴纳计划并报主管税务机关备案后，自发生上述应税行为之日起不超过5个公历年度内（含）分期缴纳个人所得税。

四、个人以非货币性资产投资交易过程中取得现金补价的，现金部分应优先用于缴税；现金不足以缴纳的部分，可分期缴纳。

个人在分期缴税期间转让其持有的上述全部或部分股权，并取得现金收入的，该现金收入应优先用于缴纳尚未缴清的税款。

五、本通知所称非货币性资产，是指现金、银行存款等货币性资产以外的资产，包括股权、不动产、技术发明成果以及其他形式的非货币性资产。

本通知所称非货币性资产投资，包括以非货币性资产出资设立新的企业，以及以非货币性资产出资参与企业增资扩股、定向增发股票、股权置换、重组改制等投资行为。

2.《国家税务总局关于个人非货币性资产投资有关个人所得税征管问题的公告》（国家税务总局公告2015年第20号）

参见本书第164～166页。

二、个人技术成果出资的筹划

【筹划案例193】 李先生自创或者购置一项专利，该专利的成本为100万元，现将该专利投资成立李先生一人有限责任公司甲公司，该专利的评估值为1 000万元。请为李先生进行纳税筹划。

如李先生不进行纳税筹划，应当在取得甲公司股权时计算并缴纳个人所得税税额180万元［（1 000 - 100）×20%］。

如李先生向主管税务机关备案，选择递延纳税优惠政策，则李先生在投资入股时不需要缴纳个人所得税，同时甲公司还可以每年扣除该项专利的摊销100万元，10年期间合计抵扣企业所得税税额250万元（1 000×25%）。李先生可以选择在第10年解散甲公司，假设甲公司清算时并无资本利得，则该项专利在出资时潜在的180万元个人所得税就免除了。就该项专利技术而言，李先生付出的成本为100万元，10年间该项技术为李先生实现节税250万元。如李先生在投资入股时能将该项专利的评估值进一步提高至2 000万元，则节税额度可以达到500万元。

【主要法律依据】

1.《财政部　国家税务总局关于完善股权激励和技术入股有关所得税政策的通知》（财税〔2016〕101号）第三条

参见本书第170~171页。

2.《国家税务总局关于股权激励和技术入股所得税征管问题的公告》（国家税务总局公告2016年第62号）第一条第（五）项至第（七）项

一、关于个人所得税征管问题

（五）企业备案具体按以下规定执行：

1.非上市公司实施符合条件的股权激励，个人选择递延纳税的，非上市公司应于股票（权）期权行权、限制性股票解禁、股权奖励获得之次月15日内，向主管税务机关报送《非上市公司股权激励个人所得税递延纳税备案表》、股权激励计划、董事会或股东大会决议、激励对象任职或从事技术工作情况说明等。实施股权奖励的企业同时报送本企业及其奖励股权标的企业上一纳税年度主营业务收入构成情况说明。

2.上市公司实施股权激励，个人选择在不超过12个月期限内缴税的，上市公司应自股票期权行权、限制性股票解禁、股权奖励获得之次月15日内，向主管税务机关报送《上市公司股权激励个人所得税延期纳税备案表》。上市公司初次办理股权激励备案时，还应一并向主管税务机关报送股权激励计划、董事会或股东大会决议。

3.个人以技术成果投资入股境内公司并选择递延纳税的，被投资公司应于取得技术成果并支付股权之次月15日内，向主管税务机关报送《技术成果投资入股个人所得税递延纳税备案表》、技术成果相关证书或证明材料、技成果投资入股协议、技术成果评估报告等资料。

（六）个人因非上市公司实施股权激励或以技术成果投资入股取得的股票（权），实行递延纳税期间，扣缴义务人应于每个纳税年度终了后 30 日内，向主管税务机关报送《个人所得税递延纳税情况年度报告表》。

（七）递延纳税股票（权）转让、办理纳税申报时，扣缴义务人、个人应向主管税务机关一并报送能够证明股票（权）转让价格、递延纳税股票（权）原值、合理税费的有关资料，具体包括转让协议、评估报告和相关票据等。资料不全或无法充分证明有关情况，造成计税依据偏低，又无正当理由的，主管税务机关可依据税收征管法有关规定进行核定。

三、企业非货币性资产出资的筹划

【筹划案例 194】 甲公司是一家居民企业，企业所得税实行查账征收，适用税率为 25%。出于提高企业市场竞争力考虑，2020 年 11 月，甲公司董事会计划以本公司持有的全资子公司——乙公司投资至丙公司。投资后，甲公司持有丙公司股权比例为 50%，乙公司变为丙公司的全资子公司。乙公司股权计税基础为 5 000 万元，经评估的市场公允价值为 9 000 万元。在不考虑其他税费的情况下，甲公司仅在企业所得税方面就需要一次缴纳税款 1 000 万元〔（9 000 − 5 000）×25%〕。甲公司应如何进行纳税筹划。

若甲公司选择分 5 年递延纳税优惠政策，则每年需要确认应纳税所得税税额 800 万元（4 000÷5），每年纳税 200 万元。

企业以非货币性资产对外投资而取得被投资企业的股权，应以非货币性资产的原计税成本为计税基础，加上每年确认的非货币性资产转让所得，逐年进行调整。甲公司取得被投资企业丙公司股权的各年度计税基础如下：

2020 年度计税基础 =5 000 + 800=5 800（万元）

2021 年度计税基础 =5 800 + 800=6 600（万元）

2022 年度计税基础 =6 600 + 800=7 400（万元）

2023 年度计税基础 =7 400 + 800=8 200（万元）

2024 年度计税基础 =8 200 + 800=9 000（万元）

假设甲公司的融资成本为 10%，则该项优惠政策可以为甲公司节省融资成本 200 万元 $[200 \times 10\% \times (4+3+2+1)]$。

【主要法律依据】

1.《财政部 国家税务总局关于非货币性资产投资企业所得税政策问题的通知》(财税〔2014〕116号)

各省、自治区、直辖市、计划单列市财政厅(局)、国家税务局、地方税务局,新疆生产建设兵团财务局:

为贯彻落实《国务院关于进一步优化企业兼并重组市场环境的意见》(国发〔2014〕14号),根据《中华人民共和国企业所得税法》及其实施条例有关规定,现就非货币性资产投资涉及的企业所得税政策问题明确如下:

一、居民企业(以下简称"企业")以非货币性资产对外投资确认的非货币性资产转让所得,可在不超过5年期限内,分期均匀计入相应年度的应纳税所得额,按规定计算缴纳企业所得税。

二、企业以非货币性资产对外投资,应对非货币性资产进行评估并按评估后的公允价值扣除计税基础后的余额,计算确认非货币性资产转让所得。

企业以非货币性资产对外投资,应于投资协议生效并办理股权登记手续时,确认非货币性资产转让收入的实现。

三、企业以非货币性资产对外投资而取得被投资企业的股权,应以非货币性资产的原计税成本为计税基础,加上每年确认的非货币性资产转让所得,逐年进行调整。

被投资企业取得非货币性资产的计税基础,应按非货币性资产的公允价值确定。

四、企业在对外投资5年内转让上述股权或投资收回的,应停止执行递延纳税政策,并就递延期内尚未确认的非货币性资产转让所得,在转让股权或投资收回当年的企业所得税年度汇算清缴时,一次性计算缴纳企业所得税;企业在计算股权转让所得时,可按本通知第三条第一款规定将股权的计税基础一次调整到位。

企业在对外投资5年内注销的,应停止执行递延纳税政策,并就递延期内尚未确认的非货币性资产转让所得,在注销当年的企业所得税年度汇算清缴时,一次性计算缴纳企业所得税。

五、本通知所称非货币性资产,是指现金、银行存款、应收账款、应收票据以及准备持有至到期的债券投资等货币性资产以外的资产。

本通知所称非货币性资产投资,限于以非货币性资产出资设立新的居民企业,或将非货币性资产注入现存的居民企业。

六、企业发生非货币性资产投资,符合《财政部 国家税务总局关于企业重组业务企业所得税处理若干问题的通知》(财税〔2009〕59号)等文件规定的特殊性税务处理条件的,也可选择按特殊性税务处理规定执行。

七、本通知自2014年1月1日起执行。本通知发布前尚未处理的非货币性资产投资,符合本通知规定的可按本通知执行。

2.《国家税务总局关于非货币性资产投资企业所得税有关征管问题的公告》(国家税务总局公告2015年第33号)

《国务院关于进一步优化企业兼并重组市场环境的意见》(国发〔2014〕14号)和《财政部 国家税务总局关于非货币性资产投资企业所得税政策问题的通知》(财税〔2014〕116号)发布后,各地陆续反映在非货币性资产投资企业所得税政策执行过程中有些征管问题亟需明确。经研究,现就非货币性资产投资企业所得税有关征管问题公告如下:

一、实行查账征收的居民企业(以下简称"企业")以非货币性资产对外投资确认的非货币性资产转让所得,可自确认非货币性资产转让收入年度起不超过连续5个纳税年度的期间内,分期均匀计入相应年度的应纳税所得额,按规定计算缴纳企业所得税。

二、关联企业之间发生的非货币性资产投资行为,投资协议生效后12个月内尚未完成股权变更登记手续的,于投资协议生效时,确认非货币性资产转让收入的实现。

三、符合财税〔2014〕116号文件规定的企业非货币性资产投资行为,同时又符合《财政部 国家税务总局关于企业重组业务企业所得税处理若干问题的通知》(财税〔2009〕59号)、《财政部 国家税务总局关于促进企业重组有关企业所得税处理问题的通知》(财税〔2014〕109号)等文件规定的特殊性税务处理条件的,可由企业选择其中一项政策执行,且一经选择,不得改变。

四、企业选择适用本公告第一条规定进行税务处理的,应在非货币性资产转让所得递延确认期间每年企业所得税汇算清缴时,填报《中华人民共和国企业所得税年度纳税申报表》(A类,2014年版)中"A105100企业重组纳税调整明细表"第13行"其中:以非货币性资产对外投资"的相关栏目,并向主管税务机关报送《非货币性资产投资递延纳税调整明细表》。

五、企业应将股权投资合同或协议、对外投资的非货币性资产(明细)公允价值评估确认报告、非货币性资产(明细)计税基础的情况说明、被投资企业设立或变更的工商部门证明材料等资料留存备查,并单独准确核算税法与会计差异情况。

主管税务机关应加强企业非货币性资产投资递延纳税的后续管理。

六、本公告适用于2014年度及以后年度企业所得税汇算清缴。此前尚未处理的非货币性资产投资,符合财税〔2014〕116号文件和本公告规定的可按本公告执行。

特此公告。

第二节　企业与个人股权转让的纳税筹划

一、利用税收洼地进行股权转让

【筹划案例195】　孙先生持有甲公司30%的股权,现准备转让其中10%的股权。已知孙先生取得该10%股权的成本为100万元,转让价款为1 000万元,请为孙先生进行纳税筹划。

如果不进行纳税筹划,孙先生在股权转让完成时需要计算并缴纳的个人所得税税额为180万元〔(1 000 – 100)×20%〕。

如果孙先生事先在新疆喀什、霍尔果斯两个特殊经济开发区成立A公司,由A公司购置并持有甲公司的股权,则可以由A公司转让甲公司10%的股权,取得900万元应纳税所得额。由于A公司享受5年免税待遇,该笔股权转让所得实际缴纳的企业所得税税额为0,孙先生可节税180万元。

【筹划案例196】　李女士持有乙公司30%的股权,现准备转让其中10%的股权。已知李女士取得该10%股权的成本为100万元,转让价款为

1 000万元,请为李女士进行纳税筹划。

如果不进行纳税筹划,李女士在股权转让完成时需要计算并缴纳的个人所得税税额为180万元[(1 000 – 100)×20%]。

如果李女士事先在可以核定征税的某科技园区成立一家个人独资企业——A企业,由A企业以低价购置并持有乙公司的股权,则可以由A企业转让乙公司10%的股权,取得1 000万元股权转让所得。假设A企业的应税所得率为10%,则A企业的应纳税所得税税额为90万元,适用税率为35%,速算扣除数为6.55万元。李女士应缴纳的个人所得税税额为24.95万元(90×35% – 6.55)。李女士可节税155.05万元(180-24.95)。

自2022年1月1日起,上述方法暂时不能使用。

【主要法律依据】

1.《财政部 税务总局关于新疆困难地区及喀什、霍尔果斯两个特殊经济开发区新办企业所得税优惠政策的通知》(财税〔2021〕27号)**第一条和第二条**

参见本书第198页。

2.《财政部 税务总局关于权益性投资经营所得个人所得税征收管理的公告》(财政部 税务总局公告2021年第41号)

为贯彻落实中央办公厅、国务院办公厅《关于进一步深化税收征管改革的意见》有关要求,深化"放管服"改革,现就权益性投资经营所得个人所得税征收管理有关问题公告如下:

一、持有股权、股票、合伙企业财产份额等权益性投资的个人独资企业、合伙企业(以下简称"独资合伙企业"),一律适用查账征收方式计征个人所得税。

二、独资合伙企业应自持有上述权益性投资之日起30日内,主动向税务机关报送持有权益性投资的情况;公告实施前独资合伙企业已持有权益性投资的,应当在2022年1月30日前向税务机关报送持有权益性投资的情况。税务机关接到核定征收独资合伙企业报送持有权益性投资情况的,调整其征收方式为查账征收。

三、各级财政、税务部门应做好服务辅导工作,积极引导独资合伙企业建立健全账簿、完善会计核算和财务管理制度、如实申报纳税。独资合伙企业未如实报送持有权益性投资情况的，依据税收征收管理法相关规定处理。

四、本公告自 2022 年 1 月 1 日起施行。

特此公告。

二、利用亏损企业进行股权转让

【筹划案例 197】 赵先生持有甲公司 30% 的股权，现准备转让其中 10% 的股权。已知赵先生取得该 10% 股权的成本为 100 万元，转让价款为 1 000 万元，请为赵先生进行纳税筹划。

如果不进行纳税筹划，赵先生在股权转让完成之时需要计算并缴纳的个人所得税税额为 180 万元［（1 000 － 100）× 20%］。

如果赵先生事先购置一家亏损企业 A 公司，其拥有尚未过弥补期的亏损 900 万元，由 A 公司购置甲公司的股权并转让，上述 900 万元的应纳税所得额将由 A 公司实现，正好弥补其亏损，实现了该笔股权转让所得的免税目的。

【主要法律依据】

《企业所得税法》第十八条

参见本书第 181 页。

三、将公司股权转让转变为个人股权转让

【筹划案例 198】 王先生夫妇持有甲公司 100% 的股权，甲公司持有乙公司 100% 的股权，现甲公司准备将乙公司 40% 的股权转让给孙先生，股权转让价为 2 000 万元，已知乙公司注册资本为 1 000 万元，当前公允价值为 5 000 万元，该笔股权的成本为 400 万元，请为该笔交易进行纳税筹划。

如果不进行纳税筹划，甲公司需要缴纳的企业所得税税额为 400 万元［（2 000 － 400）× 25%］。

如果王先生向乙公司增加出资 666.67 万元，持有乙公司 40% 的股权，

转让价为2 266.67万元［（5 000＋666.67）×40%］，则王先生需要缴纳的个人所得税税额为320万元［（2 266.67－666.67）×20%］，节税80万元（400－320）。

【主要法律依据】

1.《企业所得税法》第四条第一款

第四条第一款　企业所得税的税率为25%。

2.《个人所得税法》第三条第（三）项和第六条第（五）项

第三条第（三）项　个人所得税的税率：

（三）利息、股息、红利所得，财产租赁所得，财产转让所得和偶然所得，适用比例税率，税率为百分之二十。

第六条第（五）项　应纳税所得额的计算：

（五）财产转让所得，以转让财产的收入额减除财产原值和合理费用后的余额，为应纳税所得额。

四、通过撤资实现股权转让的目的

【筹划案例199】　李女士持有M公司100%的股权，M公司持有N公司40%的股权，现M公司准备将N公司40%的股权转让给苏先生，股权转让价为2 000万元，已知N公司注册资本为1 000万元，当前公允价值为5 000万元，该笔股权的成本为400万元，该笔股权对应的未分配利润和盈余公积1 100万元，请为该笔交易进行纳税筹划。

如果不进行纳税筹划，M公司需要缴纳的企业所得税税额为400万元［（2 000－400）×25%］。

如果M公司从N公司撤资，李女士可以从M公司取得2 000万元，其中，400万元为投资收回，不缴纳企业所得税，其中1 100万元为未分配利润和盈余公积，确认为股息所得，也不缴纳企业所得税，剩余500万元为投资资产转让所得，需要缴纳企业所得税税额为125万元（500×25%）。M公司撤资后，由苏先生出资2 000万元投资N公司，并持有N公司40%的股权。最终实现与股权转让相同的效果，实现节税275万元（400－125）。

【主要法律依据】

1.《国家税务总局关于贯彻落实企业所得税法若干税收问题的通知》(国税函〔2010〕79号)**第三条**

参见本书第309页。

2.《国家税务总局关于企业所得税若干问题的公告》(国家税务总局公告2011年第34号)**第五条**

参见本书第271页。

五、将资产转让转化为股权转让

【**筹划案例200**】 甲公司准备购置几处写字楼，持有若干年，待增值后再转让。假设上述写字楼的购置成本为10 000万元，转让价款为20 000万元，请为甲公司提供纳税筹划方案。

如果不进行纳税筹划，甲公司需要缴纳的增值税税额为476.19万元〔(20 000 – 10 000)÷(1 + 5%)×5%〕，需要缴纳的城市维护建设税、教育费附加和地方教育附加税额为57.14万元〔476.19×(7% + 3% + 2%)〕，需要缴纳的土地增值税税额为(暂按交易额的3%核定)600万元(20 000×3%)，需要缴纳的印花税税额为10万元(20 000×0.05%)，需要缴纳的企业所得税税额为2 214.17万元〔(20 000 – 10 000 – 476.19 – 57.14 – 600 – 10)×25%〕。购买方需要缴纳的契税税额为571.43万元〔20 000÷(1 + 5%)×3%〕，需要缴纳的印花税税额为10万元(20 000×0.05%)。整个交易的综合税负为3 938.93万元(476.19 + 57.14 + 600 + 10 + 2 214.17 + 571.43 + 10)。

如果甲公司成立乙公司、丙公司、丁公司等若干家公司，每一家公司持有一处写字楼，未来通过转让乙公司、丙公司、丁公司等公司股权的方式来转让写字楼。假设将上述交易合并视为一次交易，则甲公司需要缴纳的印花税税额为10万元(20 000×0.05%)，需要缴纳的企业所得税税额为2 497.50万元〔(20 000 – 10 000 – 10)×25%〕。购买方需要缴纳的印花税税额为10万元(20 000×0.05%)。整个交易的综合税负为2 517.50万元(2 497.50 + 10 + 10)。整个交易共减轻税收负担1 421.43万元(3 938.93 – 2 517.50)。

第十二章 股权架构纳税筹划实用技巧

【主要法律依据】

1.《财政部 税务总局关于继续执行企业 事业单位改制重组有关契税政策的公告》(财政部 税务总局公告 2021 年第 17 号)**第九条和第十一条**

参见本书第 477～478 页。

2.《财政部 税务总局关于继续实施企业 事业单位改制重组有关契税政策的公告》(财政部 税务总局公告 2023 年第 49 号)**第九条和第十一条**

参见本书第 479～480 页。